黎虎文集 第八卷

先秦秦汉史论

黎虎◎著

中国社会科学出版社

目　　录

殷代外交制度初探

殷商时期作为国家重要职能之一的外交，是伴随早期国家的产生而产生的。虽然早在原始社会时代，氏族部落之间或部落联盟之间的交往关系即已发生，但其与阶级社会国家出现后的外交有着不同的性质。后者是为实现统治阶级的政治、军事、经济、文化等方面目的而采取的国家对外政策及其手段。不过，由于其时氏族、部落与早期国家错杂并存，所谓外交便包括了商王朝与周边氏族、部落或方国的种种关系，而他们之间的界限尚不易清楚划分。尽管如此，殷代已经存在外交则无疑义，而研究殷代的外交制度，对于认识殷王朝与方国关系的性质以及殷代国家政权形式，乃至我国古代外交制度均有一定意义。但由于殷代处于古代外交制度的初始阶段，制度本身极不完备，加以现存可供研究的资料不多，因此许多问题目前尚无法搞清，真正深入的研究还有俟于将来。

一 “史”与“史人”

殷契卜辞中（大多为第一期）多有关于“史”和“史人”的记载①。其表述形式多为“某史人于某”或“史于某”，如：

“王史人于沚，若。”（合集 5530 乙）②

“王勿史人于沚。”（合集 5530 甲）

---

① 仅“史人”一词，岛邦男先生统计即有五十一条，实则尚不止此。见［日］岛邦男《殷墟卜辞综类》，汲古书院 1967 年版，第 421 页。

② 郭沫若主编，胡厚宣总编辑：《甲骨文合集》，中华书局 1978—1982 年版。以下简称合集。

"庚申卜古贞，王史人于陕。贞，勿史人于陕"（合集376正）

"甲申卜古贞，王史人。"（合集1277乙）

"王于徲史人于美，于之及伐望，王受又。"（合集28089正）

"㱿贞，妇好史人于眉。"（合集6568正）

"贞𡚸史人。贞𡚸不其史人。己未卜古贞我事史人。贞我事不其史人。"（合集822正）

"丁丑卜韦贞，史人于我□。"（合集5525）

"庚辰贞…方来即，史于犬征。"（屯南1009）[①]

"史人于某"也可表述为"史人往于某"，如："贞，史人往于唐。"（合集5544）"史于某"也可作"史至某"，如："乙丑卜，又史至蜀。"（合集21911）由此可见"史"和"史人"的意义是明确的，即派遣至各地去执行某项使命的使者。早在夏末，商族还作为夏王朝的"诸侯"时，已有"使人"往还于夏、商之间。《帝王世纪》云："及夏桀无道，罪谏者，汤使人哭之，桀囚汤使于夏台，而后释之。"[②] 商王朝建立后，商与各方国、诸侯或氏族之间的"使人"往还就更为频繁了。

卜辞所记"史人"就是我国历史上最早的外交使者，即后世之"行人"或"使者"。《周官》有"大行人"一职，"掌大宾之礼及大客之仪，以亲诸侯"[③]，负责外交事务。有"小行人""使适四方"[④]。春秋时使者或称"行人"，如"行人子员"[⑤]"行人子朱"[⑥]"行人子羽"[⑦]"行人挥"[⑧]等。

① 中国社会科学院考古研究所：《小屯南地甲骨》，中华书局1980、1983年版。以下简称屯南。

② （唐）欧阳询撰，汪绍楹校：《艺文类聚》卷一二《帝王部二·殷成汤》引《帝王世纪》，上海古籍出版社1999年版，第221页。

③ （汉）郑玄注，（唐）贾公彦疏，赵伯雄整理，王文锦审定：《周礼注疏》卷三七《秋官司寇·大行人》，北京大学出版社2000年版，第1161页。

④ 《周礼注疏》卷三七《秋官司寇·小行人》，第1184页。

⑤ （周）左丘明传，（晋）杜预注，（唐）孔颖达正义，浦卫忠、龚抗云、胡遂、于振波、陈咏明整理，杨向奎审定：《春秋左传正义》卷二九，襄公四年；卷三七，襄公二十六年，北京大学出版社2000年版，第953、1185页。

⑥ 《春秋左传正义》卷三七，襄公二十六年，第1185页。

⑦ 《春秋左传正义》卷四一，昭公元年；卷五九，哀公十二年，第1310、1918页。

⑧ 《春秋左传正义》卷四一，昭公元年，第1314页。

行人又径称为“使”[①]“使人”[②]“使臣”[③]“使者”[④] 等。

“史人”所使之地，除上引卜辞所载沚、阦、美、眉、我、犬、唐、蜀之外，尚有㕚（合集5536）、新（合集5525）、望（合集5535）、萋（合集5532）、禽（合集5534）、河（合集5522）、吴（天42）[⑤]、庞（京1350）[⑥] 等。这些地方有在殷商王朝国土范围内者，如禽、萋等为武丁臣属，所使可能指其居地。但有不少是方国诸侯之地，如沚、㕚、蜀、美、望、唐等均属殷商西部方国。美即危方美，危方在今山西西南部。望方，在今山西霍县北[⑦]，或谓国在今山西石楼一带[⑧]。我，殷东方国，我“孳乳为仪”，即夷仪，在今山东聊城[⑨]。

卜辞“史人”之使命，大略有三个方面：使于商王朝之邻国，执行外交使命；使于商王臣属之贵族“诸侯”，沟通王朝与地方之关系；执行某项特定任务之专使、特使。后者如“乙酉卜宾贞，史人于河，沈三牢、册三牛，三月”（合集5522），是派遣特使祭祀于河。文献亦有类似记载，如：“汤伐桀后，大旱七年，洛川竭，使人持三足鼎祝于山川曰：政不节邪？使人疾邪？”[⑩] 在上述三项使命中，后二者属于国内事务，并非外交使命。但在卜辞中通称“史人”。后世亦将中央派至地方与派至国外者通称“使者”，如汉代以“八使巡行风俗”[⑪]，这类“使命”纯属国内事务。不过，作为外交人员之“史人”在商代已经出现，则无疑义，卜辞所记“史人”中已包含了我国历史上最早的外交使者了。

作为外交人员之“史人”，其使命之一是在战时负责传达、联络，

---

① 《春秋左传正义》卷三二，襄公十四年，如：“于是子叔齐子为季武子介以会，自是晋人轻鲁币，而益敬其使。”（第1054页）

② 《春秋左传正义》卷二四，宣公十三年，第758页。

③ 《春秋左传正义》卷二九，襄公四年，第953页。

④ 《春秋左传正义》卷三，隐公五年，第115页。

⑤ 唐兰：《天壤阁甲骨文存并考释》，上海古籍出版社2016年版，第16页。以下简称天。

⑥ 胡厚宣编：《战后京津新获甲骨集》，上海群联出版社1954年版。以下简称京。

⑦ 李学勤：《殷代地理简论》，科学出版社1959年版，第75、76页。

⑧ 《山西石楼义碟发现商代铜器》，《考古》1972年第4期。

⑨ 丁山：《甲骨文所见氏族及其制度》，科学出版社1956年版，第103页。

⑩ （南朝·宋）范晔撰，（唐）李贤等注：《后汉书》卷六一《周举传》注引《帝王世纪》，中华书局1965年版，第2027页。

⑪ 《后汉书》卷五六《张纲传》，第1817页。

如："乙巳卜宾贞，𠚤乎告𢀛方其出？允…贞：使于𠚤？"（合集6078）这是殷商之友邦𠚤向商王报告了𢀛方将有军事行动的情报，于是商王打算派使者至𠚤进一步了解军情。又如："王于徲史人于美，于之及伐望，王受又。"（合集28089正）这是在伐望战争中，派使者至危方美联络，以便共同行动。"庚辰贞…方来即，史于犬征。"（屯南1009）这是方方来犯，于是派人至犬征联络，共同伐方。《明续》617："犬征，允伐方"①，证殷人曾与犬征联合伐方。又如前引"妇好使人于眉"，是因为当时妇好正率军攻打某方，因战事之需要而派出使者（见合集6568）。

国家间的和平友好联系是"史人"的另一重要使命，如：

"丙辰卜㱿贞，吴弔羌龙？"（合集6636）

"贞，吴弗其弔羌龙。"（合集6637）"贞……弔龙。"（南北·无318）

"丁卯子卜……弔归。"（合集40873）

弔，《说文》："问终也。从人弓。古之葬者厚衣之以薪，故人持弓会驱禽也。弓盖往复弔问之义。"② 容庚谓："弔，善也，引申而为有凶丧而问其善否。"③《周礼·大宗伯》："以弔礼哀祸裁"④。《小行人》："若国有祸裁，则令哀弔之。"⑤ 郑注："祸裁谓遭水火。"⑥ 则丧事与水火等自然灾害均属弔问之范围，如春秋时"宋大水，公使弔焉"⑦。因此，弔是友好国家间的重要外交活动之一，"弔如同盟，礼也"⑧。

羌龙，李学勤先生谓"羌即羌方，龙即龙方"⑨。羌方在陕北一带，

---

① 明义士编著：《殷墟卜辞后编》，台湾艺文印书馆1972年版。以下简称明续。

② （汉）许慎撰，（清）段玉裁注：《说文解字注》八上《人部》，上海古籍出版社1988年版，第383页。

③ 容庚编著，张振林、马国权摹补：《金文编》卷八，中华书局1985年版，第569页。

④ 《周礼注疏》卷一八《春官宗伯·大宗伯》，第545页。

⑤ 《周礼注疏》卷三七《秋官司寇·小行人》，第1188页。

⑥ 《周礼注疏》卷一八《春官宗伯·大宗伯》"以弔礼哀祸裁"句郑玄注，第545页。

⑦ 《春秋左传正义》卷九，庄公十一年，第279页。

⑧ 《春秋左传正义》卷一八，文公三年，第574页。

⑨ 《殷代地理简论》，第81页。

与殷经常敌对，亦有交好之时。龙方可能与匈奴有关，“此龙方与羌方似或合或叛，两者当相近”[①]。龙方在武丁中期曾降服于殷，“龙来氐（致）羌”（《录》626、630）[②]，表明龙方与商王朝亦曾友好，故有派吴往弔之举。

不仅商王派“史人”去友邦弔，友邦亦来殷商致弔，如：“丁酉卜…贞：多君曰来弔，氐象。王曰余其……”（合集24134）

“多君”亦见于西周金文，《小盂鼎》：“昧爽，三左三右多君入服酉，明，王格周庙。”陈梦家先生认为：“小盂鼎的多君，可能是东西方的诸侯的一种，和周书中的‘邦君’是相近似的。”[③]

关于“史人”的指派，从卜辞看主要是由商王直接决定。但亦有由贵族重臣和将领所派，如前述“妇好使人”即是其例。

“史人”在殷代不是专职官吏，而是根据任务需要随时指派，不过他们多由商王之近侍亲信担任，“小臣”即是其重要人选。如：“甲申卜，贞〔翌〕日丁巳，王其乎口小臣史于口。”（珠325）[④] 这是以小臣名某者为使。又如：“贞，使人于禽。”（合集5534）丁山谓疑与《小臣𢀛簋》铭所载为一事[⑤]，该铭云：“辛丑，小臣𢀛入禽，……”。“小臣”为商王近待，其职位可上至商王辅佐，如“伊少（小）臣惟補（辅），咸有九州”（《集成》276.1）[⑥]，下至近侍仆隶。因为他们多在商王左右，故得以特殊身份为“使人”而出使四方。

“史人”亦有由重臣武将担任者，如前述奉使“弔羌龙”之吴，曾受命出征：“𡧊贞，吴𢦏羌龙。”（合集6630）、“省亩”（屯南204），并担任“小藉臣”（合集5603）和“供王臣”（合集5566）等。可知吴备受商王亲信，每委以重任，其中包括出使使命。不过，他也可以归入“小臣”一类。

---

① 陈梦家：《殷虚卜辞综述》，中华书局1988年版，第283页。

② 孙海波编：《甲骨文录》，河南志通馆1938年版。以下简称录。

③ 陈梦家：《殷虚卜辞综述》，中华书局1988年版，第331页。

④ 金祖同：《殷契遗珠》，上海中法出版委员会1939年版。以下简称珠。

⑤ 《甲骨文所见氏族及其制度》，第83页。

⑥ 《叔尸钟》铭，中国社会科学院考古研究所：《殷周金文集成》（修订增补本）第一册，中华书局2007年版，第330页。以下简称集成。

卜辞中还有“东史”“西史”“北史”等，如：

“丁巳卜宾贞，令离易𠷎食乃令西史。”（合集 9560）
“庚子卜争贞，西史旨亡祸”，
“庚子卜争贞，西史旨其有祸。”（合集 5637）
“西史旨其有祸。西史旨亡祸灾。”（合集 5637）
“……卜亘贞……东史……来。”（合集 5635）。
“贞在北史（?）隻羌。贞在北史亡其隻羌。”（合集 914）

或谓“东史”“西史”“北史”为镇守边地之武官，这个意见并非没有道理，但他们实际也是以武职而负责方面之使者。从上引卜辞可知他们须用兵作战，并常遭袭击，商王对其安危颇担心。这类使者，颇类后世之使持节领护诸官，汉代对于“叛服无常”的边远民族，分别设置“持节领护”，对于西方少数民族，设“护羌校尉”“持节以护西羌”①。对东方少数民族，置“护乌桓校尉”，负责乌桓鲜卑事宜，对于北方之匈奴，设“使匈奴中郎将”“拥节”主管匈奴事宜。所谓“持节”“拥节”即表明其为使者身份，而“校尉”“中郎将”则为领兵武官。他们可能是以武职负责方面之外交事务。

后世使者之身份，亦多为皇帝亲信近侍，如汉代张骞“以郎应募”使西域，陈汤以郎求使外国，司马相如以郎奉使西南夷，司马迁以郎中奉使巴蜀以南，金岑以郎“使主客”，此外苏武以“移中厩监”使匈奴，傅介子“以骏马监求使大宛”②，等。郎官是汉代皇帝之亲信近官，他们除给事内朝之外，也常奉使出行，承担外交使命。骏马监为太仆下属官，负责管理皇室马匹。不过他们出使之时，例须兼领军职，一般以“中郎将”身份出使，中郎将是负责宫廷警卫的光禄勋的属官。这种出使制度

① （汉）应劭撰，（清）孙星衍集校：《汉官仪》卷上，周天游点校：《汉官六种》，中华书局 1990 年版，第 154 页。

② （汉）班固撰，（唐）颜师古注：《汉书》卷六一《张骞传》、卷七〇《陈汤传》、卷五七《司马相如传》、卷六二《司马迁传》、卷六八《金日磾附孙（金）岑传》、卷五四《苏建附子（苏）武传》、卷七〇《傅介子传》，中华书局 1962 年版，第 2687、3007、2577、2715、2963、2459、3001 页。

与商代之出使制度当不无渊源关系。

正因此，商王对于“史人”之派遣非常重视，在出使之前需占卜可否派出，如：

“庚申卜古贞，王史人于矢？贞勿史人于矢？不若！”（合集376正）

“己未卜古贞，我事史人？贞我事不其史人？”（合集822正）

“贞勿史人？”（合集5555）

“贞其史？”（丙232）

或者卜问某时可否出使，如：

“甲午卜帚贞，今六月我又史？”（合集21668）

“壬寅卜贞……五月我又史？”（合集21637）

“戌辰子卜贞今岁又史？”（合集21671）

“乙未余卜于九又史？于九月又史”

“乙未余卜今八月又史？隹今八月又史？”

“丁酉余卜壬又史？于癸又史？”（合集21586）

“史人”派出之后，商王还关心其出使情况，是否途中遭到袭击，如：

“贞，羌弗𢦏朕史。”（前4.4.7）①

“贞，方其𢦏我史？贞方弗其𢦏我史？贞我史其𢦏方？我史弗其𢦏方？”（丙76.78）②

《说文》：“𢦏，伤也。”③ 羌方长期与殷为敌，殷商常掳掠羌人为牺

---

① 罗振玉：《殷墟书契前编》，《国学丛刊》石印本三期三卷，1911年。以下简称前。

② 张秉权：《殷墟文字丙编》，台湾“中央研究院”历史语言研究所，1958—1972年。以下简称丙。

③ 《说文解字注》十二下《戈部》，第631页。

牲，其使者遭羌袭击原不足怪。方在晋南，武丁世亦常进犯，其所犯之地有唐、㔾、涂等地，皆在晋中南一带，而其中如唐与商有外交关系，可能商王派往晋南友邦之“史人”常遭方之袭击。因此当时“史人”也携有武装，以保证出使任务之完成。后世亦如之，如前汉张骞第一次出使西域即率一百余人同行，途经匈奴被截获，留之十余载，归时只剩二人。第二次使西域时更“将三百人”[①]。后汉班超出使西域，亦率吏士同行，袭匈奴、降于阗、拒疏勒、攻姑墨、击莎车，“因其兵众，每有攻战，辄为先登，身被金夷，不避死亡。”[②]。

兹请略说“史”字。

“史”字历来解释多歧。《说文》：“史，记事者也，从又持中，中，正也。”[③] 王国维《释史》一文，已纠许说，旁征博引，谓“史”字所从之“中”为盛筭之器，引申为掌书之官[④]。马叙伦谓“中”为笔字象形[⑤]。陈梦家谓“史为田猎之网，而网上出干者，搏取兽物之具也”[⑥]。王贵民据其意又加以详细论证[⑦]。以上诸家之说均似有未安。许、王、马诸氏大抵皆循“记事”“史官”这一成见而探究史字之本义，故不免治丝益棼之憾。陈梦家、王贵民力图摆脱传统成说而另辟蹊径，但以史字所持之物为“搏取兽物之具”似亦与史字之义相去甚远。且以上诸家虽有一定理由，但均不能概括对方。

史字在甲骨文中，除作为“使”用外，还用为“事”，此外还用为“吏”。窃以为前者为史字之本义，其余均属引申之义。《周礼》行夫职：“凡其使也，必以旌节。”[⑧] 旌，《说文》：‘从㫃（疒）……游车载旌，析

---

① （汉）司马迁撰，（南朝·宋）裴骃集解，（唐）司马贞索隐，（唐）张守节正义：《史记》卷一二三《大宛列传》，中华书局1959年版，第3168页。

② 《后汉书》卷四七《班超传》，第1584页。

③ 《说文解字注》三下《史部》，第116页。

④ 王国维：《观堂集林》卷六《艺林六·释史》，中华书局1959年版，第263—267页。

⑤ 马叙伦：《中国文字渊源与研究方法之新倾向》，《马叙伦学术论文集》，1940年，第12、200页。

⑥ 陈梦家：《史字新释》，北平燕京大学考古学社《考古社刊》1936年第5期。

⑦ 王贵民：《说卸史》，胡厚宣等：《甲骨探史录》，生活·读书·新知三联书店1982年版，第303—339页。

⑧ 《周礼注疏》卷三八《秋官司寇·行夫》，第1210页。

羽注旄首也。”① 又谓㫃（㫃），“旌旗之游㫃蹇之貌。从屮，曲而垂下㫃相出入也。”段注：“从屮者，与豈屵同屵意，谓杠首之上见者。曲而下垂者象游，游相出入者，谓从风往复如一出一入然。”② 甲骨文凡旌旗之属其杠首上见者均作ΨY之形，如：

㫃：

游：

族：

“史”字所持物之上部，亦由上述ΨYᚴ诸形所构成。可知史字所持之物其必为旌节之属，作为使者之凭证或标志。不论在原始时代的氏族部落之间，抑或进入阶级社会后的各政权实体或国家之间，使者必须持有某种凭证或标志才可确保人身安全及使命之完成，“史”者所持之物即属此类凭证或标志。证诸金文，“史”字所持物之上部为旌旗之形更确，如《师𤸫簋》、《史颂簠》、《毛公鼎》、《夨方彝》、《师寰簋》等。惟作为旌旗之甲骨文字，其下部均无“ㅂ”形，作“史”字时才有此形。此当为“节”之表示。“节”在古代最初乃以竹为之，《释名》：“节毛上下相重，取象竹节”③ “以竹为之，柄长八尺”④。战国楚墓出土之“鄂君启节”，虽以青铜铸成，但仍仿竹节之形。史字之“ㅂ”，殆即竹节之象形。一般旌旗并无此物，只有使人所持之旌旗有之，以为使者之特殊标志。“节，使者所拥也”⑤ “将命者持之以为信。”⑥ 故“史”之本义当为“使”。文字之创造乃由于人类活动之反映及其需要，人类社会早期氏族、部落之间的交往即已产生，即已有了使者往来于其间，而官吏治文书之事则晚出于其后，须待文字出现及其运用于行政，以至掌管此事之官吏产生之后。职是之故，“史”用为“使”当早于用为治“文书”之事及治“文书”之官吏。

① 《说文解字注》七上《㫃部》，第309页。

② 《说文解字注》七上《㫃部》，第308—309页。

③ 《史记》卷八《高祖本纪》司马贞“索隐”引《释名》，第363页。

④ 《后汉书》卷一上《光武帝纪上》注，第11页。

⑤ 《史记》卷八《高祖本纪》司马贞“索隐”引韦昭语，第363页。

⑥ 《汉书》卷一上《高帝纪上》〔注五〕师古曰，第23页。

《说文》："使，令也。"段注："令者，发号也。"[①] 凡被派遣、指使去做某件事，完成某种使命，均可曰"史"，故"史"又可借为"事"，如卜辞常见之"古王事"，即尽力于王之所使。一切差遣均可谓之"史"，被派遣领兵作战谓之"史"，被差遣贞卜、记事之人亦为"史"。故"史"可以是各种官职，如商代之各种内外史官，周官之大史、小史、内史、外史、御史、女史等，均为受王之指使差遣而承担一定之职务。后者之职务多内掌礼法，外掌交聘，"大会同朝觐，以书协礼事"[②]"掌达书名于四方"[③] 等，与"史"原是部落、国家之间担负交聘往还之使命不无渊源关系。

后世"史"与"使"分，"史"之本义遂不明。不过其联系亦并未完全断绝，"史""使"相通之迹仍有可寻，如《礼记·杂记》："客使自下由路西"，郑氏注："使或为史"[④]。汉宣帝时人史乐成，《汉书·霍光传》作"使"[⑤]，《杜延年传》作"史"[⑥]，颜师古注："寻史、使一也，故当姓史，或作'使'字。"汉代"刺史"之设置，初为中央派至地方巡行、监察之特使，其"史"字即用古义"使"也。"使"不仅与"史"通，与由"史"字引申之"事""吏"亦相通，《国语·鲁语》："备承事也"[⑦]，注："事，使也"。《仪礼·士冠礼》："有司如主人服"，郑注："有司，群吏有事者"，贾疏："吏、史亦一也。"[⑧]《左传》襄三十年："吏走问诸朝"，杜注："吏走，一本作'使走'。"[⑨] 此"吏"字即为"使"之意。

"史"字若作如是解，则卜辞中"史"字之各种用法似大体可得而

---

① 《说文解字注》八上《人部》，第 376 页。

② 《周礼注疏》卷二六《春官宗伯·大史》，第 818 页。

③ 《周礼注疏》卷二六《春官宗伯·外史》，第 836 页。

④ （汉）郑玄注，（唐）孔颖达疏，龚抗云整理，王文锦审定：《礼记正义》卷四一《杂记上》，北京大学出版社 2000 年版，第 1387 页。

⑤ 《汉书》卷六八《霍光传》，第 2953 页。

⑥ 《汉书》卷六〇《杜延年传》，第 2665 页。

⑦ 徐元诰撰，王树民、沈长云点校：《国语集解》卷五《鲁语下》，中华书局 2002 年版，第 187 页。

⑧ （汉）郑玄注，（唐）贾公彦疏，彭林整理，王文锦审定：《仪礼注疏》卷一《士冠礼》，北京大学出版社 2000 年版，第 9—10 页。

⑨ 《春秋左传正义》卷四〇，襄公三十年，第 1279 页。

解，后世之“史”字及其引申之义亦有踪迹可寻。这一解释虽然在具体结论上与上述诸家不同，但它似可容纳概括诸家之说。

二 “来”

外交为国与国双方之关系，一方面商王朝派“史人”至方国诸侯，另一方面则诸侯方国亦须派“史人”至殷报命朝觐。

卜辞常见方国、诸侯“来”之记载，如：

> “侯将来。”（续 5. 5. 6）
> “沚戠其来？贞戠不其来?”（合集 3945）

周原卜辞亦有类似辞例，如：

> “今秋楚子来，告□后□。”（Hll. 83）[①]

从卜辞看，“来”之含义主要有如下几个方面：

（一）来见、来王、来朝

例如：

> “己未卜㱿贞，缶其来见，一月。”
> “己未卜㱿贞，缶不其来见王。”（合集 1027）
> “缶不其来见。缶不其来王。”（乙 5393）[②]

这里“来”表述为“来见”“来见王”“来王”。缶为晋南方国，曾与商为敌，武丁亲率军征讨，“王敦缶，受又”（合集 6860），后降服于殷，因而“来王”。卜辞“来王”一辞，在文献中亦得以保存，如《诗·商颂·殷武》：“昔有成汤，自彼氐羌，莫敢不来享，莫敢不来王，曰商

---

① 曹玮：《周原甲骨文》，世界图书出版公司 2002 年版。

② 董作宾：《殷墟文字乙编》，商务印书馆 1948、1949 年版；科学出版社 1956 年版。

是常。”郑笺“来享”“来王”曰：“远夷之国来献来见”[1]。《殷武》之“来王”实乃殷商古义，而郑笺亦与古义相符。“来见”“来王”亦即后世所谓“来朝”。《春秋》隐公元年：“冬，十有二月，祭伯来。”[2]《谷梁传》：“来者，来朝也。”[3]“祭伯来”与前引卜辞“侯某来”如出一辙。古本《竹书纪年》谓，武乙时“周王季历来朝”[4]。《周书》：“巢伯来朝”[5]，孔氏传：巢伯，“殷之诸侯……南方远国。”丁山谓“所有的诸种刻辞，凡言‘某来’者，都该作‘来朝’或‘来归’解”[6]。所“来”者有方国侯伯首领或其代表，亦可能为其“质子”，如周“文王之长子曰伯邑考，质于殷，为纣御”[7]，即是其例。

（二）来假

“来假”即“来至”。卜辞除作“某来”外，还有作“某至”者，如：

“辛酉卜王贞，方不至，今八月。”（合集20480）

“贞……方……其至。”（合集20486）

“丁亥卜……：方至？丁亥卜……：余令曰方其不至？”（合集20478）

“甲寅卜王占曰吉，矢至，其隹辛。”（丙99）

“天不其至。”（合集4606）

“至”亦与“来”相联用，卜辞有“贞□来王，来？允至”（合集8996）。卜问某是否“来”，后其果然来“至”。卜辞“至”犹《诗·商

---

① （汉）毛亨传，（汉）郑玄笺，（唐）孔颖达疏，龚抗云、李传书、胡渐逵、肖永明、夏先培整理，刘家和审定：《毛诗正义》卷二〇（二十之四）《商颂·殷武》，北京大学出版社2000年版，第1721页。

② 《春秋左传正义》卷二，隐公元年，第53页。

③ （晋）范宁集解，（唐）杨士勋疏，夏先培整理，杨向奎审定：《春秋谷梁传注疏》卷一隐公元年，北京大学出版社2000年版，第8页。

④ （宋）李昉等撰：《太平御览》卷八三《皇王部八·帝武乙》引《纪年》，中华书局1960年版，第392页。

⑤ （汉）孔安国传，（唐）孔颖达疏，廖名春、陈明整理，吕绍纲审定：《尚书正义》卷一三《周书·旅獒》，北京大学出版社2000年版，第392页。

⑥ 《甲骨文所见氏族及其制度》，第14页。

⑦ 《艺文类聚》卷一二《帝王部二·周文王》引《帝王世纪》，第223页。

颂》之“来假”。《烈祖》：“来假来飨，降福无疆。”① 《玄鸟》：“邦畿千里，维民所止，肇域彼四海。四海来假，来假祁祁。”郑笺：“假，至也”“天下既蒙王之政令，皆得其所，而来朝觐贡献。”② 故《史记·殷本纪》每言殷道兴则“诸侯来朝”，而“殷道衰，诸侯或不至”③。

（三）来献

在卜辞中“来王”有明言为来献者。如：

“贞□来王，隹来？允至，氐龟：鼋八，鼍五百十，四月。”（合集8996）

这里“来王”的具体含义是来献龟于王室。此即郑笺所谓远夷之国“来献”之谓。卜辞常见对所“来”之物作明确记录者，如：

“甲辰卜㱿贞，奚来白马？王占曰吉！其来马五。甲辰卜㱿贞，奚不其来白马。”（丙157）

“奚不其来牛。”（缀合144）④

“贞，□来犬？□不其来犬？□来马？不其来马？”（丙340）

“光来羌。”（京1287）

“［㭆］不其来五十羌。”（丙227）

“贞，古来犬？古不其来犬？古来马？古不其来马？”（丙340）

“光来羌。”（京1287）

“禽不其来舟。”（乙7203）

“贞叀来牛？贞叀不其来牛？”（丙81）

“贞叀弗其来牛。贞叀来。”（乙6964）

① 《毛诗正义》卷二〇（二十之三）《商颂·烈祖》，第1692页。

② 《毛诗正义》卷二〇（二十之三）《商颂·玄鸟》，第1701页。

③ 《史记》卷三《殷本纪》，第100、102页。

④ 郭若愚、曾毅公、李学勤缀集：《殷虚文字缀合》，科学出版社1955年版。以下简称缀合。

由此可见，“来”可以是“来马”“来牛”“来羌”“来犬”“来龟”等。最后一例“来牛”径称“来”。

（四）来使

上一节叙述了商王派“史人”至方国、诸侯。同样，方国、诸侯亦常派“史人”至商王朝。如：“贞在丁牧来告，辰卫其从史受又。”（骈3.1）[①] 牧为殷代北部之方国。卫，驻守边境之武官，辰为私名。此辞记牧族派使者向商王报告，驻守边境之武官名辰者陪同使人一起来见商王。“己亥卜㱿贞，王曰：侯虎余其得女史……贞王曰：侯虎得女史……”（合集3297）侯虎即仓侯虎。这是卜问是否能得侯虎所派之使人。“来使”在卜辞中也叫“来”，如：“壬辰卜，内，今五月史有至？今五月史亡其至？六月有来，曰：‘史有疾。’”（乙5031）这是卜问五月是否有“史人”至？直到六月才得知“史人”未到是因“有疾。”

“史人”来到商都后，商王要亲自接见宴享。如：

“己未卜，王来史人…南允出。”（合集20345）
“争贞，隹王享或。”（前4.22.1）
“其来王自享。”（前4.22.5）
“庚辰贞，［方］来享史□犬征。”（京4393）

第一例之“来”，当是“劳来”之意，泛称商王礼见接待使人。后三例是商王宴享使人。“或”为殷商东部之方国。《周礼·大宗伯》：“以飨燕之礼，亲四方之宾客。”郑注：“宾客，谓朝聘者。”[②]

来使或来王之方国诸侯完成使命后，商王还要为其占卜何时可以返命归国，如：

“戊戌卜㱿贞，王曰侯虎往，……其合氐乃史归。”（菁7）
“戊申卜，翌庚辰令或归。”

---

① 于省吾：《双剑誃殷契骈枝》，中华书局2009年版。以下简称骈。

② 《周礼注疏》卷一八《春官宗伯·大宗伯》，第551页。

“贞勿令方归。贞隹令。”

“辛未卜宾贞，今日令方归。”（前 5. 29. 2）

“贞令仓侯归。”（乙 7586）

“贞……□从仓侯归不……。贞隹象令从仓侯归。”（丙 298）

“贞令沚聝归，六月。贞勿令沚聝归。”（龟 2. 5. 6）[①]

“庚午贞，今日令沚或归。庚午贞王……令或归。”（屯南 935）

“贞，……遣并，十月。”（续 1. 43. 1）[②]

上述仓侯，或、沚聝、方、并等均与商有外交关系及使命往还，其或“归”或“遣”均由商王占卜决定。

（五）来降

殷虚小屯南地甲骨有：“方来降，吉。不降，吉。”（屯南 2301）方在晋南，与殷为邻，自武丁至帝辛，时敌时友。姚孝遂、肖丁二先生谓：“此辞‘方来降’之‘降’，当用如《左传》哀公廿六年‘六卿三族降听政’之‘降’，杜注‘和同也。’‘方来降’，谓‘方’来和好。商与各方国之间，时敌时友，商当时正与宓方交战，故希望与‘方’和好。”[③] 不过，在古代的外交关系中，交战对方“来和”与“来降服”“来臣”并无实际区别。故卜辞又有：“印方臣…尸其臣商。”（京 122）“丙克贞朕臣商。”（屯南 2672）印、尸、朕之“臣商”，也是他们对商时服时叛中的求和称臣。

以上几个方面，并不是互相分割的，不论来见、来假、来献、来使、来降，都是臣服于商王朝而与之建立外交关系。

“来王”之方国诸侯，每有留在殷王朝供职者。如：

1. 鬼

卜辞有“小臣鬼”（合集 5577），这可能是鬼方之首领或“质子”留于殷王朝服职者。今山西石楼一带，可能是鬼方等西鄙多方的所在[④]。在

---

① 林泰辅：《龟甲兽骨文字》，日本商周遗文会 1921 年版。以下简称龟。

② 罗振玉：《殷墟文字续编》，影印本，1933 年。以下简称续。

③ 姚孝遂、肖丁：《小屯南地甲骨考释》，中华书局 1983 年版，第 93 页。

④ 中国社会科学院考古研究所编：《新中国的考古发现和研究》第三章《商周时代》，文物出版社 1984 年版，第 241 页。

武丁时曾与殷为敌，《周易·既济》："高宗伐鬼方，三年克之"[①]，《未济》："震用伐鬼方，三年有赏于大国。"[②] 鬼方后来臣服于商，成为与国，故其国代表人物得以在商为"小臣"，并被委以重任。卜辞有卜问鬼所统率之军队是否俘获羌人（乙 865），卜问鬼与周参与祭祀活动的情况（乙 3408）。到了殷代后期，鬼方首领已成为殷王室"三公"之一，"纣以鬼侯为三公"[③]。

2. 丑

卜辞有"小臣丑"（珠 326），据郭沫若说，丑为"在殷之东南"之国[④]。山东益都苏埠屯发掘之殷商时期大型殉人墓中，发现有带"亚丑"铭文之器物[⑤]，"这座墓的形制和安阳西北岗的大墓相似，所出器物也和殷商晚期的相同，应当是当时在东方的诸侯或方伯一类人物的墓葬。或以为即是殷末周初的薄姑"[⑥]。而"有同样的族徽铭记的青铜器过去在苏埠屯也曾多次发现"[⑦]。这里可能就是殷东方国"丑"的所在地。"小臣丑"当是这一国族之代表人物供职于殷王朝，他同样也被委以重任，如商王曾亲自卜问小臣丑到东对这个地方负责修建监狱的工程是否吉利（龟 2. 25. 10），监狱为重要专政机构，商王派其建造，足见其受信任程度。商王还曾派小臣丑乘传前往殷东南侯国去执行使命（前 5. 30. 1）。

3. 𠭯

𠭯（以下省作"查"），卜辞有"小臣查"（合集 27889）。"查"方"与羌方当相邻近"[⑧]，"小臣查"当是"查"方代表人物在殷商服职事者。

4. 并

在山西石楼、陕北绥德一带发现的殷代青铜文化中，有殷代常见的

---

① （魏）王弼注，（唐）孔颖达疏，卢光明、李申整理，吕绍纲审定：《周易正义》卷六《既济》，北京大学出版社 2000 年版，第 294 页。

② 《周易正义》卷六《未济》，第 298 页。

③ 《太平御览》卷三八一《人事部二二·美妇人下》引《帝王世纪》，第 1758 页。

④ 郭沫若：《卜辞通纂·考释》，科学出版社 1983 年版，第 129 页。

⑤ 山东省博物馆：《山东益都苏埠屯第一号奴隶殉葬墓》，《文物》1972 年第 8 期。

⑥ 张长寿：《殷商时代的青铜容器》，《考古学报》1979 年第 3 期。

⑦ 《新中国的考古发现和研究》第三章《商周时代》，第 240 页。

⑧ 《殷虚卜辞综述》，第 298 页。

族徽铭文。两地隔黄河相对，是殷代西北方国的一个重要地区。如在石楼发现之铜戈有“并”氏族徽。并氏与商王朝有外交关系，亦供职于商室，如：

“令并众卫”（书77）[①]

“隹并令省冬”（粹915）[②]

“令邑并酒河”（录362）

他替商王征伐、巡视、祭祀。因此商王对其非常关心，“贞，并无灾，不丧众”（后下35.1）[③]，卜问其是否有灾祸和“丧众”。

此外，如亘、犬、而、先等都是殷代方国，而贞人亦有亘、犬、而、先等人，他们可能是这些方国之代表人物供职于殷王室。

“昔《书》称‘蛮夷帅服’，《诗》云‘徐方既俫’，《春秋》列潞子之爵，许其慕诸夏也。”[④] 臣属国至宗主国受官爵供职的传统，在中国历史上自古皆然。从商代得以大为发展的这种做法一直延及后世，“汉兴至于孝文时，乃有弓高、襄城之封，虽自外俫，本功臣后。故至孝景始欲侯降者，丞相周亚夫守约而争，帝黜其议，初开封赏之科。”[⑤] 东汉光武帝时，“四夷朝贺，络驿而至……乌桓或愿留宿卫，于是封其渠帅为侯王君长者八十一人，皆居塞内，布于缘边诸郡，令招来种人，给其衣食，遂为汉侦候，助击匈奴、鲜卑。”[⑥] 唐代新罗使者金思兰，留唐宿卫，授太仆卿员外置同正员，并曾代表唐朝出使新罗[⑦]。

三 “氏”和“工”

方国与殷王朝建立外交关系后，对于殷王朝除了在政治上服从，还

---

① ［日］中村不折：《书道》第1卷，日本书道院1931年版。以下简称书。

② 郭沫若：《殷契粹编》，科学出版社1965年版。以下简称粹。

③ 罗振玉：《殷墟书契后编》下卷，影印本，1916年。以下简称后下。

④ 《汉书》卷一七《景武昭宣元成功臣表·序》，第635页。

⑤ 《汉书》卷一七《景武昭宣元成功臣表·序》，第635页。

⑥ 《后汉书》卷九〇《乌桓鲜卑传》，第2982页。

⑦ （宋）王溥撰：《唐会要》卷九五《新罗》，中华书局1955年版，第1712页。

要尽各种外交上的义务，进贡即是其主要内容之一。这种进贡关系，在卜辞中曰“氐”“工”“入”“来”等。

（一）氐

氐，卜辞习见，旧释颇歧，于省吾认为：“卜辞氐作动词用者应读为厎，训致。”① 其说甚是。《尔雅·释言》：“厎，致也。”②《说文》：“致，送诣也。”③

卜辞有“某氐某物”者，如：

“壬寅卜㱿贞，兴方氐羌，用自上甲至下乙。”（合集 270）
“自光氐羌刍五十。”（珠 620）
“用卢氐羌。”（合集 258）
“贞，氐我牛。”（合集 8974）
“侯侣氐人。”（甲 3332）
“来氐羌。”（库 1794）④
“周氐巫”（乙 7801）
“甲子卜㱿贞，妥氐巫。贞，妥不其氐巫。”（丙 149）
“贞历（?）不其氐龟。”（合集 8998）
“允至，氐龟：鼋八，鼋五百十，四月。”（合集 8996）
“贞，妥氐羊。”（丙 304）
“宾贞，口氐象，又祖乙。”（合集 8983）
“□申卜㱿贞，侯弗［其］氐□。”（合集 8990）

亦有“氐”后不著名物，但系数量者，如：

“老（?）氐五十。”（丙 152，226）
“我氐千。”（丙 268）

---

① 于省吾：《殷契骈枝·释氐》，1940 年石印本，第 59—60 页。

② （晋）郭璞注，（宋）邢昺疏，李传书整理，徐朝华审定：《尔雅注疏》卷二《释言》，北京大学出版社 2000 年版，第 65 页。

③ 《说文解字注》五下《夂部》，第 232 页。

④ 方法敛、白瑞华：《库方二氏藏甲骨卜辞》，商务印书馆 1935 年版。以下简称库。

“先氐五十。”（殷缀 137）

这类卜辞当是前引卜辞“氐羌刍五十”之省，其所“氐”之物亦当如上述种种。

（二）来

“来”的表述方法与此同。如在第一节中我们已列举卜辞有“来牛”“来马”“来羌”“来龟”等，但更多的“来”后亦不记名物而只缀数字，如：

“我来卅”（丙 42）
“奠来五”（丙 89）
“戋来十”（丙 64）
“䨻来十”（丙 135）
“来百”（京 219）
“来五十”（京 23）

这也是“［豙］不其来五十羌”（丙 227）之省。“来”在这里与“氐”一样，都是向商王朝进献贡物，因此“来”“氐”亦往往连用，如：

“畓来氐羌刍。”（库 1794）
“龙来氐羌。”（录 626）
“贞，龙来氐。”（合集 9076）。

向商王朝“氐”财物，是方国、诸侯维系外交关系的重要手段，如果不来“氐”，则可能影响外交关系，如：“戊午卜，而弗其氐，我史女不?”（前 6. 59. 7）这是说而方如不向商王“氐”送贡物，商王将不派“史人”前往，将影响双方之关系。

（三）入

卜辞中还有许多“某入若干”之记载，它们多刻于龟腹甲桥上，通称“甲桥刻辞”。胡厚宣先生考定，此类“某入若干一类龟甲刻辞者，记贡龟之事也”[①]。“入”龟者多为商王亲近之臣僚，如雀、䜌、禽等。然亦有方国诸侯来“入”者，如：

“犬入十。”（合集 9275）
“虎入百。”（合集 9272、9273）
“昜入廿。"（丙 6）
“亘入十。”（合集 9289）
“周入二在□。”（合集 9278）
“畓入三。”（合集 9217）
“喜入五。”（合集 9260）
“并入十。”（乙 3405）
“竹入十。”（乙 4525）

除“入”龟之外，也“入”其他东西，如：“丙□□……贞□入马（?）□。”（合集 9215）因为方国诸侯所贡之物归于商王，故卜辞径称“入王家”（屯南 332）。《周礼・内府》：“掌受九贡……凡良货贿入焉。”[②]

（四）工

甲骨文“工”字亦作“古”“𠯈”等形，据于省吾先生说：“工与贡字通用，但甲骨文有工无贡，贡乃后起之分别文”“甲骨文有以工为贡纳者”[③]。《广雅・释言》：“贡，献也。”[④]“贡”与前述“来献”意同。传说帝尧时“焦侥氏来贡没羽”[⑤]。夏禹时“渠搜国来献褐裘”[⑥]。这是氏族部落间的友好馈赠。到了殷代“贡”成了方国诸侯对殷王朝应尽的外交义务之一，史称“文王处岐事纣……上贡必适”[⑦]，纣囚文王于羑里，“西伯之臣闳夭之徒，求美女奇物善马以献纣，纣乃赦西伯”[⑧]。

---

① 胡厚宣：《甲骨学商史论丛初集》，第 3 册，1944 年石印本。
② 《周礼注疏》卷六《天官冢宰・内府》，第 188—189 页。
③ 于省吾：《甲骨文字释林・释工》，中华书局 1979 年版，第 71、73 页。
④ （清）王念孙撰：《广雅疏证》卷五《释言》，中华书局 1983 年版，第 135 页。
⑤ 《太平御览》卷八〇《皇王部五・帝尧陶唐氏》引《帝王世纪》，第 372 页。
⑥ 《太平御览》卷六九四《服章部一一・裘》引《帝王世纪》，第 3100 页。
⑦ 许维遹撰，梁运华整理：《吕氏春秋集释》卷九《顺民》，中华书局 2017 年版，第 201 页。
⑧ 《史记》卷三《殷本纪》，第 106 页。

甲骨文中亦有方国、诸侯“上贡”之记载，如：

“己巳卜㱿贞，犬征其工。”（后下37.3）
“贞，我史亡其工。贞，我史有工。”（丙78）
“贞，禽亡其工”（续5.10.4）
“丧工。”（乙7927）

第一条卜问犬延将有贡献于商王否。第二条之“我”，盖“使人于我”之“我”。最后一辞卜问是否“丧贡”，表明当时方国诸侯之来贡，常遭截劫，故商王提心吊胆。

为了管理方国诸侯之进贡，殷王朝设有“司工（贡）”以主其事，如：

“贞，隹弓令司工。”（续存上70）①
“王其令山司我工。”（缀4）。

“弓与山均为人名，此乃商王令弓或山主管贡纳之事。”② 武王灭纣后，“入殷，登堂见美玉，曰：谁之玉？或曰：诸侯之玉也。王取而归之”③。于是“归施鹿台之珠玉及倾宫之女于诸侯”④。这些珠玉美女即方国诸侯之所贡。

上述卜辞之“氐”“入”“来”“工”等，既有殷王臣僚之贡，亦有方国诸侯之贡。所贡之物有羌、羌刍、人、巫、牛、羊、马、龟、犬、象、舟等，唯独不见粮食一类农产品。这是因为上述贡纳一般来说并非如后世之赋税，而为与国所进之“方物”，即外交或诸侯之贡品。《周礼》内府所收为“四方之币献之金玉、齿革、兵器”，郑玄注：“诸侯朝觐所献国珍”⑤。后世亦如此。如西汉自武帝后，由于对外关系发展，“明珠、

① 胡厚宣编集：《甲骨续存》，（上海）群联出版社1955年版。以下简称续存。

② 《甲骨文字释林·释工》，第71、73页。

③ （唐）徐坚等：《初学记》卷二四《居处部·堂七》引《帝王世纪》，中华书局1962年版，第576页。

④ 《尚书正义》卷一一《武成》引《帝王世纪》，第349页。

⑤ 《周礼注疏》卷六《天官冢宰·内府》，第189页。

文甲、通犀、翠竹之珍盈于后宫，蒲梢、龙文、鱼目、汗血之马充于黄门，距象、师子、猛犬、大雀之群食于外囿。殊方异物，四面而至。”①这些均属外国“所献国珍”，而非赋税所入。

四　殷代外交制度的特点

以上我们对殷代外交制度作了一些粗略的探讨，不过从中可以看到殷代外交关系已有相当程度的发展，西达秦陇，北逾陕晋，南至江淮以南，东至于海的广大地区分布的几十个方国诸侯都与商王朝建立过不同程度的外交关系。考古发掘表明，“解放以来，除了以郑州、安阳为中心的地区外，在山东、江苏、山西、湖北、安徽、江西、陕西、四川等地，以及北京附近，都发现不少重要的殷商文化遗存。这些地点距离殷商帝国的政治中心比较远，而且在传统观念上，也认为是超出了殷商帝国的势力范围，因此，推想它们有可能是当时的方国遗存。”② 这个范围也正是殷王朝外交关系所及之处。它们的文化遗存虽然各有地区特点，但又与殷商文化有许多相似之处，在相互的经济文化交流中，使它们在不同程度上受到殷商文化的影响。这种情况在一定意义上可以说是其时外交关系发展所留下的历史印记。

从对殷代外交制度的初步探讨中，我们可以看到当时外交制度的某些特点。

（一）外交制度的原始性

殷代是我国古代外交制度产生的重要阶段，对后世外交制度的发展有着深远的影响，后世外交制度的许多特点都可以从殷代找到它的雏形。但是，这个时期毕竟国家产生不久，作为国家制度之一的外交制度自不免带有浓厚的原始性。其时在国家机构中还没有负责外交事务的专门机构，如后世之鸿胪、主客。也没有专职的外交官员，卜辞中的“史”“史人”多用作动词，而少作专有名词用者。当时外交大权集中于商王手中，“史人”的派遣，对来使的接待、宴享、遣送均由商王决定。由于殷代重神权，这一切又均需经过占卜，因此实际上贞人在一定程度上也参与决

---

① 《汉书》卷九六下《西域传下》，第3928页。

② 《新中国的考古发现和研究》第三章《商周时代》，第239页。

定其事。此外王室贵族、重臣、将领亦可根据需要而派遣“史人”。“史人”之人选往往由具体任务的需要而派遣合适人员，不过从卜辞看，“史人”多由“小臣”一类商王近侍、亲信人物来担当。但“小臣”并不是一个确定的官职，上至商王辅佐重臣，下至仆隶均可称为“小臣”，不过从总体上他们是属于商王的近侍、亲信。

（二）外交关系的不稳定性

从部落联盟时期开始即充满了部落与部落、联盟与联盟之间无休止的征服与被征服的战争历史。到了商代，这种征服性的战争更加频繁与激烈。当时对外关系的确立，一般都是在军事征服之后而实现的，军事力量是建立外交关系的后盾。如鬼方与商王朝曾长期对立，武丁大举用兵征服后，成为商的与国。缶是在今晋南的一个方国，武丁时与商为敌。武丁曾率军亲征，“王敦缶，受又”（甲261）。后被征服，缶君亲来朝见商王（乙5393），商王可以“令缶”（天70），并关心其是否受年（乙6423）和获犬（前3.33.4）。沚在武丁前期与殷为敌，卜辞有“其征沚”（林1.4.5）、“令伐沚”（缀合57）的记载，后被征服，沚君聝成为殷王之得力干将，受命征伐，尽各种贡纳、朝觐之义务。此类事例不胜枚举。但是，一俟殷商武力不济，他们即可反目，摆脱外交关系。如龙方便常依违于商和羌方之间。武丁曾派舌（库1001）、师般（合集6587）、妇井（续4.26.3）等征伐龙方，后龙方臣服于殷，龙方与殷联合攻羌：“贞，乎龙以羌”（丙49），商王还派吴往“羌龙”（合集6636）。但后因武丁兵力不及，龙方又联羌而叛，于是武丁复派吴“戋羌龙”（合集6631）。由此可见，这些方国与殷王朝并无牢固的联盟关系，它们是与殷王朝并存的相对独立的实体。

（三）外交关系的非对等性

殷代的外交关系是建立在不平等基础上的，当时还不可能产生对等性的外交制度。在公元前16世纪以前的亚洲东部大陆，殷王视野之所及，还没有一个国家或政权能与商王朝匹敌。因此，方国诸侯战败后对于商王朝只能是一种臣属关系，他们除了在政治上服从，到“大邑商”去朝见贡纳之外，还要接受商王的各种差遣和命令，令其“古王事”，令其征伐，并随意“乎”（呼）、“取”。卜辞中常见商王“比”某方国诸侯征战的记录。卜辞“比”“从”二字易混，屈翼鹏谓：“实则以字形言二字虽间有相似者，然大都固较然甚明，以字义言则尤风马牛不相及也。”[①]并谓“比”者“皆泛卜亲信某人之辞。有的同志根据“比”字有“亲密联合之义”，证明商代为方国联盟。我们似不能仅从这一点推断商与所联合出兵之方国是一种亲密平等的联合。因为这种联合军事行动的主动权完全操于商王之手，而这种军事行动又无不是为商王的军事、政治目的而采取的，方国诸侯往往处于服从地位。而这种联兵，既可称“比”，亦可称“令”。如既可作“王比沚畆伐”，又可作“乎令沚𢦏”；即可作“比望乘”（粹1113），又可作令乘望（京4386）。后世建立外交关系的国家间，亦常存在军事上相互配合之义务，如西汉宣帝时为了攻打匈奴，派“校尉常惠使护发兵乌孙西域”，乌孙昆弥亲率五万余骑与汉军东西夹击匈奴，取得大胜[②]。此事亦可称汉宣帝令常惠“比”乌孙击匈奴，但这种“比”的主动权是完全操于汉朝之手的。

通过对殷代外交制度一些特点的初步分析，我们可以来进一步认识殷代的国家形式与政治体制。关于这个问题，目前学术界有两种主要的意见，除了上述“方国联盟”的观点之外，还有一种比较传统的意见，即认为商王朝与方国诸侯是一种中央与地方的关系。近年杨升南同志的《卜辞所见诸侯对商王室的臣属关系》一文对此有更深入的论述。但通过对殷代外交制度的初步探讨后，看来这种意见似乎值得商榷。

在殷人的观念中，殷是“大邑商”“天邑商”或“中商”，王畿所辖为“中土”，其外为“四土”。而这“四土”实际是把四周一切诸侯、方国、部落均包括在内，均视为应是自己的领土和臣民，说明后世以中原为天下之中的中央王国思想和“溥天之下莫非王土，率土之滨莫非王臣”的观念在殷代已经萌发。在这种观念支配下，邻邦对商王朝的一切外交关系均被视为“来享”“来王”。后世由此而理想化为畿服制度与职贡制度之观念。所谓“先王之制，邦内甸服，邦外侯服，侯卫宾服，蛮夷要服，戎狄荒服”，并按照这种“五服”观念而定出不同等级的职贡，“甸

① 李孝定主编：《甲骨文字集释》，第八册，台北“中央研究院”历史语言研究所1970年版，第2693页。

② 《汉书》卷九四上《匈奴传上》，第3785页。

服者祭，侯服者祀，宾服者享，要服者贡，荒服者王”①。这种观念并非全然无据，乃是古代中原王朝与方国、诸侯关系在一定意义上的反映，但这又是一个被扭曲和理想化了的模式。在商人的观念中，方国诸侯于商王朝的贵族之来大邑商朝见贡纳，均视为“来王”“来享”，卜辞中“氐”“入”“贡”“来”“乎”“取”均同样用于这二者而并无区别。而我们今天分析他们之间的关系时，则应加以区别。地处黄河中下游的商王朝，在当时无疑是一个最强大的国家，但是与它并存的政权或氏族部落还有许多。商王朝统治范围，不过西及沁水，南至商丘，东界曲阜以西，约当今河南北部、山西东部、山东西部这一地区②。这个范围内的“诸侯”，当然是商王朝的领土。但其外广大地区则是与商并存的政权或氏族部落，尽管他们与商王朝有着这样那样的联系，有的还建立了亲密的外交上的臣属关系，但还不能将它们视为商王朝的地方政权，其加入中原王朝的过程尚有一条漫长的道路，这一过程直至秦统一六国才基本上完成。

（原刊《历史研究》1988 年第 1 期，中国人民大学报刊复印资料《先秦、秦汉史》1989 年第 3 期全文转载。1987 年黎虎先生参加在河南安阳举行的“中国殷商文化国际讨论会”，此时黎虎先生已经转向魏晋南北朝史研究领域，胡厚宣先生点名邀请黎虎先生参加此次研讨会。黎虎先生遂撰此文参加了这次会议，论文后来投寄《历史研究》并被录用。此文后被收入于省吾主编：《甲骨文诂林》第四册，中华书局 1996 年版。2016 年《先秦汉唐史论》于北京师范大学出版社出版，上编“古史卷”收录此文，黎虎先生进行了一些修订。我们在黎先生遗存文件中又发现同名文章，经过与《先秦汉唐史论》刊本比较，发现又有所修订，当为黎先生最后修订稿。今以此最后修订稿为底本，并参校其它刊文整理。李文才敬识。）

---

① 《国语集解》卷一《周语上》，第 6—7 页。

② 《殷代地理简论》，第 95—96 页。

殷都屡迁原因试探

殷商历史上一个显著现象，是其都邑之频繁迁徙，殷人自称“荡析离居，罔有定极”①“不常厥邑”②。汉代张衡曾概括道：“殷人屡迁，前八而后五。”③“前八”指成汤建国前之八迁，“后五”为成汤建国后之五迁。成汤之前八迁，史无明文，王国维摭拾《世本》《纪年》遗文作了考证，指出了八处④，兹不赘述。成汤之后五迁，诸书记载不尽同，自汉以来学者意见亦极不一致，其中以《竹书纪年》所载近是。据此，则“汤始居亳”⑤后之五迁为：仲丁自亳迁于嚣⑥，河亶甲自嚣迁于相，祖乙居庇⑦，南庚自庇迁于奄，盘庚自奄迁于殷。

后五迁与前八迁之性质不同，前八迁乃商族建国前氏族部落之流动迁移，后五迁为殷商王都之迁徙。本文所欲讨论者，乃商朝建立后王都屡迁之原因。

---

① （汉）孔安国传，（唐）孔颖达疏，廖名春、陈明整理，吕绍纲审定：《尚书正义》卷九《盘庚下》，北京大学出版社2000年版，第288页。

② 《尚书正义》卷九《盘庚上》，第268页。

③ （梁）萧统编，（唐）李善注：《文选》卷二《京都上·西京赋》，上海古籍出版社1986年版，第80页。

④ 王国维：《观堂集林》卷一二《史林四·说自契至于成汤八迁》，中华书局1959年版，第515—516页。

⑤ 《尚书正义》卷七《胤征》，第223页。

⑥ （汉）司马迁撰，（南朝·宋）裴骃集解，（唐）司马贞索隐，（唐）张守节正义：《史记》卷三《殷本纪》作“隞”，中华书局1959年版，第100页。

⑦ 《尚书正义》卷八《商书·咸有一德》作“耿”，第264页；《史记》卷三《殷本纪》作“邢”，第100页。

一　对于几种旧说的意见

关于殷都屡迁之原因，自汉迄今，主要有如下数说：第一，“去奢行俭”说；第二，“水灾”说；第三，“游牧”“游农”说；第四，阶级斗争说。

“水灾”说与“去奢行俭”说均渊源于汉儒成说。东汉郑玄谓：“祖乙居耿，后奢侈踰礼，土地迫近，山川尝圮焉。至阳甲立，盘庚为之臣，乃谋徙居汤旧都。”① 他曾举出“奢侈逾礼”与“土地迫近，山川尝圮焉”两项原因。此外则或执“奢侈逾礼”一端②，或执“山川尝圮焉”一端③，而形成“水灾”说与“去奢行俭”说两种对立意见。

“水灾”说已为现代不少学者所摒弃，但是，近年又有提倡此说者。《历史学》杂志1979年第一、二期刊登顾颉刚、刘起釪先生《盘庚三篇校释译论》④（以下简称《校释译论》），该文认为，殷人惯于选择定都居住的地方在河滨，由于黄河经常出问题，所以殷人迁移的重要原因，“终是水涝给旧地造成了祸患，引起了经济的、社会的问题，不得不迁。”⑤

我们认为，“水灾”说存在诸多矛盾与问题，难于成立。首先，殷人之都邑虽不出黄河中下游南北两岸平原，存在遭受黄河水患之可能性，但是，现在还没有材料证明水灾迫使殷人迁都之事实。《校释译论》举陈梦家《殷虚卜辞综述》关于水灾的卜辞材料，作为其立论的依据，说该书“根据不少卜辞材料，指出当时的水患有两种：一是河水来入为患，一是久雨成大水为患。这两种水患首先受害的是贫苦人民，往往会发生韩献子所说

---

① 《尚书正义》卷九《盘庚上》孔颖达疏引，第266页。按，句读依前所断，不从所引之书。

② 杜笃《论都赋》：“昔盘庚去奢行俭于亳”［（南朝·宋）范晔撰，（唐）李贤等注：《后汉书》卷八〇上《文苑传上·杜笃传》，中华书局1965年版，第2595页］；荀悦《申鉴·时事第二》：“盘庚迁殷，革奢即约。”［（汉）荀悦撰：《申鉴》，中华书局1985年版，第7页］

③ 《蔡传》：“自祖乙都耿，圮于河水，盘庚欲迁于殷。”（蔡沈：《书经集传》，宋元人注《四书五经》，北京古籍出版社1995年版，第393页）（清）戴钧衡撰：《书传补商》：“盘庚之迁何故乎？曰水灾也。曷灾乎？曰河圮也。”（《续修四库全书》第50册《经部·书类》，上海古籍出版社2002年版，第41页）

④ 顾颉刚、刘起釪：《尚书校释译论》，中华书局2005年版，第900—1090页。

⑤ 《尚书校释译论》，第980页。

的‘民愁’，影响到奴隶主的统治。所以殷代就要常举行迁移。”[①] 殷虚卜辞中诚然有许多关于水灾的材料，陈梦家先生即举出自武丁至帝辛的二十条卜辞，屡见“其㞢大水”之类的记载。洹河水灾也曾不止一次为害殷都，如武丁卜辞“洹其乍兹邑祸”[②]，明言洹水泛滥，为祸于殷都。但这些卜辞均为盘庚迁殷后之记录，而商“自盘庚徙殷，至纣之灭，七（二）百七十三年，更不徙都”[③]。这就表明，尽管当时在安阳经常有洪水为患，却并没有引起迁都。何以盘庚之后之水灾没有促使殷人迁都，而盘庚之前之水灾却是殷人屡迁之“重要原因”呢？显然，卜辞中的水灾记录，不足以说明殷都屡迁之原因。相反地，这种水灾记录愈多，愈是证明殷都屡迁之原因不是水灾。

在盘庚之前唯一可能遇到水灾的是祖乙。《尚书序》说：“祖乙圮于耿”。伪《孔传》说：“河水所毁曰圮”[④]。不过《尚书序》晚出，为汉人所作，并无先秦文献为据。即使祖乙圮于耿是事实，而当时并未立即迁都，直至祖乙之孙南庚才迁奄，其间已历三代五王之久。祖乙究竟一迁还是两迁？邢、耿、庇究竟是一地还是几地？学术界尚有争议，即使如《校释译论》所说邢、耿为一地，庇为另一地，至祖乙之子祖辛时即自耿（邢）迁于庇[⑤]，而迁都与水患之发生亦已隔代，亦不能证明祖辛迁庇是由于水灾。

其次，“水灾”说者从《盘庚》篇找到一些话作为论据，这些论据亦有问题。论据之一是“殷降大虐，先王不怀。厥攸作（视民利，用迁）”[⑥]，认为“大虐”指“大灾害”，并断言“旧注多以为指水患”[⑦]。关于“大虐”的具体含义，将在下面讨论。现在需要指出的是，伪《孔传》所谓“天

---

① 《尚书校释译论》，第977页。

② 郭沫若主编，胡厚宣总编辑：《甲骨文合集》，7854正，中华书局1982年版。以下简称合集。

③ 范祥雍：《古本竹书纪年辑校订补》，上海人民出版社1962年版，第21页。

④ 《尚书正义》卷八《咸有一德》，第264页。

⑤ 《尚书校释译论》，第972页。

⑥ 《尚书正义》卷九《盘庚中》，第280页。有引此文为据者，往往断章取义，引为：“殷降大虐，先王不怀厥攸作”，并解释为水患等大灾害。

⑦ 《尚书校释译论》，第977页。

降大灾"，非指河患，戴钧衡曰"孔氏安国第言水泉沉溺，未明言河患"[①]。孔颖达亦谓："迁徙者止为邑居垫隘，水泉鹹卤，非为避天灾也"[②]。可见"大虐"不必指"水患"。论据之二是"古我先王，将多于前功，适于山。用降我凶德，嘉绩于朕邦。"[③] 有人释"适于山"为"每因河滨多水患，而徙都于高地也"[④]。这种解释与经义并不合。伪《孔传》说："徙必依山之险，无城郭之劳，下去吉凶之德，立善功于我国。"《孔疏》说："先王至此五邦，不能尽知其地，所都皆近山，故总称适于山也……言其徙必依山，不适平地，不谓旧处无山，故徙就山也。"[⑤] 二书均未将"适于山"与"水患"联系。古人选择都邑必然尽可能依山设险，所谓"地险山川丘陵也，王公设险以守其国"[⑥]。殷都的地望虽然还不能尽知，但人们所提及的几处确有依山而建者，如亳都有谓在河南偃师的，其地即处于邙山与嵩山之间；隞都有谓在荥泽者，即依敖山而建；有说在山东蒙阴[⑦]，则更在沂蒙山区；耿都有谓在河东皮氏（今山西河津），地处吕梁山与中条山之间；奄都在今山东曲阜，其地"奄有龟蒙""保有凫绎"[⑧]，东有龟山、蒙山，南有凫山、绎山。但是，殷人并非一味地"适于山"，有时则自高地迁往原隰河滨，如仲丁由亳迁隞，如果隞在荥泽，则不论亳都在何地均更向河滨迁徙。盘庚从奄迁殷，奄邑较殷地距古黄河道要远得多[⑨]。有时则自河滨迁往河滨，如河亶甲自嚣迁相，相在今河南内黄，祖乙自相迁邢，邢地多谓在今河南武陟、温县一带，则嚣、相、邢均在河滨。这种现象是不能用"河患"解释的。论据之三是"今我民

---

① 《书传补商》卷一《盘庚上》，《续修四库全书》第50册《经部·书类》，第41页。

② 《尚书正义》卷九《盘庚中》，第279—280页。

③ 《尚书正义》卷九《盘庚下》，第288页。

④ 杨筠如：《尚书覈诂》，陕西人民出版社1959年版，第116页。

⑤ 《尚书正义》卷九《盘庚下》，第288页。

⑥ （魏）王弼注，（唐）孔颖达疏，卢光明、李申整理，吕绍纲审定：《周易正义》卷三《坎卦·象》，北京大学出版社2000年版，第154页。

⑦ 丁山：《商周史料考证》，中华书局1988年版，第29页。

⑧ （汉）毛亨传，（汉）郑玄笺，（唐）孔颖达疏，龚抗云、李传书、胡渐逵、肖永明、夏先培整理，刘家和审定：《毛诗正义》卷二〇（二十之二）《鲁颂·閟宫》，北京大学出版社2000年版，第1671、1672页。

⑨ 谭其骧主编：《中国历史地图集》第一册《商时期全图》，地图出版社1982年版，第11—12页。

用荡析离居，罔有定极。”[①] 对于“荡析离居”一语，《校释译论》说：“旧注都以为形容人民遭受水灾的情况，似指奄邑曾受水灾。”[②] 这种解释有两个问题值得商榷，一是这句的含义是否指水灾，二是奄邑是否遭受过水灾。事实上，旧注并非都把这句话解释为水灾，伪《孔传》说：“水泉沈溺，故荡析离居，无安定之极，徙以为之极。”[③] 孔颖达对此解释道：“孔意盖以地势洿下，又久居水变，水泉泻卤，不可行化，故欲迁都。”[④] 认为是由于地势低洼，发生了盐碱化现象，不适于农耕和居住，因而不得不另择新地，并无遭受黄水袭击被迫迁都之意。至于说“奄邑似曾受水灾”，也属推测之辞，没有史料根据。从其地势观之，奄地处于山东丘陵西侧，黄河水患能否冲击其地，实属可疑。而从《盘庚》三篇中也没有发现奄邑遭到水患的任何迹象。

《盘庚》三篇所记迁殷史事，证明奄邑并无水灾为祸。盘庚迁殷前曾召集臣民训话，对于不乐迁都的众人提出了两点指责：一是对于迁都之举很不理解，“汝不忧朕心之攸困，乃咸大不宣乃心”[⑤]。洪水为灾是对人民生命财产直接的威胁，如果当时奄邑洪水为灾，臣民是不会不理解避害趋利的道理的，可见迁都当有更隐蔽、深刻的原因；二是只顾眼前利益和安逸，得过且过，不作长远的考虑，“汝不谋长，以思乃灾，汝诞劝忧。今其有今罔后，汝何生在上”[⑥]，广大臣民存在“有今罔后”情绪，表明“今”还是过得去的，并没有紧急灾情的威胁。常言道水火无情，如果当时奄邑水灾为虐，人民避之唯恐不及，哪里还能贪图眼前利益和安逸呢？可见盘庚所称的“灾”，不是眼前能够看见的“水灾”，而是长远的、暂时看不见的“灾”。由于其时奄邑绝无水灾之类的“天灾”，所以，盘庚迁都时，不是从奄邑逃离黄河，反而是迎着黄河，“惟涉河以民迁”[⑦]，率领臣民有计划地“作渡河之具”[⑧]，西渡黄河，从远离黄河的奄

---

① 《尚书正义》卷九《盘庚下》，第 288 页。
② 《尚书校释译论》，第 923 页。
③ 《尚书正义》卷九《盘庚下》，第 288 页。
④ 《尚书正义》卷九《盘庚上》，第 266 页。
⑤ 《尚书正义》卷九《盘庚中》，第 280 页。
⑥ 《尚书正义》卷九《盘庚中》，第 281 页。
⑦ 《尚书正义》卷九《盘庚中》，第 278 页。
⑧ 《尚书正义》卷九《盘庚中》孔疏引郑玄语，第 279 页。

邑迁至更滨于河的安阳。

下面再看“游牧”说与“游农”说。游牧说认为，商民族在盘庚迁殷之前还是迁徙无定的游牧民族，到盘庚时才有初步的农业，由游牧时代转入农业时代，因而有了定居的倾向①。这个说法早已被商代卜辞和考古资料证明是不符合史实的。商代畜牧业无疑是相当发达的，商王及贵族用牲数量极其惊人，动辄数十头至三四百头。但是，在商代社会生产中，农业已是最主要的部门，不独商后期如此，商前期即已如此。这点我们将在下面谈游农说时论及。

“游农”说是继“游牧”说之后另一种企图从社会生产方面去寻找迁都原因的新的努力，可以傅筑夫先生为代表。解放前傅氏即提倡此说②，近年出版的《中国经济史论丛》中又辟专章进一步发挥了此说。傅氏认为：殷代的农业是一种极其粗放的原始农业，其原始性主要表现在生产工具的笨拙和耕作方法的原始两个方面。因此当一地的地力耗尽之后，便需改换耕地，不得不常常迁徙，不能营定居生活。这种农业称为“游耕”或“游农”。“游农”经济是殷人都邑屡迁的原因所在。

此说也存在许多问题。第一，“游农”说认为“生产工具的笨拙”是殷代农业处于“游农”阶段的主要原因之一。但是，它并没有说明这些“笨拙”的生产工具究竟是商前期还是后期的，前后期的生产工具发生了什么样的变化。如果这些“笨拙”的生产工具是指商前期，即盘庚迁殷前的状况，那么，就应当举出史实来论证商后期，即盘庚迁殷之后的生产工具有了什么进步，可惜它没有举出这方面的任何史实以为根据。傅著对殷前期和后期不加区别，笼统地讲“生产工具的笨拙”，而他所使用的材料又几乎都是商后期的，如卜辞材料与殷墟出土农具的资料等，莫不如此。这在论证方法上不能不说是一个缺陷。事实上，商后期的农业生产工具，与前期相比基本上是一致的，两者处于大体相同的发展水平，都是相当“笨拙”的。

随着殷商考古的发展，我们现在不仅有了商后期的典型遗存——殷墟文化，而且发现了丰富的商前期文化，如郑州二里岗文化以及湖北盘

---

① 郭沫若：《中国古代社会研究》（外二种），河北教育出版社2000年版，第100页。

② 傅筑夫：《关于殷人不常厥邑的一个经济解释》，《文史杂志》1944年第4卷第5、6期。

龙城、河北藁城等重要遗址。考古资料证明，郑州和小屯两地的殷商文化中，“石器中的石镰和石斧等，这两地出土的都很近似”，两地的殷商文化具备了“大体一致的特征”[①]。殷代农业生产中已使用少量青铜工具，而到目前为止所发现的寥寥几件青铜农具中，商代前后期的数量也基本相等，湖北黄陂盘龙城的早商墓葬中，曾出土两件青铜锸[②]，而商代后期的安阳殷墟，也只先后发现过两件青铜铲[③]。可见商代前后期的农业生产工具并未发生重大的变化，我们很难把商代农业的发展划分为前后两个截然不同的阶段。

第二，“游农”说认为殷代农业处于“游农”阶段的另一主要原因是耕作方法原始。表现之一，是采用原始的“火耕”方法，即“烧田”。论者认为，由于殷代生产工具简单而笨拙，开辟原野的能力不大，只有用大火把林莽烧平，然后把土铲平，在灰土上撒播种子，是为“火耕”。其根据是“卜辞中有很多卜焚的记录”，卜辞中的“焚”字就是“烧田”之意，《说文》云：“焚，烧田也。”[④]

关于“卜焚”的意义，胡厚宣先生在《殷代焚田说》[⑤] 等文中，指出所谓“卜焚”，都是说的殷人田猎的一种方法，根本与农作无关。胡先生的意见是正确的。不独卜辞为然，即以文献而言亦然。《说文》所谓“烧田”，也是田猎之田，王筠《说文句读》：“谓烧宿草以田猎也。”[⑥]《春秋》桓公七年杜预注：“焚，火田也。”[⑦]《尔雅·释天》：“火田为狩”[⑧]。“火田”是自古以来即经常采用的狩猎方法，直到现代有些狩猎民族还在采用，如鄂伦春族在解放前还有“烧荒引兽，放火寻角”的狩猎

① 邹衡：《试论郑州新发现的殷商文化遗址》，《夏商周考古学论文集》，科学出版社2001年版，第22页。

② 湖北博物馆：《盘龙城商代二里岗期的青铜器》，《文物》1976年第2期。

③ 北京大学历史系考古教研室：《商周考古》，文物出版社1979年版，第83页。

④ 傅筑夫：《中国经济史论丛》上册，生活·读书·新知三联书店1980年版，第42—44页。

⑤ 胡厚宣：《甲骨学商史论丛初集》，河北教育出版社2002年版。

⑥（清）王筠撰：《说文句读》第3册，中国书店1983年版，第252页。

⑦（周）左丘明传，（晋）杜预注，（唐）孔颖达疏，浦卫忠、龚抗云、胡遂、于振波、陈咏明整理，杨向奎审定：《春秋左传正义》卷七，桓公七年，北京大学出版社2000年版，第212页。

⑧（晋）郭璞注，（宋）邢昺疏，李传书整理，徐朝华审定：《尔雅注疏》卷六《释天》，北京大学出版社2000年版，第204页。

习俗[①]。殷人“卜焚”也是为了田猎，如武丁卜辞云：“癸卯允焚，获兕十一，豕十五，罠二十五”（乙 2507）[②] 即记录癸卯这天，用烧草的方法猎得犀牛十一头，豕十五头，獐二十五头。

所谓殷人耕作方法原始的表现之二，是耕作地点经常改换。既然他们的耕作技术还处于原始“火耕”的阶段，他们还“既不知灌溉也不懂施肥，完全利用土地的自然力以事种植……等到一境之内可资利用的土地都已轮流耕遍，而土地的肥力业已衰减之后，便不得不举族远徒，另到一个新的地方，再以同一的程序和方式去进行生产。”[③] 我们虽不能对殷代农业的发展水平估计过高，但是认为殷代还不懂施肥，则与史实不符。胡厚宣在《殷代农作施肥说》[④] 等文中以大量卜辞资料证明商代已知施用人工粪肥。甲骨文“戸”字即粪便之“屎”字。“戸田”即施用粪肥于农田。如武丁卜辞云：“庚辰卜，贞翌癸未戸西单田，受㞢（有）年。十三月。”意思是说，在闰十三月庚辰这一天占卜，问由庚辰起到第四天癸未这一天，打算在西单平野的田地上施用粪肥，将来能否得到丰收？这是一条非常完整而清楚的施肥的卜辞。不仅商后期已用粪肥，商前期也已知施肥，《氾胜之书》说：“汤有旱灾，伊尹作为区田，教民粪种，负水浇稼。”[⑤] 从卜辞中大量“戸田”的记载来看，成汤、伊尹之时已知粪种，当是可能的。为了证明殷人经常改换耕作地点，傅著以“卜辞中有许多关于改换耕作地点的贞卜文字”作为根据，称卜辞卜问某地受年，如“商受年”“雀受年”等，系卜问应在某地耕作始获丰年的意思；卜某方受禾，如“西方受禾”“北方受禾”之类，系卜问应在什么方位耕种始获丰收的意思，断言“这都是在全部族大迁徙之前，先在原来聚居的地方不断改换耕地的记录。”[⑥] 我认为这个看法也是不正确的。卜问某地、某方是否“受年”或“受禾”，是祈求某地、某方的庄稼能否有好收成，

① 内蒙古自治区编委会编：《鄂伦春族社会历史调查》第一集，内蒙古人民出版社 1984 年版，第 11 页。

② 董作宾：《殷墟文字乙编》，商务印书馆 1948、1949 年版；科学出版社 1953 年版。

③ 《中国经济史论丛》上册，第 44、45 页。

④ 胡厚宣：《殷代农作施肥说》，《历史研究》1955 年第 1 期。

⑤ （西汉）氾胜之撰，万国鼎辑释：《氾胜之书辑释》，中华书局 1957 年版，第 62 页。

⑥ 《中国经济史论丛》上册，第 44、45 页。

并非卜问何地、何方可否种植。即使这种卜辞如傅先生所理解的那样，但这种耕地的不断改换何以竟没有引起“全部族的大迁徙”，而导致殷人再一次迁都呢？所以，傅著所引用的这些卜辞材料，与他所要论证的结论是南其辕而北其辙的。

农业的发展，还表现在粮食的增产上。殷代前后期的粮食加工工具也基本相同，邯郸、郑州等早商遗址中出土了石杵和石臼，而殷墟的晚商遗址中也发现了这样的石臼。同时，“在郑州、辉县、邢台、藁城等地的早商遗址和殷墟的晚商遗址中都发现了大量的贮藏粮食的窖穴”①，在郑州还发现了稻壳等粮食作物遗痕，这种现象也说明了商代农业生产的发展及其前后期发展水平基本的一致性。

第三，“游农”说所称耕地改换的时间，与殷人迁都的时间也是大相径庭的。傅著说：“在成汤以前，迁徙的次数既多，而迁到一地之后，居留的时间亦短。汤以后，迁徙的次数即渐渐减少，而迁到新邑之后，居留的时间亦比较长。盘庚以后，在一地居留的时间更长……这个不同，显然是由于早期的农业状况更为原始，耕作方法更为粗放，因而改换耕地的需要就更为迫切和更为频繁，后来农业生产力慢慢有所发展，定居的成份也就逐渐加多。”②

这个解释也是经不起推敲的。我们姑且不论成汤以前的迁徙，即以成汤建国之后的迁徙而论，自成汤居亳之后，直至仲丁才从亳迁隞。成汤至仲丁共历六代十一王，如以每代三十年计，则在亳都一地定居达一百八十年之久，如以每代二十年计也在一百二十年内。仲丁至盘庚为五代十王，殷都屡迁即发生于这个期间，其绝对年代不超过一百五十年。而从盘庚迁殷之后则二百七十三年未徙都邑。商朝历史约六百年左右，在这六百年中，只有中间一百余年发生都邑频迁，至于其前、后则均长期定居于一地。如果用“游农”说以解释成汤之前的迁徙还勉强可通的话，那么它是无论如何也无法解释为什么殷人在亳都定居如此之久的，何以这时不需要“游农”，而到仲丁之后突然“游农”起来呢？可见殷人从亳都迁隞，是与“游农”经济风马牛不相及的事情。而且，即使从仲

---

① 北京大学历史系考古教研室商周组编：《商周考古》，文物出版社1979年版，第40页。

② 《中国经济史论丛》上册，第46页。

丁至盘庚这段最频繁的迁徙时间，也平均约三十年左右才迁徙一次。这种迁徙也不是用“游农”经济所能加以解释的。

第四，把殷人的迁都与非洲等地原始的“游农”村落的迁徙类比也是不恰当的。殷商王朝是当时世界上的文明古国之一，古代东方的泱泱大国，考古发掘资料证明，其王都规模恢宏，有巨大坚固的城墙，宏伟的宫室宗庙建筑，以及大规模的手工业作坊、墓葬等。以郑州商城为例，它是商代前期的王都，有人认为它就是成汤所居亳都①。其城垣周长近7千米，至今仍有高出地面9公尺者。据发掘报告称：仅建筑城墙的挖土量为170万立方米，夯土量为87万立方米。如每天按1万人筑城、3000人挖土、3000人运土、3500人夯打、500人负责勤杂工作来计算，至少需要8年时间才能完成。所以殷人迁离郑州商城这样巨大的城池，决不能与抛弃一个“游农”村落同日而语，这种迁徙显然与“游农”经济毫无关系，必定还有更重要的原因促使他们作这样大规模的迁徙。

还必须指出，郑州商城遗址的总面积与安阳殷墟遗址总面积相等，都在24平方千米以上，两者的规模是一致的。郑州商城是商前期王都的代表，安阳殷墟是商后期王都的代表，前后辉映。王都是当时政治、经济中心，这说明，商前期的社会发展水平已达到相当高度，与商后期基本一致，决非一个是处于原始“游农”经济的、尚未定居的阶段，一个是摆脱了原始农业的、已达到定居的两个不同发展阶段的社会。

“去奢行俭”说是最早企图从社会原因上去解释殷人都邑屡迁的一种见解。此说自汉代提出之后，虽然遭到不少非难，尤以宋儒、清儒拒之最力，但始终无法推翻此说，因为此说多少有其合理的成份。盘庚迁殷时，贵族奢侈事实具在，如《盘庚》篇“具乃贝玉”② “总于货宝”③ 等皆是其证。但此说仍不能真正解释殷都屡迁。贵族奢侈不仅盘庚之时存在，盘庚迁殷之后亦曾出现，这是剥削阶级的“通病”，何以此时独能促动迁都而彼时却不然？“去奢行俭”的因素是存在的，但是如果没有更为

① 邹衡：《论汤都郑亳及其前后的迁徙》，《夏商周考古学论文集》，第213页。

② 《尚书正义》卷九《盘庚中》，第284页。

③ 《尚书正义》卷九《盘庚下》，第290页。

重大的原因，统治阶级是不可能下这样大的决心“震动万民以迁”[①]的。

郭沫若主编《中国史稿》第一册，对殷都屡迁作了如下的解释：“这样迁来迁去，一方面是由于阶级斗争的发展以及统治阶级内部的纷争，同时也是由于自然灾害造成的威胁。”[②] 这个说法提出了“阶级斗争”和“统治阶级内部的纷争”为殷都屡迁的原因，可惜没有具体解释。

有的同志倒是把当时“阶级斗争”的内容具体化了，认为那是由于贵族和平民的矛盾引起的，因为“贵族和平民的斗争是《盘庚》所言‘灾’、‘虐’的中心问题”[③]。这个说法值得商榷。首先，贵族和平民的矛盾非盘庚时期独有的，在他之前之后均是存在的，殷末“小民方兴，相为敌仇”，平民的反抗斗争使“殷其沦丧”[④]，震撼了殷王朝的统治，其剧烈程度远远超过盘庚时期贵族与平民的斗争。何以盘庚时期这一矛盾促动了迁都，而其他时期的同样的矛盾和斗争却不能发生这种作用呢?

其次，我们并不否认盘庚时期存在着贵族与平民的矛盾，但是，《盘庚》篇的中心问题却并非贵族与平民的矛盾。这个问题我们将在下文予以讨论，兹不烦言。这里我们先讨论一个问题，即盘庚三次训话的对象是些什么人?

盘庚在迁殷前后，曾多次召集“民”“众”讲话。《盘庚》篇中的“众”，与甲骨文中的“众”字不能等同视之。如果甲骨文中的“众”可以当奴隶解的话，那么《盘庚》篇中的“众”却没有一处可以当奴隶解的。上篇所记盘庚召来的“众”，训辞中指明他们的身份是“旧人”，他们的祖、父与盘庚的先王“胥及逸勤”，曾相与安乐与勤劳。盘庚“大享”先王之时，他们的祖先“其从与享之”[⑤]。可见“旧人”即世袭的贵族旧臣。下篇所召集之“有众”，其身份是“百姓”“邦伯、师长、百执事之人”[⑥]，其为贵族和百官就更加明确了。

《盘庚》篇中的“民”字，也不可与金文中的“民”字等同。郭沫

---

① 《尚书正义》卷九《盘庚下》，第 288 页。

② 郭沫若主编：《中国史稿》第一册，人民出版社 1977 年版，第 162 页。

③ 李民：《尚书与古史研究》，中州书画社 1982 年版，第 144、145 页。

④ 《尚书正义》卷一〇《微子》，第 310 页。

⑤ 《尚书正义》卷九《盘庚上》，第 275 页。

⑥ 《尚书正义》卷九《盘庚下》，第 287、289 页。

若释"民"字为"横目的象形文，横目带刺，盖盲其一目以为奴征"①。但是《盘庚》篇中的"民"字与此不同。上篇的前一部分"民不适有居"中的"民"，当指广大民众，盘庚命令"众慼"（贵族）代表他向他们陈述诰辞。这里面当有不少平民，但不会包括奴隶在内，因为奴隶是否习惯于新居，奴隶主统治者是不会亲加询问和抚慰的。中篇"乃登进厥民"② 中的"民"，其范围比前者显然狭小得多，那是有资格进入王庭听盘庚训话的人。王庭的面积不会太大，能进入王庭者决不能甚多。这里的"民"，其祖先与商先王曾经共事，"古我先后，既劳乃祖乃父"③，当是与商王同族并能为商王奔走效劳之人。这些人的身份也是贵族，广大平民是不能有这种资格的。他们中有中小贵族，也有大贵族，包括与盘庚"同位"的"乱政"④ 之人，即百官大臣。

盘庚直接训话的对象是上层贵族和百官，而对于中小贵族和平民，则通过上层贵族和百官向他们转达盘庚的训词。明确了训话对象的身份，再结合训词内容进行分析，我们就会看到，盘庚迁殷并非由于贵族与平民的斗争引起的。

二　"比九世乱"是殷都屡迁的客观原因

《史记·殷本纪》谓："自中丁以来，废適而更立诸弟子，弟子或争相代立，比九世乱，于是诸侯莫朝。"⑤ 这段记载，是我们解开殷都屡迁这一历史之谜的钥匙和关键所在。

所谓"自中丁以来……比九世乱"，是指仲丁至阳甲九王在位期间，商朝发生了连年的王位纷争⑥。这段记载的重要性在于，殷人频繁的迁

---

① 郭沫若：《十批判书》，东方出版社 1995 年版，第 40 页。

② 《尚书正义》卷九《盘庚中》，第 279 页。

③ 《尚书正义》卷九《盘庚中》，第 283 页。

④ 《尚书正义》卷九《盘庚中》，第 284 页。

⑤ 《史记》卷三《殷本纪》，第 101 页。

⑥ 对于这段记载，有不同的理解，或以为"此处'中丁，当是'大丁'之误，因自大丁至康丁中有九世兄弟为王"（陈梦家前揭《殷虚卜辞综述》，第 370 页），把"九世之乱"理解为指整个商代曾出现过九世兄终弟及的时期，而不是指仲丁至阳甲九王时期。其实司马迁的记载并不错。陈先生大概以为几世当指几代人，而仲丁至阳甲不足九世，而是五世九王，于是便从商代恰好有九世兄终弟及中找到解答。在先秦秦汉的载籍中，"几世"即指"几王"的（转下页）

都，恰好发生在这个时期。如前所述，商朝自成汤建国后，王都一直定居于亳，直至仲丁才迁离旧都。从仲丁以后，商都才发生走马灯式的频繁迁徙，短短的五世十王就迁了五次，平均每世一迁。而从盘庚迁殷之后，商都又固定下来，虽然殷末“纣时稍大其邑，南距朝歌，北距邯郸及沙丘，皆为离宫别馆”（《竹书纪年》），但是，其政治中心仍在安阳未迁。由此可见，所谓殷都屡迁，即是仲丁至盘庚这一段特定时期发生的，不在其先亦不在其后。这是我们研究殷人迁都问题时必须特别注意的一点，可惜大多数论者均忽视了这一基本事实，如《校释译论》说：“商代自汤至盘庚三百余年，一共只迁移了五次”① 云云，这样表述是不确切的，它妨碍人们去正确认识殷都屡迁这一历史真象。事实上，在这三百余年间，前一半时间是定居的，而频繁的迁徙只是集中地发生于后一半时间里。

殷都屡迁的时间与商朝“比九世乱”的时间如此若合符契，不会是偶然现象，它们之间必然存在着内在的因果关系。

“九世之乱”的内容已不得其详，没有更多的文献记载留存下来。“唯殷先人，有册有典”②，本来应有记载材料，如《孔疏》所说：“商自成汤以来屡迁都邑，仲丁、河亶甲、祖乙皆有言诰，历载于篇。”③ 大概是由于“九世之乱”与都邑频迁的关系，造成了“《仲丁》书阙不具”④，给我们研究这一时期的历史造成很大困难。不过，我们虽然不能具悉其中底蕴，但是仍然可以从一些蛛丝马迹中窥其端倪：

第一，“九世之乱”乃商朝王位纷争。司马迁概述“九世之乱”是“废適而更立诸弟子，弟子或争相代立”⑤。虽然对于这个时期商王继统

（接上页）用法并非《史记》独然。如《国语·周语下》：“帝甲乱之，七世而陨”，是指商王祖甲至帝辛的五世七王，此“七世”即七王。《大戴礼·少闲篇》：“成汤既崩，二十三世乃有武丁……武丁既崩，殷德大破，九世乃有末孙纣即位。”从成汤至武丁为十一世二十三王，此“二十三世”即二十三王，从武丁至封为七世九王，此“九世”即九王。这些书中的用法与《殷本纪》完全一致。另外，从大丁至康丁的九世兄弟为王之世，也并非均有内乱发生，如沃丁、大庚世，康辛、康丁世等就没有内乱的证据和迹象，把兄终弟及的“九世”一概视为“乱世”显然是不恰当的。故《殷本纪》所谓“比九世乱”，无疑是指仲丁至阳甲九王期间连年之内争。

① 《尚书校释译论》，第969页。

② 《尚书正义》卷一六《多士》，第503页。

③ 《尚书正义》卷九《盘庚上》，第265页。

④ 《史记》卷三《殷本纪》，第101页。

⑤ 《史记》卷三《殷本纪》，第101页。

法中有无嫡长子继承制，人们还有不同的认识，但其“乱”的中心内容为王位纷争则无可疑。这个期间在王位继承上，曾连续发生几次异常现象，王国维指出：“特如商之继统法，以弟及为主而以子继辅之，无弟然后传子。自成汤至于帝辛三十帝中，以弟继兄者凡十四帝，其以子继父者，亦非兄之子而多为弟之子。惟沃甲崩，祖辛之子祖丁立，祖丁崩，沃甲之子南庚立，南庚崩，祖丁之子阳甲立，此三事独与商人继统法不合。此盖《史记·殷本纪》所谓中丁以后九世之乱，其间当有争立之事，而不可考矣。”[①] 商王继统法有兄终弟及制与父死子继制，父死子继者多为弟之子，可是，沃甲死后却由其兄祖辛之子祖丁继位，祖丁死后却由其叔之子南庚继位，南庚死后却由其从兄祖丁之子阳甲继位。这种异常的王位继承关系，当是“废適而更立诸弟子，弟子或争相代立”的一种反映。

第二，这个期间商王年祚均极短促。据《今本竹书纪年》载九王在位年数如下：仲丁“九年陟”，外壬“十年陟”，河亶甲“九年陟”，祖乙“十九年陟”，祖辛“十四年陟”，沃甲“五年陟”，祖丁“九年陟”，南庚“六年陟”，阳甲“四年陟”。这些具体年数虽不完全可靠，但从仲丁至阳甲九世年祚均短，大概是没有问题的。《殷本纪》于这个期间不断有“殷衰”的字眼出现，只有祖乙时一度出现“殷复兴”是例外，而在九王中也只有祖乙年祚较长。此外，那些使“殷道复兴”的名王，其年祚均极长，如成汤二十九年，太戊七十五年，盘庚二十八年，武丁五十九年，等。当然，有商一代三十一王中，其间年祚长短不尽一致，原因也各不相同，但是，连续九王年祚均极短促，却是十分特殊的，这种现象也应当是“比九世乱”的一个直接反映。

王位纷争与统治阶级的内乱，并非仲丁至阳甲期何独有的现象，在这之前或之后均曾发生，但是，像这样连续九世的纷争还是仅见的。可以说，这个期间是商历史上空前动荡的时期。我们如果把商代历史划分为三个时期，那么从成汤至太戊的五代十王是其向上发展的时期，这时商王朝的政治基本上是稳定的，从仲丁至盘庚的五代十王则是商的中衰时期，从盘庚迁殷之后则进入商后期，这时商朝的政治、经济、文化均

---

① 《观堂集林》卷一〇《殷周制度论》，第454—455页。

达于鼎盛阶段，并由鼎盛而趋于灭亡。而殷都的频繁迁徙或长期定居，恰恰与商朝历史的这一发展趋势相一致。

那么，“九世之乱”是如何促动殷人屡屡迁都的呢？虽然载籍失传，所幸今本《商书》尚有《盘庚》三篇传世，它们就是研究殷人迁都的唯一的最重要的依据。

盘庚迁殷是商都五迁中的最后一迁。对于这次迁都，《盘庚》三篇有翔实的记载。我们可以通过对于盘庚迁殷原因的分析，去探索此前几次迁都的原因。但是有的同志却认为：“关于盘庚究竟为什么要迁殷，《盘庚》全文里并没有说明过。”① 这种看法是值得商榷的。面对一千二百余字的长篇记录无法找到迁殷的原因，大概也从一个角度说明那些解释并不是盘庚迁殷的真正的原由吧。

《盘庚》三篇是公认的商代遗文，虽然其中羼入某些后代的成份，但其基本内容为殷代史实则无疑义，其史料价值之高是人所公认的。三篇为盘庚告谕臣民之辞，共计一千二百余言，为商代遗文中篇幅最长者，它详细记录了迁殷前的准备工作以及迁殷后的政策措施，反映了盘庚迁殷的原因和目的。三篇的次序可能有颠倒，俞樾认为：“以当时事实而言，盘庚中宜为上篇，盘庚下宜为中篇，盘庚上宜为下篇。曰‘盘庚作，惟涉河以民迁’者，未迁时也。曰‘盘庚既迁，奠厥攸居’者，始迁时也。曰‘盘庚迁于殷，民不适有居’者，则又在后矣。”② 其说近是。大抵《盘庚》中篇为迁殷前的诰辞，下篇和上篇为迁殷后的诰词。

盘庚在迁殷前召集臣民动员迁都时，曾追述先王迁都的原因，说：“殷降大虐，先王不怀（安），厥攸作视民利，用迁。”这里的“大虐”一词非指“天灾”，已如前述。《孔疏》认为“大虐”的具体含义是：“上云‘不能相匡以生，罔知天之断命’，即是天降灾也。”③ 明确指出“大虐”不是天灾而是人祸。我们认为，“殷降大虐”就是指“九世之乱”这样的政治上的动荡和纷乱，由于这样的“大虐”，使商代统治阶级

① 《尚书校释译论》，第975页。

② 俞樾：《群经平议》卷四，《续修四库全书》第178册《经部》，上海古籍出版社2002年版，第52—53页。

③ 《尚书正义》卷九《盘庚中》，第280页。

不能"相匡以生"，安居于一地，而是"不常厥邑，于今五邦"[①]。

"比九世乱"的直接后果是殷商王权的削弱和贵族势力的膨胀。盘庚承"九世之乱"之后，这种情况仍然留有深刻的反映。王权削弱的重要表现是贵族大臣的"傲上"和离心。盘庚在迁殷前一再向他们提出这方面的指责："荒失朕命""汝不忧朕心之攸困""乃不生生，暨予一人猷同心""不暨朕幼孙有比（同心），故有爽德（贰心）""汝有戕，则（贼）在乃心"[②]。

这一连串指责表明，当时不听从盘庚命令的情况是严重的。于是，盘庚不得不三番五次把他们召来，向他们"敷心腹肾肠"[③]，劝说动员，威迫利诱，才告成功。

迁殷之后，盘庚继续向他们提出警告："猷黜乃心，无傲从康"[④]"尔无共怒，协比谗言予一人""式敷民德，永肩一心"[⑤]"非予自荒兹德，惟汝含德，不惕予一人。"[⑥]

盘庚迁殷时几乎遭到举国上下的反对，"民咨胥怨"[⑦]。但是，主要的阻力不是来自平民，更不是奴隶，而是来自贵族大臣。虽然盘庚迁殷前训话的对象，比迁殷后的面要大，身份包括比较低下的阶层，但是，从盘庚的训词中看，其矛头所向不是一般民众，而是上层的贵族大臣。如盘庚说："今予命汝一，无起秽以自臭。恐人倚乃身，迂乃心。"[⑧]劝告人民不要被浮言所煽惑，对他们做拉拢争取的工作。从上、下篇我们知道，用浮言煽动民心的正是那些"旧人""百姓"等贵族官吏。迁殷后，盘庚发觉臣民不乐于迁徙，完全是在位大臣以浮言鼓动所致，"由乃在位"，于是又召集他们，提出如下的指责："敢伏小人之攸箴""不和吉言于百姓""今汝聒聒，起信险肤""弗告朕，而胥动以浮言，恐沈于众，若火

① 《尚书正义》卷九《盘庚上》，第268页。
② 《尚书正义》卷九《盘庚中》，第279—283页。
③ 《尚书正义》卷九《盘庚下》，第287页。
④ 《尚书正义》卷九《盘庚上》，第271页。
⑤ 《尚书正义》卷九《盘庚下》，第287、291页。
⑥ 《尚书正义》卷九《盘庚上》第272页。
⑦ 《尚书正义》卷九《盘庚上》，第265页。
⑧ 《尚书正义》卷九《盘庚中》，第281页。

之燎于原。”[①] 贵族大臣隐瞒了盘庚规谏小人的话和对于贵族们的吉言，编造邪恶的浮言恐吓民众。因此，盘庚对他们“不吉不迪，颠越不恭，暂遇奸宄”[②] 的行为提出了严厉警告。有人以为这句话是指平民的反抗斗争，其实不然，盘庚警告的“不和吉言”“起信险肤”“猷黜乃心，无傲从康”之类，即是“不吉不迪，颠越不恭”。盘庚命令他们“各恭尔事”[③]，即针对其“不恭”而发。盘庚所警告的“乃败祸奸宄”“乃既先恶于民”[④] 之类，即是“暂遇奸宄”的行为。

王权的削弱导致了贵族势力的膨胀与政治的混乱。贵族势力的膨胀，突出地表现为经济上的聚敛。迁殷前，盘庚揭露贵族大臣“具乃贝玉”。贝、玉为当时财富的标志。其时贵族大臣拼命地聚敛财富，伪《孔传》云：“不念尽忠，但念贝玉而已。言其贪。”王权的削弱和贵族势力的膨胀，还导致了当时政治的混乱。迁殷时，盘庚即指出：“失于政，陈于兹，高后丕乃崇降罪疾”“高后丕乃崇降弗祥”，承认由于政治有失，以致久居旧邑，先王降下“罪疾”与“弗祥”以示惩罚。“失于政”的具体表现之一是“兹予有乱政同位”[⑤]，由于在位官员贪赃而不忠，使得商王朝不能“安定厥邦”[⑥]。

由此可见，盘庚迁殷所遇到的阻力主要来自贵族大臣，而不是平民，更不是奴隶，他所要解决的主要问题乃是贵族大臣的傲上从康，浮言惑众与聚敛肥私。《盘庚》篇所反映的中心问题是王权与贵族的矛盾，即统治阶级的内部矛盾。

顺便指出，由于王位纷争和篡弑之类的政治原因而引起迁都的事实，在历史上也是不乏其例的。夏代距商不远，夏人的都邑亦曾屡经迁徙。关于他们迁都的具体情况，我们还有许多问题并不清楚，但其中若干次的迁都却是由政治原因所致。夏初都于阳城，至启子太康时居于斟寻。史称启

---

① 《尚书正义》卷九《盘庚上》，第 270、273、271、274 页。

② 《尚书正义》卷九《盘庚中》，第 285 页。

③ 《尚书正义》卷九《盘庚上》，第 278 页。

④ 《尚书正义》卷九《盘庚上》，第 273 页。

⑤ 《尚书正义》卷九《盘庚中》，第 282、284 页。

⑥ 《尚书正义》卷九《盘庚中》，第 280 页。

死之后，太康等五子为乱，“五子忘伯禹之命……胥兴作乱，遂凶厥国。”①太康失国后，夏政归于东夷后羿、寒浞，直至少康中兴复国，其间夏人都邑迁徙无常，帝“相为羿所逐，失国，居商丘（应作“帝丘”）”②。后来少康打败寒浞，才“自纶归于夏邑”③。这一连串的都邑迁徙，显然是由于王位纷争与政治动乱而引起的。“殷鉴不远，在夏后之世”④，夏人都邑变迁的事例，也可以说是我们认识殷都屡迁原因的一个“殷鉴”吧。

三 “恪谨天命”是殷都屡迁的主观原因

上面已经叙述了“比九世乱”及其所引起的矛盾和问题，人们可能会提出这样的问题：为什么必须用迁都来解决这些矛盾和问题？

对于“去奢行俭”说，有人曾这样反驳：“夫风俗视教化为转移者也。民俗侈靡，人主但当躬行节俭，为天下先，申定制，使无踰越，自足黜浮反本，何待于迁？若谓先君侈奢，则第裁冗费，易汰规，以养财足国已耳，又何待迁？”⑤ 同样可以对我们上面的叙述提出问难：为何不用修德行仁的办法来革新政治，解决社会矛盾，却采取迁都之法呢？这个问题必须把它放在当时的历史条件下加以考察，才可能得出正确的答案，而不能以后世的观念去要求古人与古代的历史。

殷商时期虽然已经进入青铜时代，但其社会生产力发展水平仍极低下。在这种社会发展水平上，殷商社会弥漫着对于上帝和祖先神的极度崇拜的迷信思想，他们几乎完全匍匐于神权之下，一切听命于神灵的主宰。所谓“殷人尊神，率民以事神”⑥。他们对于尽“人事”，即发挥人的主观能动作用还缺乏足够的认识，因而还没有能动性的道德观念。

“德”字在甲骨文中未见，西周金文中才出现。《盘庚》篇中的“德”字，显然都是周人所羼。对于“德”，郭沫若先生曾有十分精辟的说明：

---

① 黄怀信：《逸周书校补注释》，西北大学出版社1996年版，第315页。

② （宋）刘恕撰：《通鉴外纪》卷二上《夏纪·帝相》，上海古籍出版社1987年版，第20页。

③ 王国维疏证，黄永年校点：《今本竹书纪年疏证》，辽宁教育出版社1997年版，第53页。

④ 《毛诗正义》卷一八（十八之一）《大雅·荡》，第1364页。

⑤ 《书传补商》卷一《盘庚上》，第41页。

⑥ （汉）郑玄注，（唐）孔颖达疏，龚抗云整理，王文锦审定：《礼记正义》卷五四《表记》，北京大学出版社2000年版，第1733页。

“德字照字面上看来是从值（古直字）从心，意思是把心思放端正……周书和周彝大都是立在帝王的立场上来说话的，故尔那儿的德不仅包含着正心修身的功夫，并且还包含有治国平天下的作用：便是王者要努力于人事，不使丧乱有缝隙可乘；天下不生乱子，天命也就时常包存着了。”[①] 明瞭了殷人的思想以及殷周之际的思想变化，就知道为什么不能以后人的观念去要求殷人，责问何以不用修德行仁之类的主观努力去解决他们所遇到的社会问题。

《盘庚》篇“先王有服，恪谨天命，兹犹不常宁”[②] 一语道破此中奥秘，这就是殷人为什么要用迁都以解决上述矛盾的主观原因。在殷人看来，“九世之乱”这样的政治动乱，乃是上帝和祖先神降下的“大灾”。盘庚对臣民讲话中承认殷政治有失，但他把这一切归于神意，“高后丕乃崇降罪疾”“高后丕乃崇降弗祥”[③]。“高后”是商先王，也就是祖先神，在商人的迷信观念中，上帝与祖先神是合二而一的。而社会上的“罪疾”和“弗祥”都是神所降下的惩罚。

在这种迷信观念桎梏下，我们不能要求殷人在主观上会用修德行仁的方法去解决他们所遇到的矛盾。郑玄称祖乙时“国为水所毁，于是修德以御之，不复徙也”[④]，从时代考之，祖乙时还不可能有“修德以御之”的观念，尽管他圮于耿之后并不曾迁都。既然一切“罪疾”与“弗祥”都是上天的意旨，那么只有求助于神意才能攘灾祈福。盘庚迁殷前曾经占过卜，他说：“肆予冲人，非废厥谋，吊由灵各，非敢违卜，用宏兹贲。”[⑤]“灵各”即“灵格”，指负责占卜以沟通天人的卜人。“贲”即占卜所用大宝龟。在这里，他明确说出：迁都乃是上帝通过卜人传达下来的意旨，我不敢违背卜兆，而要大大地发扬神龟的吉示。

盘庚在回答“曷震动万民以迁”的问题时，说道：“肆上帝将复我高祖之德，乱越我家。朕及笃敬，恭承民命，用永地于新邑。”[⑥] 意即上帝

---

① 郭沫若：《郭沫若全集》历史编第1卷《青铜时代》，人民出版社1982年版，第337页。

② 《尚书正义》卷九《盘庚上》，第268页。

③ 《尚书正义》卷九《盘庚中》，第282、284页。

④ 《尚书正义》卷八《祖乙》，第264页。

⑤ 《尚书正义》卷九《盘庚下》，第289页。

⑥ 《尚书正义》卷九《盘庚下》，第288—289页。

要恢复我们祖宗的美绩到我们这一代王朝，所以我很急于敬奉上帝的这一旨意来拯救民命，以获永远定居于这新的都邑。（据《校释译论》，第952页）盘庚相信迁都就是“恪谨天命”，他也正是以此去压服不听命的贵族大臣，不可一般地视之为利用迷信进行欺骗，它同后世统治阶级利用天命和迷信的情况应有所区别。

为了“不浮（违）于天时”①，只有另择新邑，才能消除上天所降“罪疾”与“弗祥”。“天其永我命于兹新邑”②，他们相信迁徙于“新邑”，就能使“天其永我命”。为了“迓续乃命于天”③，只有实行迁都一法。盘庚对此作了生动的比喻：“若颠木之有由蘖”，就像那被砍倒的树木可以再冒出新芽来一样，迁居新邑以后殷家的统治就会获得新生，就能“绍复先王之大业，厎绥四方”。而如果继续留恋旧邑，便是“罔知天之断命”④，商邦的大命将为天所断绝。

至此还会产生一个问题：对于上帝和祖先神的迷信，非独盘庚以前为然，盘庚以后以至周人皆然，为何盘庚迁殷后再遇到社会的“罪疾”与“弗祥”时并没有采取迁都的办法？

这种现象与殷代后期社会的发展，以及由此而引起的殷人和殷周之际的思想发展和变化当是一致的。其一，盘庚迁殷，使商王朝终于找到了最理想的定都地点。殷地处于黄河中游冲积平原，水土肥饶，便于农业，同时地势形便，居“天下之中”。吴起对魏武侯曰：“殷纣之国，左孟门而右漳釜，前带河而后披山，有此险也”⑤，既便于控制东部平原的诸侯方国，又便于进击西北高原之游牧民族，虏掠人畜，从而滋育了殷商社会经济的迅速发展。较奄邑之局处一隅，为河水所限，其地理环境之优越已不可同日而语。社会经济的发展，使商王朝的颓势得以扭转，走上了中兴的道路，出现了“百姓由宁，殷道复兴”⑥的政治局面，从而结束了“比九世乱”的长期内讧，也就结束了“荡析离居”“不常厥邑”

① 《尚书正义》卷九《盘庚中》，第279页。
② 《尚书正义》卷九《盘庚上》，第268页。
③ 《尚书正义》卷九《盘庚中》，第271页。
④ 《尚书正义》卷九《盘庚上》，第268页。
⑤ 缪文远：《战国策新校注》，巴蜀书社1987年版，第781页。
⑥ 《史记》卷三《殷本纪》，第102页。

的动荡岁月。

其二，盘庚迁殷之后，殷商王位继承制开始发生变化。陈梦家先生曾将商王继统法分为三个时期，第一期大丁至祖丁以兄为直系，第二期小乙至康丁以弟为直系，第三期武乙至帝辛传子，与周制相同。从这种变化趋势可见，商王继统法大抵由前期之兄终弟及逐渐向后期之父死子继制发生转变。盘庚处于由第一期向第二期的转变阶段，迁殷之后商王继统法中出现了以弟为直系并终于转变为与周制相同的嫡长子继承制的新情况。嫡长子继承制的确立，使王位纷争逐渐减少，王室内部稳定下来，使王权得以加强。此后虽然仍有王位纷争，但毕竟结束了“比九世乱”那样长期的内争。

其三，由于上述社会、政治的变化所决定，迁殷之后殷人的思想也逐渐发生了变化。侯外庐先生主编的《中国思想通史》，曾从殷王世系名号的变化去探讨殷人思想的变化，认为盘庚以前殷先公先王名号反映了原始的、氏族标志的孑遗，高祖夔之“夔”，沃甲之作“芀”，阳甲之作“象”等，乃表示图腾族帜的动物，示壬、示癸之“示”，乃祖先神崇拜之反映，等。而盘庚以后，人名出现了“武”“康”“文”等字。“‘文’字从‘心’，从大‘人’，作。这是近于道德意义的字。”认为“周代诸王如文、武、成、康，‘文’‘武’‘康’皆继承殷末的文明，接受了殷人的思想意识，扩大而为道德观念。”①“德”的观念虽然是周人的创造，但是这一观念实肇始于殷商后期。当盘庚迁殷之后，殷人“恪谨天命”的思想中逐渐注入新的因素，尽“人事”的能动观念逐渐萌芽。

虽然殷人是在“恪谨天命”的意识支配下谋迁新邑，但毕竟上帝不能帮助他们解决实际存在的任何问题，还得靠他们自己去解决。所以，我们最后再从盘庚迁殷之后所采取的政策措施，看一看迁都之举是如何帮助他们解决上述矛盾，从而进一步认识其迁都的原因。

首先，盘庚通过迁都实现了打击贵族的反对势力的目的。在迁殷之前，盘庚即提出警告：“乃有不吉不迪，颠越不恭，暂遇奸宄，我乃劓殄

---

① 侯外庐主编：《中国思想通史》第1卷，人民出版社1957年版，第59—64页。

灭之，无遗育，无俾易种于兹新邑。”① 可见盘庚是企图通过迁都以镇压异己，除旧布新，消除对王权的威胁因素。盘庚在迁殷后即对贵族大臣重申：“无有远迩，用罪伐厥死，用德彰厥善”②。远者，与商王血缘疏远的贵族；迩者，血缘亲近的贵族。随着盘庚权威的上升，便可放手打击贵族，他宣称自己有权“制乃短长之命”③，因为上帝和祖先神灵已授与他“丕刑”“汝罔能迪”④，他们是无法逃脱这种严厉惩罚的。

其次，盘庚通过迁都提高了自己的政治权威，从而加强了王权。盘庚迁殷时，以“天命”与“先王”为号召，迁都的成功，便是抓住了这两面旗帜。这两面旗帜在当时就是政治权威的象征。迁都后盘庚便振振有词地向臣民自诩“将多于前功”“嘉绩于朕邦”⑤，使自己跻身于“古我先王”之列，从而提高了他的政治地位。迁殷之前，盘庚要求于贵族大臣的主要是服从其迁都计划，迁殷之后，他对贵族大臣的限制与要求便更为广泛而根本了。

由于殷代离氏族社会不远，血缘贵族的势力相当强大，这是殷代政治制度的特点，盘庚自然不能摆脱“任旧人共政”的传统。但是，他任用“旧人”是有条件和要求的。符合者加以任用，否则便要受到严厉的惩处。一方面，盘庚对他们在政治上提出了种种限制和要求：“猷黜乃心，无傲从康”“克黜乃心，施实德于民，至于婚友”“不匿厥指”“罔有逸言”⑥“各长于厥居，勉出乃力，听予一人之作猷”“自今至于后日，各恭尔事，齐乃位，度乃口。”⑦ 戴钧衡《书传补商》引孙觉云：“恭尔事则无傲上，齐乃位则无从康，度乃口则无浮言，三者盘庚所深戒也。”⑧ 上述政策和要求，就是盘庚针对贵族大臣“傲上”“从康”“浮言”而采取的，其中心就是从政治上抑制贵族对于王权的侵害。另一方面，针对迁都前贵族大臣贪婪聚敛，“具乃贝玉”的状况，迁殷后盘庚警告他们

① 《尚书正义》卷九《盘庚中》，第 285 页。
② 《尚书正义》卷九《盘庚上》，第 278 页。
③ 《尚书正义》卷九《盘庚上》，第 274 页。
④ 《尚书正义》卷九《盘庚中》，第 282 页。
⑤ 《尚书正义》卷九《盘庚下》，第 288 页。
⑥ 《尚书正义》卷九《盘庚上》，第 271 页。
⑦ 《尚书正义》卷九《盘庚上》，第 278 页。
⑧ 《书传补商》卷一《盘庚上》，第 47 页。

“无总于货宝，生生自庸，式敷民德，永肩一心”[1]。他宣布：“朕不肩好货，敢恭生生，鞠人谋人之保居叙钦。”[2] 不任用“好货”之人，及孜孜从事一己家业的人，而重用努力为臣民谋利益，能养育人民和谋人民安居等方面做出成绩的人。这是盘庚从经济上抑制贵族大臣对于王权的侵害。

通过迁都而实行上述政治的、经济的措施，使盘庚在一定程度上实现了让贵族们“暨予一人猷同心”[3]“永肩一心”[4]“听予一人之作猷”[5]的目的。随着王权的加强和统治阶级内部团结，就能“绍复先王之大业”[6]“安定厥邦”[7]“永地于新邑”[8]，从而达到巩固商王朝统治的最高目的。所以，归根结底，殷都屡迁是由“比九世乱”这种社会的、政治的原因所导致的。

[原刊《北京师范大学学报》1982 年第 4 期。中国人民大学报刊复印资料《中国古代史》1982 年总第 17 期全文转载。《中国史研究动态》1989 年第 4 期王永顺《殷都屡迁原因研究概述》，将本文所提王位纷争是殷都屡迁的主要原因的观点列为自东汉郑玄以来关于这一问题的八种有代表性观点之一。后收入《先秦汉唐史论》上编“古史卷”，北京师范大学出版社 2016 年版。今据《先秦汉唐史论》刊文，并参校原刊文整理。

为何要以《先秦汉唐史论》刊文作为校对参考底本呢？主要是因为黎虎先生曾进行过一些改动，而这些改动的意义十分重要，标志黎虎先生晚年学术思想的重要变化。兹略举其中几例改动以为说明：1. 原刊文“殷商王朝是当时世界上的文明古国之一，古代东方的奴隶制泱泱大国”，在《先秦汉唐史论》刊文中，删除了“奴隶制”三字，直接改为“古代东方的泱泱大国”。2. 原刊文“滋育了殷商奴隶制经济的迅速发展”一句，在《先秦汉唐史论》刊文中，改为“滋育了殷商社会经济的迅速发

---

① 《尚书正义》卷九《盘庚下》，第 290 页。
② 《尚书正义》卷九《盘庚下》，第 289 页。
③ 《尚书正义》卷九《盘庚中》，第 282 页。
④ 《尚书正义》卷九《盘庚下》，第 290 页。
⑤ 《尚书正义》卷九《盘庚上》，第 278 页。
⑥ 《尚书正义》卷九《盘庚上》，第 268 页。
⑦ 《尚书正义》卷九《盘庚中》，第 280 页。
⑧ 《尚书正义》卷九《盘庚下》，第 289 页。

展”，其中“奴隶制经济”修改为“社会经济”。3. 原刊文“从而达到巩固商王朝和奴隶主阶级专政的最高目的”，在《先秦汉唐史论》刊文中，删除“和奴隶主阶级专政”等字，改为“从而达到巩固商王朝统治的最高目的”。黎虎先生为何要对原刊文进行这样的修订呢？这就必须联系他晚年对于中国古史的认识所发生的根本性变化才能够明白其深意所在。2015 年 6 月 27 日，在东北大学秦皇岛分校所举办的“中华历史与传统文化学术论坛（第二届）——中国古典外交制度学科建设”学术座谈会上，黎虎先生第一次公开谈到了他对于中国古史分期暨社会性质问题的新看法，而《先秦汉唐史论》正是在此期间整理出版的。此后，整理者在与黎虎先生的通信中，他又多次谈到这个问题。2017 年 10 月 13—14 日、2018 年 10 月 13—14 日，整理者在黎虎先生的书房中先后两次当面聆听先生的教诲，所谈皆为中国古史分期暨社会性质的问题。正是在 2018 年 10 月间，黎虎先生完成《中国古史分期暨社会性质论纲——兼论中国传统社会主要矛盾问题》第一稿，整理者于当年 10 月 23—25 日以黎虎先生代表的身份，前往云南大学参加了由《历史研究》编辑部等主办的关于中国古代社会性质问题研究的学术研讨会；该文正式刊发以后，2020 年 4 月，整理者又到山东大学参加《文史哲》创办 70 周年高层学术论坛，这次整理者是以黎虎先生代表的身份参与其会的。在上述两次会议上，整理者都是以《中国古史分期暨社会性质论纲——兼论中国传统社会主要矛盾问题》作为报告的主题。由此可见，尽管《中国古史分期暨社会性质论纲——兼论中国传统社会主要矛盾问题》第一稿正式完成于 2018 年 10 月，但是黎虎先生对于中国古史分期暨社会性质问题的思考及其认识的改变，在 2015 年甚至之前就已经开始了，及至《中国古史分期暨社会性质论纲——兼论中国传统社会主要矛盾问题》成文，标志着他已完全抛弃了“五种生产方式”论的观点，而提出了“无君群聚社会”“王权众庶社会”“皇权吏民社会”的中国古史“三段论”，从而形成其关于中国古史分期暨社会性质认识的全新学术体系。所以，2015—2016 年修订出版《先秦汉唐史论》，在整理当年的旧文时，黎虎便开始有意识地对于那些他已经不再认可观点进行了修正。以这篇文章而言，黎虎先生对其中关于殷商奴隶制问题的一些观点和说法所进行的修订，原因即在于此。李文才敬识。]

“游农”不能解释殷都屡迁的原因

关于殷都屡迁的原因，古今学者曾多方探讨，讫无定论。傅筑夫先生曾以“游农”解释迁都原因①。拙作《殷都屡迁原因试探》② 提出“比九世乱”是殷都屡迁主要原因。最近，有一篇题为《游农与殷人迁居再探》③ 的大作，不同意拙作的观点而维护“游农”说。

笔者以为，“游农”说试图从经济原因去探索殷都屡迁原因，无疑是一种可贵的尝试，但只要我们研究一下商代历史，就会发现用“游农”去解释殷都屡迁的原因是非常困难的。这里有两个问题须加讨论：第一，殷代农业是否还停留在“游农”阶段？第二，用“游农”说能否解释殷都屡迁的原因？

先谈第一个问题：殷代农业是否还停留在“游农”阶段？“游农”说认为“殷代虽然已经是一个农业社会，农业已成为社会生产的主要部门，但是殷代的农业却停滞在农业发展的初期阶段上，还是一种极其粗放的原始的农业……这一主要生产部门发展得非常迟滞，长期不能越出原始的粗耕阶段”。“殷人的耕作方法与其他发展到初期阶段的农业民族完全相同，系用原始的‘火耕’方法”。这种原始的粗耕农业“耕地不能固定于一处，而不得不常常迁徙，即仍然不能营定居的生活”，因而叫做“游农”④。

---

① 1944 年傅筑夫先生《关于殷人不常厥邑的一个经济解释》首倡此说，后所著《中国经济史论丛》又辟专章重申此说。详见傅筑夫《中国经济史论丛》，生活 · 读书 · 新知三联书店 1980 年版，第 40—46 页。

② 黎虎：《殷都屡迁原因试探》，《北京师范大学学报》1982 年第 4 期。

③ 果孝鸿：《游农与殷人迁居再探》，《中国社会经济史研究》1984 年第 4 期。以下引用此文简称《再探》。

④ 《中国经济史论丛》，第 40—41 页。以下凡引此书，一般情况下均不另注。

现代考古学和民族学的研究表明，原始农业大体经历了刀耕农业和锄耕农业两个发展阶段。火耕是在刀耕农业阶段使用的方法，即人们常说的“刀耕火种”。锄耕农业是火耕的发展，它虽未完全排除火耕方法，但不再以火耕为主。由于解放后考古学的进展，证明我国古代先民早在新石器时代已由刀耕农业进入锄耕农业阶段，已营定居的农耕生活。黄河流域的仰韶文化“所使用的农具主要是石斧、锛、锄、铲之类”，村落遗址面积几万至几十万平方米，文化堆积厚度达一米至五六米，他们“经营定居的农业生活，经历了长久的发展”①。长江流域的河姆渡遗址，出土石、骨、木、陶质生产工具几千件，最引人注目的是成批骨耜的发现，仅第四层就出土一百七十多件，表明这是当时主要的农具。它比较全面地反映了当时农业生产的水平。河姆渡先民也已经过着定居农耕生活②。

根据考古学的成果，我国的农史学界也普遍认为新石器时代我国原始农业已由刀耕农业进入锄耕农业③。商代是否已用牛耕，尚无定论，我们暂把商代农业划在锄耕农业阶段，但这已是锄耕农业的高级阶段，与新石器时代的锄耕农业不能等同。在耕作制度上，已由新石器时代的撂荒农作制，进入轮荒农作制阶段④。甲骨学家也得出相同的认识，认为殷代农业已“根据土地肥力情况采用了轮作制”⑤。

“游农”说把殷代农业与原始农业的刀耕农业等量齐观，认为殷代仍然“停滞在农业发展的初期阶段上”“仍然不能营定居生活”，恐怕与历史事实并不相符。

其次，“游农”说用以论证殷代仍然处于“游农”阶段的一些论据也是值得商榷的。

论据之一是殷代农业生产工具笨拙，没有青铜农具。

---

① 中国社会科学院考古所编著：《新中国的考古发现和研究》，文物出版社1984年版，第41—67页。

② 《新中国的考古发现和研究》，第145—149页。

③ 参见郭文韬《中国古代的农作制》，《中国农史》1982年第1期；范楚玉《试论我国原始农业的发展阶段》，《农业考古》1983年第2期；中国农业科学院、南京农学院中国农业遗产研究室编著《中国农学史》第一章《绪论》，科学出版社1959年版；闵宗殿、蓝恺忱《关于中国农业技术史上的几个问题》，《农业考古》1982年第2期。

④ 《中国古代的农作制》，《中国农史》1982年第1期。

⑤ 王宇信：《建国以来甲骨文研究》，中国社会科学出版社1981年版，第146页。

殷代农业生产工具诚然是笨拙的，如殷人常用的双齿木耒，在姜寨、庙底沟及二里头文化遗址中均有发现，继续以木、石、骨、蚌为制作农具的原料。这是商代农具继承前代的地方。但是，商代农业生产工具比之新石器时代又有了很大进步，这也是确凿无疑的事实。殷代已经使用青铜农具。在历年出土的各类青铜农具中，以青铜䦆的大量应用最为引人注目。䦆是用以垦殖和深翻的一种体形厚重的大锄。早在龙山文化时期已经发现石䦆，到了商代，青铜䦆已大量应用。商代早期如郑州南关外的铸铜作坊遗址中，出土一千多件陶范，其中主要为䦆范。商代晚期如安阳孝民屯遗址也出土不少䦆范。青铜䦆的使用，大大提高了人们垦殖土地的能力，把锄耕农业推向高级阶段。尽管目前学术界对于殷代青铜农具的使用水平、普及程度估计不一，但商代已经使用青铜农具则是公认的。

“游农”说所举殷代“笨拙”的农具，如1929年和1932年殷墟两次发掘的石镰和蚌器等，均属殷代后期遗物。但是，“游农”说认为“游农”主要是在盘庚迁殷之前，即商代前期，而到了商代后期，“农业生产力慢慢有所发展，定居的成分也就逐渐加多”。这里就可提出疑问：何以后期“笨拙”的农具决定了前期的“游农”？殷代前后期的农具是同样的“笨拙”还是有所区别？

论据之二是认为殷代农业“耕作方法非常原始”。“他们既不知灌溉，也不懂施肥，完全利用土地的自然力从事种殖”。这些论点是否站得住脚呢？

所谓殷人“火耕”的根据是“卜辞中有很多卜焚的记录”，“焚”就是“烧田”，“是一种原始的耕作方法”。为此，傅先生举出了四条卜辞[①]。这四条卜辞虽然都有“焚”字，但都看不出与农事有什么关系。

甲骨卜辞关于卜焚的辞例大约有两类，一类为记仓廪被焚烧，如“……亦（夜），焚廪三”[②]。另一类则为记录焚田狩兽，此类辞例约十余见[③]。

由此可见，“焚”是殷人狩猎的一个重要方法。“焚”字除了以上两

① 《中国经济史论丛》上册，第42页。

② 郭沫若主编，胡厚宣总编辑：《甲骨文合集》，584反甲，583反，中华书局1982年版。以下简称合集。

③ 姚孝遂主编：《殷墟甲骨刻辞类纂》，中华书局2011年版，第473、474页。

种用法外，在卜辞中尚未见焚田耕种的直接记录。

虽然如此，我们也并不认为殷代农业中已全然不用火耕方法。不独殷代还可能使用此法，整个古代社会，乃至近现代，在不同程度上都有火耕的残余。但这与原始农业中的刀耕火种不能相提并论。

关于殷人是否已知施肥技术，学术界已作了许多研究，证明殷人已掌握了人工施肥技术，并已以豕牢储置粪肥，掌握了翻肥的方法[①]。拙作曾有所述，兹不赘。现再就殷人是否已有农田水利的问题作一补充：

第一，甲骨文已有沟洫灌溉的记载。西周井田中已有水利灌溉系统，已为学术界所承认，然而这种水利灌溉并非始自西周，《周礼》所记井田水利灌溉之畎、遂、沟、洫、浍，在商代已见其端倪。卜辞中常见“”字，此字小篆作“”，说文作“巜”。“巜”即“浍”之本字[②]。《周礼·考工记·匠人》：“为沟洫……方百里为同，同间广二寻，深二仞，谓之浍。”[③]“浍”即井田灌溉沟洫。甲骨文“’字，或释作畎[④]，也指农田沟洫。古籍所记农田水利之“畎浍”[⑤]，在甲骨文中均有了记载。甲骨文“田”字写作“田”“”“”“”等形，当是田垄与沟洫的形象的反映。

第二，考古发掘已发现商代水利设施。藁城台西商代遗址曾发现有水井，其年代约当商代中期，井内出土有汲水落入的陶罐和木桶等[⑥]。据有的文献记载，“昔汤有旱灾，伊尹为区田，教民粪种，负水浇稼，收至亩百石。”[⑦]今以考古发掘资料证之，所记不诬。事实上，水利灌概并非

---

① 胡厚宣：《殷代农作施肥说》，《历史研究》1955 年第 1 期；《再论殷代农作施肥问题》，《社会科学战线》1981 年第 1 期。

② 彭林：《释巜》，《考古》1985 年第 8 期。

③（汉）郑玄注，（唐）贾公彦疏，赵伯雄整理，王文锦审定：《周礼注疏》卷四二《考工记·匠人》，北京大学出版社 2000 年版，第 1355—1356 页。

④ 张政烺：《卜辞裒田及其相关诸问题》，《考古学报》1973 年第 1 期。

⑤（汉）孔安国传，（唐）孔颖达彦疏，廖名春、陈明整理，吕绍纲审定：《尚书正义》卷五《益稷》，北京大学出版社 2000 年版，第 135 页。

⑥《新中国的考古发现和研究》，第 237 页。

⑦（宋）李昉等撰：《太平御览》卷八二一《资产部一·田》引《氾胜之书》，中华书局 1960 年版，第 3658 页。

始自商代，传说夏禹已“尽力乎沟洫”①。在河北磁县下播汪龙山文化遗址中曾发现“灰沟”，碳—14 测定约 4050 ±95 年，相当于历史上夏的年代，据认为这是引水灌溉的水渠②。

第三，考古发掘已证实商代已种植水稻。在郑州白家庄早商遗址中，曾经发现稻壳痕迹，可知在商代早期中原地区已种植水稻。甲骨文关于水稻的记载也很多。水稻之种植，尤其是在中原地区，没有一定的水利灌溉条件是难以进行的。所谓殷人“还不懂灌溉”的说法，恐与殷代史实不符。

再谈第二个问题：“游农”能否解释殷都屡迁的原因？

从文献记载来看，有商一代之迁都，集中于仲丁至盘庚期间，历五世九王。而从成汤至仲丁之前的五世十王，居于亳，从盘庚至帝辛亡国，八世十二王，居于殷。由此可见，商代定都最久之地首为殷，次为亳。殷商积年大约为六百，共传十七世三十一王。由于各王年数并无确切记载，如以殷商总年代除以十七世，则平均每世 30—35 年左右。其中从盘庚迁殷至纣亡，有确切年数 273 年，以盘庚至纣八世乘以 35 年，为 280 年，与 273 年的记载大体相符。准此，则成汤至仲丁之前的太戊，共四世，大约居亳 120—140 年左右。这样我们就可以知道，从仲丁至盘庚的五世，约 150—175 年左右，为殷人频繁迁都阶段。如果以“游农”去解释仲丁至盘庚屡迁原因还有一说的话，那么无论如何不能说明何以在此之前定居亳都一百余年的原因，而且何以商代初期不需“游农”，而到中期突然“游农”起来呢？如果在亳都时的殷人尚不“游农”，则此后之殷人更不致返回“游农”阶段去。所以，这种历史现象用“游农”说是难以解释的。

文献所记殷人定都情况，现已获得考古材料之有力证明。郑州商城是学术界承认的商代早期都城。墙体内出土的木炭经碳—14 测定年代为距今 3235 ±99 的年，树轮校正后为距今 3570 ±135 年，据此，则郑州商城的始建年代当公元前 1620 年前后，与商朝建立年代相合③。值得注意

① （魏）何晏注，（宋）邢昺疏，朱汉民整理，张岂之审定：《论语注疏》卷八《泰伯》，北京大学出版社 2000 年版，第 122 页。

② 唐云明：《河北商代农业考古概述》，《农业考古》1982 年第 1 期。

③ 《新中国的考古发现和研究》，第 220 页。

的是，郑州商城包含着龙山文化和殷商文化的早、中、晚三期，而其中的殷商文化早、中期是紧密相连的，没有中断现象，延续时间很长。其中文化遗址分布最普遍、内涵最丰富的，估计也在150—200年左右。所以有的学者把郑州商城定为亳都[①]。不论郑州商城是否亳都，这一宏大都邑曾集中使用了一百多年则可无疑，这种现象用“游农”说是难以解释的。

殷墟的情况亦复如是。“游农”说为了说明殷人随农业的进步而迁都的次数逐渐减少，便肯定盘庚迁殷以后至纣亡还有过两次迁都[②]。但《古本竹书纪年》说：“自盘庚徙殷，至纣之灭，二百七十三年更不徙都。”[③]这一说法已得到充分的证实。根据解放前后殷墟遗址的典型材料，已经确定殷墟文化的发展时期，从盘庚、小辛、小乙的第一期，至帝乙、帝辛的第四期，连续不断，各期年代亦相互衔接[④]。这一考古学的分期，与甲骨文的分期也基本是一致的[⑤]。这就表明从盘庚迁殷之后，至纣亡而“更不徙都”的说法是正确的。此外，殷墟王陵东区发现的大规模祭祀坑，据研究为“殷王室祭祀祖先的公共祭祀场所”[⑥]。这与卜辞记载杀祭情况可以互相印证。这种祭祀活动，从甲骨文一期至五期（帝乙、帝辛时）从未中断。古代社会，“国之大事，唯祀与戎”，帝乙、帝辛在殷祭祀祖先，说明当时殷人的宗庙并未迁徙，还在殷。“凡邑，有宗庙先君之主曰都”[⑦]，可见帝乙、帝辛继续都于殷。《括地志》云：“自盘庚徙殷至纣之灭二百五十三年，更不徙都，纣时稍大其邑，南距朝歌，北据邯郸

---

① 邹衡：《论汤都郑亳及其前后的迁徙》，《夏商周考古学论文集》，科学出版社2001年版，第182—188页。

② 《中国经济史论丛》上册，第26、46页。

③ 方诗铭、王修龄：《古本竹书纪年辑证》，上海古籍出版社1981年版，第30—31页。

④ 《论汤都郑亳及其前后的迁徙》，《夏商周考古学论文集》，第173—179页。

⑤ 董作宾：《甲骨文断代研究例》，刘梦溪主编：《中国现代学术经典·董作宾卷》（编校者：裘锡圭、胡振宇），河北教育出版社1996年版，第7—21页；胡厚宣编集：《甲骨续存·序》，（上海）群联出版社1955年版，第1—15页。

⑥ 安阳亦工亦农文物考古短训班、中国科学院考古研究所安阳发掘队：《安阳殷墟奴隶祭祀坑的发掘》，《考古》1977年第1期。

⑦ （周）左丘明传，（晋）杜预注，（唐）孔颖达疏，浦卫忠、龚抗云、胡遂、于振波、陈咏明整理，杨向奎审定：《春秋左传正义》卷一〇，庄公二十八年，北京大学出版社2000年版，第332页。

及沙丘，皆为离宫别馆”[①] 看来比较符合实际。所谓盘庚迁殷后还有两次迁都的说法并不可信。

考古发掘不仅证明盘庚迁殷以后“更不徙都”，而且发现在盘庚迁殷以前，殷已是一个居民点。解放后在安阳梅园庄、孝民屯、小屯南地所发现的梅园庄一期、二期文化[②]，与郑州二里岗下层文化属于同一时期。而二里岗下层文化属早商早期的文化，可见在盘庚迁殷前，商代居民早已在这里劳动、生息。这种情况告诉我们，殷人迁都并非迁于草莽未开之野，而是选择已经开发的地区作为新都所在。而所谓“游农”的特点是“耕地不能固定于一处，而不得不常常迁徙，即仍然不能营定居的生活”的，但是以殷地而论，从早商至晚商一直是殷人之居住地，这一现象与“游农”并不符合。

再则，“游农”也不能解释与殷人同时的夏人、周人迁徙的情况。夏、商、周是在我国黄河流域并存发展的三个部族。在商族建国前，夏人已建立夏王朝。夏朝的都邑也曾经常迁徙，其中有不少是由于政治动乱所引起的。

西方黄土高原的周族，是一个农耕部族。始祖弃“及为成人，遂好耕农”[③]，从夏初以来，世为“后稷”，一直定居于渭北平原的邰（今陕西武功境），发展农业。传至不窋，“夏后氏政衰，去稷不务，不窋以失其官而奔戎狄之间”，由于政治动乱而北迁至泾水中游一带。到不窋第三代孙公刘定居于豳（今陕西栒邑）。“公刘虽在戎狄之间，复修后稷之业，务耕种”[④]，这时约当商朝初期。周人在豳连续居住九世，到古公亶父时，由于薰育戎狄攻之，被迫从豳迁于岐。这时已到商代中后期。从周人自邰迁豳，自豳迁岐的历史事实看，其在一地居住时间均甚久，而且每次迁徙都是由于政治的、军事的原因，而不是“游农”的需要。断言商代

---

① （汉）司马迁撰，（南朝·宋）裴骃集解，（唐）司马贞索隐，（唐）张守节正义：《史记》卷三《殷本纪》，张守节正义引《竹书纪年》，中华书局1959年版，第106页。据前揭《古本竹书纪辑校·殷纪》云：《正义》所引“实出自李泰《括地志》，乃隐括《纪年》之文，非张守节释《史记》语，更非《纪年》注。”（第31页）据此，则此引文实出自《括地志》。

② 中国科学院考古研究所安阳发掘队：《1958—1959年殷墟发掘简报》（执笔者：安志敏、江秉信、陈志达），《考古》1961年第2期。

③ 《史记》卷三《殷本纪》，第112页。

④ 《史记》卷三《殷本纪》，第112页。

的迁都“与后世帝王的迁都完全不同”，只有“后世帝王迁都，大都是出于政治原因”①，似非确论。

当时周人的农业生产水平，低于商人。周人迁徙尚不因“游农”，何以已在中原建立王朝的更先进的商人反倒处于“游农”阶段？“游农”说既不能解释夏、周迁徙的原因，就更难解释殷人迁都的原因。

以上就“游农”说问题提出几点自己粗浅的认识。下面再就《再探》中的一些问题说几句：

《再探》一开头就告诫人们，“正确理解盘庚三篇是解决殷人迁居问题的关键”。那么《再探》是如何“正确理解”的呢？他经过“细审史文”后告诉我们：“下篇与中篇似应在迁殷之前，上篇则应在迁殷之后”。上篇在迁殷之后，中篇在迁殷之前，学术界早有公论，《再探》的新说是下篇也在迁殷之前，而且为第一篇。根据是“因下篇之首就说：‘盘庚既（通其作将解）迁，奠厥攸居，乃正厥位，绥爰有众’。这里的‘绥爰有众’，应解释为，将迁居的行动计划告诉给‘众’”。《再探》这一新说的根据实际上只有一个字：就是下篇开首的“盘庚既迁”的“既”字，通“其”作“将”解，但没有告诉我们：“既”和“其”何以相通？是音训还是义训？

谨按“既”，见母，脂部，“其”，群母，之部。两字既非双声，又非叠韵，仅属旁纽，何以相通？“既”字甲骨文已常见，左边象土簋，表示饭食器具，右边坐一人，已掉头向后，表示已吃罢饭。“既”的本义当为“已经”，故《尚书·禹贡》“沱、潜既道”② “荆岐既旅”③，《史记·夏本纪》作“沱滓已道” “荆岐已旅”④。《再探》对“既”字作出新解，却未拿出任何根据。

此外，紧接“盘庚既迁”之后的“奠厥攸居，乃正厥位”，《再探》也没有向我们讲解。《尚书》虽诘屈聱牙，唯此数句却明白晓畅。奠者，定也。郑玄曰：“先定其里宅所处，次乃正宗庙朝廷之位。”孔疏：“盘庚

① 《中国经济史论丛》上册，第27、28页。

② 《尚书正义》卷六《禹贡》，第177、183页。

③ 《尚书正义》卷六《禹贡》，第185页。

④ 《史记》卷二《夏本纪》，第60、65页。

既至殷地，定其国都之处所，乃正其郊庙朝社之位。”① 至今说《尚书》者略无异词。若按《再探》新解：盘庚既然“将要迁都”，亦即尚未迁至殷地，何以“奠厥攸居，乃正厥位”？

《再探》“细审史文”之后的第二个新解是：中篇首云“盘庚作，惟涉河以民迁”，句中“作”字应与“行”同。亦不知以何法训之，而所据又为何？谨按郑康成曰：“作渡河之具”，俞樾谓与《孟子·公孙丑》“汤至于武丁贤圣之君六七作”，《易·系辞·传》“神农氏作”“黄帝尧舜氏作”之“作”同。顾颉刚、刘起釪谓当如赵岐释为“兴”，意即“兴起”②。诸家解说均有所据，不知《再探》何所据而一语断案，推翻以往诸说？

《再探》为了反对拙作所提殷人“后五迁与前八迁性质不同，前八迁乃商族建国前氏族部落之流动迁移，后五迁为殷商王都之迁徙”的意见，只引用盘庚中篇一句话便肯定前八迁与后五迁是同一性质，说：“如果照黎文所说前八迁与后五迁性质不同，那么盘庚为什么一味‘先王不怀厥故作，视民利用迁，汝曷弗念我古后之闻’。这无疑表明盘庚的迁都与他先人进行的迁徙是别无二致的。”何以这么一句话就“无疑表明”前八迁与后五迁“别无二致”？原来《再探》以为盘庚这两句话提到了“先王”和“古后”，那还不是“别无二致”么？其实殷人惯例，在位之王称“王”，死去的王称“后”，故“古后”与“先王”是同一概念。而殷代的“先王”与“先公”，却是有区别的。成汤建国以前者为“先公”，成汤建国之后者为“先王”。所以盘庚这里所谓“先王”“古后”，非指先公。《再探》显然将“先王”“古后”与成汤之前的“先公”相混，故做出如是新解。

《再探》对于盘庚三篇的“正确理解”既如上面所述，然而他这样“正确理解”与“殷人迁居”是什么关系呢？这一“关键”是如何解释了“殷人迁居”的问题呢？他所谓“下篇与中篇似应在迁殷之前，上篇则在迁殷之后”与“游农”说有什么关系呢？三篇中的“民也好，众也好，都不是奴隶”与“游农”说又是什么关系呢？这些也都让人莫名其

---

① 《尚书正义》卷九《盘庚下》，第 287 页。

② 顾颉刚、刘起釪：《尚书校释译论》，中华书局 2005 年版，第 902 页。

妙，不知它们之间存在什么样的逻辑关系？而最后一个问题又恰恰是拙作所坚持的一种看法。

《再探》还断言：因为盘庚说“视民利用迁”云云，所以“既然是为了他们的利益而迁居，那就无论如何也不可能用非经济的原因去解释的”。因此，盘庚所谓“大虐”的“真正含义”只能是“游农”。《再探》做出如是论断的根据又是一个字：“利”。然而，何以见得凡是“利”字，就只能是“经济的”，而不能是别的？

拙作对于“游农”说所谓殷代农业生产工具笨拙是殷人“游农”的主要原因之一，提出疑问：第一，“游农”说没有说明这些笨拙的农具是殷代前期还是后期。第二，“游农”说所使用的资料（出土农具、卜辞）都是殷代后期的。第三，出土文物表明殷代农具在前后期处于大体相同的水平，都是相当笨拙的。从以上三点进而说明：殷代农业很难划分为性质不同的前后两个发展阶段，即前期处于“游农”阶段，后期脱离“游农”阶段。《再探》对此反驳道：“我们必须指出，古代经济的发展演变是缓慢的长期过程。在没有犁以前，农业上的主要生产工具自远古以来一直是使用耒耜，这种木制的原始工具，不用说在殷代没有什么前后期之分，就是到了西周时期还是农业生产上的主要工具。因此不承认殷人生产工具笨拙是不现实的。”《再探》承认商代前后期农具都是笨拙的这一点上，与拙作所论是相向而行的。不知《再探》是否理解，他这样的论述与他所要维护的“游农”说却是南其辕而北其辙的？《再探》接着说：“奇怪的是，黎文经过一番考证之后，亦得出‘可见商代前后期的农业生产工具并未发生重大变化，我们很难把商代的农业发展划分为前后两个裁然不同的阶段’的结论。既然如此，黎文的指摘就失去了意义。”这种“指摘”何以会“失去了意义”呢？难道让“黎文”肯定殷代前后期农具发生了阶段性变化，因而殷代农业发展有着截然不同的两个阶段才“有意义”吗？

拙作曾针对“游农”说引用某地、某方受禾卜辞以证明殷人“游农”提出疑问：“即使这种卜辞如傅先生所理解的那样，但这种耕地的不断改换何以竟没有引起‘全部族的大迁徙’，而导致段人再一次迁都呢？”《再探》却引《论丛》第4、5页的全段文字：“所谓某方受禾，系卜问应在什么方位耕种始获丰收的意思，这都是在全部族大迁徙之前，先在原来聚居的地方不断改换耕地的记录，等到一境之内可资利用的土地都已轮流耕遍，而土地的肥力已衰减之后，便不得不举族远徙，另到一个新的地方，再以同一的程序和方法进行生产。”然后声称：这段文字已可回答黎文所提的问题。但读过《再探》所引这段文字后，笔者的疑问并未“自然解决”。既然这些殷代后期的卜辞“都是在全部族大迁徙之前，不断改换耕地的记录”，何以没有导致殷人再一次“举族远徙”？又何以能在迁殷之后，在安阳一地历“二百七十三年而更不徙都”？又何以商代早期也是在亳定居一百多年而没有“举族远徙”呢？

最后再就《再探》的驳论方法说几句。对于拙作提出的“比九世乱”是殷都屡迁的客观原因，《再探》批驳道：“比九世乱与殷人迁都究竟有什么必然的关系，黎文在这里没有作直截了当的回答，而是把主题岔开，去考证殷代历届王朝迁居过的地方，共迁了几次，接着又去考证殷王朝的王位继承问题……为什么这样一乱就要迁都呢？黎文的回答是‘比九世乱的内容已不得其详，没有更多的文献记载留存下来’。既然内容已经不详，又怎能确定为屡迁的原因呢”？其实，拙作一方面在提出“比九世乱”内容不详后，紧接着便提出“仍然可以从一些蛛丝马迹中窥其端倪”，并从两个方面论证了其具休内容。另一方面则指出：“‘九世之乱’是如何促动殷人屡屡迁都的呢？虽然载籍失传，所幸今本《商书》尚有《盘庚》三篇传世，它们就是研究殷人迁都的唯一的最重要的依据。”进而从《盘庚》三篇内容分析当时殷王朝之“乱”的具体表现和性质，以及何以这个问题需要通过迁都来解决的问题。拙作在论述“比九世乱”与殷都屡迁有何关系时认为“比九世乱”造成的后果是王权的削弱和贵族势力的膨胀，政治的动乱。因此殷代统治者企图通过迁都以削弱贵族的经济、政治根基，以提高王权。从盘庚迁殷的实际效果看，通过迁都也的确实现了打击贵族势力和提高王权的目的。而《再探》却说拙作是以“内容不详”去回答“何以一乱就要迁都”的问题，这似与本文的实际情况不符。这样论述是否充分是另一个问题，但从何得出“把主题岔开”的结论呢？

拙作认为卜辞“卜焚”的记载不能证明殷人“火耕”，因为卜焚所指乃田猎之事，所谓“焚田”亦指田猎而非“火耕”。《再探》却批驳道：“黎文认为‘焚田’不是开辟荒地，或者说开辟耕地不需要用火把丰林茂草烧掉，但作者却无一字交代，如不用火烧，耕地是怎样开辟出来的?”经《再探》的一番变化后，“焚田”不是指“火耕”而是指田猎的原意，就变成了“开辟耕地不需要用火把丰林茂草烧掉”。拙作为了说明“火田”是自古以来常用的狩猎方法，曾举出鄂伦春人解放前还有“烧荒引兽，放火寻角”的狩猎习惯为证。《再探》对此亦大加批驳，说道：“鄂伦春人烧荒引兽，放火寻角是为了打草惊蛇，烧荒草引出禽兽，决不是把大片森林烧光，如果把林木烧掉，则禽兽早已逃匿，还怎能进行狩猎呢?”《再探》对于鄂伦春人“烧荒引兽，放火寻角”的习俗有自己的见解，我在这里就不拟与他进行争论了，只是觉得此似有将别人的“主题岔开”之嫌①。

凡此例子尚多，不再胪列。殷都屡迁问题是一个复杂而艰难的学术课题，个人学识疏浅，自知无力完全解决这样的问题，拙作对于殷都屡迁原因的探讨，也只是一个极其粗浅的尝试，绝不敢以为必，衷心希望史学界的同志们进行严肃的、负责的批评指正，通过百家争鸣使问题能够得到更为深入的认识。但是最后不得不指出，像《再探》这样肆意解释，妄造“新说”；于商史及相关论题在常识性方面尚有所不足；行文逻辑混乱乃至语无伦次……学风和文风如此，对于学术讨论来说不能不令人遗憾。

（原刊《中国社会经济史研究》1987年第3期。后收入《先秦汉唐史论》上编“古史卷”，北京师范大学2016年版，黎虎先生曾作了一些文字方面的修订，今据此版本，并参校原刊文整理。李文才敬识。)

---

① 附：笔者曾经在20世纪50年代末参加了当时由全国人大民族委员会和国务院民族事务委员会组织的全国少数民族社会历史调查，在其中的鄂伦春族调查组工作，深入大兴安岭鄂伦春族聚居地进行了为期一年的调查，并参与调查报告和鄂伦春族简史、简志的撰写工作。关于鄂伦春族“烧荒引兽，放火寻角”习俗，调查报告是这样叙述的：“鄂伦春人过去为狩猎方便，有‘烧荒引兽，放火寻角’的习惯。他们每到春季就要放火烧荒，一方面为了青草早长出来，引诱野兽来吃；另一方面为看得清野兽，以便于打中。烧荒往往引起很大火灾，有时烧掉几十里乃至几百里的森林，然而他们并不以为然，因为他们世居深山密林，在他们眼里，好像森林到处都有，因此，对森林是不爱惜的，也没有任何私有观念。”参见内蒙古自治区编委会编《鄂伦春族社会历史调查》第一集，内蒙古人民出版社1984年版，第11页。这份调查报告是在我参加调查组之前，由原有的调查组人员根据1956年10月至1957年1月期间的调查材料而撰写的。

《书·盘庚》"于今五邦"解

《尚书·盘庚上》："先王有服，恪谨天命，兹犹不常宁，不常厥邑，于今五邦。"① 此"五邦"所指为何地？自汉迄今，说解不一。马、郑均谓"五邦"指商、亳、嚣、相、耿五地②。后世学者多已指出，"五邦"乃成汤建国后之迁徙，不应包括成汤自商迁亳之事，故商、亳两地不属于"五邦"之内。这样就只剩下嚣、相、耿三邦，不足"五邦"之数。于是有人提出"五邦"应指：嚣、相、耿、庇、奄③。持此看法的理由之一是：《盘庚》篇"于今五邦"是指盘庚迁殷前已有"五迁"，故"五邦"不应包括盘庚迁殷在内④。于是将耿、庇视为二迁，凑足"五邦"。所以，问题的关键在于："于今五邦"是否包括盘庚迁殷在内？如果包括盘庚迁殷，则耿、庇是一地还是两地的纠葛亦将易于获致解决。

窃意"于今五邦"应包括盘庚迁殷在内。关于《盘庚》三篇的先后次序，俞樾认为：《盘庚》中篇为"未迁时也"，《盘庚》下篇为"始迁时也"，《盘庚》上篇"则又在后矣"⑤，其说甚是。"于今五邦"句出自《盘庚》上篇，既然上篇所载为盘庚迁殷之后对臣民之训词，则其追述自"先王"至"今"之五次迁都，显然包括这最后一次之迁殷在内。事实

---

① （汉）孔安国传，（唐）孔颖达疏，廖名春、陈明整理，吕绍纲审定：《尚书正义》卷九《盘庚上》，北京大学出版社2000年版，第268页。

② 《尚书正义》卷九《盘庚上》，第268页。

③ 杨树达：《积微居读书记》，上海古籍出版社2006年版，第1页；顾颉刚、刘起釪：《尚书校释译论》，中华书局2005年版，第900—1090页。

④ （元）董鼎撰：《书传辑录纂注》卷三《盘庚上》，《景印文渊阁四库全书》第61册《经部五五·书类》，台湾"商务印书馆"1986年版，第673—676页。

⑤ （清）俞樾撰：《群经平议》卷四，《续修四库全书》第178册《经部》，上海古籍出版社2002年版，第52—53页。

上，旧注对此点本甚明确，如《尚书序》曰：“盘庚五迁，将治亳殷。”伪《孔传》亦谓“自汤至盘庚，凡五迁都。”[①] 均把盘庚迁殷包括在五迁之内。

这样，“五邦”中比较明确的便有“四邦”了，即：仲丁所迁之嚣（《史记·殷本纪》作“隞”，嚣、隞古音同），河亶甲所迁之相，南庚所迁之奄，盘庚所迁之殷。至此就只剩下一迁还需要探究，具体来说就是祖乙究竟是一迁还是几迁的问题了。

关于祖乙之迁，记载比较纷纭。《尚书》说“祖乙圮于耿”[②]，《殷本纪》说“祖乙迁于邢”[③]，《竹书纪年》则谓祖乙居庇[④]。据此则祖乙所迁有耿、邢、庇三地。《史记·殷本纪·索隐》曰：“邢音耿，近代本亦作‘耿’。”[⑤] 故后世学者均认为邢、耿实即一地，对这个问题的看法基本上是一致的。比较分歧的是邢（耿）与庇究竟是什么关系？历代学者对此作了种种推测与考证，或以为庇与邢（耿）为一地，或以为庇与邢（耿）为两地。把邢（耿）与庇视为一地之根据似嫌不足，故当以两地说为近是。不过，窃意此两地虽然均为祖乙所迁，但在殷人看来仍然是一迁而不是两迁。何以然？因为祖乙自相迁邢（耿）之后，旋即再迁。《书序》云：“祖乙圮于耿”，于是祖乙不得不又自邢（耿）迁庇。据《竹书纪年》，自祖乙居庇之后，祖辛、沃甲、祖丁、南庚一直居于庇，直至南庚时才“自庇迁于奄”[⑥]。由此可知，祖乙在邢（耿）还没有来得及形成一个都邑，即被迫放弃。其居邢（耿）之时间过于短促，与庇邑之作为自祖乙至南庚五王所居相较，则祖乙迁邢（耿）实不过是祖乙迁庇过程中的一段插曲而已，在殷人心目中，便没有把邢（耿）视为一迁或一个王都，而只是把庇邑视为自己的王都。故盘庚在回顾迁都的历史时，便只数五迁而不云六迁，即把祖乙之迁只视为一迁而不是两迁了。

---

① 《尚书正义》卷九《盘庚上》，第 265 页。

② 《尚书正义》卷八《咸有一德》，第 264 页。

③ （汉）司马迁撰，（南朝·宋）裴骃集解，（唐）司马贞索隐，（唐）张守节正义：《史记》卷三《殷本纪》，中华书局 1959 年版，第 100 页。

④ 方诗铭、王修龄：《古本竹书纪年辑证》，上海古籍出版社 1981 年版，第 27 页。

⑤ 《史记》卷三《殷本纪》，第 101 页。

⑥ 《古本竹书纪年辑证》，第 28 页。

如果以上的推测不错的话，那么我们可以得出如下的结论：

第一，《盘庚》上篇所谓“于今五邦”，为盘庚迁殷之后所言，故“五邦”应当包括迁殷在内。

第二，邢（耿）、庇似应是两地而不是一地，两地均为祖乙所迁，不过祖乙自相迁邢（耿）后不久又自邢（耿）迁庇，而迁邢（耿）之举不过是其迁庇过程中的一个插曲而已。

第三，准上述二项，则盘庚所谓“于今五邦”应为：仲丁自亳迁嚣（隞），河亶甲自嚣迁相，祖乙自相迁庇，南庚自庇迁奄，盘庚自奄迁殷。

（原刊北京师范大学历史系《史学评林》1982年第3—4期。后收入《先秦汉唐史论》上编“古史卷”，北京师范大学2016年版。今据《先秦汉唐史论》刊文整理。李文才敬识。）

周代的交聘使者及使团

“交聘”是中国古代国家、民族或政治实体之间和平交往的方式和手段。《仪礼》① 一书现存有《聘礼》一篇，此即周代交聘实践的总结和集大成。那么，周代的“聘”礼具有哪些基本特征？其中有哪些因素为后代的交聘制度提供了蓝本或参照依据和经验呢？本文认为以使者为交聘媒介是其中重要特征之一。这个问题迄未见学术界有专文论述，兹不揣谫陋，试略述之。

周代交聘的主体是双方的君主，他们在亲自出访之外，更多的是派遣使者代表自己出使，以使者为交聘媒介是周代交聘制度的重要特征之一②。使者在周代交聘关系中起着重要作用，成为双方沟通、联系的主要媒介。这时已经形成了一套比较完备的遣使制度，从使者的任命、使者职责、行为规范、使团组成，直至返国复命等，均有相应的规章和制度。《仪礼·聘礼》记载了侯伯之国以卿为使者进行交聘的全过程，从中可以窥知当时遣使制度之详情。

一　使者的任命与受命

交聘首先需要任命使者。据《仪礼·聘礼》记载，诸侯若需遣使进行聘问时，首先是“君与卿图事，遂命使者。”何谓“图事”？郑玄注曰：

---

① 《仪礼》《周礼》《礼记》并称为“三礼”，均程度不同地保存了周代“聘礼”的内容，其中以《仪礼》成书最早。但对于《仪礼》成书年代学术界有争议，当以春秋、战国之际为是。参见彭林《仪礼译注》“前言”，贵州人民出版社 1997 年版，第 4—5 页。

② 交聘使者并非始于周代，殷代甲骨文中的“史”“史人”即其前身。详见拙文《殷代外交制度初探》，《历史研究》1988 年第 5 期。

“图，谋也。谋聘故及可使者。”[①] 即商议是否行聘之事；如果决定行聘，则需要任命使者。这是国君与三卿在朝中进行决策。由此可见，任命使者的权力归于国君，但是需要通过与辅政大臣的廷议以决策。《聘礼》所记为“大聘”，大聘之使者为卿，故参与谋议的三卿之一将被任命为使者，于是当场“使者再拜稽首，辞”。被任命者“辞以不敏”，表示谦虚。“君不许，乃退。”经过一番辞让之后确定下来。正使确定之后，接着就是“戒上介”，即任命副使——“上介”，其程序“亦如之”，即与任命正使相同[②]。上介一人，以大夫担任。正、副使确定之后再任命正、副使之下的助理——“众介”。国君不直接参与“众介”的任命，而是交由“宰命司马戒众介”，即由辅佐国君的上卿——“宰”再交由其下属“司马”去任命。郑玄注曰：“宰，上卿，贰君事者也。诸侯谓司徒为宰。众介者，士也，士属司马。《周礼》司马之属司士，掌作士，适四方，使为介。”[③] 由司马在其所辖人员中物色“众介”。其“众介”为四人，由士担任。“众介”接到任命后，“皆逆命，不辞。”[④] 即没有正、副使被任命时的辞让过程，而是立即接受任命。以上六人组成交聘使者组合。

除此之外，使团中各种事务、警卫人员，则从诸“有司”中加以选拔，如“贾人”来自于“玉府”，“史”来自于“大史”等（详见下文）。

由此可知，使者及使团其他成员的任命是根据其层级的高低由上而下分别由国君、“宰”及“有司”等三个层级进行任命和挑选的。使团领导成员正、副使由国君及其主持的御前会议决定和任命，使者助理“众介”由执政大臣负责选拔，使团其他成员则从各具体部门加以选拔。当时使者的任命已经有了一套比较严整的程序，从中反映交聘权力是集中于国君手中的，交聘的主体是国君，而其正使是本国决策核心成员，他是衔国君之命并作为本国的代表而出使的。

使团成员确定之后，就开始进行一系列的出使准备工作。具体来说有：第一，“具币”，即由“宰”命令其下属“宰夫”准备交聘礼物和使

---

① （汉）郑玄注，（唐）贾公彦疏，彭林整理，王文锦审定：《仪礼注疏》卷一九《聘礼》，北京大学出版社 2000 年版，第 412—413 页。

② 《仪礼注疏》卷一九《聘礼》，第 413 页。

③ 《仪礼注疏》卷一九《聘礼》，第 414 页。

④ 《仪礼注疏》卷一九《聘礼》，第 413—414 页。

团成员所需物资，并开列清单。第二，“夕币”，即出发前夕国君主持、卿大夫参与的展示“聘享”礼仪用品的仪式，将这些礼品进行检查、清点并交付使者，同时也应含有让使者熟悉礼物情况的用意。第三，“告祢”，即正、副使分别向自己的父庙——“祢”告辞。郑玄注曰：“告为君使也。”① 何以需“告祢”？因为古代礼俗“为人子者，出必告，反必面”②。第四，“建旜受命”，行告祢礼后，使者“建旜”，将代表卿的身份的旗帜——“旜”树于车上，率上介、众介入朝面君。使者、上介、众介在朝中“闻命”，接受国君之命。“宰”代表国君将“聘”礼所用玉器——“圭”授予使者。“圭”是使命的象征，具有致君命、通诚信的意义，故曰“既授之，而君出命矣。”③ 使者接受聘圭即意味着已经接受君命，使者则在聆听君命的同时复述之——“述命”。在接受聘圭之后，又接受“享”璧以及对国君夫人的“聘”璋、“享”琮等礼玉。圭、璋、璧、琮这四种不同形制的玉器是国之宝器，故曰：“凡四器者，唯其所宝，以聘可也。”郑玄注曰：“言国独以此为宝也。”④ 此四器为公、侯、伯之国聘享所用，子、男之国则聘用璧、琮，享用琥、璜⑤。受命之后，使团“遂行”⑥，踏上出使之路。

由上所述可知，使者是由君主直接派遣，他是衔君主之命而出使。交聘主体是两个对等的诸侯国的国君，而使者则是国君的代表，承担着两个交聘主体之间的媒介作用。

二 使团的组成

周代交聘使团的组织结构和规模究竟如何呢?

使团之组织结构，主要由交聘使者、事务人员、武装警卫人员三者组成。

---

① 《仪礼注疏》卷一九《聘礼》，贾公彦疏引《礼记·曾子问》注云：“父在则祭祖，父卒则祭祢。”（第417页）

② （汉）郑玄注，（唐）孔颖达疏，龚抗云整理，王文锦审定：《礼记正义》卷一《曲礼上》，北京大学出版社2000年版，第32页。

③ 《仪礼注疏》卷一九《聘礼》，第421页。

④ 《仪礼注疏》卷二四《聘礼》，第531页。

⑤ 《仪礼注疏》卷二四《聘礼》，第531—532页。

⑥ 《仪礼注疏》卷一九《聘礼》，第423页。

（一）交聘使者

交聘使者是代表诸侯执行交聘使命的官员，从以上的叙述中我们已经知道交聘使者由领导成员正、副使及其助理“士介”四人，一共六人组成，他们属于使团中的交聘官员，共同构成以正使为核心的交聘使者组合。“使者既受行日，朝同位”①，交聘使者组成并确定行日，他们六人在朝廷举行各种仪式上就均同朝位——北面朝君，而与他们平日的朝位有所不同，“卿大夫士尊卑有间矣，至是乃同其位者，示奉命而往，荣辱苦乐无不共之，所以一众志也。”② 虽然交聘使者由卿、大夫、士这些尊卑差距颇大的三个层级人员组成，但是一旦成为交聘使者的组成人员，则“同其位”，以示同舟共济、同甘共苦、同心合力完成使命之意。“朝同位”的具体表现，如出使前“使者朝服，帅众介”共同受“币”③。这里的“众介”指“上介”与“士介”。在此仪式上，“使者北面，众介立于其左”，在相同的朝位上北面向君，郑玄谓：“既受行，同位也。”④ 出发那天受命时，使者帅众介“受命于朝”，一起面君“接闻命”⑤。返国复命时也是使者与众介一起入朝面君，国君分别向他们慰劳道路勤苦，他们则分别向君主“再拜稽首”，国君亦分别一一“答拜”⑥。这些表明他们是共同受君命而出使的，他们共同对这次出使负责。与此相同，他们到达主国之后，也是一并得到主国的礼遇，共同被视为国宾。入境之后，主国之君派卿至宾馆致馆设飧，使者与上介、士介均得到相应的食品赐予，只是根据他们三者不同的级别而有数量、质量的区分⑦。行聘享礼的早晨，国君派人到宾馆迎宾，“卿，大夫讶。大夫，士讶。士皆有讶。”郑玄注：“卿，使者。大夫，上介也。士，众介也。讶，主国君所

---

① 《仪礼注疏》卷二四《聘礼》，第523页。

② （清）盛世佐撰，袁茵点校：《仪礼集编》卷八《聘礼第八》，浙江大学出版社2021年版，第559页。

③ 《仪礼注疏》卷一九《聘礼》，第415页。

④ 《仪礼注疏》卷一九《聘礼》，第416页。

⑤ 《仪礼注疏》卷一九《聘礼》，第420页。

⑥ 《仪礼注疏》卷二三《聘礼》，第506—507页。

⑦ 据《仪礼注疏》卷二〇《聘礼》载：宾（即使者）“饪一牢”，牛、羊、豕、鱼、腊、肠胃、肤、鲜鱼、鲜腊各一，列于九鼎之中；上介“饪一牢”，七鼎，比九鼎少了鲜鱼、鲜腊两样；士介“皆少牢”，羊、豕、肠胃、鱼、腊各一，五鼎。（第440—441页）

使迎待宾者，如今使者护客。”[①] 从正使至士介均有低于本人级别的相应等级的陪护者。聘享礼毕，主国国君亲自“劳宾”“劳介”[②]，分别慰问他们旅途之辛劳。然后主国国君又派卿、大夫、士分别向正使、上介、士介馈赠数量不等的“饔饩”[③]。返国时，主国在郊举行馈赠礼，主国国君派遣卿馈赠正使，下大夫馈赠上介，士馈赠士介[④]。这些表明他们均在主国受到交聘使者的礼遇，他们均被主国视为聘国之代表。聘享礼在太庙举行，正使与众介六人均被请进庙门，协同向主国之君及夫人完成聘享之礼，而其他随行人员则在庙门之外陈币[⑤]。聘享礼之后，正使、上介、士介分别向主国国君行“私觌”礼，以个人名义向主国国君献礼[⑥]。次日，正使向主国之卿大夫行“问”礼和“面”礼，前者以本国国君名义行礼，后者以个人名义行礼；上介和士介则向上述人员行“面”礼[⑦]，这些表明他们均代表本国在履行交聘使者之职责。

虽然上述人员均为代表本国的交聘使者，但是他们在交聘中的作用与地位是不同的。

第一，“使者”，即正使，为使团之最高负责人，大聘以卿为使，小聘则以下大夫为使。其在本国时称为“使者”，进入他国之后则被称为“宾”。正使全面负责出使任务，并在出使国享受最高礼遇，此无庸赘述。

第二，“上介”，即副使，是使团中仅次于“使者”的第二号人物。大聘由大夫担任，如果小聘以大夫为正使，则以士为上介[⑧]。“上介”作为使者的副手，其地位和作用相当重要。不仅他的任命与正使一样是由国君直接参与，而且在各方面享受仅次于正使的待遇。如，正使行前需

---

① 《仪礼注疏》卷二四《聘礼》，第 530 页。

② 《仪礼注疏》卷二一《聘礼》，第 470 页。

③ 《仪礼注疏》卷二一《聘礼》：“君使卿韦弁，归饔饩五牢。”郑玄注曰：“牲，杀曰饔，生曰饩。今文归或为馈。”（第 472 页）可见，宾即使者完成出使任务准备返国时，主国赠以“饔饩五牢”。上介、士介也有这种馈赠，据同书卷二二《聘礼》：上介“饔饩三牢”，士介四人“皆饩大牢”（第 484—485 页）。

④ 《仪礼注疏》卷二三《聘礼》，第 502 页。

⑤ 《仪礼注疏》卷二〇《聘礼》、卷二一《聘礼》，第 440—458 页。

⑥ 《仪礼注疏》卷二一《聘礼》，第 458—470 页。

⑦ 《仪礼注疏》卷二二《聘礼》，第 488—491 页。

⑧ 《仪礼注疏》卷二四《聘礼》“若大介卒，亦如之。”郑玄注：“不言上介者，小聘，上介，士也。”贾公彦疏：“……若小聘，上介，末介皆士……”（第 519 页）。

举行告祢释币仪式，“上介释币亦如之”[①]，同样举行告庙仪式；使命完成之后的奠告仪式亦与正使相同[②]。

而“众介”则没有这两种仪式。主国宴请来使的礼仪规定：“公于宾，壹食、再飨。”于“上介，壹食、壹飨。”[③] 正、副使均能得到国君的宴请，只是礼数有所差别，正使食礼一次、飨礼两次；副使则两种宴请方式各一次。向主国国君行聘享礼后的第二天晚上，国君夫人派下大夫向宾介馈礼，馈使者为六豆、六笾、六壶，上介为四豆、四笾、四壶，唯正使与上介有之，士介则无之[④]。“上介”的主要职责和作用有二：一是全面协助正使完成使命；二是在正使不能履行使命时由其代理完成。

第一项职责和作用，主要体现于“上介，所以佐仪也。”[⑤] 这又主要有两个方面，一方面是全程协助正使行礼，如出使之前授币时，由执政大臣“宰”将登记礼品的文书授予使者，使者则将其交“上介”；授币后，“上介”监督币物之存放，并负责保管、携带相关文书出使[⑥]。入朝受命时，使者从“宰”那里接过聘圭后，“同面授上介”，交给上介收下。接受享璧和国君夫人的聘璋、享琮亦如之[⑦]。

入境之后展币时，由上介一一检查聘享所用圭、璧，并听取保管人员关于向国君夫人聘享所用璋、琮情况的报告，然后一起由上介向使者报告[⑧]。行聘享礼时，也是由保管人员将礼玉交上介，上介再交正使行礼[⑨]。使团返国前，主国要将聘玉归还使者带回国，国君派卿到宾馆还玉，正使接受对方还回的聘玉后，即交给上介，由上介交保管人员

---

① 《仪礼注疏》卷一九《聘礼》，第419—420页。

② 《仪礼注疏》卷二三《聘礼》：“释币于门，乃至于祢，筵几于室，荐脯醢。觞酒陈。席于阼，荐脯醢，三献。人举爵，献从者，行酬，乃出。上介至，亦如之。”（第509—511页）

③ 《仪礼注疏》卷二二《聘礼》，第493—494页。

④ 《仪礼注疏》卷二二《聘礼》，第491—492页。

⑤ 徐元诰撰，王树民、沈长云点校：《国语集解》卷二《周语中》，韦昭注，中华书局2002年版，第72页。

⑥ 《仪礼注疏》卷一九《聘礼》，第416—417页。

⑦ 《仪礼注疏》卷一九《聘礼》，第421—422页。

⑧ 《仪礼注疏》卷一九《聘礼》，第429—430页。

⑨ 《仪礼注疏》卷二〇《聘礼》：“贾人东面坐启椟，取圭，垂缫，不起而授上介。上介不袭，执圭，屈缫，授宾。宾袭，执圭。”（第450—451页）。

收藏[①]。返国后入朝复命时，也是由上介将圭、璋等聘玉交给使者，由使者再上交[②]。从而标志使命之完成。可见上介全程负责交聘贽币，尤其肩负最为重要的聘享礼玉之安全并协助正使以之完成聘享礼仪。另一方面是，有些礼仪正使不宜出面者，则由上介代表正使行礼，如在主国行“私觌”礼后，使者在宾馆稍事休息时，国君派卿大夫来劳宾，使者以尚有“问”卿大夫之公事未办，故辞不见，而由“上介以宾辞辞之”，即上介代表使者而婉辞。于是卿大夫“奠雁再拜，上介受。”[③] 上介代表使者收下他们送来的见面礼品——雁。使团返国前日，国君亲到宾馆拜谢，“宾辟，上介听命。”[④] 使者为表示尊重主国国君不敢接受此礼而回避，于是由上介出门接受国君的谢词。凡主国国君派人来向使者致礼时，均由上介“出请”“入告”[⑤]。对于曾经出使本国的下大夫，则使者不亲“问”亲“面”，而由上介率领三介去执行。因上介与下大夫是对等的，而下大夫出使本国时也是以三介随行的[⑥]。

第二项职责和作用，是当正使不能履行使命时由上介代理完成。这主要指正使在出使期间死亡的情况下，则由上介代理正使的职责而完成使命。聘礼规定：如果使团未入聘国境，则可以返回而中止使命，但是“宾入境而死，遂也。”使团进入交聘国境之后，如果正使死亡，则交聘使命应该继续进行，这时便由“介摄其命”[⑦]，由上介代行正使的职责。上介是与正使一起由国君亲自任命的，而且在出使前受命时同在国君面前“闻命”，故上介有资格、有条件完成这个使命。这样的安排，实际上是事先已经作好了不测之准备。上介接任后，首先需料理正使的丧事，在主国备办丧葬用品和殡殓之后，“君吊，介为主人。”主国之君前来吊唁，上介为丧主而受礼。虽有使者的亲人在使团中也不能为主人，必须

---

① 《仪礼注疏》卷二三《聘礼》：“……宾自碑内听命，升自西阶，自左，南面受圭，退负右房而立。大夫降中庭。宾降自碑内，东面，受上介于阼阶东……”（第 497—498 页）。

② 《仪礼注疏》卷二三《聘礼》，第 504—505 页。

③ 《仪礼注疏》卷二一《聘礼》，第 471 页。

④ 《仪礼注疏》卷二三《聘礼》，第 500 页。

⑤ 《仪礼注疏》卷一九、卷二一、卷二三《聘礼》，第 432、472、498 页。

⑥ 《仪礼注疏》卷二二《聘礼》：“下大夫尝使至者，币及之。上介朝服，三介，问下大夫，下大夫如卿受币之礼。其面，如宾面于卿之礼。”（第 490—491 页）

⑦ 《仪礼注疏》卷二四《聘礼》，第 518 页。

以上介为主人，“以介与宾并命于君，尊也。”① 这是因为上介与正使同样受命于国君，故上介是代表本国接受主国之吊唁。返国之后上介要将使者的灵柩护送至朝门之外，“必以柩造朝，达其忠心。”② 再护送至其家，直至国君吊唁、殓殡完毕为止。其次则是完成正使未完成的交聘使命。上介代理正使的使命之后，则主国也以宾礼接待上介，这时上介“受宾礼，无辞也。”郑玄注曰：“介受主国宾已之礼，无所辞也。以其当陈之以反命也。有宾丧，嫌其辞之。”③ 在交聘过程中，凡主国有所赠送，使者均礼辞然后受之，而由上介代理后则不必行此礼，直接接受就是了。但是在聘礼过程中上介“不飨食”，不出席国君的宴请。返国之后，由上介向国君复命。如果正使是在主国入朝后、行正式聘享礼之前死亡，则上介在代行聘享礼时需护送正使灵柩至外朝，自己入庙而行聘享之礼。郑玄注曰：“以柩造朝，以己至朝，志在达君命。”④

第三，“士介”虽然亦属于交聘使者成员，但他们是交聘使者之最低层级。根据使者的不同等级，所配备士介的多少亦不等，如以卿为使者需设置四介，以大夫为使者则设置三介，由于其人数较多，故曰“众介”。又因其由“士”担任，故曰“士介”。他们是使者中的最低者，故又称为“末介”⑤。

“士介”作为使者、上介的助理，享受次于正使和上介的使者待遇。其主要职责和作用是协助使者、上介完成必要的与其身份相应的任务。如：“若过邦，至于竟，使次介假道，束帛将命于朝，曰：‘请帅。’奠币。”⑥ 如果需假道他国时，则由士介出面交涉，因“假道礼轻，故使次介。”⑦ 士介奉命以“束帛”为礼物至该国外朝，请求护送过境。该国则派下大夫与士介接洽，得到该国国君允许后即接受士介所放置的礼品，

---

① 《仪礼注疏》卷二四《聘礼》，第518页。

② 《仪礼注疏》卷二四《聘礼》，第519页。

③ 《仪礼注疏》卷二四《聘礼》，第519页。

④ 《仪礼注疏》卷二四《聘礼》，第520页。

⑤ （汉）毛亨传，（汉）郑玄笺，（唐）孔颖达疏，龚抗云、李传书、胡渐逵、肖永明、夏先培整理，刘家和审定：《毛诗正义》卷一五之三《小雅·绵蛮》，毛传：“微臣刺乱也”，郑笺：“微臣，谓士也。古者卿大夫出行，士为末介。”（北京大学出版社2000年版，第1093页）

⑥ 《仪礼注疏》卷一九《聘礼》，第423页。

⑦ （元）敖继公撰：《仪礼集说》卷八，北京图书馆出版社2004年版，第10页。

从而得以顺利过境。在向主国行享礼时，由“士执庭实”，由士介负责执“庭实”，即展示于庭中的礼品——兽皮或马匹，“庭实必执之者，皮则有摄张之节。”[①] 如果是以兽皮享，则有较为复杂的“摄张”礼节，入门时执之而皮毛在内，使者向主君致命时则将皮毛张开。与行聘礼时的庄重不同，享礼时则需要制造和谐融洽的气氛，所以还要求士介在致庭实时需有相应的表情：“众介北面，跄焉”，即“容貌舒扬”[②]。由于这项礼仪有其特定要求，故入境前的预演中士介需持实物演习。聘享后主国国君礼宾时，士介负责接受国君所致庭实中的马匹[③]，返国复命时，士介随使者、上介入朝，亦负责所得皮币之取授；国君在慰劳使者和上介之后，“劳士介，亦如之”。如同上介“君劳之，再拜稽首。君答拜”那样得到国君的答拜，贾公彦疏曰：“案《曲礼》云‘君于士不答拜’，此君答拜士者，以其新行反命，君劳苦之，故答拜异于常也。”[④] 按照日常礼仪，国君不答士之拜，但是当士作为交聘使者时，则可以得到国君的答拜，可见作为交聘使者成员的“士介”可以得到国君特殊的礼遇。如果出使期间使者的父母去世，在上介代理使者继续完成使命之后，“归，使众介先，衰而从之。”返国途中使“众介”先行入朝报告，上介穿着丧服在后慢慢跟随。待众介报告国君，得到国君允许后，上介再朝服而反命[⑤]。

以上表明“上介”“士介”虽然为使者之副或助理，但他们与使者一样均代表本国国君出使聘问，故曰：“以其代君交于列国，是以贵之。”[⑥] 因此他们均属于交聘官员，享受交聘使者的待遇。

除了交聘使者成员之外，使团中还有大量服务、警卫人员，如此方能顺利完成出使任务。

（二）事务人员

使团中的事务人员主要是在交聘过程中的各种辅助人员以及为使团运送、保管交聘礼品、物资等人员，他们主要由政府各部门抽调的工作

① 《仪礼注疏》卷一九、卷二一《聘礼》，第426、456—457页。

② 《仪礼注疏》卷二四《聘礼》，第534页。

③ 《仪礼注疏》卷二一、卷二四《聘礼》，第463—464、535页。

④ 《仪礼注疏》卷二三《聘礼》，第508页。

⑤ 《仪礼注疏》卷二三《聘礼》，第514—516页。

⑥ 《仪礼注疏》卷一九《聘礼》，第428页。

人员和使者的家臣两类人员所构成。主要包括如下人员。

第一，“贾人”，是使团中必不可少的成员之一。从使者入朝受命时开始，贾人就参与其事，“贾人西面坐，启椟取圭”，将藏于匣中的聘玉——“圭”取出，而授予执政大臣“宰”，“宰”接过圭再授使者，使者将圭授上介，上介再“出授贾人”①，从而完成受命程序。受命仪式中“启椟取圭”之贾人与接受上介所授而收藏之贾人并非一人，前者不从行，后者从行而为使团成员。“贾人”是什么人？他何以为使团中必不可少的成员？《周礼》天官冢宰之属有“玉府”，“掌王之金玉、玩好、兵器，凡良货贿之藏。”② 为专门收藏保管金玉等宝器之部门，聘圭这种贵重的玉器就归玉府收藏。而玉府的诸多成员中有“贾八人”，其职责为“使辨玉之善恶、贵贱”③。由此可见，贾人为玉府中负责辨别玉器善恶及其价值之人员，诸侯亦应有此部门和人员，故其参与使团，亦主要负责聘玉之保管，因其具有辨别玉器善恶贵贱之能力，故能保证礼玉在各种展示、聘享、返玉等礼仪中不致于出现以假充真等类疏漏。使者受圭之后，受其余三宝：璋、璧、琮，其仪式皆如受圭，均由贾人出示并最后收藏，以备出使过程中使用。进入主国之后的“展币”“聘享”等仪式中，凡是需要礼玉的场合，均有贾人的参与，直至“完璧”而归，返国复命为止。故进入主国之后，使团下榻宾馆之外另有“贾人之馆”④，以专门保管所携带之玉器等珍宝，可见此事之珍重。因为礼玉不仅是国之宝，而且是交聘中致君命、通诚信之标志，故需此专人负责收藏保管，俾使命之顺利完成。

---

① 《仪礼注疏》卷一九《聘礼》，第420—421页。

② （汉）郑玄注，（唐）贾公彦疏，赵伯雄整理，王文锦审定：《周礼注疏》卷六《天官冢宰·玉府》，北京大学出版社2000年版，第184页。

③ 《周礼注疏》卷一《天官冢宰》，第19页。按，天官冢宰之属有“庖人”，其下亦有“贾八人”，其职责为“主市价，知物价。”（第12页）又，天官冢宰之属有“职币”，其下有“贾四人”，其职责未有明确说明，贾公彦疏“职币”之责云：“掌式法以敛官府、都鄙与凡用邦财者之币，以待上赐予，与职岁通职，故连类在此也。若然，此三职皆有府义，不得名府者，以财不久停故也。”（第20页）《仪礼注疏》卷一九《聘礼》郑玄注：“贾人，在官知物价者。”贾公彦疏：“谓若《王制》云庶人之在官，府史胥徒之类，以知物价，故名贾。”（第420页）由此可见，“知物价”只是“贾”的职责之一，他还有“主市价”“辨玉之善恶、贵贱”等职责，从当时的交聘过程可知，使团中的“贾人”是以“辨玉之善恶、贵贱”，以及在交聘过程中保管、展示礼玉为其专职，从而与“主市价，知物价”的所谓“庶人之在官，府史胥徒”有较大不同。

④ 《仪礼注疏》卷一九《聘礼》，第431页。

第二，“史”，也是使团中的必要成员之一。出发前举行的“夕币”仪式中由“史读书展币”①，即根据“宰”所书写的聘礼品种清单而宣读，一一清点交接；假道他国之前宣誓纪律的仪式上也由“史读书”②，即宣读入境后的纪律约束誓词。可知“史”为使团中管理文书之成员。《周礼·春官·宗伯》有“大史”，“史”为其属官。进入交聘国之后的“展币”“陈币”等仪式及其他需文书之礼仪，均由“史”负责③，亦即为协助使者交聘的“有司”成员之一。

第三，“管人”，出使前举行的授币仪式上，有“管人布幕于寝门外”，在国君治朝的地上铺好幕布，以供展示交聘礼品之用。郑玄注曰：“管犹馆也。馆人，谓掌次舍帷幕者也。布幕以承币。”④ 此后，在出使期间凡需展示礼品的场合，均需“管人”为之布幕，直至完成使命返国之后“陈币于朝”⑤，均有其职责。

第四，“廋人”和“巾车”。使者在主国接受所馈赠的饪、腥、饩三种饔食时，以饪牢祭祖祢礼后，即“肦肉及廋、车”。“肦”即“颁”，“肦肉”即分胙肉。意即将胙肉分配遍及“廋人”“巾车”等随行人员。郑玄注曰：“廋，廋人也。车，巾车也。二人掌视车马之官也。”⑥《周礼·夏官》有廋人职，掌马政⑦；《周礼·春官》有巾车职，掌公车之政令⑧。诸

① 《仪礼注疏》卷一九《聘礼》，第418页。

② 《仪礼注疏》卷一九《聘礼》，第425页。

③ 按，据《周礼注疏》卷一七《春官宗伯》，春官宗伯下属诸职几乎都有数量不等的“史”职，那么，随使团一同参加交聘活动、履行外交使命的“史”是哪一类“史”呢？根据《周礼注疏》所载的职掌来看，应该是“大史”下属的“史八人”，贾公彦疏“大史”之职责云：“读礼书，祭之日，执书以次位常。”（第526页）由此可见，“读礼书”为“大史”下属之“史”的重要职掌，而交聘活动属于外交礼仪，故外交使团中的“史”当来自“大史”之僚属。至于其他诸职下属的“史”，如“内史”下属的“史八人”，其职掌“掌八枋，执国法及国令之贰，策命群臣。”尽管这也属于“礼事”，但侧重于国法的执行、王命在国内的宣达等任务。总之，“大史”下属之“史”的职掌“读礼书”与《仪礼注疏》所载交聘活动中的“史”之“读书”，性质应该是相同的，因此我们认为外交使团中的“史”应该来自春官宗伯下属“大史”之下的“史八人”。

④ 《仪礼注疏》卷一九《聘礼》，第415页。

⑤ 《仪礼注疏》卷二三《聘礼》，第503页。

⑥ 《仪礼注疏》卷二四《聘礼》，第541页。

⑦ 《周礼注疏》卷三三《夏官司马·廋人》，第1018页。

⑧ 《周礼注疏》卷二七《春官宗伯·巾车》，第837页。

侯当亦有相应人员设置，交聘时从这两个部门中物色合适的人员参与，负责车马之管理。

第五，“老”，是使者在出使期间所携带之家臣，贴身跟随使者，亦为完成使命中不可缺少的成员。进入交聘国后举行的郊劳仪式上，使者在接受了对方之劳“币”，劳者出门之后，使者即“授老币”，将“币”交给“老”收下。郑玄注：“老，宾之臣。”贾公彦疏曰：“大夫家臣称老。”[①] 凡是使者接受对方之“币”礼之后，一般即转交给“老”；同样的，使者回赠对方礼品时，也是由“老”将其交给使者，如主国国君派遣卿到宾馆向使者馈饔饩时，先是使者接受卿的“币”，卿出门后使者即“授老币”，将卿赠的“币”交给“老”；然后卿再被使者请入，使者则“受老束锦”[②]，从“老”的手中接过事先准备好的“束锦”以回赠卿。可知使者礼品之收藏、保管、授受均由“老”负责。

第六，“仆”，使者之家臣随从出使者尚有“仆”。主国国君赐使者饔食有饪、腥、饩三种，其中在接受饪时需要举行祭祖祢仪式，在这个仪式上以“仆为祝。祝曰：‘孝孙某，孝子某，荐嘉礼于皇祖某甫，皇考某子。’”“仆”也是使者的家臣，“祝”是祭祀时的祝祷者。因为出使不带“祝”随行，故以“仆”代行“祝”的职责。故郑玄注曰：“仆为祝者，大夫之臣摄官也。”贾公彦解释说，因为使团是代表国君到另一国访问的，如果是国君亲自前往，难道“祝”这种外交事务还需要国君亲自去做吗？即“若君到主国祭饔之时，得不摄官乎？”[③] 而这个事务本来应该是“祝”来承担的，但由于“祝”不能随行，故而以正使之“仆”以“摄官”的身份而临时代理其职，故这里的“摄官”具有后世所谓“非真官”的性质。

由于使者出使时有不少家臣随从，故使者返国复命之后举行的奠告礼上，使者要亲自“献从者”，所谓“从者”，乃“家臣从行者也。主人献之，劳之也。”不过，郑玄接着又注曰：“主人举奠酬从者，下辩，室

---

① 《仪礼注疏》卷一九《聘礼》，第 433 页。

② 《仪礼注疏》卷二二《聘礼》，第 482、483 页。

③ 《仪礼注疏》卷二四《聘礼》，第 540 页。

老亦与焉也。”[①]“辩”即“遍”，可知“从者”并非仅为家臣，还有家臣以外之从者，亦即所有随从者均受到使者的慰劳。“《聘礼》之文有上介、众介至所聘之国，誓于其竟，则史读书，司马执策。贾人拭玉，有司展币，其从群官多矣。”[②] 这些都应该属于从者。在交聘过程各种场合之中累见各种“有司”或“赞者”等人员参与其事，可知从者是很多的。

第七，“有司”，在入境之后的展币仪式上，“有司展群币，以告。”即保管交聘礼物的有关人员报告礼品的检查情况。进入交聘国之郊外时又展示一次，其礼仪也是如此。郑玄注曰：“有司，载币者，自展自告。”[③] 所谓“载币者”，即负责运载礼币的有关工作人员。出使前的授币仪式结束后，“官载其币，舍于朝。”这里的“官”，“谓官人从宾行者”[④]。这些从行的官人，均属于“有司”。

第八，“赞者”，也是在交聘过程中经常出现的辅助人员。使者在向主国国君行“私觌”礼时，“宾觌，奉束锦，緫乘马，二人赞。”使者一手捧“束锦”，一手攥着四匹马的辔绳，另有二人在两马之间协助牵马。郑玄注曰：“赞者，贾人之属，介特觌也。”意即类似“贾人”那样的从行者，故贾公彦疏曰：“赞者是贾人之属从行者”[⑤]。使者行“私觌”礼后，则上介亦随之行“私觌”礼，这时“上介奉币，俪皮，二人赞”[⑥]。上介捧着“束锦”，由二人协助捧着两张麋鹿皮。上介“面”主国之卿，谓之“特面”，“特面者，异于主君，士介不从而入也。君尊，众介始觌不自别也。上宾则众介皆从之。”[⑦] 意即上介的资格不够，如果是正使前往“面”的话，那么，“众介”也就是“士介”都可以随同前往了。上介“特面”时，由“介奉币，皮，二人赞”[⑧]，亦上介捧“束锦”，而二人协助捧皮。

---

① 《仪礼注疏》卷二三《聘礼》，第 511 页。

② （周）左丘明传，（晋）杜预注，（唐）孔颖达正义，浦卫忠、龚抗云、胡遂、于振波、陈咏明整理，杨向奎审定：《春秋左传正义》卷一九下，文公十五年，北京大学出版社 2000 年版，第 638 页。

③ 《仪礼注疏》卷一九《聘礼》，第 430 页。

④ 《仪礼注疏》卷一九《聘礼》，第 417 页。

⑤ 《仪礼注疏》卷二一《聘礼》，第 463—464 页。

⑥ 《仪礼注疏》卷二一《聘礼》，第 466 页。

⑦ 《仪礼注疏》卷二二《聘礼》，第 489 页。

⑧ 《仪礼注疏》卷二二《聘礼》，第 489 页。

（三）武装警卫人员

除了上述交聘官员及为其服务之各种事务人员之外，尚有数量更为庞大的武装警卫人员。在假道他国时需举行宣誓仪式，“誓于其竟，宾南面，上介西面，众介北面，东上。史读书，司马执策立于其后。”郑玄注曰：“宾南面，专威信也。史于众介之前，北面读书，以敕告士众，为其犯礼暴掠也。礼，君行师从，卿行旅从。司马，主军法者，执策示罚。”① 何以需要举行如此隆重的宣誓仪式呢？就是因为使团中有庞大的“士众”从行，故需防止他们进入别国后发生“犯礼暴掠”之事。例如，鲁昭公六年（前536）楚公子弃疾出使晋国交聘，路过郑国，约束从人“不入田，不樵树，不采蓺，不抽屋，不强匄。”意即不进入田地以免践踏庄稼，不伐树以为樵，不采所种之菜果，不毁裂所舍之屋，不就人强乞也。并誓众曰：“有犯命者，君子废，小人降。”杜预注曰：“君子则废黜不得居位，小人则退给下剧也。”由于公子弃疾约束从行士众有方，故“舍不为暴，主不慁宾，往来如是。”② 可见交聘使团出现“为暴”之事，以及主国侵犯使团的情况都是有可能发生的，因而需有武装人员随行并约束其纪律。那么，从行“士众”有多少呢？按照“君行师从，卿行旅从”的标准，“君行师从”为二千五百人，“卿行旅从”为五百人③。这里的使者为卿，故使团从行士众当为五百人。鲁昭公元年（前541）“楚公子围聘于郑，且娶于公孙段氏”，郑国担心楚人“怀诈”，于是安排他们住在城外。“既聘，将以众逆”，杜预注曰：“以兵入逆妇。”“子产患之，使子羽辞曰：‘以敝邑褊小，不足以容从者。’”④ 可知其使团亦有“众”随行，所谓“众”，主要是指士兵。

在上述宣誓仪式上，“司马执策”立于宣读誓词的“史”之后。郑玄注曰：“司马，主军法者，执策示罚。”⑤ “策”即鞭朴之类的惩罚用具。可知“司马”为使团成员之一，部众纪律的管束在其职责范围之内。《周礼》夏官之职有“司马”，主军事，“《序官》大司马之下，上士得号行

① 《仪礼注疏》卷一九《聘礼》，第425页。
② 《春秋左传正义》卷四三，昭公六年，第1418—1419页。
③ 《春秋左传正义》卷五四，定公四年，第1771页。
④ 《春秋左传正义》卷四一，昭公元年，第1310页。
⑤ 《仪礼注疏》卷一九《聘礼》，第425页。

司马，及在军二十五人长中士号两司马，五人长下士号公司马，皆与大官同号者，以司马主军，军事主严，虽卑得同号也。”[①] 则从大司马至两、伍之长皆可称为“司马”。此“司马”当为“旅帅”[②] 级别之军事长官。

由上所述可见，周代交聘关系中已经形成了相当完善的使节制度，交聘使者、事务人员、武装警卫人员构成庞大的交聘使团，三者分工明确，各司其职而又相互密切配合，协同完成交聘使命。其不仅在周代的交聘关系中发挥了重要作用，而且开日后汉唐时期乃至整个中国古代交聘使节制度之先河。

（原刊《史学集刊》2008 年第 4 期。我们在黎虎先生的遗存文稿中发现了同名文章，经过比对，发现有些地方略有修订。今据黎虎先生最新刊后修订稿整理。整理最主要的工作就是将先生原先引用的《仪礼》《周礼》《礼》《春秋左传》等经学文献的版本进行了改换，以前先生所引“十三经”文献，均为中华书局 1980 年影印出版的阮刻《十三经注疏》，今改为北京大学出版社 2000 年出版的《十三经注疏整理本》，之所以改用这个版本，是考虑到先生其他文章中也引用过“十三经”，但版本并不统一，故此番整理先生文集，凡“十三经”文献除非出于特别需要，一律改为北京大学出版社 2000 年出版的整理本。至于文章的具体内容，除了对那些因为排版或印刷等原因所导致的文字讹误进行订正外，其他一律不加改动。李文才敬识。）

---

① 《周礼注疏》卷二九《夏官司马·大司马》，贾公彦疏，第 902 页。

② 周代军队编制为军、师、旅、卒、两、伍，按照“卿行旅从”的制度，则此“司马”当为“旅帅”级别长官。

周代交聘中的“礼尚往来”原则

“交聘”是中国古代国家、民族或政治实体之间和平交往的主要方式和手段。《仪礼》一书现存有《聘礼》一篇，此即周代交聘实践的总结和集大成者[①]。那么，周代的“聘”礼具有哪些基本特征？在“交聘”礼仪中贯穿着哪些原则和精神呢？其中有哪些因素为后代的交聘制度提供了蓝本或参照依据和经验呢？本文认为交聘中的“礼尚往来”原则是其中最为重要的表现之一。“礼尚往来”一语虽然为古今论者所频繁引述，然而往往寥寥数语，一笔带过，鲜见深入论述其具体内涵者。“礼尚往来”是中国古礼的核心原则之一。《礼记》开宗明义：“礼尚往来，往而不来，非礼也；来而不往，亦非礼也。”[②] 所谓“往来”，即交礼双方之间的互动与回报，故《礼记》径曰：“礼也者，报也。”郑玄对此注曰：因“礼有往来也”。孔颖达疏曰：“受人礼事，必当报之也。”《礼记》进一步阐述道：“礼，反其所自始……礼报情，反始也。”亦即“他人有恩于己，己则报其情。”[③] 因此在一定意义上可以说“礼”也就是“报”。先哲对于“礼尚往来”的重要性和作用有着深刻的认识，认为这个原则对

---

① 《仪礼》与《周礼》《礼记》并称为“三礼”，均程度不同地保存了周代“聘礼”内容，其中以《仪礼》成书最早。但对于《仪礼》成书年代学术界有争议，当以公元前5世纪中叶至公元前4世纪中叶说为长。参见沈文倬《略论礼典的实行和〈仪礼〉书本的撰作》（上、下），《文史》第15、16辑，中华书局1982年版，后收入氏著《宗周礼乐文明考论》，浙江大学出版社1999年版，第1—54页。

② （汉）郑玄注，（唐）孔颖达疏，龚抗云整理，王文锦审定：《礼记正义》卷一《曲礼上》，北京大学出版社2000年版，第20页。

③ 《礼记正义》卷三八《乐记》，第1299页。

于调整人与人之间、群体之间、实体之间、诸侯之间乃至国家之间的关系具有重要意义，“人有礼则安，无礼则危。”①《礼记》引孔子云：“仁者，天下之表也；义者，天下之制也；报者，天下之利也。”将“报”与“仁”“义”并列为治理天下的最高指导原则。何以然者？郑玄注曰：“报，谓礼也。礼尚往来。”孔颖达疏曰：“礼尚往来，相反报物得其利，故云‘天下之利也’。”②“礼尚往来”的原则不仅有利于人际和谐，也有利于国家和天下之和谐，是决定个人以至国家、民族和天下安危的重要因素，是实现社会和谐的重要手段和方法。“礼尚往来”是中国古代交聘关系中的重要原则之一。“礼尚往来”实际上就是对等性原则在礼仪关系中的一种体现和运用。在周代的交聘关系中，我们可以看到“礼尚往来”原则的普遍应用，贯穿于交聘关系的各个方面和全过程，其具体表现是多方面的，大略而言主要有四：一曰报礼，二曰报币，三曰报书，四曰报使。

一 报礼

“报礼”是指交聘过程中礼仪、仪节的相互回报。这种相互回报贯穿于交聘关系中的各个方面和环节。使者入境后，主国即于来使入住之近郊馆舍举行郊劳仪式以欢迎，主国之“君使卿朝服，用束帛劳。”使者在接受对方的劳礼之后，又将劳者请入舍门内，“用束锦傧劳者”。何谓“傧”？郑玄注曰：“言傧者，宾在公馆如家之义，亦以来者为宾。”贾公彦疏曰：“凡言傧者，谓报于宾。”③所谓“傧劳者”，即以同样的礼仪回报劳者。卿代表主国国君行劳礼之后，夫人又使下大夫向来使行劳礼，礼毕，使者亦“傧之如初”④，如同回报国君的劳礼一样，也对下大夫“傧之”，回报以礼。总之，对于主国国君和国君夫人的“劳礼”，来使均以“傧礼”回报之。可见在举行郊劳仪式时，双方在礼仪上是一来一往，相互回报的。

---

① 《礼记正义》卷一《曲礼上》，第20页。

② 《礼记正义》卷五四《表记》，第1717—1718页。

③ （汉）郑玄注，（唐）贾公彦疏，彭林整理，王文锦审定：《仪礼注疏》卷一九《聘礼》，北京大学出版社2000年版，第433—434页。

④ 《仪礼注疏》卷二〇《聘礼》，第436页。

来使向主国国君和夫人行聘享礼之后，国君即“请礼宾”[①]，以醴酒之宴以报之。然后来使则向主国国君行“私觌”礼。“私觌”礼毕，主君即遣使至馆舍向宾介“归饔饩”，这是对来使的聘享和私觌进行回报。“明日，宾拜于朝，拜饔与饩。”[②] 使者于次日晨至外朝拜谢主国之君的赐予。这是对于国君“归饔饩”礼的报谢。当天晚上，国君夫人“使下大夫韦弁归礼”，也是对于来使聘享于己的一种回报。“明日，宾拜礼于朝。”[③] 使者亦于次日前往外朝报谢。总之，来使对于主国之一切馈赠、赐予均于次日拜谢于朝，这是交聘礼仪中的惯例。如，交聘期间主国“以飨燕之礼，亲四方之宾客。”[④] 其隆重程度依次为飨、食、燕三种方式，而来使在受到这些款待之后，“宾介皆明日拜于朝”[⑤]。唯主国每日的“乘禽”之馈则在离境返国前一次性报谢。“乘禽”之馈系指：如果来使停留时间超过十天，主国则提供廪食并每日致送“乘禽”，从使者至众介分别为五双、三双、一双不等的禽类。离开当天“宾三拜乘禽于朝，讶听之”，郑玄注曰：“发去乃拜乘禽，明已受赐，大小无不识。”[⑥] 由于“乘禽”礼较轻，而且为每日馈赠，所以不烦每日拜谢，而是最后一次性拜谢。这表明不论所赐轻重大小无不一一拜谢。不过，“凡宾拜于朝，讶听之”[⑦]。由于这类拜谢礼较轻而频繁，故国君并不亲自接受，而是由讶官代表接受。这种拜谢礼也是相互的，主国亦以拜谢礼回报聘国及来使，如使团行将返国前，“公馆宾”，国君亲往宾馆拜谢，“为宾将去，亲存送之，厚殷勤，且谢聘君之意也。”一方面拜谢使者，另一方面“拜谢聘君使臣来礼己国之事”。具体来说是“聘享，夫人之聘享，问大夫，送宾，公皆再拜。”在这四项中，前三项是主国国君对于聘国国君的拜谢，第四项是对来使的拜谢，此“四事皆再拜”，一一进行拜谢。不过，在这种场合使者回避

---

① 《仪礼注疏》卷二一《聘礼》，第459页。此“礼”字多数学者认为当为“醴”字，参见谢德莹《仪礼聘礼仪节研究》，台湾文史出版社1983年版，第178—179页。

② 《仪礼注疏》卷二二《聘礼》，第483页。

③ 《仪礼注疏》卷二二《聘礼》，第491—492页。

④ （汉）郑玄注，（唐）贾公彦疏，赵伯雄整理，王文锦审定：《周礼注疏》卷一八《春官宗伯·大宗伯》，北京大学出版社2000年版，第551页。

⑤ 《仪礼注疏》卷二二《聘礼》，第494页。

⑥ 《仪礼注疏》卷二三《聘礼》，第501页。

⑦ 《仪礼注疏》卷二四《聘礼》，第545页。

而由上介代表受礼，表示使者“不敢受主国君见己于此馆也”。主君拜谢礼毕而退，“宾从，请命于朝。”使者在接受主国国君的拜谢之后，即跟随国君至朝廷请求回国之事。郑玄注曰：“宾从者，实为拜主君之馆己也。”① 实际上也是使者对于国君亲临馆舍行拜谢之礼的一种回报。

来使与主国卿大夫之礼亦然。来使向主国国君行聘享、私觌礼毕，“宾请有事于大夫”②，提出希望向主国之卿以及曾经出使本国的下大夫行“问”礼、“面”礼。《仪礼正义》引高愈曰：“聘本为君也。而因以及其夫人，而并以问其卿大夫，则凡内外尊卑之间，无不致其殷勤敬礼之意，而所以睦于邻者大矣。”③ 这时卿及下大夫则速往宾馆向使者先行“劳宾”礼，记曰：“币之所及皆劳，不释服。”聘国将以“币”存问之卿及曾经出使彼国之下大夫均前往宾馆劳宾，而且不脱朝服而速往。贾公彦疏曰：“彼国币及己，是以礼加于己，今劳宾者，是以礼报之”④。卿和曾出使彼国之下大夫先以劳礼以报来使。然后使者再向主国之卿行“问”礼、“面”礼。与此同时，“下大夫尝使至者，币及之。”由上介出面向曾经出使本国之下大夫行“问”礼、“面”礼。郑玄注曰：“尝使至己国，则以币问之也。君子不忘旧。”⑤ 通过报礼以表示对于曾经出使本国者“不忘旧”之意，以巩固双方的友谊。卿大夫在接受来使之“问”礼、“面”礼之后，即“饩”宾介以报之。彼隆遇于己，己亦厚报于彼。

不仅对于主国国君、夫人、卿、下大夫等一一实行报礼，而且对于主国之下层接待人员亦以礼相报。如：“宾即馆，讶将公命。又见之以其挚。”来使入住馆舍之后，主国之讶者受君命而待事于馆舍外，听候使者的吩咐，为其服务，并以私礼拜见使者，“宾既将公事，复见之以其挚”。郑玄注曰：“公事，聘享问大夫。复，报也。”⑥ 使者在完成上述聘享国君

---

① 《仪礼注疏》卷二三《聘礼》，第 501 页。

② 《仪礼注疏》卷二一《聘礼》，第 471 页。

③ 胡培翚：《仪礼正义》（第八册）卷一七《聘二》，（上海）商务印书馆 1934 年版，第 29 页。按：本书版本为商务印书馆 1934 年印行之“国学基本丛书”，据说明，商务本系用万有文库版本印行，原装分十六册，每册面数各自起点，商务本合订为上、中、下三册，面数仍旧。商务合订本上册包括原第一至第六册、中册包括原第七至第十一册、下册包括原第十二至十六册。

④ 《仪礼注疏》卷二四《聘礼》，第 539 页。

⑤ 《仪礼注疏》卷二二《聘礼》，第 490 页。

⑥ 《仪礼注疏》卷二四《聘礼》，第 530—531 页。

和问大夫礼等公事之后，亦以私礼拜见讶者，以同样的礼仪报之。

二 报币

“报币”，是指交聘过程中礼品的相互往来回报。胡培翚释“币”曰：“散文则玉亦称币，小行人合六币是也；对文则币为束帛、束锦、皮马及禽贽之属是也。”[①] 本文所称“币”泛指交聘中所有公私礼品。交聘是通过玉帛等礼品之往来回报而实现的，故交聘又曰“交贽往来”[②]。“报币”其实就是“报礼”之物质表现形式。因而这种相互回报亦贯穿于交聘关系中的各个方面和环节。

（一）聘享礼玉、礼币之回报

聘国以圭聘主国国君，以璋聘国君夫人；又以璧享主国国君，以琮享国君夫人。这是交聘中的重头核心礼仪。圭、璋、璧、琮为国之四宝，“非所宝，则不足以通诚好矣”[③]。聘国以之进行聘享，是尊重对方、互通诚好的体现。主国在接受聘国之四宝之后，于使者返国前均一一归还或回报，“君使卿皮弁，还玉于馆”，郑玄注曰：“玉，圭也。君子于玉比德焉。以之聘，重礼也。还之者，德不可取于人，相切厉之义也。”[④]《聘义》谓：“以圭璋聘，重礼也。已聘而还圭璋，此轻财而重礼之义也。诸侯相厉以轻财重礼，则民作让矣。”[⑤] 圭璋为国之“大器”[⑥]，是德的化身，双方友谊诚信的表征，重德轻财，故原物归还之。西周《颂鼎》载共王时人颂受周王册命时礼仪：“受命册佩，以出，反入堇章。”郭沫若谓“反入堇章”当读为“返纳瑾璋”，“盖周世王臣受王册命之后，于天

---

① 《仪礼正义》（第二册）卷四《相见》，第 76 页。《周礼注疏》卷三七《秋官司寇·小行人》：“合六币：圭以马，璋以皮，璧以帛，琮以锦，琥以绣，璜以黼。此六物者，以和诸侯之好故。”（第 1186 页）

② （周）左丘明传，（晋）杜预注，（唐）孔颖达疏，浦卫忠、龚抗云、胡遂、于振波、陈咏明整理，杨向奎审定：《春秋左传正义》卷二七，成公十二年，北京大学出版社 2000 年版，第 860 页。

③ （清）张尔岐撰：《仪礼郑注句读》卷八《聘礼第八》，清乾隆八年刻本（湖南图书馆藏），全国图书馆文献缩微复制中心 2004 年版，第 34 页。

④ 《仪礼注疏》卷二三《聘礼》，第 497 页。

⑤ 《礼记正义》卷六三《聘义》，第 1943—1944 页。

⑥ 《春秋左传正义》卷一九（下），文公十二年，第 620 页。

子之有司有纳瑾报璧之礼。”① 此与交聘“还玉”亦有某些相似之处。

报聘之后又行报享，“礼玉、束帛、乘皮”，郑玄注曰：“礼，礼聘君也，所以报享也。”贾公彦疏曰：“此谓报享之物，以其彼持享物来礼此主君，此主君亦以物礼彼君……彼以物享此君，此君亦以物享彼君……聘宾行享之时，束帛加璧，束锦加琮，今报享物，亦有璧琮致之。”② 这是主国接受聘国的璧、琮“享”礼之后，在使者返国前以己国之璧、琮回赠聘国，同样将其加以束帛、束锦之上，并报以庭实乘皮。孟献子对鲁宣公说：“聘而献物，于是有庭实旅百。”杜预注曰：“物，玉帛皮币也。主人亦设笾豆百品，实于庭以答宾。”③ 则来使向主国国君聘享之后，国君派卿大夫向来使“归饔饩”也是对聘国玉帛、庭实之献的一种回报。

主国向聘国回报财物有两条原则，一是视聘国之大小及其礼数情况而定其厚薄。“凡诸侯之交，各称其邦而为之币，以其币为之礼。”郑玄注曰：“币，享币也。于大国则丰，于小国则杀。主国礼之，如其丰杀”④，视国之大小而定其丰杀。《聘礼》记曰：“贿，在聘于贿。”郑玄注曰：“贿，财也。于，读曰为。言主国礼宾，当视宾之聘礼，而为之财也。宾客者，主人所欲丰也。若苟丰之，是又伤财也。”意即主国向聘国赠以财物，当视聘国之礼的情况而定其多寡，“多货，则伤于德；币美，则没礼。”郑玄注曰：“多之则是主于货，伤败其为德”“美之，则是主于币，而礼之本意不见也。”⑤ 回赠过于丰美则是重物而轻礼，有损礼意和德。故一般情况下取其适中。二是特殊情况下可以丰厚。“无行，则重贿反币。”如果对方是专程来聘己国，不再前往他国聘，则可以回赠丰厚。郑玄注曰：“必重其贿与反币者，使者归，以得礼多为荣，所以盈聘君之意也。反币，谓礼玉、束帛、乘皮，所以报聘君之享礼也。”⑥ 鲁文公十二年（前615）“秦伯使西乞术来聘，且言将伐晋。”西乞术善于词令，

---

① 郭沫若：《郭沫若全集·考古编》第八卷《两周金文辞大系图录考释》，科学出版社2002年版，第163页。

② 《仪礼注疏》卷二三《聘礼》，第499页。

③ 《春秋左传正义》卷二四，宣公十四年，第761—762页。

④ 《周礼注疏》卷三八《秋官司寇·司仪》，第12099页。

⑤ 《仪礼注疏》卷二四《聘礼》，第536页。

⑥ 《仪礼注疏》卷二四《聘礼》，第545页。

“襄仲曰：‘不有君子，其能国乎？国无陋矣。’厚贿之。”① 鲁国厚贿秦使，不仅因秦使专聘鲁国，亦与秦使之表现得到鲁国之欢心有关。故交聘中的报币又不同于一般的等价交换关系，而是体现了一种厚往薄来的精神。聘国以圭璋聘主国时并无币帛，所谓“圭璋特，朝聘以为瑞，无币帛也”，体现“以少为贵”② 的精神。但是上述报聘礼中，在归还聘国之圭璋后，主国又向聘国国君赠以财物，“贿用束纺”。郑玄注曰：“贿，予人财之言也。纺，纺丝为之，今之缚也，所以遗聘君，可以为衣服，相厚之至。”③ 则报聘不仅是将圭璋归还聘国，同时赠以丝织品，此亦厚往薄来精神之体现。

不过，随着春秋时期天子与诸侯以及诸侯之间关系性质的发展变化，交聘关系的政治意味和目的日益浓厚，则“厚报”的情况亦日益复杂。鲁宣公九年（前600）“春，王使来征聘。夏，孟献子聘于周。王以为有礼，厚贿之。”杜预注曰：“征，召也。言周征也。征聘不书，微加讽谕，不指斥。”④ 鲁国之聘周，乃因周定王之征召，可见周天子地位之式微；周定王意图通过鲁国来聘以显示其原有政治地位之继续存在，故厚加赠贿。鲁僖公十年（前650）晋大夫丕郑聘于秦，适值丕郑之同党里克被晋惠公所杀，于是丕郑向秦穆公献计：“君厚问以召吕甥、郤称、冀芮而止之，以师奉公子重耳，臣之属内作，晋君必出。”注云：“问，遗也，以厚礼问遗。此三人皆晋大夫，来因留止也。”意图通过此举以废晋惠公而改立重耳为晋君，于是“穆公使泠至报问，且召三大夫”。但是晋国感到秦使所报之礼太厚，与晋使丕郑所携礼品不相称，于是晋大夫冀芮曰：“（丕）郑之使薄而报厚，其言我于秦也，必使诱我。”⑤《左传》记作：“郤芮曰：‘币重而言甘，诱我也。’”⑥ 可见秦国之“厚报”是怀着赤裸裸的政治目的。而更多的所谓“厚往”则是建立在小国的“厚来”基础

① 《春秋左传正义》卷一九（下），文公十二年，第620—621页。

② 《礼记正义》卷二三《礼器》，第847页。

③ 《仪礼注疏》卷二三《聘礼》，第498—499页。

④ 《春秋左传正义》卷二二宣公九年，第715页。

⑤ 徐元诰撰，王树民、沈长云点校：《国语集解》卷九《晋语三》，中华书局2002年版，第306—307页。

⑥ 《春秋左传正义》卷一三，僖公十年，第417页。

之上的。鲁卿孟献子说：“臣闻小国之免于大国也，聘而献物，于是有庭实旅百。朝而献功，于是有容貌、采章、嘉淑，而有加货。”所谓“加货”，即主国之“命宥币帛也。言往共则来报亦备”“言宾往既共，则主报亦厚礼。”① 而这种“礼尚往来”实质上往往是大国对小国的一种榨取和掠夺。

（二）“觌币”之回报

在聘享礼之后，使者又向主国国君行“私觌”礼。其“币”以使者自己的名义向主国国君馈赠，实际上是主国为其所准备的。《周礼·夏官司马·校人》曰：“凡国之使者，共其币马。”郑玄注曰：“使者所用私觌。”② 诸侯亦当如此。使者返国时，主国进行郊送之礼，“公使卿赠，如觌币。”主国国君派卿至郊馆报答来使先前之“私觌”，郑玄注曰：“赠，送也，所以好送之也。言如觌币，见为反报也。”贾公彦疏曰：“‘所以好送之’者，来而不往非礼，以礼来往，皆是和好之事，故云好送之也。云‘言如觌币，见为反报也’者，以其赠之多少，一如觌币。”③ 其回报之礼品与使者之觌币完全相等。使者行“私觌”礼后，上介、士介亦分别向主国国君行“私觌”礼，唯其“币”之厚薄分别低于使者所致。在郊送之礼回报使者之“觌币”后，亦回报上介、士介之“觌币”“使下大夫赠上介，亦如之。使士赠众介，如其觌币。”④ 主国国君使下大夫回赠上介，使士回赠士介，所回赠之币均“如其觌币”。

（三）“问币”“面币”之回报

使者在向主国国君和夫人行聘享礼、私觌礼之后，则向主国之卿大夫行“问”礼、“面”礼。此亦使者受君命而致礼，其币亦为束帛、庭实。“问”礼毕，又以己币行“面”礼。“宾面，如觌币。”贾公彦疏曰：“宾私面于卿，其币多少与私觌于君同，故云‘如觌币’。宾私觌之时，用束锦、乘马，则此私面于卿，亦用束锦、乘马可知也。”⑤ 使者“问”

---

① 《春秋左传正义》卷二四，宣公十四年，第761—762页。杜注：“献功”即“献其治国若征伐之功于牧伯。”“容貌，威仪容颜也。采章，车服文章也。嘉淑，令辞称赞也。”（第762页）

② 《周礼注疏》卷三三《夏官司马·校人》，第1016页。

③ 《仪礼注疏》卷二三《聘礼》，第502页。

④ 《仪礼注疏》卷二三《聘礼》，第502页。

⑤ 《仪礼注疏》卷二二《聘礼》，第488页。

卿、“面”卿之后，上介、士介亦分别向卿行“面”礼，其“币”则分别如他们向主国国君行“私觌”礼时的“觌币”。宾介向主国卿大夫行“问”和“面”礼之后，卿大夫则向宾介馈“饩”以报之，在郊送之礼时又“大夫亲赠，如其面币”，主国之卿亲自向使者回赠礼品，一如使者所赠之“面币”。同时，“赠上介亦如之。使人赠众介，如其面币。”① 卿亦亲自回赠上介，并使人回赠士介，其回赠之礼品亦如其“面币”。唯宾介代表本国国君向主国卿大夫所致“问币”不见回报，李如圭解释道：“卿不报聘君之币者，尊卑不敌。”②

（四）对于主国之下层接待人员亦有所回报

使者在馆舍曾接受主国派来之讶者服务，并接受过其“挚”礼。据《周礼·春官·大宗伯》记载挚礼之等级是：“孤执皮帛，卿执羔，大夫执雁，士执雉，庶人执鹜，工商执鸡。”③ 此讶者当为士，则其应执雉以拜见使者。使者在完成公事之后，“复见之以其挚”④，即以“挚”礼而还其雉。对于所住馆舍主人亦有以报之，返国前“宾于馆堂楹间，释四皮、束帛。”郑玄注曰：“宾将遂去是馆，留礼以礼主人，所以谢之也。”⑤ 其回报可谓周浃。

三　报书

“报书”，是指交聘文书之相互回报。交聘文书在周代的交聘关系中非必有之，而是遇有特殊情况时用之。《仪礼》“记”曰：“若有故，则卒聘。束帛加书将命。”郑玄注曰：“故，谓灾患及时事相告请也。将犹致也。”如有灾患等突发事件或紧急情况需要向对方告请者，则不按定期交聘，而是随时遣使往聘，并致以文书，说明相关事项。这种文书的规制是：“百名以上书于策，不及百名书于方。”一百字以上，即内容较多者，写在简策上；一百字以下，即内容比较少者，写在方板上。文书上

---

① 《仪礼注疏》卷二三《聘礼》，第 502 页。

② （宋）李如圭撰：《仪礼集释》卷一三《聘礼第八之三》，《丛书集成初编》本，商务印书馆 1939 年版，1960 年补印，第 337 页。

③ 《周礼注疏》卷一八《春官宗伯·大宗伯》，第 560 页。

④ 《仪礼注疏》卷二四《聘礼》，第 531 页。

⑤ 《仪礼注疏》卷二四《聘礼》，第 546 页。

需加盖主国之玺印，郑注：“书必玺之”[①]。

文书之递交是在聘享礼毕时，“若有言，则以束帛，如享礼。”其递交礼仪程序有如此前之享礼。郑玄注曰：“有言，有所告请，若有所问也。”并举春秋时期史事以证之：“《春秋》臧孙辰告籴于齐，公子遂如楚乞师，晋侯使韩穿来言汶阳之田，皆是也。”[②] 此即上文所谓“若有故”之“故”的具体事例。郑玄所举臧孙辰告籴于齐，事在鲁庄公二十八年（前666），由于是年鲁国歉收，于是鲁卿臧孙辰自告奋勇出使齐国“告籴”，他向鲁庄公说：“国有饥馑，卿出告籴，古之制也。”徐元诰曰：“‘古之制’谓周之制也，《周书·籴匡》篇，‘年俭，谷不足，君亲巡方，卿参告籴’是也。”[③] 可见有“故”而“告”之制度在西周即已经实行。主国国君在接受对方文书之后，“主人使人与客读诸门外”。郑玄注曰：“受其意，既聘享，宾出而读之。读之不于内者，人稠处严，不得审悉。主人，主国君也。人，内史也。”[④] 使者礼毕出庙门之后，主国国君则派内史与使者在门外读之，以了解来书之具体内容。《周礼》内史职曰：“凡四方之事书，内史读之。”[⑤]

针对聘国之来书，使者返国前，主国亦为书以答之。“客将归，使大夫以其束帛反命于馆。”郑玄注曰：“为书报也。”贾公彦疏云：“此为书报上有故之事，彼以束帛加书将命，此亦以束帛加书反命于馆。”[⑥] 敖继公曰：“大夫即还玉之卿也。束帛言其是即向者加书者也。以其束帛反命，亦如还玉之义，盖以之为信也。此一节当继礼玉之后。不见于经者，以其或有或无，不可必。”[⑦] 综上所述可知，使者返国前，主国之卿奉命归还聘享之玉时，如果有文书，亦于此时递交来使以报之。在报书的同

---

① 《仪礼注疏》卷二四《聘礼》，第521—522页。

② 《仪礼注疏》卷二一《聘礼》，第457—458页。贾疏：“云‘《春秋》臧孙辰告籴’者，事在庄公二十八年也。云‘公子遂如楚乞师’者，事在僖二十六年也。云‘晋侯使韩穿来言汶阳之田’，事在成公八年也。”

③ 《国语集解》卷四《鲁语上》，第148页。

④ 《仪礼注疏》卷二四《聘礼》，第522页。

⑤ 《周礼注疏》卷二六《春官宗伯·内史》，第834页。

⑥ 《仪礼注疏》卷二四《聘礼》，第522—523页。

⑦ （元）敖继公撰：《钦定四库全书荟要·仪礼集说》卷八下《聘礼第八》，吉林出版集团有限责任公司2005年版，第307页。

时，又将来使递交文书时之“币”——束帛同时归还。在还玉和报书之后，“明日君馆之。”主国国君即于次日至来使馆舍致礼送行，郑玄注曰：“既报，馆之，书问尚疾也。”[①] 聘国来书是因为有急难之事告请，则主国亦及时复书并至馆送行，以便来使能够尽快返国复命。

由此可见，交聘文书之往来在周代已经有了一套比较完整的规章制度。随着春秋时期诸侯的发展分化，相互之间矛盾冲突亦日益发展和剧烈，相互之间的聘问关系亦由西周时期以礼仪为主逐步向以政治利益为主转化，因“灾患及时事相告请”的情况日益频繁，郑玄所举“告请”之事例多为春秋时期史事，就是这一情况之反映。由于“卒聘”成为经常现象，交聘中的文书往来自然亦日益普遍，从而为日后外交关系中之文书往还开了先河。

四　报使

“报使”是指交聘关系中的相互遣使。所谓“交聘”就是一种相互聘问的关系，故相互遣使乃这种关系中必然存在的特征和属性。《聘礼》：来使在向主国国君和夫人行聘享、私觌等礼之后，还有对于主国卿大夫之“问”礼、“面”礼，这种礼仪即含有对于曾经出使本国之卿及下大夫的回报之意，同时意味着两国存在相互报使的关系。由于诸侯交聘多以卿为正使，故主国之三卿中必有曾经出使本国者。而对于“下大夫尝使至者，币及之”，郑玄注曰：“尝使至已国，则以币问之也。君子不忘旧。”[②] 对于曾经出使本国之下大夫亦行此礼。下大夫较卿不仅层次较低、人数较多，故只对曾经出使本国者行之。由此可见，聘礼中对于主国卿大夫行“问”礼、“面”礼的主要用意是对于曾经出使本国者进行回报，聘国之遣使来聘，一定意义上就是对于主国以前遣使来聘之报答“报聘”，而本次遣使即是对于主国前次遣使之“报使”。故在聘问礼仪中对于曾经出使本国之卿大夫之“问”礼、“面”礼就成为必要程序，这是“报使”关系在交聘礼仪中的反映。

这种相互遣使回报的制度，不仅在《聘礼》中有明确的反映，在春秋时期的交聘实践中更有大量存在，可谓史不绝书。其“报使”制度举

① 《仪礼注疏》卷二四《聘礼》，第 523 页。
② 《仪礼注疏》卷二二《聘礼》，第 490 页。

其要者，略有如下数端。

（一）报使间隔长短不一

1. 有当年报使者

如：鲁庄公二十五年（前669）“春，陈侯使女叔来聘”，同年“冬，公子友如陈”，杜预注曰：“报女叔之聘。”① 鲁僖公十年（前650）夏，晋使大夫“丕郑聘于秦”“冬，秦伯使泠至报问。”② 泠至，秦大夫。

2. 有次年报使者

如：鲁成公四年（前587）“春，宋公使华元来聘”，次年“孟献子如宋，报华元也。”③ 鲁襄公八年（565）冬“晋范宣子来聘”，次年夏，鲁“季武子如晋，报宣子之聘也。”④

3. 有多年之后报使者

如：鲁襄公元年（前572）“冬，卫子叔、晋知武子来聘”，襄公四年（前569）鲁国才派遣“穆叔如晋，报知武子之聘也。”⑤ 报卫更在其后，襄公七年（前566）秋，鲁国始派“季武子如卫，报子叔之聘”⑥。鲁襄公二年（前571）秋，鲁“叔孙豹如宋”，直至襄公十五年（前558）春，“宋向戌来聘”，杜预注曰：“报二年（叔孙）豹之聘，寻十一年亳之盟”⑦，相距十五年之久。襄公二十年（前553）冬，“季武子如宋，报向戌之聘也”⑧，则鲁之报宋又在五年之后。

（二）报使目的各异

1. 有礼仪性的报使

如：鲁襄公元年（前572）正月襄公即位，是年“冬，卫子叔、晋知武子来聘，礼也。凡诸侯即位，小国朝之，大国聘焉，以继好、结信、谋事、补阙，礼之大者也。”⑨ 这是卫、晋两国对于鲁襄公即位的礼仪性

---

① 《春秋左传正义》卷一〇，庄公二十五年《经》，第320—321页。
② 《春秋左传正义》卷一三，僖公十年，第1801—1802页。
③ 《春秋左传正义》卷二六，成公四年《经》、五年《传》，第823、826页。
④ 《春秋左传正义》卷三〇，襄公八、九年，第985、997页。
⑤ 《春秋左传正义》卷二九，襄公元年、四年，第936、951页。
⑥ 《春秋左传正义》卷三〇，襄公七年，第977页。
⑦ 《春秋左传正义》卷二九，襄公二年《经》；卷三二，襄公十五年《传》，第937、1070页。
⑧ 《春秋左传正义》卷三四，襄公二十年，第1108页。
⑨ 《春秋左传正义》卷二九，襄公元年，第936页。

聘问。襄公四年（前569）鲁国派遣“穆叔如晋，报知武子之聘也。”①襄公七年（前566）秋，鲁国派“季武子如卫，报子叔之聘”②。鲁国分别于晋、卫两国来聘之后三年、六年遣使报聘之。鲁成公四年（前587）“春，宋华元来聘，通嗣君也”，因宋共公即位。次年“孟献子如宋，报华元也”③，此隔年即回报。鲁宣公十年（前599），鲁国派“季文子初聘于齐”，因“齐侯初即位”。是年冬，齐国派遣“国武子来报聘”，杜预注曰：“报文子也”④。这是鲁国对于齐国国君即位的礼仪性遣使，齐国于当年即遣使回报。鲁昭公二年（前540）春，“晋侯使韩宣子来聘，且告为政而来见，礼也。”晋国来聘之目的，一因“（昭）公即位故”，二则告韩宣子“代赵武为政”。杜预注曰：晋国“虽盟主，而修好同盟，故曰‘礼’。”同年夏，鲁国派遣“叔弓聘于晋，报宣子也”⑤，亦于当年即回报之。

2. 为结束敌对关系、建立和好关系而报使

如：鲁僖公三十二年（前628），“春，楚斗章请平于晋，晋阳处父报之。晋楚始通。”杜预注曰：“阳处父，晋大夫。晋楚自春秋以来始交使命为和同。”⑥ 通过交聘结束了两国长期的对立、战争关系而开始了和平交往关系。鲁成公九年（前582）秋，晋国释放郑国所献楚国俘虏钟仪归国，“使合晋、楚之成”，并“重为之礼”。十二月，“楚子使公子辰如晋，报钟仪之使，请修好结成”。次年春，“晋侯使籴茷如楚，报大宰子商之使也。”⑦

3. 为结盟而报使

如：鲁成公十一年（前580）春，晋国派遣大夫“郤犨来聘，且莅盟”，同年夏，鲁国派遣“季文子如晋报聘，且莅盟也。”⑧ 鲁成公十二年（前579）秋，“晋郤至如楚聘，且莅盟”，同年冬，“楚公子罢如晋聘，且莅盟”，杜预注曰：“报郤至”⑨。

---

① 《春秋左传正义》卷二九，襄公四年，第951页。
② 《春秋左传正义》卷三〇，襄公七年，第977页。
③ 《春秋左传正义》卷二六，成公四年、五年，第824、826页。
④ 《春秋左传正义》卷二二，宣公十年，第720页。
⑤ 《春秋左传正义》卷四二，昭公二年，第1348、1352页。
⑥ 《春秋左传正义》卷一七，僖公三十年，第540页。
⑦ 《春秋左传正义》卷二六，成公九年、十年，第849—850、851页。
⑧ 《春秋左传正义》卷二七，成公十一年，第856—857页。
⑨ 《春秋左传正义》卷二七，成公十二年，第860、864页。

4. 为军事目的而报使

如：鲁襄公八年（前565）春，“公如晋朝”，同年冬，“晋范宣子来聘，且拜公之辱，告将用师于郑。”[①] 拜谢襄公此春之朝的同时，通报将对郑国用兵之事。

5. 为送女而相报，如：鲁昭公五年（前537），晋平公派遣“韩宣子如楚送女，叔向为介”，次年楚灵王派遣“公子弃疾如晋，报韩子也。”[②]

（三）报使身份的差异

一般来说，“报使”是指诸侯之间互遣卿大夫为使及其相互回报，此外尚有：

1. 有的诸侯亲自来朝，亦可遣卿大夫以报聘

鲁成公十八年（前573）二月晋悼公即位，鲁成公“如晋，朝嗣君也”，夏“公至自晋。晋范宣子来聘，且拜朝也。”晋以卿来聘，并拜谢鲁成公之朝晋。《左传》评论曰：“君子谓晋于是乎有礼”，杜预注曰：“有卑让之礼也”[③]。鲁襄公八年（前565）春，“公如晋朝，且听朝聘之数”，杜预注曰：“晋悼复修霸业，故朝而禀其多少。”同年秋，“晋范宣子来聘”，晋国派遣大夫来聘，就是对于鲁襄公来朝之回报。次年夏，鲁国又派“季武子如晋，报宣子之聘也。”[④] 君主亲朝与使节之聘交错进行。

2. 有的卿大夫来聘，亦有以国君之亲朝而报之

鲁成公三年（前588）冬十一月，“晋侯使荀庚来聘”[⑤]，次年“夏，公如晋。”[⑥] 鲁成公之朝晋当含有对于晋大夫荀庚来聘之回报。上述两种情况一般存在于霸主与弱小国家关系中。

3. 诸侯与周王室之间亦相互报使

鲁僖公三十年（前630）“冬，天王使宰周公来聘。公子遂如京师，遂如晋。”杜预注曰“如京师报宰周公。”[⑦] 这是鲁国报使于周。鲁宣公九

---

① 《春秋左传正义》卷三〇，襄公八年，第981、985页。
② 《春秋左传正义》卷四三，昭公五、六年，第1400、1418页。
③ 《春秋左传正义》卷二八，成公十八年，第927、930页。
④ 《春秋左传正义》卷三〇，襄公八、九年，第981、985、997页。
⑤ 《春秋左传正义》卷二六，成公三年，第821页。
⑥ 《春秋左传正义》卷二六，成公四年，第824页。
⑦ 《春秋左传正义》卷一七，僖公三十年《经》，第531页。

年（前600）“春，王使来征聘。夏，孟献子聘于周。”① 周定王遣使至鲁国“征聘”，于是鲁宣公派遣孟献子报之。次年秋，周定王派遣“刘康公来报聘”，杜预注曰：“报孟献子之聘”②。但此后鲁国数十年而不见聘王。周室与诸侯之间的交聘关系与诸侯之间的交聘关系已经没有什么实质上的差别。

五 报使—报聘制度在春秋时期的变化

从以上所述可见，春秋时期的报使—报聘制度与《聘礼》所载诸多西周时期原生态的报使—报聘制度相较，已经发生了很大变化。具体来说表现为如下三个方面。

（一）报使—报聘时间间隔的变化

从报使—报聘的间隔来看，所谓“诸侯之于天子也，比年一小聘，三年一大聘，五年一朝。”③ 以及“凡诸侯之邦交，岁相问也，殷相聘也，世相朝也。”④ 已多所突破，各国往往根据自己的政治需要及多边力量对比关系而确定交聘的时间。例如鲁襄公即位之元年（前572），卫、晋同时遣使来聘，但是鲁国报聘晋国是在襄公四年（前569），报聘卫国是在襄公七年（前566）。鲁国自知这样对于卫国来说有所不礼，于是在报使时进行了解释：“季武子如卫，报子叔之聘，且辞缓报，‘非贰也。’”杜预注曰：“子叔聘在元年。言国家多难，故不时报。”⑤ 可见相隔七年报使已经属于“不时报”了。而鲁国对“缓报”的解释不过是一种“外交辞令”罢了。反观二十二年前仍然是鲁、晋、卫三国之间的一桩交聘案例的处理，将有助于理解何以鲁国对晋、卫之报使采取先后不同的态度。鲁成公三年（前588）冬十一月，“晋侯使荀庚来聘，且寻盟。卫侯使孙良夫来聘，且寻盟。”两国同时来聘，而且均带着“寻盟”的同样目的，如何安排他们的位次和处置订盟之先后呢？鲁成公问诸臧宣叔曰：“仲行伯之于晋也，其位在三；孙子之于卫也，位为上卿，将谁先？”意即荀庚

---

① 《春秋左传正义》卷二二，宣公九年，第715页。
② 《春秋左传正义》卷二二，宣公十年，第720页。
③ 《礼记正义》卷一一《王制》，第422页。
④ 《周礼注疏》卷三七《秋官司寇·大行人》，第1181页。
⑤ 《春秋左传正义》卷三〇，襄公七年，第977页。

是晋国的下卿，孙良夫是卫国的上卿，该如何排列其先后次序？臧宣叔对曰：“次国之上卿，当大国之中，中当其下，下当其上大夫。小国之上卿，当大国之下卿，中当其上大夫，下当其下大夫。上下如是，古之制也。卫在晋，不得为次国。晋为盟主，其将先之。”臧宣叔的说法有三层意思：其一，按照古制，次国之卿大夫较大国降一等，小国之卿大夫较大国降二等；而诸侯之等次则依爵位而别，以公为大国，侯、伯为次国，子、男为小国。其二，虽然按照爵位卫为侯爵，即次国。但是“卫在晋，不得为次国。”意即卫国对于晋国来说则不能视为次国，而应视为小国。杜预注曰：“春秋时以强弱为大小，故卫虽侯爵，犹为小国。”其三，由于将卫国视为小国，晋国视为大国，故两位来使的地位是相等的，即“小国之上卿，当大国之下卿”。但因为“晋为盟主，其将先之”，故还是应以晋为先。杜预注曰：“计等则二人位敌，以盟主，故先晋。”于是“丙午，盟晋”。次日“丁未，盟卫。”《左传》把鲁国这种先晋后卫的安排称为“礼也”①，这实际上已经是春秋时期发生了变异的“礼”。鲁国是按照来聘诸侯之国力强弱、大小和自己的政治利益来处理这种位次和先后次序的。十几年之后的鲁襄公时期，对于卫、晋来聘的报使亦实行先晋后卫的做法，应是鲁国此前政策的延续。卫国对于鲁国的“缓报”不仅没有表现出不满，反而于同年冬又遣使报聘，“卫孙文子来聘，且拜武子之言，而寻孙桓子之盟。”所谓“拜武子之言”即拜谢季武子“缓报非贰之言”②。实际上完全接受了鲁国对于“缓报”的说辞。卫国在鲁、晋、卫三国之间关系中的弱势处境和地位于此可见一斑。

（二）报使—报聘目的的变化

从报使—报聘的目的来看，虽然传统的、礼仪性的报使—报聘方式在春秋时期继续存在，但是诸侯各自为了自己的政治、军事利益而报使—报聘的诸多目的和内容大大增加，如上述为结束敌对关系建立和好关系、为“寻盟”“莅盟”、为军事目的、为送女等等。而且即使是传统的、礼仪性的报使—报聘，也日益附加了诸多政治性目的和内容。如：祝贺新君即位、“通嗣君”属于传统的、礼仪性的报使—报聘范畴，而在春秋时期

① 《春秋左传正义》卷二六，成公三年，第821—822页。

② 《春秋左传正义》卷三〇，襄公七年，第978页。

“凡君即位，卿出并聘，践修旧好，要结外援，好事邻国，以卫社稷，忠信卑让之道也。”[①] 结外援、卫社稷已日益成为春秋时期祝贺新君即位、“通嗣君”的重要政治目的，如上述鲁昭公二年（前540）晋侯使韩宣子来聘，就于祝贺鲁昭公即位的同时“且告为政”以及“修好同盟”。

（三）诸侯与周王室报使—报聘关系的变化

从诸侯与周室的报使—报聘关系来看，周室之衰落而等同甚至逊于诸侯的情况愈演愈烈，“朝”“聘”之别日渐徒有其名而无其实。鲁僖公三十年（前630）“冬，天王使宰周公来聘。公子遂如京师，遂如晋。”[②] “公既命襄仲聘周，未行……又命自周聘晋。”[③] 公子遂先聘周，接着又从周聘晋，聘周与聘晋由同一使节担任。何休注引郑君释曰：“尊周，不敢使并命，使若公子遂自往然。即云公子遂如京师如晋，是同周于诸侯，叛而不尊天子也。”[④] 表明当时“同周于诸侯”的历史现实。周室与诸侯之间的交聘关系与诸侯之间的交聘关系已经没有什么实质上的差别。不仅周室已等同于诸侯，甚至诸侯对于大国、霸主的聘问也已远远超过聘周。

以上这些变化表明，西周时期原生态的，建立在宗法、姻亲体制基础上的交聘制度，到了春秋时期已经日益由以礼仪性交聘为主向务实性交聘为主转变，即主要为了各自的政治、军事乃至经济利益和目的而相互遣使聘问。但是，“礼尚往来”原则却一以贯之而为后世所继承和运用。

（原刊《文史哲》2009年第3期。我们在黎虎先生遗存文稿中，发现了同名文章，经过比对，知是黎虎先生的刊后修订稿。今据黎虎先生最新刊后修订稿，并参校原刊文整理。李文才敬识。）

---

① 《春秋左传正义》卷一八，文公元年，第561页。

② 《春秋左传正义》卷一七，僖公三十年《经》，第531页。

③ 《春秋左传正义》卷一七，僖公三十年，第535页。按，公子遂，字襄仲，号为东门。参见《周礼注疏》卷二九《夏官司马·大司马》，贾公彦疏，第905—906页。

④ （晋）范宁注，（唐）杨士勋疏，夏先培整理，杨向奎审定：《春秋谷梁传注疏》卷九，僖公三十年，北京大学出版社2000年版，第176页。

周代交聘礼中的对等性原则

“交聘”是中国古代国家、民族或政治实体之间和平交往的方式和手段。《仪礼》① 一书现存有《聘礼》和《公食大夫礼》等篇，此即周代交聘实践的总结和集成。那么，周代的“聘”礼具有哪些基本特征？在“交聘”礼仪中又贯穿着哪些原则和精神呢？其中有哪些因素为后代的交聘—外交制度提供了蓝本或参照依据和经验呢？本文认为交聘中的对等性原则是其中最为重要和突出的表现之一。这个问题迄今未见学术界有所论述，兹不揣谫陋，试略述之。

一　交聘中的对等性原则

对等性是周代交聘礼中的突出特点之一，是周代交聘制度中的一个亮点，是留给后世的一笔处理政治实体之间、政权之间、民族之间乃至国家之间和平交往关系的重要准则和宝贵的政治思想财富。春秋中叶周定王派遣其卿士单襄公“聘于宋”“聘于楚”而假道于陈国，回国后向定王报告其被陈国冷遇的情况，其中有云：“周之《秩官》有之曰：‘敌国宾至，关尹以告，行理以节逆之，候人为导，卿出郊劳，门尹除门，宗祝执礼，司里授馆，司徒具徒，司空视涂，司寇诘奸，虞人入材，甸人积薪，火师监燎，水师监濯，膳宰致饔，廪人献饩，司马陈刍，工人展车，百官以物至，宾入如归。是故小大莫不怀爱。其贵国之宾至，则以

① 《仪礼》与《周礼》《礼记》并称为“三礼”，均不同程度地保存了周代“聘礼”内容，其中以《仪礼》成书最早。但对于《仪礼》成书年代学术界有争议，当以公元前5世纪中叶至公元前4世纪中叶说为长。参见沈文倬《略论礼典的实行和〈仪礼〉书本的撰作》（上、下），《文史》第15、16辑，中华书局1982年版，后收入氏著《宗周礼乐文明考论》，浙江大学出版社1999年版，第1—54页。

班加一等，益虔。至于王吏，则皆官正莅事，上卿监之。若王巡守，则君亲监之。’今虽朝也不才，有分族于周，承王命以为过宾于陈，而司事莫至，是蔑先王之官也。”韦昭注“秩官”曰：“周常官，篇名。”单襄公说这是“先王之官”，因此周之《秩官》当为关于西周职官制度的文献；而单襄公征引这个文献以抨击陈国未能遵循之，表明在春秋时期这个制度仍是有效的，韦昭注曰：“是时，天子微弱，故以诸侯相聘之礼假道也。”① 因此，这个记载也可视为春秋时期交聘制度资料。总之，《秩官》所载交聘制度，可以视为整个周代的制度。这个材料向我们透露了有关周代交聘分为四个不同层次的重要信息：一为“敌国宾至”，二为“贵国之宾至”，三为“王吏”之至，四为王亲“巡守”。这四个不同层次的交聘关系，实际上包含了两组关系，一组是天子与诸侯的关系，其中包括王亲“巡守”和“王吏”出使两种情况；另一组是诸侯之间的关系，其中包括“敌国”之间和“贵国”来使两种情况。韦昭注曰：“敌国，位敌也”，即对等之国；“贵国，大国也”，诸侯是以国之大小而区分的。由此可见周代封建体制下的等级关系一方面是天子与诸侯为最重要的等级区别；另一方面是诸侯之间有大小国之等级区别。作为一个诸侯国在接待聘问者时可能遇到的四种情况是：天子来“巡守”、天子派遣卿大夫来使、“敌国”遣使来聘、“贵国”遣使来聘。单襄公作为“王吏”出使被冷遇，但是他在征引周之《秩官》时并没有详述接待“王吏”之具体规定，而是详述接待“敌国”来使之具体规定。可见在这四种交聘关系中，周之《秩官》主要记载的是“敌国宾至”时的接待规定，其余三种只是在此基础上作出某些相应的调整，即：“贵国”来使时“则以班加一等，益虔”，接待人员级别较接待“敌国”来使时提高一级，态度上更为虔敬一些；“王吏”来使时“则皆官正莅事，上卿监之”，需各部门之长官亲自接待，而且由“上卿”监临之；天子来“巡守”“则君亲监之”，国君要亲自监临之。可见“敌国宾至”礼仪为周代交聘的基础性礼仪。虽然周代交聘中的对等性原则，集中体现于“敌国宾至”——对等诸侯之间的“交聘”关系中，但是，其余三种关系也基本上以“敌国宾

① 徐元诰撰，王树民、沈长云点校：《国语集解》卷二《周语中》暨引韦昭注，中华书局2002年版，第66—68页。

至”之礼为基础，故也包含着对等性精神及其权变。根据来聘者级别的提高，在接待规格上亦根据接待“敌国”来使的规定而相应提高。这种调整有其合理性的方面，一般诸侯与大国诸侯的交聘基本上是在“敌国”之礼范畴内进行微调；而“王吏”之级别本来就要高于诸侯之吏，故需由诸侯之上卿监临之；而天子作为天下共主和周室最高领导人由诸侯之最高领导人——国君亲自出面接待，亦属情理之中，即使在今天的外交场合亦属如是，外国元首来访，本国元首需出面接待。

《仪礼》所载之《聘礼》即以上述“敌国宾至”之礼为中心而展开叙述，周代诸侯交聘中的对等性原则，基本上保存于其中。其对等性原则主要体现在三个方面：交聘主体的对等性；接待人员的对等性；接待仪节的对等性。以下分而述之。

（一）交聘主体的对等性

《仪礼·聘礼》记载的是诸侯之间的交聘礼仪，其交聘主体是两个对等的诸侯国。周代诸侯有公、侯、伯、子、男五等爵命[①]，“诸侯者，公侯伯子男五等之总号。侯训君也。五等之主虽爵命小异，而俱是国君，故总称诸侯也。”[②] 于是形成了一种错综复杂的交聘关系，所谓“春秋之世，小国朝大国，大国聘小国，又有敌国自相聘，是以《司仪》公侯伯子男相为宾，又相为国客。”[③] 就是这种情况的反映。这里既有大小国之间的关系，亦有对等国之间的关系；既有诸侯之间的相互聘问，亦有诸侯遣使相互聘问。此即《周礼·司仪》所谓“诸公相为宾”“诸侯、诸伯、诸子、诸男之相为宾”，以及“诸公之臣相为国客”“诸伯子男之臣以其国之爵相为客”[④] 等情况。在这种错综复杂的等级性的交聘关系中，实际上贯穿着一条等级性的对等关系的主线，即在相对应的等级之间，相互交聘中实行的是一种对等性原则，亦即公国与公国、侯伯之国与侯

---

① 关于五等爵制在周代是否存在，现在学术界有所争议。参见赵伯雄《周代国家形态研究》第三章第三节《关于所谓五等爵制》，湖南教育出版社1990年版。

② （周）左丘明传，（晋）杜预注，（唐）孔颖达疏，浦卫忠、龚抗云、胡遂、于振波、陈咏明整理，杨向奎审定：《春秋左传正义》卷四，隐公七年，孔颖达疏，北京大学出版社2000年版，第122页。

③ （汉）郑玄注，（唐）贾公彦疏，赵伯雄整理，王文锦审定：《周礼注疏》卷三三《夏官司马·职方氏》，贾公彦疏，北京大学出版社2000年版，第1033页。

④ 《周礼注疏》卷三八《秋官司寇·司仪》，第1196、1204—1205、1209页。

伯之国、子男之国与子男之国之间的交聘关系是对等的。他们在交聘中“各以其礼，公于上等，侯伯于中等，子男于下等。”[①] 大体分为三组对等关系。诸侯之卿大夫等次也是按照这种诸侯等次排列的，“次国之上卿，当大国之中，中当其下，下当其上大夫。小国之上卿，当大国之下卿，中当其上大夫，下当其下大夫。上下如是，古之制也。”次国卿大夫较大国卿大夫降一等，小国卿大夫较大国卿大夫降二等。杜预注“古之制”曰：“古制：公为大国，侯、伯为次国，子、男为小国。”[②] 周代诸侯之等级实际上主要是分为大、中、小三个等级。而《聘礼》所记交聘主体即为侯伯之国与侯伯之国之间的交聘关系，是为诸侯之中的第二组——中等爵命的侯伯之国之间的遣使聘问，亦即两个敌体之间的对等的交聘关系。

其交聘主体进而言之，则是两个对等诸侯国的国君。从聘国方面来说，所遣使者是国君亲自任命和授命的，使者返国后也是直接向国君复命的；从主国方面来说，接待来使的主要官员也是国君亲自任命和授命的，对方聘享的对象就是主国的国君，来使之致礼均以主国国君为核心而展开。主国国君在接受对方聘享时，摈者的赞辞曰：“子以君命在寡君，寡君拜君命之辱。”[③] 意即使者奉君命而来存问于寡君，寡君拜谢君命之辱问。这句话道出了交聘之终极主体乃两国的国君。故使者是代表本国国君而出使的，鲁襄公三年（前570）晋悼公派遣士匄出使齐国，以联合诸侯会盟，士匄对齐灵公说：“寡君使匄，以岁之不易，不虞之不戒，寡君愿与一二兄弟相见，以谋不协。请君临之，使匄乞盟。”[④] 士匄是代表晋悼公与齐灵公对话、谈判的；齐灵公同意会盟，也是对于晋悼公的要求的回应。这类事例在《春秋左传》中俯拾皆是，就是这个时期交聘实际的反映。

具体来说《聘礼》所载为侯伯之国遣卿出使聘问侯伯之国，其礼仪属于“大聘”礼仪。何以知其为“大聘”？因为“大聘使卿”[⑤]，这里执

① 《周礼注疏》卷三八《秋官司寇·司仪》，第1195页。

② 《春秋左传正义》卷二六，成公三年，第821页。

③ （汉）郑玄注，（唐）贾公彦疏，彭林整理，王文锦审定：《仪礼注疏》卷二四《聘礼》，北京大学出版社2000年版，第546页。郑玄注：“在，存也。”

④ 《春秋左传正义》卷二九，襄公三年，第945页。

⑤ （汉）郑玄注，（唐）孔颖达疏，龚抗云整理，王文锦审定：《礼记正义》卷一一《王制》郑注，北京大学出版社2000年版，第422页。

行聘礼的使者为“卿”，故知。何以知这里的使者为“卿”？《聘礼》记载使者受命礼仪曰：“使者载旜，帅以受命于朝。”① 而进入对方国境后则“张旜”。何为“旜”？郑玄注曰：“旜，旌旗属也。载之者，所以表识其事也”②，为其身份、权力的象征。《周礼·春官·司常》曰：“孤卿建旜”③，建旜，是卿的标志。此使者“载旜”，故知其为卿。与正使卿相配的副使——“介”也是有等级性区别和规定的，《聘礼》记使者之“介”曰：“上介奉束锦，士介四人皆奉玉锦束，请觌。”④ 据此知所遣使团有“上介”一人，“士介”四人，共为五介。《礼记·聘义》：“聘礼：上公七介，侯伯五介，子男三介，所以明贵贱也。”可知五介为侯伯之国所遣“介”数。《周礼·大行人》曰：“凡诸侯之卿，其礼各下其君二等。”⑤ 意即“若上公亲行则九介，其卿降二等，故‘七介’。侯、伯、子、男以次差之，义可知也。”⑥ 也就是说，若上公亲自出使则有九介，侯、伯亲自出使则有七介，子、男亲自出使则有五介。如果遣卿出使则均相应降杀二等：上公以卿出使则七介，侯、伯以卿出使则五介，子、男以卿出使则三介。《聘礼》所叙为卿奉命率五介出使，故其为侯、伯之国遣使聘问而无疑。再如，使团进入主国之后，主国遣使郊劳时，使者“受于舍门内”，是在馆舍门内接受对方慰劳的。郑玄注曰：“不受于堂，此主于侯伯之臣也。公之臣，受劳于堂。”⑦ 如果是公国来使，则在堂上接受慰劳，如果是侯伯之国来使，则在门内接受慰劳。“受于舍门内”正是侯伯之国来使接受郊劳的礼仪。由此可知，《聘礼》所载交聘主体为对等的侯、伯之国，即敌体之间的交聘关系，亦即所谓“敌国自相聘”⑧“敌国相为宾”⑨ 是也。

这种对等诸侯国之间的“大聘”是周代交聘礼的代表和典型，故上

① 《仪礼注疏》卷一九《聘礼》，第420页。
② 《仪礼注疏》卷一九《聘礼》，第420页。
③ 《周礼注疏》卷二七《春官宗伯·司常》，第860页。
④ 《仪礼注疏》卷二一《聘礼》，第466页。
⑤ 《周礼注疏》卷三七《秋官司寇·大行人》，第1174页。
⑥ 《礼记正义》卷六三《聘义》，孔颖达疏，第1938页。
⑦ 《仪礼注疏》卷一九《聘礼》，第432—433页。
⑧ 《周礼注疏》卷三三《夏官司马·职方氏》，贾公彦疏，第1033页。
⑨ 《春秋左传正义》卷一九下，文公十五年，孔颖达疏，第640页。

述周之《秩官》所载之交聘接待制度是以其为标准的，《仪礼·聘礼》所载也是以其为模式的，这种情况并非巧合，因为这种中等等级的诸侯本身就是周代诸侯中的多数和典型，而它们之间的“大聘”又是聘礼中最具代表性的礼仪，因此，这种交聘礼就自然成为这个时代交聘制度的代表和典型。

（二）接待人员的对等性

《聘礼》所主为侯伯之国对等性的交聘关系，亦即所谓“大聘”，其对等性于接待人员方面更有进一步的体现。由于聘国以使者、上介、士介而组成出使官员组合，因此主国亦设置与此相对应的接待官员组合，以“卿为上摈，大夫为承摈，士为绍摈”。郑玄注曰：“摈，谓主国之君所使出接宾者也。绍，继也，其位相承继而出也。主君，公也，则摈者五人；侯伯也，则摈者四人；子男也，则摈者三人。”[①] 以卿为“上摈”而与使者相对应，以下大夫为“承摈”而与上介相对应，以士为“绍摈”而与士介相对应[②]。由于这是侯伯之国相互聘问，故其摈者应为四人，即上摈一人，承摈一人，绍摈二人。“凡宾主各有副，宾副曰介，主副曰摈及行人。”[③] 来宾之副为上介、士介，主国国君之副为上摈、承摈、绍摈，两相对应。

聘国之使者为卿，故主国之接待负责人亦为卿。如果是“小聘”，以大夫为使，则主国亦以大夫为摈，“使大夫戒，各以其爵。”孔疏曰：“必使同班，敌者易以相亲敬”[④]，即对等关系。而在“大聘”时，卿在交聘的全过程中，始终负责对对方使者的接待，主导交聘过程中的所有礼宾接待事宜。当使团进入主国，得知使者为聘国之卿之后，于是主国国君“使卿朝服，用束帛劳”[⑤]，即派遣与对方相同级别的卿至馆舍进行郊劳。

---

① 《仪礼注疏》卷二〇《聘礼》，第442—443页。

② 周代诸侯职官爵秩凡五等，“诸侯之上大夫卿、下大夫、上士、中士、下士，凡五等。”（《礼记·王制》）其中的第一、二等，如果分称，则第一等为“卿”，第二等为“大夫”；如果均以“大夫”为称，则“卿”为“上大夫”，“大夫”为“下大夫”。其中“卿”又有上中下三级，“大夫”又有上下两级。

③ 《礼记正义》卷二《曲礼上》，孔颖达疏，第44页。

④ 《仪礼注疏》卷二五《公食大夫礼》，第549页。

⑤ 《仪礼注疏》卷一九《聘礼》，第432页。

使者入住宾馆之后，国君又使“卿致馆”，并由卿代表国君“致命”[1]，欢迎使者安置于宾馆。双方举行聘享礼仪之后，来宾行将返国之前，主国国君又使卿“还玉于馆”[2]，即将聘圭归还使者。以卿负责前往宾馆还玉，也是为了与使者身份对等的缘故。

卿作为摈者之主要负责人，在聘享、私觌等重要礼仪中，主导这些礼仪之进行，扮演礼宾司仪之重要角色，而由承摈、绍摈配合完成；犹如来宾以使者为主，上介、士介配合完成这些礼仪。根据不同的礼仪场合，亦以同样的原则组成礼宾官员组合，以担负具体的礼宾使命，如聘享、私觌礼之后，主国国君又派出这样的官员组合至宾馆向来宾馈赠——“归饔饩”，由卿负责向使者馈赠，下大夫向上介馈赠，宰夫向士介馈赠[3]。宰夫为士，与士介相当。由此可见，负责向来使馈赠“饔饩”之人员，与对方均属同一级别，完全是对等的。再如使团返国时“舍于郊”，主国国君又派遣相对应的人员前往馆舍代表国君行郊送礼。“使卿赠”使者，“使下大夫赠上介亦如之”，另外“使士赠众介”[4]。也是分别由卿、下大夫、士赠送使者、上介、众介，一一对等。主国国君有宴请来使的礼节，但是如果国君有疾病或其他事故而不能亲自宴请来使时，“若不亲食，使大夫各以其爵，朝服致之以侑币”，亦即“致礼于卿，使卿；致礼于大夫，使大夫。”派遣相同爵位的人员代表国君宴请来宾。何以作这样的安排，郑玄的解释是：“致之必使同班敌者，易以相亲敬也。”[5] 这只是比较表面的理由，实际上主要是宾主双方对等性关系的体现。

除了这种一一对等的接待制度之外，还有另一种接待来宾的制度，即由与来宾相应低一级的人员负责较为简单、次要的接待事宜。交聘使团在主国期间，主国分别为使团之官员配备相应的陪护人员。如在行聘享礼之日这些陪护人员即分别至宾馆迎接他们入朝及相关陪护事宜：

---

① 《仪礼注疏》卷二〇《聘礼》，第437—438页。

② 《仪礼注疏》卷二三《聘礼》，第497页。

③ 详见《仪礼注疏》卷二一《聘礼》，第456—477页；《仪礼注疏》卷二二《聘礼》，第478—496页。

④ 《仪礼注疏》卷二三《聘礼》，第502页。

⑤ 《仪礼注疏》卷二二《聘礼》，第495页。

“卿，大夫讶；大夫，士讶；士皆有讶。”郑玄注曰：“卿，使者。大夫，上介也。士，众介也。讶，主国君所使迎待宾者，如今使者护客。”① 所谓“使者护客”是郑玄以汉代制度以比拟之。即使者以大夫为“护客”，上介以士“迎待”，士介以士为“护客”，士介以相应之人员为“护客”。由于这种礼宾任务相对来说比较简单、次要，故然。以相应低一级人员负责这种迎宾工作是周代通行的制度，据《周礼》，“凡宾客，诸侯有卿讶，卿有大夫讶，大夫有士讶，士皆有讶。”② 这是诸侯朝天子时的“护客”制度，可知“护客”均低于来宾一等。那么，日后主国遣使至聘国时，聘国成为主国，则其迎宾之“护客”亦然，这实际上仍然是一种对等性的接待制度。

（三）接待仪节的对等性

《聘礼》是按照与遣使一方对等的侯伯之国而叙述其接待仪节的，这种对等的仪节关系亦贯穿于聘礼的全过程。从宾主之服饰而言，入境后“展币”时使者即换上“朝服”，主国之君亦“使卿朝服用束帛劳”③，卿亦着朝服而“郊劳”来使。使者向主国之卿行“问”礼时，“宾朝服问卿……大夫朝服，迎于外门外。”④ 此“大夫”为“上大夫”，即卿。双方均着朝服，朝服为常朝所着礼服。而行聘享礼时，“宾皮弁聘，至于朝。”主国国君亦“皮弁迎宾”，双方均着皮弁以从事。皮弁尊于朝服，郑玄注曰：“服皮弁者，朝聘主相尊敬也。”⑤ 及至使者将返国时，“君使卿皮弁，还玉于馆。”郑玄谓“皮弁者，始以此服受之，不敢不终也。”同样，“宾皮弁”迎之⑥，亦以聘享时之礼服——皮弁从事。使者以皮弁对国君聘享及以皮弁对卿迎还玉，不仅是与对方在礼仪场合中体现对等性，亦为交聘两国间对等性的体现，因为使者是在代表本国进行予取的。行聘享礼当天，主国国君派人到宾馆“归饔饩”时，卿则将刚才参加聘享礼时所着皮弁换为韦弁，向使者进行馈赠。韦弁又尊于皮弁，“变皮

① 《仪礼注疏》卷二四《聘礼》，第530页。
② 《周礼注疏》卷三八《秋官司寇·掌讶》，第1231页。
③ 《仪礼注疏》卷一九《聘礼》，第432页。
④ 《仪礼注疏》卷二二《聘礼》，第487页。
⑤ 《仪礼注疏》卷二〇《聘礼》，第442、445页。
⑥ 《仪礼注疏》卷二三《聘礼》，第497页。

弁，服韦弁，敬也……而服之者，皮韦同类，取相近耳。”[①] 而“宾皮弁迎”之。何以使者不服韦弁？“宾不韦弁而皮弁者，嫌其加于已致君命时之服也。”[②] 意即不敢超过刚才代表己国国君向主国国君行聘享礼时的皮弁礼服，以免有对主国国君不敬之嫌，从一个侧面体现了两国国君的对等性和交聘主体地位。与此同时，“下大夫韦弁，用束帛致之。上介韦弁以受，如宾礼。”郑玄谓上介“不皮弁者，以其受大礼似宾，不敢纯如宾也。”而士介则由“宰夫朝服，牵牛以致之。”其“士介朝服，北面再拜稽首受。”[③] 下大夫、宰夫所服与上介、士介所服两相对等无异。使者则为了既保持己国与主国的对等性，亦体现与卿的对等性而采取如是之服礼。

从宾主互相拜访时迎接之位置而言，使团入境后，主国国君派遣与使者相同级别的卿前往郊劳，使者“迎于舍门之外”[④]。至举行聘享礼之日，主国国君又使卿前往宾馆向使者“致饔饩”，使者仍然是“迎大夫于外门外”[⑤]，此“大夫”即主国国君所遣致饔饩之卿。使者返国前，主国国君又使卿前往宾馆“还玉”，使者仍然“迎于外门外”[⑥]。同样，当使者以君币前往“问”所聘国之卿时，彼国之卿亦“迎于外门外”[⑦]。这是因为“凡迎宾，主人敌者于大门外；主人尊者于大门内。”[⑧] 由于宾主体敌，故于门外迎之。不仅宾主的身份是对等的，其仪节也是对等的。

从仪节中的进退揖让和面向而言，使者向国君行聘享礼时，使者东面，主君西面，宾主相向，因为使者是奉本国君命而向主君聘问，以视敌体关系。当宾主升堂后，使者向主国国君“致其君之命”时，主国国君则北面再拜，这是主国国君向聘君答谢致敬。这时“宾三退负序”[⑨]，

---

① 《仪礼注疏》卷二一《聘礼》，第472页。

② （元）敖继公撰：《钦定四库全书荟要·仪礼集说》卷八下《聘礼第八》，吉林出版集团有限责任公司2005年版，第280—281页。

③ 《仪礼注疏》卷二二《聘礼》，第484—485页。

④ 《仪礼注疏》卷一九《聘礼》，第432页。

⑤ 《仪礼注疏》卷二二《聘礼》，第481页。

⑥ 《仪礼注疏》卷二三《聘礼》，第497页。

⑦ 《仪礼注疏》卷二二《聘礼》，第487页。

⑧ （清）凌廷堪著，彭林校点：《礼经释例》卷一《通例·上》，北京大学出版社2012年版，第10页。

⑨ 《仪礼注疏》卷二〇《聘礼》，第453页。郑注“三退，三逡遁也。”

使者一再后退表示不当其礼，意即主君所拜乃聘君而非使者本人。但是聘享后主君礼宾时，使者则北面而受，因为这时是主君礼使者本人，使者本人作为低于君主的“臣”，故需北面而受[①]。来使向主国君行聘享之礼后，当天国君还要派卿到使者所住宾馆行相互馈赠之礼，使者在宾馆的庙门迎候，“大夫奉束帛，入，三揖，皆行，至于阶，让，大夫先升一等。宾从，升堂，北面听命。”此“大夫”即卿。大夫完成向使者馈赠礼仪后退出庙门，使者再请大夫进入，以便回赠，“入，揖让如初。宾升一等，大夫从，升堂。”[②] 从中可以看到，大夫来馈赠时是大夫先登上一级台阶，而使者回赠时是使者先登上一级台阶。其先后次序何以这样安排呢？因为“于时宾（指使者）为主人不先升者，卿衔主君之命，尊，故先升也。”[③] 为什么后面回赠时由使者先登一级台阶呢？郑玄注曰：这次“宾先升，敌也，皆北面。”贾公彦疏曰：“前大夫奉君命归饔饩，故先升一等，今宾私傧使者，无君命，体敌，故宾先升，在馆如主人之仪故也。知皆北面者，以其体敌……”[④] 也就是说，不仅主君派出的大夫和来使的身份是相当的，均为本国之卿，而且在行礼仪节上也是完全对等的。由于他们各自代表本国之君，故“皆北面”而行礼。但是当“宾”和“大夫”在接受对方馈赠时，双方均行“再拜稽首”之礼。据“《周礼·大祝》辨九拜：一曰稽首，首至地，臣拜君法。二曰顿首，顿首平敌相拜法……”[⑤] 可知“稽首”为臣拜君之礼，顿首为敌体之礼。为什么双方不行“顿首”礼而行“稽首”礼呢？贾公彦释曰：“宾主既行敌体之礼，当行顿首，今大夫稽首于宾，为拜君之拜，尊君客故也。”[⑥] 因为大夫是代表主国之君进行馈赠的，而宾是代表聘国之君接受馈赠的，因此双方各向对方国君“稽首”。这实际上含有这样的意思：大夫向使者行“稽首”礼并非拜来使本人，而是拜来使之国的国君；而先前使者向大夫行

---

① 详见：《仪礼注疏》卷二〇《聘礼》，第436—439页；卷二一《聘礼》，第458—465页。

② 《仪礼注疏》卷二二《聘礼》，第481—483页。

③ 《礼记正义》卷二《曲礼上》，孔颖达疏，第46页。

④ 《仪礼注疏》卷二二《聘礼》，第483页。

⑤ 《仪礼注疏》卷一七《大射》，贾公彦疏，第362页。又见《周礼注疏》卷二五《春官宗伯·大祝》贾公彦疏，第785页。

⑥ 《仪礼注疏》卷二二《聘礼》，第483页。

"稽首"之礼，也是向主国之君行礼，因为大夫是受君之命前来馈赠的，从而体现了交聘双方的对等性。凡此种种对等性仪节，几乎贯穿于交聘过程的各个环节，不烦枚举。

二　对等性原则在周代产生的原因

这种对等性的观念和制度何以在周代聘礼之中得以产生呢？

（一）封建体制中敌体关系的发展

如所周知，周代的分封制度是贯穿着严格的等级秩序的，但恰恰正是在这种等级制度中孕育着等级性的敌体、对等关系；周代的聘问制度是适应以周天子为共主的封国体制、以尊王为主轴的等级性交往体制，但恰恰也是在这种体制内部逐步发展并规范了这种等级性的敌体、对等的交往关系。

周代的朝觐制度体现的主要是天子与诸侯、君与臣之间的非对等性关系，而聘问制度体现的则主要是诸侯之间的等级性的对等性关系。等级秩序在西周的形成和发展是历史的重大进步，而在这种等级秩序中形成发展起来的交聘制度和对等性原则则是这个时代历史进步性在政治制度和礼学文化上的突出体现之一。

古人认为夏、商、周三代所尊不同，质文变异。《礼记·表记》引孔子之言曰："夏道尊命""殷人尊神""周人尊礼"。殷人尊神，故"先鬼而后礼"。到了周代才将"礼"提升为政治制度中的首位。所谓"礼"，上至国家体制、政治制度，下至人伦、人际关系。而"礼者，君臣朝会，凡以挚交接相施予"即为其重要内容。周人尊礼的重要体现是"其赏罚用爵列"，即"以尊卑为差""尊重礼之往来之法"①。以等级秩序为基础的"礼"制是在西周确立和完备起来的。而分封制度以及在此基础上形成的交聘关系和制度，则是"礼"制的重要载体和体现。夏、商时期虽然也有了分封，但那是从原始部落联盟脱胎而来的早期分封制，带有浓厚的部落联盟意味，基本上是以夏后氏或以商族为主体的夏、商王朝对于臣服氏族、部落的松散的联盟和支配关系。司马迁叙夏王朝之分封曰："禹为姒姓，其后分封，用国为姓，故有夏后氏、有扈氏、有男氏、斟寻

---

① 《礼记正义》卷五四《表记》，郑玄注，孔颖达疏，第1734页。

氏、彤城氏、褒氏、费氏、杞氏、缯氏、辛氏、冥氏、斟戈氏。”[①] 叙商王朝之分封曰：“契为子姓，其后分封，以国为姓，有殷氏、来氏、宋氏、空桐氏、稚氏、北殷氏、目夷氏。”[②] 这些“封国”就是分别臣服于夏、商王朝的氏族、部落，所谓“用国为姓”“以国为姓”，即在原有氏族、部落的基础上及其活动地域内加以分封。这些封国既与夏王、商王“未有君臣之分”[③]，封国之间也没有严格的等级区分和密切的联系。在夏、商分封制的基础上，周代进入了我国古代封建制的新阶段。周代分封制的最大特点是“封建亲戚以蕃屏周”[④]，即将周天子的宗族、亲戚分封于全国各地，起到屏藩周王朝的政治作用，突破了氏族、部落的樊篱，从而与夏、商的分封制度有了本质的区别。这种分封体制所以能够发挥屏藩周室的作用，形成以周天子为共主的封国体制，其根本原因在于将宗法制度和姻亲关系[⑤]贯穿于封建制度之中，亦即把宗法制度和姻亲关系转变为周王朝的重要政治制度，具体来说就是，将调节周姬同姓内部关系的宗法制度和维系与异姓关系的姻亲制度转变为调节封国体制关系的制度，亦即成为调节周王与诸侯以及诸侯之间关系的准则和手段，将封国诸侯网罗、笼络于宗法体系和姻亲体系之中。由于封建制度与宗法制度、姻亲关系的紧密结合，于是将同姓与异姓之国均纳入由大宗、小宗和嫡庶之分为特征的宗法等级制度所决定的天子、诸侯、卿、大夫、士等社会等级系列，以及公、侯、伯、子、男等封国等级系列。正是这种渗透于国家政治制度和社会各个方面“皆有等衰”[⑥] 的等级制度，使诸侯之间形成不同层次的等级对应关系，从而为交聘关系中的等级性的敌体、对等关系提供了“法理”上、制度上和事实上的依据。

---

① （汉）司马迁撰，（南朝·宋）裴骃集解，（唐）司马贞索隐，（唐）张守节正义：《史记》卷二《夏本纪》，中华书局1959年版，第89页。

② 《史记》卷三《殷本纪》，第109页。

③ 王国维：《观堂集林（附别集）》卷一〇《史林二·殷周制度论》，中华书局1959年版，第466—467页。

④ 《春秋左传正义》卷一五，僖公二十四年，第480页。

⑤ 在论述西周封建制度时，论者往往只讲或强调与宗法制度的关系，似不全面。事实上，支撑西周封建体制的是宗法和姻亲两根支柱，缺一不可。参见拙文《聘礼与婚礼的渊源关系》，《文史》2009年第1期。

⑥ 《春秋左传正义》卷五，桓公二年，第178页。

正是在这种等级性的封建体制中孕育并发展起了敌体的、对等的交聘关系。西周封邦建国的用意是“凡邦国，大小相维。”而“春秋之世，小国朝大国，大国聘小国，又有敌国自相聘，是以《司仪》公侯伯子男相为宾，又相为国客。故《易·比·象》云‘先王以建万国，亲诸侯’。”[①] 也就是说在朝觐聘问等级性的不对等关系中，同时存在着“敌国自相聘”的交聘关系，亦即地位相敌的诸侯之间交聘的对等性关系，而后者是最具生命力的、最有前途的交往制度，日后中国古代的交聘制度中的对等性原则就是在这个因素和基础上发展并丰富起来的。不过，这种情况并非如贾公彦所说始于春秋时期，实际上在西周已经出现，上述周之《秩官》所述交聘的四个层次以“敌国宾至”为首就是明证。春秋时期由于宗法分封制度的逐渐式微和诸侯力量的发展，逐渐冲破许多西周制度，诸如不仅同方岳的诸侯相互交聘，不同方岳的诸侯或邦国也相互交聘，交聘范围日益扩大，故“春秋之世有越方岳相聘者，是以秦使术来聘，吴使札来聘。”这种情况被视为“非正法”[②]，亦即并非西周制度，实际上这是历史发展的必然，从而使之日益成为交聘关系中的“正法”。更重要的是，到了春秋时期，随着周天子作为天下共主的地位日益式微，诸侯日益向独立国家方向发展，上述周之《秩官》所载两组交聘关系中的第一组，即天子与诸侯之间的交聘，已经逐渐向第二组的交聘关系趋同，从而使交聘关系日益摆脱宗法、姻亲封建体制的束缚，“敌国相为宾”[③] 的交聘关系逐步取代其他交往关系而成为主流。交聘中的对等性原则不仅施行于诸侯之间，而且施行于天子与诸侯之间。“朝”“聘”之别日益徒有其名而无其实。对等性原则日益冲破非对等性原则而成为交聘关系的主流。此后，中国古代的交聘制度就基本上在此基础上发展并丰富和完善起来的。

（二）“礼”的辩证思维

交聘礼中的对等性原则在周代产生，不仅有上述社会的政治的原因，还有其文化深层的哲学的、思想的原因。“周人尊礼”所包含的不仅是周

① 《周礼注疏》卷三三《夏官司马·职方氏》，贾公彦疏，第1033页。

② 《周礼注疏》卷三七《秋官司寇·大行人》，贾公彦疏，第1182页。

③ 《春秋左传正义》卷一九下，文公十五年，第640页。

人在政治上的“尊礼”，亦即制订并践行系统、周备的礼乐制度，而且在于其赋予“礼”以深刻的哲理内涵。“礼也者，报也”，就是其突出体现。何以言之？“乐也者，施也。礼也者，报也。乐，乐其所自生，而礼，反其所自始。乐章德，礼报情，反始也。”通过将“礼”“乐”两者进行比较以明“礼”之本质，从而“明礼乐之别，报、施不同”，认为两者之不同在于“乐出而不反，而礼有往来也。”① “乐”的本质特征是“施”，“礼”的本质特征是“报”。这是对于“礼”的本质特征的深刻揭示。既然“礼”的本质特征是“报”，反过来也可以说“报，谓礼也。”② “礼”即“报”，“报”即“礼”。何以然？因“礼有往来也”，一来一往谓之“报”，一来一往亦谓之“礼”。故《礼记》开宗明义曰：“礼尚往来。往而不来，非礼也；来而不往，亦非礼也。”③ “报”即相互来往，有来有往，有往有来，此即为“礼”。因此，“礼”就是通过主客双方有“来”有“往”的互动关系而产生而存在的，缺少任何一方即不成其为“礼”。而“礼尚往来”就是对等性原则在礼仪关系中的体现和运用④。

周人对于“礼”的这种认识源于其世界观中的朴素辩证法思想。在“易有太极，是生两仪”⑤ 的世界观指导下，《周易》提出了阴与阳、乾与坤、否与泰、损与益、刚与柔、上与下、天与地、大与小等一系列对立而又统一的范畴，万事万物无不由相互对立的双方面所构成，而这些对立的事物又是相互转化的，所谓“无平不陂，无往不复。”⑥ “礼”就是这种“无往不复”的对立统一体，是对立统一体内不断的相互转化，故曰“礼尚往来”。也就是说“礼”是由“主”与“客”、“来”和“往”构成的，缺一不可，是两者的对立统一体。以“聘礼”而言，它由主客双方及其相互“来往”而构成对立的统一体，否则不成其为交聘；而主客双方是相生相成，互为条件，相互转化的，这次此为主，彼为宾，

---

① 《礼记正义》卷三八《乐记》，第1299页。

② 《礼记正义》卷五四《表记》，郑玄注，第1718页。

③ 《礼记正义》卷一《曲礼上》，第20页。

④ 关于这方面的问题，请参拙文《周代交聘中的“礼尚往来”原则》，《文史哲》2009年第3期。

⑤ （魏）王弼注，（唐）孔颖达疏，卢光明、李申整理，吕绍纲审定：《周易正义》卷七《系辞上》，北京大学出版社2000年版，第340页。

⑥ 《周易正义》卷二《泰》，第80页。

下次则反之，彼为主，此为宾；故交聘过程中的相互“报聘”“报礼”“报使”“报币”等就成为“聘礼”的基本构成元素和基本特征，从而形成对等性的互动关系。根据对立统一体及其相互转化的原理，这种对等性的互动关系不仅不会使任何一方受到损失，反而能够生“利”，故曰“报者，天下之利也。”[①] 因为“相反报物得其利”[②]。此即《周易》所谓“往者屈也，来者信也，屈信相感而利生焉。”[③] 也就是说交聘中的对等性原则不仅不会使任何一方受到损失，反而使双方都得“利”，亦即增进双方的关系，从而形成良性互动关系。

（三）“中”“和”“德”理念与对称、平衡的文化意蕴

周代交聘礼的对等性原则的产生，还与周代哲学体系中的“中”“和”“德”等理念以及与此相关的对称、平衡的文化意蕴有关系。“中”“和”“德”等理念是在上述朴素辩证法观念基础上衍生的，而且与“礼”有着密切的关系，是一种相生相成、相互为用的关系。“天地设位，而易行乎其中矣”[④]“乾坤成列，而易立乎其中矣”[⑤]。虽然《周易》根据太极两仪的世界观而揭示天地、乾坤、阴阳、上下、大小等事物的相互矛盾和对立，然而在矛盾对立的统一体中“易”处于其中。“夫易者，阴阳变化之谓”[⑥]，而“天地之间，万物变化，是易行乎天地之中也。”[⑦] 处于矛盾对立事物之中的“易”是保持统一体平衡和生生不息的关键，“乾坤毁，则无以见易。易不可见，则乾坤或几乎息矣。”[⑧] 因此，“中”是《周易》所强调的一个重要理念，“贞吉，以中也。”郑玄注曰：“居得中位，以阳居阴，履谦不亢，是以‘贞吉’。”孔颖达疏曰：“以其居中履谦，行不违礼，故得正而吉也。”[⑨] 又：“纷若之吉。得中也。”孔颖达疏曰：“‘得中’者，用卑巽于神祇，是行得其中，故能致纷若之

---

① 《礼记正义》卷五四《表记》，第1717页。
② 《礼记正义》卷五四《表记》，孔颖达疏，第1718页。
③ 《周易正义》卷八《系辞下》，第358页。
④ 《周易正义》卷七《系辞上》，第322页。
⑤ 《周易正义》卷七《系辞上》，第343页。
⑥ 《周易正义》卷七《系辞上》，孔颖达疏，第343页。
⑦ 《周易正义》卷七《系辞上》，孔颖达疏，第322页。
⑧ 《周易正义》卷七《系辞上》，第343页。
⑨ 《周易正义》卷四《大壮》，第175页。

吉也。”[①]“中”的特征和作用在于保持对立事物的对称平衡。而“变易之道，行乎知礼之中。”[②]“礼”是“中”的理念体现，是保持人伦、社会关系对称平衡的方式和手段。

与“中”相关的另一重要理念是“和”。在《周易》的世界观中，对立事物是一个和谐的统一体，“保合大和，乃利贞。”[③]而与“不和而刚暴”[④]有别，因为“纯阳刚暴，若无和顺，则物不得利，又失其正。以能保安合会大利之道，乃能利贞于万物，言万物得利而贞正也。”[⑤]由于对立双方是处于和谐的统一体中，故能生生不息，“生生之谓易”[⑥]，意即“阴阳转易，以成化生。”[⑦]西周末年史伯对周桓公曰：“夫和实生物……故能丰长而物归之。”[⑧]何谓“和”？“和”即“可否以相济”“阴阳相生，异味相和”。“和”就是对立物的统一，而对立事物之间的“相济”“相生”“相和”则产生万物，“土气和而物生之，国家和而民附之。”[⑨]周人关于“中”“和”的理念，被孔子及其门人加以继承和发展，形成了一整套“中庸”的理论。“中也者，天下之大本也。和也者，天下之达道也。致中和，天地位焉，万物育焉。”[⑩]万物之生长繁衍，社会、国家之和谐发展，端赖于“致中和”，故“中”“和”为自然界与社会发展的根本之道。何以然？“中为大本者，以其含喜怒哀乐，礼之所由生，政教自此出也。”[⑪]“礼”就是在“中”“和”这种理念下的产物。如果根据“中”“和”的理念而制订与践行礼乐、政教，则社会得以和谐，国家得以治理，故曰“礼之用，和为贵。”[⑫]

---

① 《周易正义》卷六《巽》，第273页。

② 《周易正义》卷七《系辞上》，孔颖达疏，第322页。

③ 《周易正义》卷一《乾》，第10页。

④ 《周易正义》卷一《乾》，王弼注，第10页。

⑤ 《周易正义》卷一《乾》，孔颖达疏，第11页。

⑥ 《周易正义》卷七《系辞上》，第319页。

⑦ 《周易正义》卷七《系辞上》注，第319页。

⑧ 《国语集解》卷一六《郑语》，第470页。

⑨ 《国语集解》卷一六《郑语》注，第470页。

⑩ 《礼记正义》卷五二《中庸》，第1661—1662页。

⑪ 《礼记正义》卷五二《中庸》，郑玄注，第1662页。

⑫ （魏）何晏注，（宋）邢昺疏，朱汉民整理，张岂之审定：《论语注疏》卷一《学而》，北京大学出版社2000年版，第11页。

与“中”“和”“礼”相关的另一重要理念是“德”。“德”是世界观、政治观、伦理观的总和。从世界观而言，“天地之大德曰生”，此“明圣人同天地之德，广生万物之意也。言天地之盛德，在乎常生，故言曰生。若不常生，则德之不大。以其常生万物，故云大德也。”① 顺应“中”“和”之天道而使万物生生不息，是为“德”，而且是“德”的最高境界——“大德”。从政治观、伦理观而言，“元者善之长也，亨者嘉之会也，利者义之和也，贞者事之干也。君子体仁足以长人，嘉会足以合礼，利物足以和义，贞固足以干事。君子行此四德者，故曰：‘乾，元、亨、利、贞。’”② 顺应“中”“和”之人道而使社会人伦和谐、国家治理亦为“德”。故曰“中庸之为德也，其至矣乎！”③ 顺应“中”“和”之道而促进自然和社会的发展是“德”的最高境界。而“德”和“礼”也是相生相成、相互为用的，“德生礼，礼生乐”④，“德者，且莫大乎礼乐”⑤，“礼、乐，德之则也。”⑥ “礼”是“德”的体现，“德”是“礼”的灵魂，两者互为表里。

综上所述，“中”“和”是对立统一体得以存在和发展的原因和关键，以“中”“和”理念运用于自然界和人类社会是为“德”，以“中”“和”“德”理念运用于社会人伦和国家是为“礼”。交聘作为“礼”的构成之一，即上述理念在处理国家、民族、政权之间关系中的体现。“则德以导诸侯，诸侯必归之。”⑦ “招携以礼，怀远以德。德、礼不易，无人不怀。”⑧ 在这种理念指导下，孔门提出了治理“天下国家”的“九经”，其中之二曰“柔远人也，怀诸侯也。”因为“柔远人则四方归之，怀诸侯则天下畏之。”⑨ 此即以聘礼调节与“远人”和“诸侯”之关系，这实际

① 《周易正义》卷八《系辞下》，第349—350页。

② 《周易正义》卷一《乾》“文言”曰，第14页。

③ 《论语注疏》卷六《雍也》，第91页。

④ 荆门市博物馆：《郭店楚墓竹简》之《语丛一·释文注释》，文物出版社1998年版，第194页。

⑤ 《郭店楚墓竹简》之《尊德义·释文注释》，第174页。

⑥ 《春秋左传正义》卷一六，僖公二十七年，第501页。

⑦ 《国语集解》卷一《周语上》，第36页。

⑧ 《春秋左传正义》卷一三，僖公七年，第401页。

⑨ 《礼记正义》卷五二《中庸》，第1685页。

上是对周代以“中”“和”“德”理念引入聘礼之中的历史经验的概括和总结。在这些理念指导下，聘礼所贯穿的基本精神是交聘双方的相互“敬让”，聘国遣使至主国，是为“敬”，主国以礼相待、热情接待亦为“敬”，具体来说主国之“君使士迎于竟，大夫郊劳，君亲拜迎于大门之内而庙受，北面拜贶，拜君命之辱，所以致敬也。”这些都是主国对于聘国及其使者所表示的“敬”。而来使对于主国致敬于已，皆一一以“让”礼回报之，“三让而后传命，三让而后入庙门，三揖而后至阶，三让而后升，所以致尊让也。”这些都是来使对于主国之致敬而一一“致尊让”之具体表现。由此可见，交聘就是一个相互“敬”和“让”的过程。“敬让也者，君子之所以相接也。故诸侯相接以敬让，则不相侵陵。”郑玄注曰：“君子之相接，宾让而主人敬也。”[①] 来使之“让”得到的是主人之“敬”，主人之“敬”得到的是来使的“让”，“敬”和“让”就是对立统一体，是一个互动和不断转化的过程，亦即“礼尚往来”的过程。通过这个过程，交聘双方得以建立亲密友好关系，从而达到交聘之目的，“诸侯相厉以礼，则外不相侵，内不相陵。此天子之所以养诸侯，兵不用，而诸侯自为正之具也。”[②] 交聘双方之相“敬”相“让”，就是“相厉以礼”，亦即“礼”的对等性精神的体现。交聘双方之相“敬”相“让”，也是“德”的体现。例如，交聘中“以圭璋聘，重礼也。已聘而还圭璋，此轻财而重礼之义也。诸侯相厉以轻财重礼，则民作让矣。”聘国以圭璋来聘，聘礼之后，来使返国之前，主国将圭璋还之，这是交聘中“轻财重礼”[③] 的表现，也是聘礼所贯穿的“德”的反映。何以然?《聘义》载孔子的解释是：“夫昔者，君子比德于玉焉：温润而泽，仁也；缜密以栗，知也；廉而不刿，义也；垂之如队，礼也；叩之其声清越以长其终诎然，乐也；瑕不揜瑜，瑜不揜瑕，忠也；孚尹旁达，信也；气如白虹，天也；精神见于山川，地也；圭璋特达，德也。”[④] 圭璋是仁、知、义、礼、乐、忠、信、天、地的代表和化身，也就是“德”的集中代表和化

---

① 《礼记正义》卷六三《聘义》，第 1941 页。

② 《礼记正义》卷六三《聘义》，第 1943 页。

③ 《礼记正义》卷六三《聘义》，第 1943 页。

④ 《礼记正义》卷六三《聘义》，第 1948—1949 页。

身。对等性原则就是“中”“和”“德”等理念在诸侯交聘之“礼”中的体现。

将“中”“和”“德”等理念引入“礼”是周代突出的时代特色，从而渗透于这个时代诸文化事象之中。周初，“成王在丰，使召公复营洛邑，如武王之意。周公复卜申视，卒营筑，居九鼎焉。曰：‘此天下之中，四方入贡道里均。’作《召诰》《洛诰》。”① 营建洛邑的考量是取其“天下之中”。在“中”“和”的理念基础上从而发展起了对称、平衡的文化特征。以中国古代墓葬制度为言，考古发掘表明：“河南省安阳的商王陵墓，有‘亞字形墓’和‘中字形墓’……还有一种‘甲字形墓’。”而“西周的墓制承袭商代。……诸侯、贵族的大墓，有的是设有两个墓道的中字形墓，有的是设有一个墓道的‘甲字形墓’。河南省浚县辛村卫国墓地多系中字形墓，其形制与商代的陵墓相似。”② 这些“亞字形”“中字形”“甲字形”的墓制，就是对称、平衡观念在墓制中的体现。而墓制是社会现实生活的反映或折射。以中国古代建筑为言，在中轴线基础上的对称、平衡的建筑特征在周代已经展现，考古学表明：“周原遗址中的凤雏早周房址已是两进的四合院，并有明确的南北中轴线……中国古代建筑中使用木构架、采取封闭式有中轴线的院落布局这两个主要特点已初步形成。”“凤雏建筑基址……以门道、前堂、后室为中轴，东西配置厢房各 8 间，并有回廊相连接，形成一前后两进、东西对称的封闭性院落。”③ 这种中轴线左右对称、平衡的封闭性的院落建筑，是一个对立统一体，其中贯穿对称、平衡的文化意蕴，这种对称、平衡的建筑理念与文献记载的周代宫室制度相符，而正是这样的建筑物为周代交聘礼中的对等性礼仪得以实行提供了物质基础和场所。周代交聘礼仪基本上是在庙堂举行，而庙堂建筑的内部正是对称、平衡的，中轴线自北而南依次为后室、前堂和前庭，堂为进行礼仪活动的中心场所，堂内自北而南为东夹与西夹、东序与西序、东堂与西堂、东楹与西楹，两两相对。

---

① 《史记》卷四《周本纪》，第 133 页。

② 《中国大百科全书·考古学》，“中国古代墓葬制度”条，中国大百科全书出版社 1986 年版，第 666 页。

③ 《中国大百科全书·考古学》，“中国古代建筑”条，第 661、727 页。

上文所述对等性的交聘礼仪，就是在这种中轴线东西对称的建筑内部进行的。

周代交聘礼中的对等性原则不仅在日后汉唐时期的交聘制度中有所继承和借鉴，而且其与近现代国际关系中的对等性原则亦有着相似、相通之处，认为对等性原则是近代才产生的国际关系准则的说法并不符合历史的实际；而以“朝贡体制”乃至“册封体制”等来概括中国古代的对外关系，也至少是不全面的和表面的。

（原刊《史学集刊》2010 年第 2 期。我们在黎虎先生遗存文稿中，发现了同名文章，经过比对，知是黎虎先生刊后修订稿。今据黎虎先生最新刊后修订稿，并参校原刊文整理。李文才敬识。）

周代交聘管理机构与官员

“交聘”是中国古代国家、民族或政治实体之间和平交往的主要方式和手段。《仪礼》① 一书现存有《聘礼》一篇，此即周代交聘实践的总结和集大成者。那么，周代的“聘”礼具有哪些基本特征？其中有哪些因素为后代的交聘制度提供了蓝本或参照依据和经验呢？本文以为交聘管理机构与相关官员之设置即其一。此问题迄今未见学术界有专文论述，不揣谫陋，试略述之。

西周尤其到了春秋时期，由于交聘日益成为诸侯政治生活中的重要组成部分之一，故需有相应之机构与官员管理其事。春秋中叶周定王派遣其卿士单襄公“聘于宋，遂假道于陈以聘于楚。”单襄公入陈见“道茀不可行，候不在疆，司空不视途……膳宰不致饩，司里不授馆，国无寄寓，县无施舍……”② 单襄公回国后向周定王报告其被陈国冷遇的情况，其中有云：“周之秩官有之曰：‘敌国宾至，关尹以告，行理以节逆之，候人为导，卿出郊劳，门尹除门，宗祝执礼③，司里授馆，司徒具徒，司空视途，司寇诘奸，虞人入材，甸人积薪、火师监燎，水师监濯，膳宰致饔，廪人献饩，司马陈刍，工人展车，百官以物至，宾人如归。是故

① 《仪礼》与《周礼》《礼记》并称为“三礼”、均程度不同地保存了周代“聘礼”内容，其中以《仪礼》成书最早。但对于《仪礼》成书年代学术界有争议，当以春秋、战国之际为是。参见沈文倬《略论礼典的实行和〈仪礼〉书本的撰作》（上、下），《文史》第15、16辑，中华书局1982年版；后收入氏著《宗周文明考论》，浙江大学出版社1999年版，第1—54页；又见彭林《仪礼译注·前言》，贵州人民出版社1997年版，第4—5页。

② 徐元诰撰，王树民、沈长云点校：《国语集解》卷二《周语中》，中华书局2002年版，第61—62页。

③ “礼”，各本多作“祀”，徐本订正为“礼”。见《国语集解》卷二《周语中》“宗祝执礼”注，第67页。

小大莫不怀爱。其贵国之宾至，则以班加一等，益虔。至于王吏，则皆官正莅事，上卿监之。若王巡守，则君亲监之。’今虽朝也不才，有分族于周，承王命以为过宾于陈，而司事莫至，是蔑先王之官也。”① 韦昭注“秩官”曰：“周常官，篇名。”② 单襄公说这是“先王之官”，因此周之《秩官》当为关于西周职官制度的文献；而单襄公徵引这个文献以抨击陈国未能遵循之，表明在春秋时期这个制度仍然是有效的，韦昭注曰：“是时，天子微弱，故以诸侯相聘之礼假道也。”③ 它仍然是春秋时期诸侯交聘所应行用之礼。因此《秩官》所载交聘制度，可以视为整个周代的制度。这里所述聘问有四个层次，即与“敌国”之间、与“贵国”之间、与“王吏”之间、与“王”之间。而《仪礼·聘礼》所载即为其中“敌国”之间的交聘。单襄公所引《秩官》这段记载不仅展现了当时交聘程序与礼仪方面生动而丰富的画面，还可以看到与交聘有关的机构和官员设置之纷繁。《秩官》所述聘问机构与官员，在《仪礼·聘礼》《国语》《春秋左传》以及《周礼》《礼记》等古籍中多所涉及，对于了解当时诸侯交聘管理机构与官员的具体情况是珍贵的史料。

鲁襄公三十一年（前 542）郑相子产朝晋，晋侯迟迟未接见，于是“子产使尽坏其馆之垣，而纳车马焉。”晋士文伯让之，子产答曰：“侨（子产）闻文公之为盟主也，宫室卑庳，无观台榭，以崇大诸侯之馆。馆如公寝，库厩缮脩，司空以时平易道路，圬人以时塓馆宫室。诸侯宾至，甸设庭燎，仆人巡宫。车马有所，宾从有代，巾车脂辖，隶人、牧、圉，各瞻其事。百官之属，各展其物。公不留宾，而亦无废事。忧乐同之，事则巡之。教其不知，而恤其不足。宾至如归，无宁菑患……”④ 这个记载可与上述资料相互印证补充，以见当时交聘管理机构与官员之设置情况。

从上述两则资料可知，诸侯交聘所涉及机构与官员相当繁复，可谓“百官”均动员起来、程度不同地参与其事。他们即前引单襄公所谓“司

① 《国语集解》卷二《周语中》，韦昭注，第 66—68 页。

② 《国语集解》卷二《周语中》，韦昭注，第 66 页。

③ 《国语集解》卷二《周语中》，韦昭注，第 61 页。

④ （周）左丘明传，（晋）杜预注，（唐）孔颖达疏，浦卫忠、龚抗云、胡遂、于振波、陈咏明整理，杨向奎审定：《春秋左传正义》卷四〇，襄公三十一年，北京大学出版社 2000 年版，第 1295—1298 页。

事”，其意似与“有司”相近。

大略而言，这些职官可分为主管机构与官员以及关涉机构与官员两个方面[①]。前者指在交聘活动中负有主要或重要职责之机构与官员，后者指在交聘活动中在某些环节中涉及其职责之机构与官员。兹以上述两则资料及《仪礼·聘礼》为纲，参以《春秋左传》《国语》，辅以《周礼》《礼记》等资料，试勾勒周代交聘管理机构与官员情况于后。

西周、春秋时期的职官，一方面有“卿”“下大夫”“士”等比较宽泛之概念，所谓“宽泛”有两层含义，一是他们是周代职官爵秩等级的称谓，并非具体的职官；二是这类爵秩等级的人员在负责某一事务时，可能以不同的具体职官身份而担任之，未必固定，变动性较大。另一方面也有比较具体的、固定的、专门的职官称谓，以交聘管理机构和官员而言，如上至“宰”，中至“行人”“宰夫”，下至“候人”“关人”等，即属此类。

一 主管机构与官员

所谓主管机构与官员，一是指其在交聘中负有主要或重要职责者；二是指其职掌中明确负有交聘职责者。主管机构与官员分为交聘领导、交聘事务、交聘服务等若干层级。

（一）交聘领导

交聘领导成员主要由“宰”和诸卿组成。

1. 宰

“宰”是诸侯中负责交聘管理之最高、最重要官员，上则对国君负责，下则指挥诸“有司”分工合作，完成交聘任务，总揽交聘活动之全面的、最大的权力。郑玄曰：“宰，上卿，贰君事者也。诸侯谓司徒为宰。”[②]“诸侯三卿”之一为“宰”，“依周制而言，谓立司徒兼冢宰之事”[③]。“宰”为诸侯上卿之执政大臣，即以司徒而兼冢宰之事。交聘为

① 关于主管机构与官员及关涉机构与官员问题，请参见拙著《汉唐外交制度史》，兰州大学出版社1998年版。

② （汉）郑玄注，（唐）贾公彦疏，彭林整理，王文锦审定：《仪礼注疏》卷一九《聘礼》，北京大学出版社2000年版，第414页。

③ （汉）郑玄注，（唐）孔颖达疏，龚抗云整理，王文锦审定：《礼记正义》卷一一《王制》，孔颖达疏引崔氏曰，北京大学出版社2000年版，第410页。

"宰"之重要职掌之一，《周礼》大宰职曰："掌建邦之六典，以佐王治邦国"，其"三曰礼典，以和邦国"[①]。其"八统"之一"曰礼宾"，郑玄注曰："礼宾，宾客诸侯，所以示民亲仁善邻。"[②] 亦即"以礼待宾客之治"，贾公彦疏："唯礼宾特别有礼，若聘礼之类也。"[③] 其"九式"之一为"宾客之式"[④]，其"以九贡致邦国之用"[⑤]，亦与礼宾有关。由此可见，朝觐、聘问为大宰之重要职掌之一。他不仅掌握礼宾之大政方针，还具体参与礼宾之活动，如"大朝觐会同，赞玉币、玉献、玉几、玉爵"，郑玄注："助王受此四者"，其"玉币，诸侯享币也""玉献，献国珍异、亦执玉以致之""玉几、王所依也""玉爵，王礼诸侯之酢爵。"[⑥] 亦即在朝觐、聘问中赞助天子行礼。

"宰"在诸侯交聘中的作用与此相似。其职责主要表现于如下几个方面：(1) 参与决策并主管交聘使节之选派。他与国君、诸卿共同进行交聘决策及正、副使者的任命，而"众介"则由他直接主管加以任命，《聘礼》谓"宰命司马"[⑦]，通过司马以具体物色人选。(2) 主管交聘物资之准备与授予。使团组成之后，"宰书币，命宰夫官具"[⑧]，负责提出交聘所需礼币及使团所需物资之计划，命令其下属官员"宰夫"备办，并将这些礼币一一造册登记。出使之具体安排亦由其主管，使团组成之后，使者"遂见宰，问几月之资"[⑨]，向宰请示出使的资用几何、道路远近、时间长短等。出使前夕由他负责主持"授币"仪式。将礼币展示于正朝，由宰入路门向国君报告，国君出门检视礼币后，"宰执书，告备具于君，授使者"[⑩]，宰向国君报告礼币核对无误，遂将登记礼币之文书授予使者，

---

① （汉）郑玄注，（唐）贾公彦疏，赵伯雄整理，王文锦审定：《周礼注疏》卷二《天官冢宰·大宰》，北京大学出版社 2000 年版，第 28 页。

② 《周礼注疏》卷二《天官冢宰·大宰》，第 36—37 页。

③ 《周礼注疏》卷二《天官冢宰·大宰》，第 54—55 页。

④ 《周礼注疏》卷二《天官冢宰·大宰》，第 43 页。

⑤ 《周礼注疏》卷二《天官冢宰·大宰》，第 45 页。

⑥ 《周礼注疏》卷二《天官冢宰·大宰》，第 58 页。

⑦ 《仪礼注疏》卷一九《聘礼》，第 413 页。

⑧ 《仪礼注疏》卷一九《聘礼》，第 414 页。

⑨ 《仪礼注疏》卷二四《聘礼》，第 513 页。

⑩ 《仪礼注疏》卷一九《聘礼》，第 416 页。

从而完成了授币之仪式。主持使者受命仪式。使者正式出使当天在治朝举行受命仪式，亦由宰负责主持。宰从“贾人”那里接过聘圭等玉器之后，“自公左授使者”[①]，在国君的东侧将礼玉授予使者，从而标志使者得到了国君之命而得以向对方国家行使聘享之礼。主持来使聘享、私觌礼并负责聘币之收藏。若别国遣使来己国聘问时，宰负责赞助国君举行聘享礼仪，当国君接受来使的聘玉、享币之后，“公侧授宰玉”[②]“公侧授宰币”[③]，国君从东侧将聘玉、享币授予宰，“使藏之”[④]。《周礼》大宰之职“以九贡致邦国之用”，“贡”谓“诸侯邦国岁之常贡”[⑤]。其职掌“九式”之一曰“币帛之式”，“币帛，所以赠劳宾客者”[⑥]。故诸侯遣使时由“宰”负责具币以授使者，接待来使时则负责将别国所献聘币加以收藏。使者向国君行“私觌”礼时亦然，国君接受使者的礼“币”后，“公侧授宰币”[⑦]；接受“上介”之礼“币”后，同样由“宰自公左受币”[⑧]，也是“宰”从国君手中接过礼“币”并负责加以收藏。（3）使者返国之后，负责主持“反命”仪式并负责收藏聘币。使者返国之后需入朝向国君反命，“宰”负责主持其仪式。使者执圭、上介执璋北面反命后，“宰自公左受玉”，“宰”仍从国君之东侧接受使者交回之聘圭聘璋，如同出使之时授之一样。交聘国所赠送之“贿币”以及彼国国君所报享之礼玉，亦由使者上交于“宰”，由“宰”收藏之[⑨]。反命完毕，国君慰劳使者，“君使宰赐使者币，使者再拜稽首。赐介，介皆再拜稽首。”[⑩]“宰”代表国君将使团携带回来的币帛赐给使者以及上介、士介。至此，交聘使命画上圆满句号。

2. 诸卿

诸侯三卿除执政大臣“宰”之外，尚有二卿。交聘前任命使者的决

---

① 《仪礼注疏》卷一九《聘礼》，第421页。
② 《仪礼注疏》卷二〇《聘礼》，第454页。
③ 《仪礼注疏》卷二一《聘礼》，第457页。
④ 《仪礼注疏》卷二〇《聘礼》，贾公彦疏，第454页。
⑤ 《周礼注疏》卷二《天官冢宰·大宰》，第45—46页。
⑥ 《周礼注疏》卷二《天官冢宰·大宰》，第44页。
⑦ 《仪礼注疏》卷二一《聘礼》，第457页。
⑧ 《仪礼注疏》卷二一《聘礼》，第468页。
⑨ 详见《仪礼注疏》卷二三《聘礼》，第503—508页。
⑩ 《仪礼注疏》卷二三《聘礼》，第508页。

策会议上，“君与卿图事”，他们与“宰”一同参与御前决策，决定是否进行交聘以及任命正、副使人选；而且他们之中的一人将被任命为使者，具体承担本次交聘之使命①。出使当天的“受命”仪式上，“君使卿进使者”②，由另一卿负责赞相此仪式。使者入境后，主国之君“使卿朝服，用束帛劳”③，执行“郊劳”使命，此即上引周之《秩官》“卿出郊劳”④之谓。使者入住馆舍之后，又由“卿致馆”“致命”⑤，代表国君欢迎来使。为了赞相来使在本国所进行之各种礼仪，主国组成了一个傧相小组，以“卿为上摈”⑥，为这个小组的最高成员，负责赞相聘享等礼仪。聘享礼之后卿又以“摈者”身份赞相国君“礼宾”及“私觌”等礼仪⑦。与此同时，国君又使卿负责馈赠饔饩于宾介⑧。来使返国前，国君又“使卿皮弁，还玉于馆”⑨。使者离开国都“舍于郊”之后，国君又使卿负责到馆舍赠送礼币⑩。使者返国后入朝反命，又由“卿进使者”，赞相“反命”仪式⑪。由此可见，卿参与了交聘之全过程。

那么，这些“卿”具体是些什么职务的官员呢？

他们当为诸侯三卿之中除“宰”之外的其余二卿，亦即“立司马兼宗伯之事，立司空兼司寇之事”⑫之二卿，比照周官，前者为大司马、大宗伯，后者为大司空、大司寇。从遣使一方而言，参加朝议二卿之一被任命为使者，则另一位卿就是赞相“受命”仪式以及使者返国后赞相“反命”仪式之卿。从受使一方而言，则二卿均有可能被国君命以接待来

---

① 《仪礼注疏》卷一九《聘礼》：“聘礼。君与卿图事”，郑玄注：“谋聘故及可使者”；贾公彦疏：“谓于三卿之中选可使者。”（第412—413页）

② 《仪礼注疏》卷一九《聘礼》，第420页。

③ 《仪礼注疏》卷一九《聘礼》，第432页。

④ 《国语集解》卷二《周语中》，第67页。

⑤ 《仪礼注疏》卷二〇《聘礼》，第437、438页。

⑥ 《仪礼注疏》卷二〇《聘礼》，第442页。

⑦ 详见《仪礼注疏》卷二〇《聘礼》，第437—454页；《仪礼注疏》卷二一《聘礼》，第456—470页。

⑧ 详见《仪礼注疏》卷二一《聘礼》，第472—477页；《仪礼注疏》卷二二《聘礼》，第478—496页。

⑨ 《仪礼注疏》卷二三《聘礼》，第497页。

⑩ 《仪礼注疏》卷二三《聘礼》，第502页。

⑪ 《仪礼注疏》卷二三《聘礼》，第503—504页。

⑫ 《礼记正义》卷一一《王制》，孔颖达疏引崔氏曰，第410页。

使之任务，如“郊劳”“致馆”“致饔饩”“还玉”“郊送”，以及以“上摈”赞相“聘享”“私觌”等礼仪。从他们的职掌分工来看，大宗伯为主管礼仪之官，“以宾礼亲邦国”① 是其主要职掌之一。故一般来说，以“司马兼宗伯之事”之卿奉命出使或负责接待来使的各种礼仪的可能性当较大、较多。而“朝觐会同，则为上相”亦为大司马职责之一，郑玄注曰：“相，诏王礼也。出接宾曰摈，入诏礼曰相。”② 在接待来使时其以“上摈”佐国君礼仪亦属名正言顺。《仪礼·觐礼》郑玄注曰：“天子见公，摈者五人；见侯伯，摈者四人；见子男，摈者三人。皆宗伯为上摈。”③ 故诸侯当亦以“司马兼宗伯之事”之卿为“上摈”。此外，任命“众介”亦为其职掌，正、副使任命之后，“宰命司马戒众介”④，此“司马”亦当为上述以“司马兼宗伯之事”之卿。当然也不排除在特定情况下由另一卿充任之可能。

（二）交聘事务

交聘事务包括：出使；礼宾；赞礼；后勤等方面具体事务。承担交聘事务的成员又可分为下大夫和士两个层级，每个层级又包括多种事务和人员，兹屡述如下：

1. 下大夫

西周、春秋时期诸侯之臣的爵秩分为五个等级，即“诸侯之上大夫卿、下大夫、上士、中士、下士，凡五等。”他们均为诸侯“北面之臣”⑤。“下大夫”为“上大夫卿”之下一层级的官员群体。《周礼》太宰职曰：“乃施典于邦国，而建其牧，立其监，设其参，傅其伍，陈其殷，置其辅。”其中“设其参，傅其伍”，郑玄注曰：“参谓卿三人，伍谓大夫五人。”⑥《王制》亦谓诸侯有“下大夫”五人⑦。

首先，说一说“下大夫”在交聘中的职责。下大夫在交聘中的主要

---

① 《周礼注疏》卷一八《春官宗伯·大宗伯》，第 546 页。
② 《周礼注疏》卷一八《春官宗伯·大宗伯》，第 568—569 页。
③ 《仪礼注疏》卷二六下《觐礼》，第 596 页。
④ 《仪礼注疏》卷一九《聘礼》，第 413 页。
⑤ 《礼记正义》卷一一《王制》，第 386 页。
⑥ 《周礼注疏》卷二《天官冢宰·大宰》，第 51 页。
⑦ 《礼记正义》卷一一《王制》，孔颖达疏引崔氏曰，第 410 页。

职责，可以概括为如下四项：

（1）出纳迎导。如有他国交聘使团遣使携礼币至朝门请求假道本国时，一般以下大夫至朝门外应对，“下大夫取以入告，出许，遂受币”①。下大夫人告国君，得到国君允许，再出门转告并收下礼币，从而得以假道。如果是来本国交聘的，则当使团进人本国近郊后，本国之君“使下大夫请行，反。君使卿朝服，用束帛劳”。先以下大夫为使至郊，进一步确认使团之来意。郑玄注曰：“请行，问所之也。虽知之，谦不必也。”②确认使团来本国交聘后，下大夫再返回朝廷向国君报告，国君方才派遣卿前往郊劳。郊劳礼毕，下大夫负责引导来使“至于朝”“宾至外门，下大夫入告”，下大夫向国君报告使者的到来，再出门转达国君表示已经做好聘享礼准备之意，使者谦答“俟间”，意即待后再行聘礼。于是“大夫帅至于馆”③，此“大夫”即“下大夫”。由“下大夫”引导至馆舍后，才由卿前往“致馆”④。举行聘享礼当天早晨，“讶宾于馆”，郑玄注曰：“此讶下大夫也。以君命迎宾谓之讶。”⑤ 由“下大夫”负责至馆舍迎接来使。周制，迎宾使者——一般均相应低于被迎者一级。故由“下大夫”专门负责迎接使者——卿，此即《聘礼》“记”云：“卿，大夫讶。”⑥ 此“大夫”亦即“下大夫”。

（2）赞相礼仪。“下大夫”在交聘中还承担傧相的职责，在侯伯之国相交聘而举行聘享礼时．以“卿为上摈，大夫为承摈”⑦，此“大夫”亦为“下大夫”，他担任“承摈”而协助卿赞相礼仪。聘享礼之后的“礼宾”“私觌”等礼仪中亦然。行聘享礼后次日，使者代表本国国君向主国之卿大夫行“问”礼，“宾朝服问卿，卿受于祖庙。下大夫摈”⑧。这时卿为主人，故以下大夫为侯者，负责赞相礼仪。或谓“下大夫摈，公使为之也。必使下大夫者，欲与上介之爵相当也。此公事也，

① 《仪礼注疏》卷一九《聘礼》，第423—424页。
② 《仪礼注疏》卷一九《聘礼》，第432页。
③ 《仪礼注疏》卷二〇《聘礼》，第436—437页。
④ 《仪礼注疏》卷二〇《聘礼》，第437页。
⑤ 《仪礼注疏》卷二〇《聘礼》，第441页。
⑥ 《仪礼注疏》卷二四《聘礼》，第530页。
⑦ 《仪礼注疏》卷二〇《聘礼》，第442页。
⑧ 《仪礼注疏》卷二二《聘礼》，第486页。

故重之。”[1] 因使者之副“上介”为下大夫，故国君亦以下大夫为侯者助卿以赞礼。使者“问”卿、“面”卿之后，上介、众介亦相继“面”卿，仍以下大夫为侯者，负责赞礼。

（3）馈赠致礼。这方面的职责可分为两个方面，一方面国君夫人向来使致礼，均由下大夫代表进行，另一方面曾经出使该国的下大夫在卿的率领下参与向来使致礼。使团入境之后举行郊劳礼时，主国使卿代表国君向使者进行慰劳，与此同时，“夫人使下大夫劳”[2]，以下大夫代表国君夫人向使者进行慰劳，双方互赠礼物。使者向主国卿大夫行“问”礼的当天傍晚，“夫人使下大夫韦弁归礼”[3]，下大夫代表国君夫人向使者和上介馈礼。可见“凡夫人之礼，皆使下大夫致之。”[4] 不过，下大夫也有代表国君馈赠致礼的情况，在使团返国举行“郊送”礼仪时，则由国君“使下大夫赠上介”[5]，因上介亦为下大夫，取相互对等之义。

另一方面曾经出使该国的下大夫在卿的率领下参与向来使致礼。聘享礼举行之后，主国国君又派遣卿以及曾经出使该国的下大夫至馆舍“劳宾”[6]，代表国君向使者和上介赠送礼品。接着，国君又派遣卿与曾经出使该国的下大夫代表其向来使“归饔饩”[7]，在卿向使者馈饔饩之后，则由下大夫向上介馈饔饩，“下大夫韦弁，用束帛致之。上介韦弁以受，如宾礼”[8]，其礼节与卿向使者馈赠时相同。在完成代表国君向来使的馈赠礼仪后，曾经出使该国的下大夫又在卿的率领下一起向来使致“饩大牢”[9]。

（4）出使交聘。下大夫还经常奉命出使，执行交聘使命。侯伯之国相交聘时，如果是大聘，则以卿为正使，下大夫为副使——上介，此即

① （元）敖继公撰：《钦定四库全书荟要·仪礼集说》卷八下《聘礼第八》，吉林出版集团有限责任公司2005年版，第284页。

② 《仪礼注疏》卷二〇《聘礼》，第435页。

③ 《仪礼注疏》卷二二《聘礼》，第491页。

④ 《周礼注疏》卷三八《秋官司寇·掌客》，郑玄注，第1219页。

⑤ 《仪礼注疏》卷二三《聘礼》，第502页。

⑥ 《仪礼注疏》卷二一《聘礼》，第471页。

⑦ 《仪礼注疏》卷二一《聘礼》，第472页。

⑧ 《仪礼注疏》卷二二《聘礼》，第484页。

⑨ 《仪礼注疏》卷二二《聘礼》，第485页。

"礼，卿出聘，以大夫为上介"[①] 之谓，这里的"大夫"即"下大夫"。如果是小聘，则以下大夫为正使，以士为副使——上介。以下大夫为交聘使节，在被聘国的礼仪活动中也有诸多的反映。使团在交聘国除了"问卿""面卿"等礼仪之外，还有专门的"问下大夫"礼，"下大夫尝使至者，币及之"。郑玄注曰："尝使至己国，则以币问之也。君子不忘旧。"[②] 使者代表本国国君向曾经出使本国的下大夫致礼，以巩固邦谊。可见，下大夫出使乃经常之事，故"问下大夫"成为交聘不可缺少的环节之一。此外，向来使的馈赠致礼活动中，曾经出使该国的下大夫亦经常随卿前往执行。

其次，说一说"下大夫"具体有些什么职务人员及其具体职掌。在"下大夫"级别内、参与聘礼之具体官员可见者有：

(1)"行人"。"行人"或称为"行李""行理"。《左传》杜预注："一介行李"曰："行李，行人也。"[③] "行李"又作"行理"，《左传》"行理之命，无月不至"杜预注曰："行理，使人，通聘问者。"[④]《左传》僖公三十年孔颖达疏曰："李、理字异，为注则同，都不解'理'字。《周语》'行理以节逆之'，贾逵云：'理，吏也，小行人也。'孔晁注《国语》，其本亦作'李'字，注云'行李，行人之官也。'然则两字通用。本多作'理'，训之为吏、故为行人、使人也。"[⑤] 由此可知，"行人"或作"行理"，或作"行李"，其义相同，均指诸侯交聘之专职官员。而诸侯之"行人"当与《周礼》之大小行人有关，两者的性质是一致的。上述单襄公所述周之《秩官》所记有云"敌国宾至……行理以节逆之"。来使入境之后，国君派遣"行理"持节迎宾。韦昭注曰："理，吏也……行理，小行人也。"[⑥] 他和贾逵均认为"行理"即周官"小行人"。《周礼》"秋官司寇"下属有"大行人，中大夫二人。小行人，下大夫四人。"[⑦] 他们

① （汉）公羊寿传，（汉）何休解诂，（唐）徐彦疏，浦卫忠整理，杨向奎审定：《春秋公羊传注疏》卷一六宣公十八年，何休注，北京大学出版社2000年版，第424页。

② 《仪礼注疏》卷二二《聘礼》，第490页。

③ 《春秋左传正义》卷三〇，襄公八年，杜预注，第985页。

④ 《春秋左传正义》卷四六，昭公十三年，第1531页。

⑤ 《春秋左传正义》卷一七，僖公三十年，第533页。

⑥ 《国语集解》卷二《周语中》，韦昭注，第67页。

⑦ 《周礼注疏》卷三四《秋官司寇》，第1057页。

均为负责交聘之礼官，“大行人掌大宾之礼及大客之仪，以亲诸侯。”① “小行人掌邦国宾客之礼籍，以待四方之使者。”② 其中“小行人”之职责还有：“凡诸侯入王，则逆劳于畿。及郊劳、馆、将币、为承而摈”以及“使适四方”③ 等。这里的“逆劳于畿”与上述单襄公所述“以节逆之”以及前引《聘礼》中所述来使入境后“使下大夫请行”均为相同之职责。这里的“郊劳、眡馆、将币”，与《聘礼》所述下大夫陪同卿前往并代表夫人郊劳，以及郊劳之后由其负责引导来使“至于朝”并“帅至于馆”“致馆”等职责也是一致的。这里的“为承而摈”与《聘礼》中以下大夫为“承摈”的记载也是一致的。这里的“使适四方”则为上述下大夫职责之四“出使交聘”之谓。故春秋时期以“行人”为使，交聘于诸侯之间的记载不胜枚举。如鲁襄公二十四年（前 549）“郑行人公孙挥如晋聘”，杜预注曰：“挥，子羽也。”④ 孔子论郑国四贤时，其中提到“行人子羽修饰之”，何晏注曰：“行人，掌使之官。子羽，公孙挥。”邢昺疏曰：“子羽，公孙挥，亦郑大夫也……《周礼·秋官》有大行人、小行人，皆大夫也，掌诸侯朝覲、宗庙会同之礼仪及时聘间问之事，则诸侯之行人亦然，故云掌使之官，谓掌其为使之官也。”⑤

（2）“宰夫”。《周礼》大宰之属有“宰夫，下大夫四人。”⑥ “宰夫”在交聘中的职责主要有四：

第一，交聘物资之备办。当交聘使团组成之后，“宰书币，命宰夫官具。”郑玄注曰：“命之使众官具币及所宜赍。”⑦ 宰夫按照执政大臣“宰”开列的清单，再命有关部门和人员进行交聘物资——聘币与使团成员所需物资之备办。除了上述物资之外，尚有赠送对方国家卿大夫之礼币，这种礼币则在使者受命之后在郊交割，“问大夫之币，俟于郊，为肆，又赍皮马。”郑玄注曰：“使者既受命，宰夫载问大夫之礼待于郊，

---

① 《周礼注疏》卷三七《秋官司寇·大行人》，第 1161 页。

② 《周礼注疏》卷三七《秋官司寇·小行人》，第 1182 页。

③ 《周礼注疏》卷三七《秋官司寇·小行人》，第 1183—1184 页。郑玄注：“眡馆，致馆也。”

④ 《春秋左传正义》卷三五，襄公二十四年，第 1158 页。

⑤ （魏）何晏注，（宋）邢昺疏，朱汉民整理，张岂之审定：《论语注疏》卷一四《宪问》，北京大学出版社 2000 年版，第 210—211 页。

⑥ 《周礼注疏》卷一《天官冢宰》，第 7 页。

⑦ 《仪礼注疏》卷一九《聘礼》，第 414 页。

陈之为行列，至则以付之也。”[①] 聘享国君之币陈于朝，问大夫之币则由宰夫负责载至郊直接交付使者。

第二，设宴礼宾。使者入住馆舍之后，“宰夫朝服设飧”[②]，负责陈设便宴以招待之。聘享礼后国君举行醴礼时，宰夫负责宴饮过程中的陈设与服务，“宰夫彻几改筵”[③]，将聘享礼中所设之神几撤下，改布筵席以便国君醴宾。此外，如“拂几”“实觯以醴，加柶于觯”“荐笾豆脯醢”[④] 等均为其职责。郑玄注曰：“宰夫，又主酒食者也。”[⑤] 故宴饮之陈设、服务事宜由其掌管。主国国君宴请来使有三种方式，其隆重度依次为飧、食、燕。前两者国君亲临，最后一种“燕”礼相对为轻，则由“宰夫献”，郑玄注曰“为主人代公献”[⑥]，即以宰夫代表国君向来使献酒。

第三，襄助礼仪。来使向国君行“私觌”礼时，“宰夫受币于中庭，以东。执币者序从之”[⑦]。宰夫从傧者手中接过士介所致之币，执之东行，其余执币之三士跟随之，加以收藏。私觌礼后，如果来使还要行“私献”礼，“摈者授宰夫于中庭”，使者所献礼物均由傧者交宰夫收藏。郑玄注曰：“东藏之”[⑧]，即藏之内府。

第四，馈宾饔饩。来使之食物亦由宰夫负责备办，馈赠时亦参与其事。国君命卿向来使馈饔饩时，“宰夫朝服，牵牛以致之”[⑨]。由宰夫负责向士介馈赠。“旬而稍，宰夫始归乘禽。”郑玄注曰：“稍，禀食也。乘禽，乘行之禽也，谓雁鹜之属。”[⑩] 如果使团停留时间超过十天，则由宰夫负责供应使团日常之廪食，并按照规定每天致送成双的禽类不等。

由上所述可知，宰夫之职责主要为两个方面，一为出使物资之备

---

① 《仪礼注疏》卷二四《聘礼》，第 527 页。
② 《仪礼注疏》卷二〇《聘礼》，第 439 页。
③ 《仪礼注疏》卷二一《聘礼》，第 459 页。
④ 《仪礼注疏》卷二一《聘礼》，第 459、460、461 页。
⑤ 《仪礼注疏》卷二一《聘礼》，郑玄注，第 459 页。
⑥ 《仪礼注疏》卷二四《聘礼》，第 545 页。
⑦ 《仪礼注疏》卷二一《聘礼》，第 469 页。
⑧ 《仪礼注疏》卷二四《聘礼》，第 538 页。
⑨ 《仪礼注疏》卷二二《聘礼》，第 485 页。
⑩ 《仪礼注疏》卷二四《聘礼》，第 541 页。

办与来使礼币之收藏，二为来使饮食物资之供应与款待。前者即周官宰夫职“掌百官府之徵令”之一，贾公彦疏曰：“以备王之所徵召及施令”[①]；后者即“凡朝覲、会同、宾客，以牢礼之法掌其牢礼、委积、膳献、饮食、宾赐之飧牵，与其陈数”之一，郑玄注曰：“牢礼之法，多少之差及其时也。三牲牛羊豕具为一牢。委积，谓牢米薪刍给宾客道用也。膳献，禽羞俶献也。饮食，燕飨也。”[②] 上引单襄公指责陈国在接待来使时“膳宰不致饩”，注曰：“膳宰，膳夫也，掌宾客之牢。”[③] 而按照规定接待来使应当有“膳宰致饔，廪人献饩”云云，均属于宰夫职掌之第二方面。这里提到的“膳夫”“膳宰”“廪人”等当在宰夫主管下备办不同物资之相关部门和人员。此外，周礼秋官又有“掌客”职曰：“掌客掌四方宾客之牢礼、饩献、饮食之等数与其政治。”郑玄注曰：“政治，邦新杀礼之属。”[④] 似乎“宰夫”与“掌客”职责有相互重叠之处，实际上应属两者分工之不同，交聘饮食物资供应与款待之政策规定由掌客负责，而宰夫则按照相关规定具体执行供应饮食物资与款待事宜，如果说“宰夫”类似于行政指导的政务性官员，则“掌客”类似于具体执行的事务性官员。

（3）“宗人”。《聘礼》有云：“宗人授次。次以帷。”次，于主国朝廷大门外搭建之帐幄，以供聘礼之前使者暂息之用。郑玄注曰：“主国之门外，诸侯及卿大夫之所使者，次位皆有常处。”[⑤] 国宗人根据来使不同等级安排帐幄之班位。“次”由“馆人与宗人共掌之，若宾客则宗人掌之也。”[⑥] 一般情况下由两者共同负责，但如果是接待交聘使者，则由“宗人”负责，因为他主管并熟悉这方面的礼仪。宗人在《聘礼》中虽然仅出现一次，但实际上其在交聘中却是一个重要角色。那么，宗人是什么人呢？郑玄曰：“宗人，掌礼及宗庙也。”[⑦] 孔颖达称：“宗人，掌礼之官。”[⑧] 杜

① 《周礼注疏》卷三《天官冢宰·宰夫》，第78—79页。

② 《周礼注疏》卷三《天官冢宰·宰夫》，第81页。

③ 《国语集解》卷二《周语中》，第62页。

④ 《周礼注疏》卷三八《秋官司寇·掌客》，第1213页。

⑤ 《仪礼注疏》卷二四《聘礼》，第532页。

⑥ 《仪礼注疏》卷一九《聘礼》，第415页。

⑦ 《礼记正义》卷二〇《文王世子》“宗人授事，以爵以官”郑玄注，第745页。

⑧ 《礼记正义》卷二〇《文王世子》“宗人授事，以爵以官”孔颖达疏，第747页。

预谓："宗人，礼官也。"[①] 韦昭说："宗人，主礼乐者也。"[②] 由此可见，古代学者众口一词认为宗人是职掌礼仪之官。具体来说是什么职官呢?《仪礼·士冠礼》："宗人告事毕"，郑玄注曰："宗人，有司主礼者。"贾公彦疏曰："士虽无臣，亦有宗人掌礼，比于宗伯，故云'有司掌礼者'。"[③] 这样看来"宗人"当属上引崔灵恩所称诸侯诸卿之一"立司马兼宗伯之事"所属之礼官，其在交聘礼仪中负有重要职责，是为上引周之《秩官》所谓"宗祝执礼"之中的"宗"。

（4）"史"。《聘礼》中多处涉及"史"的职责，出发前举行的授币仪式中由"史读书展币"，假道他国之前宣誓纪律的仪式上也由"史读书"[④] 誓众，进入交聘国之后的"展币""陈币"等仪式及其他需文书之礼仪，均由"史"负责，为协助使者交聘的"有司"成员之一。如有急切事故行"卒聘"，则"束帛加书将命，百名以上书于策，不及百名书于方。主人使人与客读诸门外。"[⑤] 即在"卒聘"时以文书致意，其百字以上书于简，百字以下书于板。在行聘享礼后，主国国君使内史与来使于门外读之。《周礼》春官宗伯之属有"大史""小史""内史""外史""御史"等，大史为"史官之长"[⑥]。《周礼》内史职曰："凡四方之事书，内史读之。"[⑦] 此外，交聘文书之书写亦当由"史"负责，《周礼》外史职曰："若以书使于四方，则书其令。"郑玄注曰："书王令以授使者。"[⑧] 可知，"史"为交聘中负责文书事宜的官员。

2. 士

"士"为下大夫之下的官员群体。从上述《王制》可知，周代诸侯职官于卿大夫之下为"士"，属最低一等，序次于"下大夫"之下。"士"又分为上、中、下三等。上引《周礼》太宰职有"陈其殷"之语、郑玄注曰："殷，众也，谓众士也。"又引《王制》述其具体员额曰："诸侯

---

① 《春秋左传正义》卷六〇，哀公二十四年，第 1966 页。
② 《国语》卷五《鲁语下》韦昭曰，第 199 页。
③ 《仪礼注疏》卷一《士冠礼》，第 15 页。
④ 《仪礼注疏》卷一九《聘礼》，第 416、425 页。
⑤ 《仪礼注疏》卷二四《聘礼》，第 521—522 页。
⑥ 《周礼注疏》卷一七《春官宗伯》，第 526—527 页。
⑦ 《周礼注疏》卷二六《春官宗伯·内史》，第 834 页。
⑧ 《周礼注疏》卷二六《春官宗伯·外史》，第 836 页。

上士二十七人，其中士、下士，各居其上之三分。”[①] 其数量远大于卿大夫，故其在交聘之各种场合广泛出现就不足为奇了。

“士”在交聘中主要承担如下一些任务：

（1）奉命出使。决策集团决定遣使交聘并确定正、副使者之后，则由“宰命司马戒众介”，郑玄注曰：“众介者，士也。”[②] 故“众介”又称为“士介”，为交聘使者之最低一级，正、副使之助手。

（2）迎送引导。如有诸侯遣使来本国交聘，在得到“关人”报告之后，主国国君即“使士请事，遂以入竟（境）”，派遣“士”前往接洽，郑玄注曰：“请犹问也，问所为来之故也。遂以入，因道之。”[③]“士”确认其来本国交聘之后，方才引导其通关入境。此即《聘义》“君使士迎于竟”[④] 之谓。使者入住馆舍之后，又“使已迎待之命”[⑤]，为其提供服务。交聘结束，使团返国时又由“士送至于竟”[⑥]，护送使团出境。与此相类，如有诸侯交聘使团假道于本国时，由“士帅没其竟”[⑦]，负责将使团引导通过本国直至出境。聘享之日国君派人“讶宾于馆”[⑧]，“士”亦随同前往。按照当时迎宾者身份低于来宾身份一等的制度，“大夫，士讶。士皆有讶。”[⑨] 此“大夫”即“上介”，由“士”负责迎接、陪同其至朝庙参加聘享礼仪。“士皆有讶”之“士”为“众介”，也可能有由“士”负责陪同者，或谓“若上士则使中士讶之，中士则使下士讶之也”[⑩]。如果是“小聘”，对方以下大夫为正使，则当以“士”为首负责迎迓。

（3）赞相礼仪。为了迎接来使在本国所进行之各种礼仪活动，主国组成一个以卿为首的傧相小组，“士”亦为其中的成员，担任“绍摈”，与“承摈”一起协助“上摈”赞相礼仪。郑玄注曰：“绍，继也，其位

---

① 《周礼注疏》卷二《天官冢宰·大宰》，第51页。
② 《仪礼注疏》卷一九《聘礼》，第413—414页。
③ 《仪礼注疏》卷一九《聘礼》，第428—429页。
④ 《礼记正义》卷六三《聘义》，第1940页。
⑤ 《仪礼注疏》卷二四《聘礼》，郑玄注，第530页。
⑥ 《仪礼注疏》卷二三《聘礼》，第502页。
⑦ 《仪礼注疏》卷一九《聘礼》，第425页。
⑧ 《仪礼注疏》卷二〇《聘礼》，第441页。
⑨ 《仪礼注疏》卷二四《聘礼》，第530页。
⑩ 《钦定四库全书荟要·仪礼集说》卷八下《聘礼》，第310页。

相承继而出也。”[①] 侯伯之国来聘，“绍摈”为二人。如果是“小聘”，对方以下大夫为正使，则当以“士”为“承摈”。除此之外，还有一些“士”亦参与礼仪场合之协助事宜，如在举行聘享礼时，“公再拜受币。士受皮者自后右客”[②]，即“当公于堂上受币，士亦于堂下受皮”[③]，负责接受对方所献皮张及皮之张摄仪节。来使向国君行“私觌”礼时亦然，主国国君于堂上受币之时，士则在堂下受庭实之马[④]。上介向国君行“私觌”礼时，奉币入门而奠，于是“摈者执上币，士执众币”[⑤] 以辞让，直至士介奠币，“公答再拜”之后，“士三人，东上，坐取币，立。”[⑥] 宰夫从傧者那里接过上币东行收藏于内府，士三人“执币者序从之”[⑦]，跟随宰夫而出。上介、众介行“面卿”之礼时，“老受摈者币于中庭，士三人坐取群币以从之。”[⑧] 卿之室老从傧者那里接过上币以后，士三人则于门东坐取其余三介之币，随室老而东出。

（4）馈赠致礼。来使在行聘享、私觌等礼仪之后，要接受主国之馈饩礼，主国国君派遣卿大夫至馆馈赠，士亦随同前往。使者和上介之饩由“老牵牛以致之”，士介之饩“皆士牵羊以致之”[⑨]。前者由室老致礼，后者由士致礼。使团返国时举行郊送礼时，国君派遣卿负责赠送使者的同时，又“使士赠众介，如其觌币。”[⑩] “士”负责向“众介”赠送，其礼数与卿赠使者相同。

那么，这些“士”具体有些什么职务人员呢？

（1）“掌讶”。周官有“掌讶”，序官云：“掌讶，中士八人。”[⑪] 其职掌之一“若将有国宾客至，则戒官脩委积，与士逆宾于疆，为前驱

---

① 《仪礼注疏》卷二〇《聘礼》，第442—443页。

② 《仪礼注疏》卷二一《聘礼》，第457页。

③ （汉）郑玄注，（清）张尔岐句读，朗文行校点，方向东审订：《仪礼》卷八《聘礼》，注释㊴，上海古籍出版社2016年版，第201页。

④ 《仪礼注疏》卷二一《聘礼》，第465页。

⑤ 《仪礼注疏》卷二一《聘礼》，第466页。

⑥ 《仪礼注疏》卷二一《聘礼》，第469页。

⑦ 《仪礼注疏》卷二一《聘礼》，第470页。页。

⑧ 《仪礼注疏》卷二二《聘礼》，第490页。

⑨ 《仪礼注疏》卷二二《聘礼》，第493页。

⑩ 《仪礼注疏》卷二三《聘礼》，第502页。

⑪ 《周礼注疏》卷三四《秋官司寇》，第1058页。

而入。”① 在准备迎宾之物资供应同时，则与“士”一起前往边境迎宾。此“士”，郑玄注曰“讶士”。周官有“讶士”，序官谓亦“中士八人”②。其职掌之一“邦有宾客，则与行人送逆之。”③ 此“行人”当为泛称，故“掌讶”执行使命亦可称“行人”。准此，则“掌讶”与“讶士”共同前往迎接。根据周官记载，两者是有区别的，“掌讶”完全以接待朝聘宾客为务，“讶士”则以“掌四方之狱讼”④ 为主，迎宾次之。因此，掌讶则“宾客来，主迎之”⑤；而讶士则“非直迎宾客，以狱讼为主”⑥，附带负责迎宾事宜。故上引周官“掌讶”职曰“若将有国宾客至，则……与士逆宾于疆”，从语意观之亦以“掌讶”为主、“讶士”为辅。可见“掌讶”为交聘专职官员，“讶士”为交聘关涉官员。不过，诸侯未必两者同时设置，或以类似“掌讶”之讶官司之。此即上述《聘礼》“君使士请事，遂以入”、《聘义》“君使士迎于竟”。护送使团出境亦为其职责，《周礼》“掌讶”职曰：“及归，送亦如之。”⑦ 此即上引《仪礼》卷23《聘礼》“士送至于境”之谓。据《周礼》，“掌讶”又一职责是：“至于国，宾入馆，次于舍门外，待事于客。”郑玄注曰：“次，如今官府门外更衣处。待事于客，通其所求索。”⑧ 此即《聘礼》“记”云：“宾即馆，讶将公命”⑨。“掌讶”之职责还有：“及将币，为前驱。”郑玄注曰：“道之以如朝”。贾公彦疏曰：“‘将币’，谓至行朝聘之日。‘道之以如朝’，谓至大门外之朝也。”⑩ 此当为上述聘享之日“士”随“下大夫”一起“讶宾于馆”之谓。不过，这里的“士”未必就是上述“次于舍门外”者，或从“掌讶”诸“士”中另外指派者。“掌讶”引导宾客“至于朝，诏其位，入复。及退亦如之”。郑司农谓：“诏其位，告客以

---

① 《周礼注疏》卷三八《秋官司寇·掌讶》，第1230页。

② 《周礼注疏》卷三四《秋官司寇》，第1044页。

③ 《周礼注疏》卷三五《秋官司寇·讶士》，第1097页。

④ 《周礼注疏》卷三五《秋官司寇·讶士》，第1096页。

⑤ 《周礼注疏》卷三四《秋官司寇》，郑玄注，第1058页。

⑥ 《周礼注疏》卷三四《秋官司寇》，贾公彦疏，第1044页。

⑦ 《周礼注疏》卷三八《秋官司寇·掌讶》，第1231页。

⑧ 《周礼注疏》卷三八《秋官司寇·掌讶》，第1230页。

⑨ 《仪礼注疏》卷二四《聘礼》郑玄注：“使已迎待之命”，第530页。。

⑩ 《周礼注疏》卷三八《秋官司寇·掌讶》，第1230页。

其位次也。”郑玄谓：“人复者，入告王以客至也。退亦如之，如其为前驱。”[①] 可知“讶宾于馆”不仅是引导宾客由馆舍入朝，还包括礼仪中的赞相和礼毕护送还馆。《周礼》“掌讶”职又云：“凡宾客，诸侯有卿讶，卿有大夫讶，大夫有士讶，士皆有讶。”郑玄注曰：“此谓朝觐聘问之日，王所使迎宾客于馆之讶。”[②] 此即前引《聘礼》“卿，大夫讶。大夫，士讶。士皆有讶”之谓。此讶“上介”之“士”或亦从“掌讶”诸“士”中另外指派者。

（2）“关人”。关人是使团入境时首先接触的人员。“及竟……乃谒关人。关人问从者几人。”[③] 郑玄注曰：“古者竟上为关，以讥异服，识异言。”[④]《周礼》地官序官曰：“司关，上士二人，中士四人……每关下士二人”[⑤]，其职掌之一：“凡四方之宾客敂（叩）关，则为之告。”郑玄注曰：“谓朝聘者也。”[⑥] 贾公彦《仪礼》疏曰：“司关为都总，主十二关，居在国都，每关下士二人者，各主一关，今所谓关人者，谓告每关，关人来告司关，司关为之告王。”[⑦] 此即上引周之秩官“敌国宾至，关尹以告”之谓，韦昭注曰：“关尹，司关，掌四方之宾客、叩关则为之告。”[⑧]

（三）交聘服务

交聘服务是指其为宾客提供生活、安全等方面的服务性保障。交聘服务工作主要由如下人员承担：

1. 候人

单襄公聘宋假道于陈国时指责陈国“候不在疆”，韦昭注曰：“候，候人，掌送迎宾客者。疆，境也。”[⑨] 而周之《秩官》规定“候人为导”

---

① 《周礼注疏》卷三八《秋官司寇·掌讶》，第1230页。

② 《周礼注疏》卷三八《秋官司寇·掌讶》，第1231页。

③ 《仪礼注疏》卷一九《聘礼》，第427—428页。

④ 《仪礼注疏》卷一九《聘礼》，郑玄注，第427页。

⑤ 《周礼注疏》卷九《地官司徒》，第274页。

⑥ 《周礼注疏》卷一五《地官司徒·司关》，第455页。按，据校勘记引阮校：“按‘叩’乃俗字，古衹作‘敂’，不当云经‘敂’注‘叩’也。”

⑦ 《仪礼注疏》卷一九《聘礼》，贾公彦疏，第428页。

⑧ 《国语集解》卷二《周语中》，第66—67页。

⑨ 《国语集解》卷二《周语中》，韦昭注，第61页。

以迎送交聘使团，韦昭注曰：“导宾至于朝，出送之于境也。”[①] 此与上述“士”所承担“迎送引导”职责完全一致。《周礼·夏官司马》序官：“候人，上士六人，下士十有二人。”郑玄注曰：“候，候迎宾客之来者。”[②] 又谓“候人者，选士卒以为之”，贾公彦疏：“皆是甲士与步卒之内为之也”[③]，故其为司马所属。《诗经》有《候人》篇云：“彼候人兮，何戈与祋。”郑玄笺：“候人，道路送宾客者。”孔颖达疏曰：“荷揭戈与祋在于道路之上。”[④] 一副荷持兵器护送、引导使团的武士形象。“候人”为“士”这一群体中承担上述“迎送引导”职责成员之一。

2. 管人

管人为服务于来使馆舍之人员。交聘使团人国后之馆舍，“卿馆于大夫，大夫馆于士，士馆于工商。”[⑤] 亦即人住于相应低一级别人员之处，使者馆于大夫之庙，上介馆于士之庙，士介馆于工商之寝。郑玄注曰：“馆者必于庙，不馆于敌者之庙，为大尊也。”自士以上，“有庙有寝，工商则寝而已。”[⑥] 但是馆舍之服务人员则由公家提供。交聘使团入住客馆之后，主国派“管人”为之提供服务，“管人为客，三日具沐，五日具浴”。郑玄注曰：“管人，掌客馆者也。客、谓使者下及士介也。”[⑦] 此“管人”与出使前陈币时“管人布幕于寝门外”之“管人”为同一部门人员。郑玄注曰：“管犹馆也。馆人，谓掌次舍帷幕者也。布幕以承币。”[⑧] 可知“管人”即“馆人”。《周礼·天官》有掌舍、掌次、幕人等职，前二者下士四人，后者下士一人[⑨]。掌舍之职：“为帷宫，设旌门。”[⑩] 掌次之

---

① 《国语集解》卷二《周语中》，韦昭注，第 67 页。

② 《周礼注疏》卷二八《夏官司马》，第 878 页。

③ 《周礼注疏》卷三〇《夏官司马·候人》，第 940—941 页。

④ （汉）毛亨传，（汉）郑玄注，（唐）孔颖达疏，龚抗云、李传书、胡渐逵、肖永明、夏先培整理，刘家和审定：《毛诗正义》卷七（七之三）《曹风·候人》，北京大学出版社 2000 年版，第 553 页。

⑤ 《仪礼注疏》卷二四《聘礼》，第 529 页。

⑥ 《仪礼注疏》卷二四《聘礼》，郑玄注，第 529 页。

⑦ 《仪礼注疏》卷二四《聘礼》，第 529 页。

⑧ 《仪礼注疏》卷一九《聘礼》，第 415 页。

⑨ 《周礼注疏》卷一《天官冢宰》，第 17—18 页。

⑩ 《周礼注疏》卷六《天官冢宰·掌舍》，第 173 页。

职："有邦事，则张幕设案。"① 幕人之职："掌帷幕幄帟绶之事。"② 他们均与"管人"一职有关。《仪礼·聘礼》贾公彦疏曰："馆人即彼掌舍，以诸侯兼官，故郑总言之也。"③

不过，到了春秋时期由于交聘日益频繁，于是有了专为交聘使团所筑之客馆，谓之"诸侯之馆"，专门用来"以待宾客""以无忧客使"，俾令"宾至如归"④。晋文公通过城濮之战取得霸主地位，于晋文公五年（前632）被周襄王策命为"侯伯"，朝聘会盟频繁，从而有了筑"诸侯之馆"待宾之需求。鲁昭公元年（前541），"楚公子围聘于郑……将入馆，郑人恶之，使行人子羽与之言，乃馆于外。"杜预注"入馆"曰"就客舍"；注"馆于外"曰"舍城外。"子羽与楚国使团交涉时还提及"馆人之属"，杜预注曰"守舍人"⑤。此"馆人"当即《周礼》之"管人"。可见，为交聘而设置待使之客馆不独晋国所有，郑国亦已有之。

二　关涉机构与官员

所谓关涉机构与官员，一是指其在交聘工作中所负职责之重要性次于主管机构和官员，只在某些环节中有所涉及；二是指其职掌中并无明确的有关交聘职责。关涉机构与官员亦可分为若干层级。

（一）交聘领导成员

关涉机构中的交聘领导成员主要是诸卿。在论述交聘主管机构与官员时，我们知道诸卿中除"宰"之外的二卿，"司马兼宗伯之事"者负责交聘事务较"司空兼司寇之事"者为多，故我们将前者视为交聘主管官员，后者视为关涉官员。为了行文方便，我们将前者称为"主管卿"，后者称为"关涉卿"。

"关涉卿"亦参与交聘决策会议，与国君和"主管卿"共同决定交聘及任命正副使者。如果"主管卿"被任命为使者，则"关涉卿"负责使者"受命"仪式，以及使者返国之后的"反命"仪式等。如果别国使者

---

① 《周礼注疏》卷六《天官冢宰·掌次》，第179页。
② 《周礼注疏》卷六《天官冢宰·幕人》，第174页。
③ 《仪礼注疏》卷一九《聘礼》，贾公彦疏，第415页。
④ 《春秋左传正义》卷四〇，襄公三十一年，第1299、1296、1295、1298页。
⑤ 《春秋左传正义》卷四一，昭公元年，第1310—1311页。

来本国交聘，则在“主管卿”负责更多接待工作的同时，“关涉卿”承担一定的接待工作也是可能的。上引单襄公所谓“司空视涂，司寇诘奸”当属其职掌所关涉之具体职责之一，韦昭注曰：“司空，掌道路者”，故负责“视塗险易”，以便使团通行。上引子产论诸侯接待来使亦有“司空以时平易道路”之言，即负责“视塗险易”之谓；“诘奸”即“禁诘奸盗”，以保障使团安全。

（二）交聘事务与服务成员

除了上述交聘主管机构与官员之外，还有许多其他人员则在交聘过程中或多或少在相关环节中承担一定的事务性或服务性工作，可以谓之交聘关涉机构中的事务性和服务性成员。兹略举如下：

1. 门尹

上引单襄公所述周之《秩官》有“门尹除门”，韦昭注曰：“门尹，司门也。除门，扫除门庭也。”[①]《仪礼·聘礼》载，使者“至于朝，主人曰：‘不腆先君之祧，既拚以俟矣’”。贾公彦疏曰：“拚者，埽除之名。”[②] 可见使者来到之前主国已经将庙庭扫除干净，做好了举行聘享礼的准备工作。此即“门尹”之职责。据《周礼》序官，“司门”为下大夫[③]。

2. 太祝

上引单襄公所述周之《秩官》有“宗祝执礼”，韦昭注曰：“宗，宗伯；祝，太祝也。”[④] 其中的“宗伯”即“宗人”，为交聘主管官员，前已述及，太祝则协助宗人负责与聘享相关之礼仪，故当为关涉官员。《仪礼·聘礼》记载使者出使前行“告祢”礼时由“祝”负责。古人“出必告，反必面”[⑤]。告庙之事由“太祝”主之。在主国行交聘礼仪多在庙内，故亦需“太祝”协助有关事宜。据《周礼》序官，“太祝”亦为下大夫。[⑥]

---

① “宗祝执礼”各本作“宗祝执祀”，徐元诰《国语集解》认为应作“宗祝执礼”，见《国语集解》卷二《周语中》，第 67 页。

② 《仪礼注疏》卷二〇《聘礼》，第 436—437 页。

③ 《周礼注疏》卷九《地官司徒》，第 273 页。

④ 《国语集解》卷二《周语中》，第 67 页。

⑤ 《礼记正义》卷一《曲礼上》，第 32 页。

⑥ 《周礼注疏》卷一七《春官宗伯》，第 525 页。

3. 巾车

上引子产论晋国接待来使曰："巾车脂辖"，杜预注曰："巾车，主车之官。"[①]《周礼》有"巾车，下大夫二人"。郑玄注曰："巾车，车官之长。"[②] 其职"掌公车之政令"，郑玄注曰："公犹官也。"[③] 其在交聘中一方面负责出使车辆，如前述交聘使团有"巾车"随从，此当为"巾车"之属员；另一方面则负责来使车辆的维护与修理，此即"巾车脂辖"之谓，此亦当为其属员。

4. 廪人

上引单襄公所述周之《秩官》曰："廪人献饩"，韦昭注曰："生曰饩，禾米也。"[④] 负责向交聘使团提供粮食即为其职责之一。《周礼》地官司徒序官载"廪人，下大夫二人"[⑤]，其职"掌九谷之数，以待国之匪颁、赒赐、稍食"[⑥]，负责国内粮食的供应颁发。

5. 舍人

不过，"廪人"如何"献饩"以及"献饩"的具体操作过程，上引《秩官》《周礼·地官司徒》序官中都没有进一步的说明。史实表明，"廪人献饩"应该是在"舍人"的配合或协助下完成的。《周礼·地官司徒》序官中有"舍人"之职，曰舍人"上士二人"，郑玄注："主平宫中用谷者也"[⑦]，舍人可能是在廪人的指导下或与廪人相互配合，共同履行为交聘使团供应粮食的职责，故《周礼》述其职责之一曰："宾客，亦如之，共其礼，车米、筥米、刍禾。"郑玄注曰："礼，致饔饩之礼。"[⑧] 此即《仪礼·聘礼》所载致饔饩之礼，其中有"米百筥，筥半斛，设于中庭，十以为列，北上。黍、粱、稻皆二行，稷四行""门外，米三十车""禾三十车"[⑨] 等。

---

① 《春秋左传正义》卷四〇，襄公三十一年，第1297页。
② 《周礼注疏》卷一七《春官宗伯》，第527页。
③ 《周礼注疏》卷二七《春官宗伯·巾车》，第837页。
④ 《国语集解》卷二《周语中》，第68页。
⑤ 《周礼注疏》卷九《地官司徒》，第281页。
⑥ 《周礼注疏》卷一六《地官司徒·廪人》，第500页。
⑦ 《周礼注疏》卷九《地官司徒》，第282页。
⑧ 《周礼注疏》卷一六《地官司徒·舍人》，第503页。
⑨ 《仪礼注疏》卷二二《聘礼》，第479—480页。

6. 虞人

《秩官》曰："虞人人材"，韦昭注曰："虞人，掌山泽之官。祭祀、宾客，供其材也。"[①]《孟子》赵岐注曰："虞人，守苑囿之吏也。"[②] 山泽苑囿所出禽兽、鱼鳖之属均为其主管，故交聘所需这类物资由其负责供应。主国向来使提供的食物，除了家畜、家禽、鱼类之外还有不少野禽，如使团停留超过十天之后，则主国需提供廪食，其中由宰夫负责向来使提供雁、鹜之类的野禽数量就十分惊人，"日如其饔饩之数"[③]，即使者饔饩五牢，则每日五双，上介饔饩三牢，则每日三双，众介饔饩一牢，则每日一双。这些应是由虞人负责提供的。

7. 甸人

《秩官》曰："甸人积薪"，韦昭注曰："甸人，掌薪蒸之事也。"[④] 来使所用之柴薪亦由其负责提供。使者入住馆舍之后，主国所馈送物资，其中有"门外米、禾皆二十车。薪刍倍禾"。馈送上介"门外米禾皆十车，薪刍倍禾"[⑤]。除了粮食分别为二十车、十车之外，还有柴薪、草料分别为四十车、二十车。其中的柴薪当由"甸人"负责提供。

8. 圉人

《秩官》曰："司马陈刍"，韦昭注曰："司马，掌帅圉人养马，故陈刍。圉人职属司马也。"[⑥] 司马之属吏"圉人"负责马料之供应，则上述"薪刍倍禾"中的"刍"乃由"圉人"负责提供。上述子产所述晋文公接待来使时"隶人、牧、圉，各瞻其事"，其中即包括圉人在内。

9. 工人

《秩官》曰："工人展车"，韦昭注曰："展省客车，补伤败也。"[⑦] 负责来使车辆的修理。此当为上述"巾车"之属员，据《周礼·春官宗伯》

---

① 《国语集解》卷二《周语中》，第 67 页。

② （汉）赵岐注，（宋）孙奭疏，廖名春、刘佑平整理，钱逊审定：《孟子注疏》卷六上《滕文公章句下》"招虞人以旌"赵岐注，北京大学出版社 2000 年版，第 189 页。

③ 《仪礼注疏》卷二四《聘礼》，第 541 页。

④ 《国语集解》卷二《周语中》，第 67 页。

⑤ 《仪礼注疏》卷二〇《聘礼》，第 440—441 页。

⑥ 《国语集解》卷二《周语中》，第 68 页。

⑦ 《国语集解》卷二《周语中》，第 68 页。

序官，“巾车”作为“车官之长”，其下所属有“工百人”[①]，即此“工人”。上述“巾车脂辖”之来使车辆维护，当亦由这些“工人”负责。

此外，相关之服务人员还有很多，如：其一，火师、水师：“火师监燎，水师监濯”，韦昭注曰：“火师司火。燎，庭燎也。”“水师，掌水，监涤濯之事也。”[②]《春秋左传》也有“诸侯宾至，甸设庭燎”之记载，杜预注：“庭燎，设火于庭。”[③]其二，仆人、圬人：“仆人巡宫”，杜预注曰：“巡宫，行夜。”[④]“仆人”显然是夜间负责在使馆周围巡逻的人员。“圬人以时塓馆宫室”，杜预注曰：“圬人，塗者。塓，塗也。”孔颖达疏：“以时泥塗客馆之宫室也。”[⑤]则“圬者”是负责馆舍宫室维护修饰的人员。其三，隶人、牧、圉：“隶人、牧、圉，各瞻其事。”杜预注曰：“瞻视客所当得。”[⑥]也就是根据来宾的需要随时提供各种服务。

上述火师、水师、仆人、隶人、牧、圉，都是在交聘活动中提供各种相关服务之人员，从他们所从事的都是各种繁琐的具体事务来看，这些事务带有后世所谓“杂役”的性质。

三　结论

综上所述可见，在交聘过程中“百官之属，各展其物。”[⑦]“百官以物至，宾入如归”[⑧]。可以说“百官”均动员起来，以保证交聘礼仪之圆满进行和完成，以及来使接待之周到，期达到宾至如归的目的。前引周之《秩官》将他们概括称为“司事”[⑨]，其意即各司其职，相互配合，共同完成交聘活动之接待任务。1988 年河南省平顶山市应国墓地出土一西

---

① 《周礼注疏》卷一七《春官宗伯》，第 527 页。

② 《国语集解》卷二《周语中》，第 67 页。

③ 《春秋左传正义》卷四〇，襄公三十一年，第 1297 页。

④ 《春秋左传正义》卷四〇，襄公三十一年，第 1297 页。

⑤ 《春秋左传正义》卷四〇，襄公三十一年，第 1297 页。

⑥ 《春秋左传正义》卷四〇，襄公三十一年，第 1298 页。

⑦ 《春秋左传正义》卷四〇，襄公三十一年，杜预注曰：“展，陈也。谓群官各陈其物以待宾。”（第 1298 页）

⑧ 《国语集解》卷二《周语中》，第 68 页。

⑨ 《国语集解》卷二《周语中》，第 68 页。单襄公批评指责陈国接待不周，理由就是他们“司事莫至”，并认为这种行为乃是“蔑先王之官也”。

周穆王时期铜盉，铭文记载应国卿大夫爯出使邢国，受到邢公的馈赠，铭中有云："青（邢）公事（使）嗣（司）史伣，曾（赠）爯于柬麀苯（贲）、韦两、赤金一匀（钧）。"[①] 这里的"司史"当即"司事"[②]。意谓邢公派遣"司事"名"伣"者向爯赠送"麀苯""韦""赤金"等礼币。铭文所记为爯在聘享邢公之后、返国之前行"郊赠"礼时所获赠贿[③]。

周代职官制度尚处于新生阶段，机构与官员之职责和分工并不十分明确，交错、模糊的情况比较普遍，因此我们所区分的主管机构与官员和关涉机构与官员，以及其中的领导、事务、服务等层级分类，均属相对的、粗略的安排，其中当有不确切之处，例如，"宰夫"既掌管交聘物资之供应，又负责礼宾事宜，既负责交聘后勤事务管理，也承担一些具体的服务事项，如宴饮服务等。诸如此类，不胜枚举。从机构与职官之设置而言，由于诸侯之大小、强弱参差不一，加以西周与春秋时代的变迁，故交聘管理机构与官员未必均如此完备和整齐划一，周之《秩官》与《仪礼·聘礼》所载机构与职官均属完备程度之最大化者。不过，周代已经建构起比较完备之交聘管理机构与官员应无疑义，从而开日后汉唐时期交聘管理机构与官员设置之先河。

原刊文附记：赵光贤先生是我心目中真正搞学问的、真正有学问

① 王龙正、姜涛、娄金山：《爯鸭铜盉与頫聘礼》，《文物》1998 年第 4 期。

② 上引王龙正文将"嗣史"解释为官名，认为是"专门管理出使他国或接待他国来使的官吏"，似可商榷。李学勤《论应国墓地出土的爯益》（《平顶山师专学报》1999 年第 2 期）亦认为是"职官名"。窃谓"司史"并非具体职官名称，而是泛指某一政务类项之有关负责人员，与上述周之《秩官》中的"司事"相同。此"司事"伣当为邢公责成其负责交聘事务之卿大夫。

③ 《仪礼注疏》卷二三《聘礼》："遂行，舍于郊。公使卿赠，如觌币……"（第 502 页）使者反命后，己国之君又"使宰赐使者币"（第 508 页），将所得郊赠币赐使者。爯即以此铸器纪念。发掘者将此铜盉称为"鸭盉"似亦有可商，愚意此器形殆为"乘禽……谓雁鹜之属"（《仪礼注疏》卷二四《聘礼》郑玄注，第 541 页）。使者在主国曾受主君"乘禽"之馈，故临行"三拜乘禽于朝"，郑玄注"发去乃拜乘禽，明已受赐，大小无不识"（《仪礼注疏》卷二三《聘礼》郑玄注，第 501 页）。以此表示感激邢"君之加惠也"（《周礼注疏》卷三八《秋官司寇·司仪》"明日，客拜礼赐，遂行，如入之积"郑玄注，第 1209 页），寓其"对扬公休"之意于其中。

的、令人真心敬佩的老师，能够在他的纪念文集叨陪末座是我的莫大光荣。只是我有负于先生的教诲，于先秦史浅尝辄止、半途而废，毫无所成，自感十分惭愧。加以已经不可能有时间另写新稿，只得从已经写成的草稿中抽取此节（这是在2007年4月2日写毕的《汉代交聘体制研究》书稿中的一部分内容，尚未出版），作为一文，聊表寸心。

（原刊《赵光贤先生百年诞辰纪念文集》，孟世凯主编，中国社会科学出版社2011年版。今据原刊文整理，主要整理工作就是将原刊文引用的中华书局1980年版阮刻十三经替换为北京大学出版社2000年版的十三经注疏整理本，同时订正了文字错讹。对于原刊文小标题也根据《黎虎文集》整理规范略作调整，至于文章微言大义则保持不变。李文才敬识。）

论聘礼与婚礼的渊源关系

聘礼作为国家的政治制度之一，在早期国家产生之后就已经形成，到了周代推行封邦建国制度之后得以迅速发展并完善起来。然而这个时期发展并完善起来的聘礼，并非一蹴而就，而是在此之前漫长岁月中人类社会实践的不断积累而逐步形成演变而来的。其与夏、商两代之聘礼有着继承、发展关系固不待言，如果我们再进一步穷本溯源，三代之聘礼又渊源何自呢？则聘礼乃渊源于远古之婚礼。人们在先秦时期总结出了八类主要的“礼”，《仪礼》十七篇所叙为冠、婚、丧、祭、乡、射、朝、聘八礼，而据《礼记》称孔子亦将“礼”具体分别为“丧、祭、射、御、冠、婚、朝、聘”[①] 这样八种。“聘”作为各种政治实体之间交往的礼仪，是先秦时期八礼之一。但是，上述八礼之形成，有先后次序及相生相成关系。其中当以冠、婚之礼为先。冠礼兹不论，唯论婚礼及其与聘礼关系。聘礼与其他诸礼均有着一定的、不同程度的相生相成关系，但最主要与其中的婚礼有着密切的渊源关系。《昏义》曰：“夫礼始于冠，本于婚，重于丧祭，尊于朝聘，和于射乡。此礼之大体也。”郑玄注曰：“始，犹根也。本，犹干也。”孔颖达疏曰：“因婚礼为诸礼之本，遂广明礼之始终。始则在于冠、婚，终则重于丧祭，其间有朝聘、乡射，是礼之大体之事也。”[②] 将婚礼与冠礼均视为其他诸礼之始、之本，强调了它们的原始性和根本性。婚礼作为礼本之一，蕴涵其古老性及对于其他礼所产生的不同程度的影响，尤以聘礼所受影响为然。此殆“物虽万

---

① （汉）郑玄注，（唐）孔颖达疏，龚抗云整理，王文锦审定：《礼记正义》卷二一《礼运》，北京大学出版社2000年版，第773页。

② 《礼记正义》卷六一《昏义》，第1890—1891页。

体，皆同一履，履无两义也”[①]。这个问题迄未见学术界有所论述，不揣谫陋，试略述之。

一 婚礼的产生早于聘礼

婚礼的产生早于聘礼，这是聘礼与婚礼有着渊源关系的前提。中国古代的“礼”是一个极其宽泛的概念，它包括个人、群体、社会、国家的行为规范、准则和制度，因此所谓“礼”就是处理调节人际关系、社会关系、政治关系的准则、规范和制度。它初始的生成规律一般来说是由个人而社会，由内而外，由下而上逐渐扩散和积淀起来的。最早是在人类群居时代的血缘家庭中处理、调节人与人之间关系而萌芽，例如，饮食不仅是人类生理之第一需要，而且是人类日常生活中最为频繁的行为事项，因而也是人类最早、最迫切需要加以处理、调节的人际关系之一。“夫礼之初，始诸饮食”[②]，一定程度上反映了这样的客观历史事实。原始人群首先处理、调节的是“群”内饮食方面的行为规范，然后才将其扩及于社交、祭祀、丧葬等礼仪之中。处理、调节饮食中相互关系的一些行为规范，便是“礼”之最初萌芽之一。与饮食同样重要而须臾不可或缺的，则是处理、调节人群中的男女关系，此即所谓“礼始于谨夫妇。”[③] 处理、调节并逐步规范男女关系是自人类诞生以来即不断进行并不断完善的一个过程，从而使之成为“礼”的又一重要胚芽。古人云：“食色，性也。”饮食和男女关系是人类赖以生存和延续的生理本能和第一需要，故曰：“饮食男女，人之大欲存焉。”[④] 这两种生理需求是人类最早加以处理、调节和不断加以规范的行为。随着社会的发展而相继出现氏族、部落、部落联盟、家族、家庭乃至国家等社会群体和组织，则以这种早期人际关系为基质的“礼”逐渐向不同层级的社会群体和组织扩散，将内部关系向外部关系加以运用和延伸，从基层社会关系向更高、

---

① 《礼记正义·序》，第8页。按，据诸阮元校记，此序为明正德、嘉靖刻本所有，在孔颖达序之后，而别题“礼记正义”四字。（第5页注1）

② 《礼记正义》卷二一《礼运》，第777页。

③ 《礼记正义》卷二八《内则》，第1000页。

④ （清）焦循：《孟子正义》卷一一《告子章句上》“正义曰”，《诸子集成》（一），中华书局1954年版，第437页。

更广阔的社会层级和关系中加以运用和发展，从而形成具有“普世”意义的行为规范和准则——“礼”。司马迁说：“礼由人起”“缘人情而制礼，依人性而作仪，其所由来尚矣。”① 道出了“礼”之起源所自及其悠远，亦即“礼”是从人类调节、处理群体中相互关系的行为规范和准则中不断积累和丰富起来的。而《礼记》谓孔子曰：“夫礼，先王以承天之道，以治人之情……圣人以礼示之，故天下国家可得而正也。”孔颖达疏曰：“天下，谓天子。国，谓诸侯。家，谓卿大夫。”② 这是在“礼”业已形成之后，由上而下、由外而内行施之情形，而与早期“礼”形成过程之由下而上、由内而外的情形正相反。上述八礼虽然均有其源远流长之产生过程，但其形成及完善之先后次序是有所不同的，冠、婚、丧、祭等礼与远古人类社会生活之关系最早也最为密切，故其历史较适应早期国家需要的朝、聘等礼要古老得多。故婚礼的产生早于聘礼，婚礼较聘礼的历史更为悠久也是很自然的。

如所周知，人类的婚姻方式经历了血缘婚、族外群婚、对偶婚至一夫一妻婚等发展阶段③。人类的婚姻脱离动物状态的群婚而向一夫一妻婚的进步，是从婚姻关系由血族相奸向族外群婚的转变而开始的。氏族制度就是在后者的基础上得以产生的，婚姻成为两个及两个以上氏族成员之间的一种纽带，婚礼也就在这样的基础上才得以萌芽。中国古籍的记载反映了人类婚姻的这种发展历史，表明在远古时代曾经有过“男女杂游，不媒不聘”④ 的群婚时代，那时“未有君臣上下之别，未有夫妇妃匹之合”⑤。在这种情况下是谈不到婚礼的。“昔太古尝无君矣，其民聚生群处，知母不知父，无亲戚兄弟夫妻男女之别，无上下长幼之道，无进退揖让之礼。”⑥ 反映了尚不知婚礼为何物的情况。那么，什么时候开始产

---

① （汉）司马迁撰，（南朝·宋）裴骃集解，（唐）司马贞索隐，（唐）张守节正义：《史记》卷二三《礼书》，中华书局1959年版，第1161、1157页。

② 《礼记正义》卷二一《礼运》，第773—774页。

③ ［德］弗里德里希·恩格斯：《家庭、私有制和国家的起源》，中共中央马克思恩格斯列宁斯大林著作编译局译，人民出版社1954年版，第28—79页。

④ 杨伯峻撰：《列子集释》卷五《汤问》，中华书局1979年版，第164页。

⑤ 魏翔凤撰，梁运华整理：《管子校注》卷一一《君臣下》，中华书局2004年版，第568页。

⑥ 许维遹撰，梁运华整理：《吕氏春秋集释》卷二〇《恃君览》，中华书局2017年版，第544页。

生婚礼呢？据说是在“三皇”时代的伏羲时期：“古之时，未有三纲、六纪，民人但知其母，不知其父。能覆前而不能覆后。卧之詓詓，起之吁吁，饥即求食，饱即弃余，茹毛饮血，而衣皮苇。于是伏羲仰观象于天，俯察法于地，因夫妇，正五行，始定人道。画八卦以治下，下伏而化之，故谓之伏羲也。”[①] 所谓“因夫妇，正五行，始定人道”，意即开始制订婚姻之礼。婚姻之礼当然不是一个人所能制订的，伏羲不过是婚礼产生的一个标志性人物或时代。

伏羲所制订的婚礼是怎样的呢？《世本·作篇》谓：“伏羲制以俪皮嫁娶之礼。”[②] 何以将伏羲所制婚礼称为“俪皮嫁娶之礼”呢？《士昏礼》郑玄注曰：“俪，两也……皮，鹿皮。”[③] 其所蕴涵之历史讯息有二：一为渔猎生活在礼仪中的反映。将鹿皮与婚礼联系在一起，这不是偶然的。传说中的伏羲处于渔猎为主的时代，“古者包牺氏之王天下也……作结绳而为罔罟，以佃以渔”[④]“取牺牲以充庖厨”[⑤]。猎取动物乃当时人们生产与生活之主要方式，氏族成员之间以日常生活所需、所常有之麋鹿皮为会面、交好之礼品是很自然的事情。秦汉时期的乌桓，“俗善骑射，弋猎禽兽为事。随水草放牧，居无常处。”是个处于氏族社会晚期的畜牧狩猎民族，其婚俗：“嫁娶则先略女通情，或半岁百日，然后送牛马羊畜，以为娉币。”[⑥] 其以牛马羊为娉币，也是因为这些是他们日常生活所需、所常有之物。唐代的都波，为铁勒别种，在回纥之北约十三日行程，“结草为庐，无牛羊，不知耕稼。土多百合草，取其根以为粮，兼捕鱼射猎为食，而衣貂、鹿之皮，贫者缉鸟羽以为服。婚姻，富者以马，贫用鹿皮

---

① （清）陈立撰，吴则虞点校：《白虎通疏证》卷二《号·三皇五帝三王五伯》，中华书局1994年版，第50—51页。

② （汉）宋衷注，（清）秦嘉谟等辑：《世本八种·秦嘉谟辑补本·世本卷九》，商务印书馆1957年版，第355页。

③ （汉）郑玄注，（唐）贾公彦疏，彭林整理，王文锦审定：《仪礼注疏》卷四《士昏礼》，北京大学出版社2000年版，第77页。

④ （魏）王弼注，（唐）孔颖达疏，卢光明、李申整理，吕绍纲审定：《周易正义》卷八《系辞下》，北京大学出版社2000年版，第350—351页。

⑤ （宋）李昉等撰：《太平御览》卷七八《皇王部三·太昊庖牺氏》引《皇王世纪》，中华书局1960年版，第364页。

⑥ （南朝·宋）范晔撰，（唐）李贤等注：《后汉书》卷九〇《乌桓列传》，中华书局1965年版，第2979页。

及草根为聘礼。"[①] 亦为处于原始社会末期的渔猎民族，马匹为其射猎工具、鹿为其日常食肉衣皮之猎物、百合草根为其日常所食采集物，故贫富人家分别以它们为娉币。确定以何种物品为娉币之原理都是相通的。"凡婚礼皆用雁，取其知时候。唯纳徵用玄纁束帛俪皮……俪皮者，鹿皮，所以重古也。"徐彦疏曰："正以古者食肉衣皮服捕禽兽故也"[②]。以麋鹿皮为娉币，是渔猎时代社会生活在婚俗上的反映。其实不仅麋鹿皮之义如是，雁之义亦然，"凡婚礼皆用雁，取其知时候"，它同样是渔猎时代人们常捕猎之物，以其为摰礼也是很自然的事情。传说"包牺氏没，神农氏作。"[③] 神农氏为进入原始农业文明的象征，这相当于我国的新石器时代的晚期。不过，在这个时期渔猎在人们生活中依然占有相当地位，故这种婚俗的传承仍然有其合理性和客观存在的条件。二则表明一夫一妻制的确立。从伏羲的传说可知他是一个处于婚姻变革时代的人物，在他之前是"但知其母，不知其父"的时代，即母系氏族社会时代，其时的婚姻是以对偶婚制度为主体的，而从伏羲开始了一个新的时代——父系氏族社会时代。娉币以鹿皮二张为礼，寓意成双结对，其所强调的是一对男女的结合。《左传》成公十一年（前 572），"郤犨来聘，求妇于声伯，声伯夺施氏妇以与之。妇人曰：'鸟兽犹不失俪，子将若何?"杜预注曰："俪，耦也。"孔颖达疏曰："礼谓两皮为俪皮，俪，两也，故为耦。"[④] 鸟兽之雌雄而为俪，人类之夫妻亦为俪。此妇人之言表明古人从鸟兽之成双结对中联想到人类婚姻之成双结对是很自然的。恩格斯说："原始时代家庭的发展，就在于两性共同婚姻的范畴的不断缩小，这个范围最初是包括全部落的。由于次第排斥亲族通婚——初为近缘者、次为远缘者、最后以至仅有姻戚关系者，一切群婚形式终于在实际上成为不可能的事了，结果，只剩下一对还结合得不大牢固的夫妇，即分子，这

---

① （唐）杜佑撰，王文锦、王永兴、刘俊文、徐庭云、谢方点校：《通典》卷一九九《边防十五·都波》，中华书局 1988 年版，第 5467 页。

② （汉）公羊寿传，（汉）何休解诂，（唐）徐彦疏，浦卫忠整理，杨向奎审定：《春秋公羊传注疏》卷八，庄公二十二年，何休注，北京大学出版社 2000 年版，第 190 页。

③ 《周易正义》卷八《系辞下》，第 351 页。

④ （周）左丘明传，（晋）杜预注，（唐）孔颖达疏，浦卫忠、龚抗云、胡遂、于振波、陈咏明整理，杨向奎审定：《春秋左传正义》卷二七，成公十一年，北京大学出版社 2000 年版，第 856—857 页。

种分子一解体就无所谓婚姻了。”[①] 在族外群婚时期男女以鹿皮为定情之物并非完全不可能，不过，随着婚姻范围之日益缩小，成双结对才逐渐成为人类的婚姻意识，只有达到“只剩下一对还结合得不大牢固的夫妇，即分子”的时候，这种意识才得以巩固并演变成为婚俗。《仪礼·士昏礼》保留了以“俪皮”为聘币的婚俗，这无疑是远古婚俗之遗存。不过，它所记载的已经是一种成熟的一夫一妻制婚礼，其源则始于伏羲“俪皮嫁娶之礼”。可以认为“三皇”时代伏羲所订婚礼，乃是进入父系氏族社会的一夫一妻制门槛的婚礼，大约相当于考古学上的龙山文化时期[②]。但是，在一夫一妻婚制之前的对偶婚时代，乃至族外群婚时代，原始的、质朴的婚姻礼俗应当已经开始萌芽，因为那些婚姻均以两个或两个以上氏族或部落之间进行，如果没有一定的方式和手段恐怕是难于进行的，从而应当逐渐产生了相互交往的一些惯例，萌发了一定的礼俗，不过至伏羲而进入一个高级的新的阶段和时代罢了。

此外，婚礼之夕“共牢而食，合卺而酳”[③] 之仪式，也从一个侧面印证了伏羲始制婚礼的传说的合理性。“共牢”用陶器，“合卺”用匏，其“器用陶匏”，此为“太古之礼器”，用之所以“重夫妇之始也。”何谓“重夫妇之始”？“谓共牢之时，俎以外，其器但用陶匏而已。此乃贵尚古之礼自然也，陶是无饰之物，匏非人功所为，皆是天质而自然也。”[④] 匏为人类在太古时代利用之天然器具固不待言，陶器为人类在新石器时代之重大发明及日常生活主要器具，那时金属器皿尚未发明，更遑论广泛使用。考古学表明这个时期的人类正处于从母系氏族社会向父系氏族社会转变的时期[⑤]。婚礼以陶、匏为共牢合卺之器具，显然是人类在氏族社会时期处于婚姻制度变革阶段的社会生活在礼俗中的反映和孑遗。

而有关“聘”礼的传说则晚至“五帝”时代才出现。《史记·五帝本纪》：“轩辕之时，神农氏世衰，诸侯相侵伐，暴虐百姓，而神农氏弗能征。于是轩辕乃习用干戈，以征不享，诸侯咸来宾从。”注引《索隐》

---

① 《家庭、私有制和国家的起源》，第 45—46 页。

② 参见《中国大百科全书·考古学》，中国大百科全书出版社 1986 年版，第 702 页。

③ 《礼记正义》卷六一《昏义》，第 1889 页。

④ 《礼记正义》卷二六《郊特牲》，第 950—952 页。

⑤ 参见《中国大百科全书·考古学》，第 702、709—710 页。

曰："谓用干戈以征诸侯之不朝。"① 所谓"五帝"实际上就是部落联盟的军事首领，所谓"诸侯"实际上就是氏族部落的首领，所谓"宾从""来享"是与"干戈""侵伐"相对立的和平交往方式，实际上就是氏族部落之间与战争相对立的和平交往，亦即日后"三代"国家形成之后的所谓"朝聘"之类的和平交往形式的前身。《礼记正义·序》曰："《论语撰考》云：'轩知地利，九牧倡教。'既有九州之牧，当有朝聘，是宾礼也。"② 以为朝聘礼在黄帝时代已经产生。朝聘作为一种政治性上层建筑，是在国家产生之后的一种政治行为和制度。但是这种政治行为和制度同样也并非在国家产生之后突然出现，在国家产生之前的氏族部落社会，氏族与氏族、部落与部落之间的交往已经萌芽，特别是在部落联盟产生之后，这种相互交往的方式逐渐发展并带有了政治色彩，从而催生了交聘礼仪的产生。

从字源学上亦可窥知婚礼的形成应当早于聘礼。"交聘"一词中的"聘"字，原来是使用"娉"字，后来才以"聘"字代之的。许慎说："娉，问也。"段玉裁注曰："凡娉女及聘问之礼，古皆用此字……至於聘则为妻，则又造字所以从女之故。而经传概以聘代之，聘行而娉废矣。"③ 段玉裁在注"聘"字时说："按，女部曰娉，问也。二字义略同。"④ 认为"娉"这个字在早先是和聘问之礼的"聘"字共用的，后来才以"聘"字取而代之，故"娉"字当早于"聘"字。表明娉女与聘问原来是合一的，以后才逐渐有所分离。实际上，段氏所述只是"娉"字演变之后面两个阶段，而未追根溯源至其初始阶段，"娉"大致经历了三个演变阶段：先有"娉"字；其后"娉""聘"合用；最后"聘"行而"娉"废。这在一定意义上是联姻与交聘相互关系发展演变历程的反映，亦即先有氏族、部落之间的联姻——"娉"；其后从联姻中逐渐衍生出交聘，"娉""聘"两者相互为用；最后交聘取代联姻而成为国家形成之后实体之间交往的主要方式，"聘"行而"娉"废。

---

① 《史记》卷一《五帝本纪》，第3页。

② 《礼记正义·序》，第7页。按，据诸阮元校记，此序为明正德、嘉靖刻本所有。

③ （汉）许慎撰，（清）段玉裁注：《说文解字注》十二下《女部》，上海古籍出版社1988年版，第622页。

④ 《说文解字注》十二上《耳部》，第592页。

联姻虽然不能说是远古时代氏族与氏族、部落与部落之间交往的唯一方式，但其为当时最为频繁、活跃的交往方式则是无疑的，它所积累的交往方法与惯例影响了其后的交聘礼仪应当是很自然的事情。婚礼之渊源可以上溯至人类早期社会族外婚制确立时期，而聘礼则应当是在氏族部落有了一定发展之后，特别是在部落联盟产生之后，随着他们之间相互交往的需要日益增加和频繁才逐渐形成和发展起来，并在国家形成之后转化为其上层建筑组成部分的。较晚产生的“礼”从较早产生的“礼”中吸取某些因素而形成并完善自身是有可能的。故聘礼吸取婚礼的某些因素而不断形成和完善自身也应当是必然的。

二　婚礼与聘礼的共性

婚礼何以能够对聘礼的形成发生影响和起着催生作用呢？主要是因为它们之间具有一定的共性，亦即它们之间具有一定的相似、相通之处。上述“娉”“聘”二字之义略同并通用的情况，即已反映了它们之间曾经存在过的这种共性和相关性。具体来说两者的共性表现在如下诸方面。

（一）联姻与交聘均属对外行为

联姻和交聘的突出特点之一，是它们均须在两个群体或组织之间进行。上述八礼中，唯婚礼、朝聘礼主要是对外的，其他诸礼则主要是对内的。联姻是在氏族、部落之间，家族、家庭之间进行的，交聘也是在氏族部落或诸侯、国家之间进行的。而婚姻为家庭、家族之间，氏族部落之间进行联系、沟通和发展友好关系的最古老、最重要的方式之一。人类自脱离群婚、血缘婚之后的婚姻基本上就是在氏族与氏族、部落与部落之间乃至家族、家庭之间进行的。“同姓不婚”① 不仅是父系氏族社会时期一夫一妻制的原则，而且早在母系氏族社会时期的族外群婚阶段已经萌芽，异姓相婚逐渐成为婚姻之原则。“姓，人所生也……因生以为姓，从女生。”② 所谓“姓”就是相互联姻的不同的血缘群体，其在母系

① 徐元诰撰，王树民、沈长云点校：《国语集解》卷一〇《晋语四》，中华书局2002年版，第330页。

② 《说文解字注》十二下《女部》，第612页。

社会为母系氏族，到了父系社会则为父系所在氏族。“取妻不取同姓”①，就是这种婚姻方式的反映，故“婚礼者，将合二姓之好，上以事宗庙，而下以继后世也，故君子重之。”②

联姻是两个氏族、部落或家族、家庭之间的一种和平友好关系，这与交聘是两个诸侯、国家之间的和平友好关系具有同一性，这是它们之间重要的共性。这种共性使两者可以在很多方面得以互通。据《周礼》，“榖圭以和难，以聘女。”郑玄注曰：“榖圭，亦王使之瑞节。榖，善也。其饰若粟文然。难，仇雠。和之者，若《春秋》宣公及齐侯平莒及郯，晋侯使瑕嘉平戎于王。其聘女则以纳徵焉。”贾公彦疏曰：“难，谓两诸侯相与为怨仇。王使人和之，则执以往也。榖，善也，故执善圭和之使善也。聘女亦是和好之事，故亦用善圭也。”③ 这里向我们透露了这样的历史信息：“娉女”与“和难”所用之信物曾经是完全相同的，两者曾经交相为用。不过，在原始时代“榖圭”应当是最早并且最主要用于“聘女”，其次才用于氏族部落之间的“和难”；而随着部落联盟和国家的产生，“榖圭”遂逐渐主要用于部落联盟和国家之间“和难”之用，其次则用于相互联姻。《说文》：“圭，瑞玉也。”段玉裁注曰：“瑞者，以玉为信也。”④ 圭的原始功能是作为信物。而“榖圭”作为珍贵之玉器，当是氏族、部落之间用以求婚的信物；而氏族、部落之间如果有了矛盾或冲突时，使者则持之以进行沟通、斡旋；利用联姻使者所用之信物以向对方表达善意，是最为现成和顺理成章不过的事情了。《周易》关于“婚媾”的记载，往往与“匪寇”相联系，当不会是偶然的。“屯如邅如，乘马班如。匪寇，婚媾。女子贞不字，十年乃字。”“乘马班如，求婚媾。往吉，无不利。”⑤ “贲如皤如，白马翰如。匪寇，婚媾。象曰：六四当位，疑也。匪寇，婚媾，终无尤也。”⑥ “见豕负涂，载鬼一车。先张之

① 《礼记正义》卷二《曲礼上》，第59页。

② 《礼记正义》卷六一《昏义》，第1888页。

③ （汉）郑玄注，（唐）贾公彦疏，赵伯雄整理，王文锦审定：《周礼注疏》卷二〇《春官宗伯·典瑞》，北京大学出版社2000年版，第636—637页。

④ 《说文解字注》十三下《土部》，第693页。

⑤ 《周易正义》卷一《屯》，第41、43页。

⑥ 《周易正义》卷三《贲》，第125—126页。

弧，后说之弧。匪寇，婚媾。往，遇雨则吉。”① 这些记载透露了这样一些历史信息：一是婚媾是在两个氏族、部落之间进行的。男方大队人马的来到，或装成鬼怪模样，从而导致女方氏族、部落的恐慌，纷纷拿起武器准备进行自卫。可见氏族、部落对于外人的到来是极其警惕戒备的，不同氏族、部落之间的交往并非轻而易举之事。因此，双方很容易发生误会，往往以为是前来抢掠的寇盗。不过，一旦得知对方是来求婚的，往往还是会放下手中武器的。二是氏族、部落之间的婚媾亦非轻而易举的事，双方的沟通、磨合、谈判均费时费事，多有周折，其中包括事先进行占卜，以预测婚媾之吉凶。男方因为需要前往女方氏族求婚，可能遇到的困难要多一些，故往往卜问求婚是否顺利；女方则卜问是否适于成婚。这样我们就更能够理解氏族、部落之间联姻需要使者的沟通，使者需要携带上述“穀圭”那样表达善意的信物。联姻是氏族、部落之间经常发生的事情，而矛盾冲突相对来说要少，故一旦发生矛盾冲突则借助“娉女”常用之“穀圭”以为“和难”之用，是很自然的事情。联姻所用玉器不唯“穀圭”，尚有“大璋”，据《周礼·考工记》谓：“穀圭七寸，天子以聘女。”郑玄注曰：“纳徵加于束帛。”此外，“大璋亦如之，诸侯以聘女。”郑玄注曰：“亦纳徵加于束帛也。”诸侯以“大璋”为娉币。周代贵族大体形成三个联姻级别，“自士已上，皆用玄纁束帛，但天子加以穀圭，诸侯加以大璋也。”② 士、诸侯、天子依次提高联姻娉币之质量等级，犹如上述都波族娉币“富者以马，贫用鹿皮及草根为聘礼”然。显然，“圭”“璋”等类玉器在原始时代应是氏族、部落首领求婚之信物，故后世的交聘中以“圭”“璋”作为向对方传达友好愿望的首要的聘享宝器，实属渊源有自。

这种不同群体之间相互通婚的关系自然会促进相互之间其他方面的交往与关系，随着氏族部落向国家的过渡，从而有助于推动联姻群体、组织之间政治关系的发展，为交聘关系的发生和发展创造了条件。“夫昏礼，万世之始也。取于异姓，所以附远厚别也。”③ 所谓“附远厚别”虽

① 《周易正义》卷四《睽》，第 191 页。

② 《周礼注疏》卷四一《冬官考工记下·玉人》，第 1316、1318 页。

③ 《礼记正义》卷二六《郊特牲》，第 949 页。

然带有后世以周天子为中心的政治意味，但是通过婚姻关系而使远方不同氏族部落之间加强联系和密切相互关系则是很自然的事情。伊尹为有侁氏女所生，“献之其君。其君令烰人养之，察其所以然。”此“君”当为氏族部落首领。伊尹“长而贤。汤闻伊尹，使人请之有侁氏。有侁氏不可。伊尹亦欲归汤。汤于是请取妇为婚。有侁氏喜，以伊尹为媵送女。”① 商汤通过联姻而与有侁氏发展了友好关系，并从而得到他所希望得到的人才，为灭夏创造了有利条件，达到了其政治上的目的。这个传说表明联姻是不同氏族部落相互联系的重要方式和手段，而通过联姻以获取某些政治利益也是最为便利的方式和手段。

（二）联姻与交聘均需要通过使者而进行

由于联姻与交聘均为对外部发生的关系，因此需要采取某些特定的方式才能进行。派遣使者进行沟通遂成为它们所共同的特点之一。联姻必须通过媒介，“取妻如何？匪媒不得。”郑笺云：“媒者，能通二姓之言，定人室家之道。”② 许慎说：“媒，谋也，谋合二姓者也。”③ 周官有“媒氏”，郑玄曰：“媒之言谋也，谋合异类，使和成者。”④ 两个不同“姓”的氏族、部落或家族、家庭之所以能够通婚，首先需要媒介进行沟通，媒人就是这样的媒介。婚礼的第一步是“下达”，郑玄注曰：“达，通也。将欲与彼合昏姻，必先使媒氏下通其言。”贾公彦疏曰：“男父先遣媒氏女氏之家通辞往来，女氏许之，乃遣使者行纳采之礼也。”⑤ 媒人是联姻的第一位使者。婚礼不仅先以媒人“下达”沟通，之后的“纳采”“问名”“纳吉”“纳徵”“请期”等无不遣“使者”进行。郑玄认为媒的作用是“交接设绍介”，贾公彦曰：“自纳采已下，皆使使往，是交接设绍介也。”⑥ 其余诸礼中均需要通过“使者”进行沟通，这样才能使婚礼顺利进行并得以圆满完成。

---

① 《吕氏春秋集释》卷一四《孝行览》，第310页。

② （汉）毛亨传，（汉）郑玄笺，（唐）孔颖达疏，龚抗云、李传书、胡渐逵、肖永明、夏先培整理，刘家和审定：《毛诗正义》卷八（八之三）《豳风·伐柯》，北京大学出版社2000年版，第619页。

③ 《说文解字注》十二下《女部》，第613页。

④ 《周礼注疏》卷九《地官司徒·媒氏》，第271页。

⑤ 《仪礼注疏》卷四《士昏礼》，第68页。

⑥ 《仪礼注疏》卷四《士昏礼》，第69页。

当异姓相婚的制度产生之后，媒人也就应运而生了。传说伏羲时代已经有了媒人。屈原《离骚》：“吾令蹇修以为理”。王逸注曰：“蹇修，伏羲氏之臣也……使古贤蹇修而为媒理也。伏羲时敦朴，故使其臣也。”[①]前文已述及伏羲时代制订了婚礼，则其时有了“媒理”[②]，是很自然的事情，两者同出现于伏羲时期，不会是偶然的。这位蹇修可以说是第一位见诸文字记载的媒人。“媒理”是最早在不同氏族、部落之间沟通的媒介——使者。后来在交聘中担任诸侯之间交往媒介的使者被称为“行理”或“行李”，“理”“李”通用。《左传》昭公十三年（前529）：“行理之命”，杜预注曰：“行理，使人，通聘问者。”[③] 僖公三十年（前630）孔颖达疏曰：“昭十三年传云‘行理之命’，杜云‘行理，使人’。李、理字异，为注则同，都不解‘理’字。《周语》‘行理以节逆之’，贾逵云：‘理，吏也，小行人也’。孔晁注《国语》，其本亦作‘李’字，注云‘行李，行人之官也’。然则两字通用。本多作‘理’，训之为吏，故为行人、使人也。”[④] 是则“媒理”与“行理”“行李”当有渊源关系。前者主“媒”，后者主“行”，前者为媒者之吏，后者为行人之吏。“媒理”曾经肩负不同群体之间婚介的使命，从而催生了担负聘问的“行理”“行李”，随着这些群体之向部落联盟和国家发展，有了设置专门负责部落联盟或国家之间交往的“行理”“行李”的需要，于是联姻使者“媒理”与“行理”“行李”这样的交聘使者逐渐分离。因此我们可以说，“媒理”是日后交聘使者“行理”“行李”的前身。

在联姻中频繁穿梭的使者，自然会影响到不同氏族部落之间的交往及其交往模式，故交聘亦以使者为媒介是顺理成章的事情。“古者女出嫁，又使大夫随加聘问，存谦敬，序殷勤也。”[⑤] 反映了联姻使者与交聘使者曾经合一及其相生相成关系。联姻使者附带“随加聘问”于对方，日益担负一定的聘问使命，从而导致聘问使者和交聘方式的产生，随着

---

① （汉）刘向编集，王逸章句：《楚辞》卷一《离骚》，《丛书集成初编》本，中华书局1985年版，第13页。

② 张澍曰：“谓为媒理主婚姻”。《世本八种·张澍稡集补注本·世本卷第一》，第6页。

③ 《春秋左传正义》卷四六，昭公十三年，第1531页。

④ 《春秋左传正义》卷一七，僖公三十年，第533页。

⑤ 《春秋左传正义》卷六，桓公三年，杜预注，第184页。

国家的形成，专职使者及政治性的交聘遂成为诸侯之间交往的主要形式。《士昏礼》记婚礼“使者玄端至”，郑玄注曰：“使者，夫家之属，若群吏使往来者。”① 认为他们与被政府派遣的使者相像。其实他们二者原本是一体的。春秋时期一个突出的历史现象是交聘与联姻的交叉和结合进行，就是这种历史渊源的反映或遗存。《周礼》有“掌交”职，“掌以节与币巡邦国之诸侯及其万民之所聚者”，其具体任务有二：“使和诸侯之好”“掌邦国之通事而结其交好。”郑玄注前者曰“有欲相与修好者，则为和合之。”贾公彦疏曰：“此好谓使为婚姻之好也”。郑玄注后者曰：“通事，谓朝覲聘问也。”② 可见掌交之职乃兼“婚姻之好”与“朝覲聘问”二任于一身。后世国家机构中的这种设置，无疑是早先两者曾经合一并具有相生相成的密切关系的一种反映。

（三）婚礼与聘礼均具有对等性特征

聘礼之所以与婚礼有着密切的渊源关系，还在于两者均具有对等性特征。《仪礼·聘礼》所载为两个对等的侯伯之国之间的交聘，故其礼仪亦处处贯穿着对等性原则③。由于聘礼与婚礼有着诸多相同特质，故其对等性精神能够渊源于婚礼之中，在此基础上而形成、发展为交聘关系中的对等性原则。

婚礼的一个显著特征是其所具有的对等性特质。婚姻是两个氏族、部落或家庭、家族之间的联姻，故其相互之间的关系是对等的，后世所谓“门当户对”实际上是自古以来人类婚姻的一个本质特征。婚姻之缔结端赖于双方的和平友好态度，双方的互相尊重，双方关系的平衡。因此，在婚礼仪节中亦相应体现出这种对等性的关系，如《仪礼·士昏礼》记载“纳采用雁”，郑玄解释“用雁为挚者，取其顺阴阳往来。”贾公彦疏曰：“案《周礼·大宗伯》云：‘以禽作六挚，卿执羔，大夫执雁，士执雉。’此昏礼无问尊卑皆用雁，故郑注其意云取顺阴阳往来也。”④ “昏礼无问尊卑皆用雁”表明其产生的原始性和对等性，与以麋鹿皮为聘币

① 《仪礼注疏》卷四《士昏礼》，第70页。

② 《周礼注疏》卷三八《秋官司寇·掌交》，第1232页。

③ 关于周代交聘礼仪中的对等性原则问题，详见拙文《周代交聘礼中的对等性原则》（待刊稿）。整理者按：此文后发表于《史学集刊》2010年第2期。今亦收入《黎虎文集》本卷。

④ 《仪礼注疏》卷四《士昏礼》，第68、69页。

一样，这不仅是远古渔猎生活在婚礼上的反映，同时也表明那时还没有后世的等级、阶级之别，婚姻是在相互平等的氏族、部落乃至家族、家庭之间进行的，因此它是不分等级、阶级和贵贱的，此为婚姻关系对等性所由产生的社会基础和前提。后世之六挚中虽然也有雁，但那是等级性交往礼仪中的组成部分，与婚礼中用雁的意涵是不同的。再如服饰方面，男方"使者玄端至……主人如宾服"[①]。媒氏穿"士"所常服之礼服"玄端"，女方主人亦如之，宾主服饰相敌。在其他揖让进退之仪节中亦体现这种精神。婚礼的这种对等性精神，从春秋时期的婚姻礼仪中可以返观而推知。鲁庄公元年（前693）"夏，单伯送王姬。"杜预注曰："单伯，天子卿也……王将嫁女于齐，既命鲁为主，故单伯送女。"周庄王女嫁于齐，先将女送至鲁国，再由鲁国送至齐国完婚。何以不直接送齐国而是由鲁国转手呢？因为"天子嫁女于诸侯，使同姓诸侯主之，不亲婚，尊卑不敌。"齐国作为诸侯，与周天子并不对等，因此转由同姓诸侯鲁国代为主婚，而齐、鲁是对等的。孔颖达对此作了进一步的解释："所以然者，婚之行礼，必宾主相敌。天子于诸侯，诸侯于大夫，不亲婚者，尊卑不敌故也。"[②]

从这桩个案可知，婚礼的一个原则是宾主相敌，如果男女双方家庭存在事实上的不对等情况，则改以对等身份之人代行婚礼，以体现对等性精神。《公羊传》对此亦有进一步的阐述："曷为使我主之？天子嫁女乎诸侯，必使诸侯同姓者主之。诸侯嫁女于大夫，必使大夫同姓者主之。"何休注曰："不自为主者，尊卑不敌，其行婚姻之礼，则伤君臣之义；行君臣之礼，则废婚姻之好，故必使同姓有血脉之属，宜为父道，与所适敌体者主之。"[③] 不仅周天子与诸侯通婚如此，诸侯与大夫通婚亦如此处理，其目的在于保持婚礼中的对等性精神。同理，周天子迎娶诸侯之女为后亦然。鲁桓公八年（前704）"祭公来，遂逆王后于纪，礼也。"周桓王派遣祭公来迎娶纪国女为王后，但"王使鲁主婚，故祭公来，受命而迎也。"因为"天子娶于诸侯，使同姓诸侯为之主。祭公来，

---

① 《仪礼注疏》卷四《士昏礼》，第69—70页。

② 《春秋左传正义》卷八，庄公元年，第247页。

③ 《春秋公羊传注疏》卷六，庄公元年，第134页。

受命于鲁，故曰‘礼’。”[①] 这种做法被认为是符合“礼”的。孔颖达疏曰：“凡昏姻，皆宾主敌体相对行礼。天子嫁女于诸侯，使诸侯为主，令与夫家为礼。天子聘后于诸侯，亦使诸侯为主，令与后家为礼。嫁女，则送女于鲁，令鲁嫁女与人。迎后，则令鲁为主，使鲁遣使往逆。故祭公受鲁命也。”[②] 也就是说作为周王朝三公的祭公，是受鲁国之命而前往纪国迎亲的，以表示他是由鲁国派遣至纪国的迎亲使者，从而体现婚姻双方之对等性。《士昏礼》所载为士与士之间的联姻，故不必派遣另外身份之使者代为行娉，因为他们之间已经是对等的。

中国古代的对等性观念，特别是交聘中的对等性观念之所以源远流长，与聘礼渊源于婚礼有着密切关系。而联姻关系日后又被引入国家政治生活中，从而在一定程度上导致这种对等性意识也成为处理国家交往关系的重要原则之一。中国古代交聘关系中很早就贯穿着对等性精神，与此不无关系。

（四）婚礼与聘礼具体仪节的相似性

婚礼与聘礼的相关性除了上述三个方面之外，在具体的礼仪方面也有所体现。男家派媒氏到女家提亲获得同意后，男家复遣使者至女家行“纳采”“问名”等礼，其行礼过程与主要环节与聘礼基本相同。《仪礼·士昏礼》所载纳采仪节：

> 纳采用雁。主人筵于户西，西上，右几。使者玄端至。摈者出请事，入告。主人如宾服，迎于门外，再拜，宾不答拜。揖入。至于庙门，揖入。三揖，至于阶，三让。主人以宾升，西面。宾升西阶，当阿，东面致命。主人阼阶上北面再拜。授于楹间，南面。宾降，出，主人降。授老雁。
>
> ……
>
> 摈者出请，宾告事毕。入告，出请醴宾。宾礼辞，许。主人彻几改筵，东上。侧尊甒醴于房中。主人迎宾于庙门外，揖让如初，升。主人北面，再拜。宾西阶上北面答拜。主人拂几，授校，拜送。

① 《春秋左传正义》卷七，桓公八年，第216页。

② 《春秋左传正义》卷七，桓公八年，第214页。

> 宾以几辟，北面设于坐，左之，西阶上答拜。赞者酌醴，加角柶，面叶，出于房。主人受醴，面枋，筵前西北面。宾拜受醴，复位。主人阼阶上拜送。赞者荐脯醢。宾即筵坐，左执觯，祭脯醢，以柶祭醴三，西阶上北面坐，啐醴，建柶，兴。坐奠觯，遂拜。主人答拜。宾即筵，奠于荐左，降筵，北面坐取脯，主人辞。宾降，授人脯，出，主人送于门外，再拜。①

其余“问名”“纳吉”“纳徵”“请期”等礼，均如初礼。从中可知其与聘礼之诸多相似性，略举如下：其一，行礼于庙。上述联姻诸礼的行礼地点均在庙中，故曰婚礼“凡行事，必……受诸祢庙。”② 聘礼亦然，来使聘享主国国君及夫人的礼仪亦在庙中进行，使者至于所聘之国后，主国国君首先对使者宣布：“不腆先君之祧，既拚以俟矣。”“祧”为祖庙，“拚”意洒扫。意即祖庙业已洒扫干净，随时恭候行礼。次日，使者“及庙门，公揖入。”在庙中向主国国君致聘圭、享璧等，礼毕，“宾降，介逆出，宾出。”③ 其程序与婚礼基本相同。其二，以“醴礼”款待使者。“纳采”“问名”礼毕，“摈者出请，宾告事毕，入告。出请醴宾。宾礼辞，许。”④ 主人以醴礼款待、回报来宾。聘礼亦然，使者向主国国君行“聘享”礼毕，“摈者出请事，宾告事毕……摈者入告。出辞，请礼（醴）宾，宾礼辞，听命。”⑤ 主国国君亦以醴礼款待、回报使者。其三，行礼中的具体仪节亦多有相同、相似之处，如：宾主服饰相敌。婚礼“使者玄端至……主人如宾服”。行“亲迎”礼，“从者毕玄端”⑥；“主人玄端，迎于门外”⑦。聘礼亦然，使者“入竟……布幕，宾朝服立于幕东，西面”；主国“君使卿朝服，用束帛劳。”⑧ 行聘享礼时，“宾皮弁聘，至

---

① 《仪礼注疏》卷四《士昏礼》，第68—77页。
② 《仪礼注疏》卷六《士昏礼》“记”，第108页。
③ 《仪礼注疏》卷二〇《聘礼》，第436、448、454页。
④ 《仪礼注疏》卷四《士昏礼》，第72—73页。
⑤ 《仪礼注疏》卷二一《聘礼》，第458—459页。
⑥ 《仪礼注疏》卷四《士昏礼》，第82页。
⑦ 《仪礼注疏》卷五《士昏礼》，第90页。
⑧ 《仪礼注疏》卷一九《聘礼》，第429、432页。

于朝……公皮弁迎宾”[①]。几筵之设置、撤换相同。行纳采等礼时，主人先为神设几筵，醴宾时则“彻几改筵”，改神坐为人坐。聘礼亦然，“几筵既设，摈者出请命”[②]，聘享仪式于是进行。聘享礼毕，主君醴宾时，“宰夫彻几改筵”[③]。其四，以俪皮为礼。婚礼“纳徵，玄纁束帛、俪皮”[④]，为两张麋鹿皮。聘礼中亦使用之，郊劳时来使以“乘皮”[⑤]傧主国卿大夫来劳者，此四张皮亦为麋鹿之皮。而副使向主国国君行私觌礼时，“上介奉币，俪皮，二人赞”[⑥]，亦以俪皮为挚。其五，其余进退揖让之礼亦多所相似、相同，不烦枚举。

这些相似、相同的仪节并非偶然，而是两者曾经有过的必然联系的反映，是婚礼对于聘礼的渊源关系的体现。如行礼于庙，原本是婚礼中的“告庙”。《诗经·南山》：“取妻如之何？必告父母。”毛传曰：“必告父母庙”[⑦]。何以婚礼需告庙呢？“婚礼者，将合二姓之好，上以事宗庙，而下以继后世也，故君子重之。是以婚礼纳采、问名、纳吉、纳徵、请期，皆主人筵几于庙，而拜迎于门外，入揖让而升，听命于庙，所以敬慎重正婚礼也。”[⑧]这个解释实际上已经是后世对于婚礼和告庙的意义的理解了。郑玄认为嫁女乃“将以先祖之遗体许人，故受其礼于祢庙也。”[⑨]比较接近于古义。“是以古者，妇人先嫁三月，祖庙未毁，教于公宫。祖庙既毁，教于宗室。”郑注：“祖庙，女所出之祖也。”[⑩]故“《昏礼》凡受女之礼，皆于庙为神席以告鬼神。”[⑪]在对偶婚时期从从妻居向从夫居转变之后，则女子需要离开自己出生的氏族，从而有了告庙之需要与可能。孔颖达认为：“其后诸礼皆转以相似，则礼法皆告庙矣。”[⑫]其后诸礼

① 《仪礼注疏》卷二〇《聘礼》，第442、445页。
② 《仪礼注疏》卷二〇《聘礼》，第449页。
③ 《仪礼注疏》卷二一《聘礼》，第459页。
④ 《仪礼注疏》卷四《士昏礼》，第77页。
⑤ 《仪礼注疏》卷一九《聘礼》，第433页。
⑥ 《仪礼注疏》卷二一《聘礼》，第466页。
⑦ 《毛诗正义》卷五（五之二）《齐风·南山》，第403页。
⑧ 《礼记正义》卷六一《昏义》，第1888页。
⑨ 《仪礼注疏》卷四《士昏礼》，郑玄注，第69页。
⑩ 《礼记正义》卷六一《昏义》，第1893页。
⑪ 《礼记正义》卷二《曲礼上》，郑玄注，第59页。
⑫ 《毛诗正义》卷五（五之二）《齐风·南山》，第403页。

之告庙均渊源于婚礼之告庙，聘礼亦然。聘享礼之在庙中举行，其源盖出于此。勾践“卧薪尝胆”期间，“四方之士来者，必庙礼之。”何谓“庙礼”？“礼之于庙，告先君也。”[①] 均属此类。此外，“彻几改筵”之礼与告庙相关，且亦由婚礼而影响其他诸礼。郑玄说：“有几筵者，以其庿受，宜依神也。”[②] 春秋时期齐国政治家晏婴曾对越石父有所不礼，后接受他的意见，“改席”礼之。吴则虞引《仪礼》之《聘礼》《士昏礼》关于“彻几改筵”之记载，认为“改席”即行此礼，并进而指出：“昏礼使者士之属，若群吏使往来者，犹诸侯之于聘宾，故其仪略如聘礼。”[③] 指出了婚礼与聘礼的相似性，但如果认为婚礼乃受聘礼之影响，则似颠倒了两者的先后关系。

三　联姻与交聘在国家形成之后的相关性

聘礼之渊源于婚礼，从后世国家形成之后，特别是周代联姻与交聘之相结合，联姻在交聘中继续发挥重要作用中可返观而进一步得以印证。如果说联姻是原始社会时期氏族、部落之间和平友好交往的主要方式，那么，从部落联盟以至国家产生之后，交聘逐渐成为部落联盟或国家之间和平友好交往的主要方式，而联姻则逐渐退居其次而发挥辅助作用。这虽然意味着姻亲关系逐渐让位于政治关系的主导，但是姻亲关系仍然起着重要作用。

关于早期国家的形成，尽管学术界还没有完全达成共识，但是根据现在所掌握的资料，大约五帝时代尚处于部落联盟时期，从夏代开始进入国家的时代。在此之前的三皇时期所产生的婚礼，原来是兼负与其他氏族、部落和平友好联系作用的，从而催生了交聘的萌芽，到了部落联盟、国家形成之后，从中逐渐分离出交聘这一方式，成为国家的政治行为和上层建筑，但是两者的密切关系并没有割断。那么，两者在国家形成之后的相互关系又是怎样的呢?

（一）联姻与西周封建

交聘是在西周时期发展、完善起来的政治行为和上层建筑。何以这

---

① 《国语集解》卷二〇《越语上》，第571页。

② 《仪礼注疏》卷二〇《聘礼》，郑玄注，第449页。

③ 吴则虞撰：《晏子春秋集释·内篇杂上第五》，中华书局1962年版，第358页。

种政治行为和上层建筑在这个时期得以发展和完善起来呢？其主要原因在于这个时期全面推行了封邦建国制度，从而有了天子与诸侯及诸侯之间交聘的客观条件和政治需要。西周封邦建国制度产生的原因当然是多方面的、复杂的，但是联姻关系对于封邦建国制度的施行也起了重要作用，一定意义上可以说这是婚姻关系在政治上的运用和发展。

西周建立后在政治上的重要举措之一是封邦建国，这种国家体制是建立在宗族和姻亲关系基础上的，宗族关系和姻亲关系犹如两根绳索或两个网络交织在一起，维系并支撑着西周王朝的统治体制。前者即姬姓宗族之父兄子弟，后者即相互联姻之异姓诸侯，两者错综复杂交互为用，相辅相成。

西周封邦建国的政治目的是“封建亲戚以蕃屏周”①。“亲戚”在古代一般指父母、兄弟。故西周所封既有文、武、周公之兄弟叔伯及其后嗣，同时也封了许多姻亲之国。前者一般谓之“同姓之国”或“兄弟之国”，后者一般谓之“异姓之国”或“甥舅之国”。“亲戚”或“父母”“兄弟”并非单纯指同宗之人，也包括姻亲在内。《曲礼》：“兄弟亲戚称其慈也”，孔颖达疏曰：“亲指族内，戚言族外……兄弟，外内通称。亲疏交接，并见其慈而称之。”② 则“兄弟”“亲戚”包含姻亲在内。《周礼》大司徒之职有“以本俗六，安万民”，其三曰“联兄弟”。郑注曰：“连犹合也。兄弟，婚姻嫁娶也。”③《诗经·角弓》：“兄弟昏姻，无胥远矣。”郑笺云：“骨肉之亲，当相亲信，无相疏远。”孔疏曰：“此经兼言昏姻，笺通言骨肉者，以昏姻之亲与宗族同。”④《诗经·伐木》：“笾豆有践，兄弟无远。”郑笺云：“兄弟，父之党，母之党。”孔疏曰：“父党、母党得同曰兄弟者，兄弟是相亲之辞，因推而广之，异姓亦得言之……其实妻党亦曰兄弟……兄弟必兼言母党者，以甥舅之亲与同姓等”⑤。《尔雅·释亲》：“父之党为宗族，母与妻之党为兄弟”。则“父母”兼言宗族与兄弟。而兄弟是包含姻亲在内的，“妇之党为婚兄弟，婿之党为姻兄

① 《春秋左传正义》卷一五，僖公二十四年，第480页。

② 《礼记正义》卷一《曲礼上》，第29、32页。

③ 《周礼注疏》卷一〇《地官司徒·大司徒》，第310页。

④ 《毛诗正义》卷一五（十五之一）《小雅·角弓》，第1058—1059页。

⑤ 《毛诗正义》卷九（九之三）《小雅·伐木》，第680—681页。

弟。”郭璞注曰：“古者皆谓婚姻为兄弟”。邢昺疏曰：“古者谓昏姻为兄弟，以夫妇有兄弟之义。”[①] 可见“封建亲戚”并非仅仅分封同姓宗族，而是将宗族与姻亲一并进行分封的。故周人有时也将姻亲之国称为兄弟之国，鲁昭公二十六年（前516）王子朝使告于诸侯曰：“至于幽王，天不吊周。王昏不若，用愆厥位。携王奸命，诸侯替之，而建王嗣，用迁郏鄏，则是兄弟之能用力于王室也。”[②] 此事指幽王欲废太子宜臼而立少子伯服为王，于是宜臼之舅家——申国联合缯国和西戎而攻杀幽王，立宜臼为平王。王子朝认为此乃“兄弟”之国能够“用力于王室”的表现。这里的申国为姜姓，缯国为姒姓，均为周人传统的婚姻之国。可知王子朝所谓“兄弟”是包括姻亲之国在内的。

周代制定的交聘礼仪也反映了这种情况。《聘礼》规定诸侯相聘问时，“若兄弟之国，则问夫人。”郑玄注曰：“兄弟，谓同姓若昏姻甥舅有亲者。”[③] 所谓“兄弟之国”是包括同姓之国和异姓之国，即甥舅之国在内的。也就是说，如果是聘问同姓之国和甥舅之国，则在向国君献礼的同时也向国君夫人献礼，如果是既非同姓又无婚姻关系的庶姓之国[④]则不向国君夫人献礼。因此，我们对于西周“封建亲戚”以及分封“兄弟之国”不可作片面的理解，以为这只是指宗法关系，而将姻亲关系排除在外。

西周建立后，从武王开始陆续进行的分封，就是按照宗族、姻亲兼顾相维的架构而进行的。《史记》对此有较为简明之叙述：“封诸侯，班赐宗彝，作分殷之器物。武王追思先圣王，乃褒封神农之后于焦，黄帝之后于祝，帝尧之后于蓟，帝舜之后于陈，大禹之后于杞。于是封功臣谋士，而师尚父为首封。封尚父于营丘，曰齐。封弟周公旦于曲阜，曰鲁。封召公奭于燕。封弟叔鲜于管，弟叔度于蔡。余各以次受封。”[⑤] 由此可见，西周分封有两个大类，一大类是“先圣王”之后，一大类是

① （晋）郭璞注，（宋）邢昺疏，李传书整理，徐朝华审定：《尔雅注疏》卷四《释亲》，北京大学出版社2000年版，第135—136页。

② 《春秋左传正义》卷五二，昭公二十六年，第1696—1697页。

③ 《仪礼注疏》卷二四《聘礼》，第538页。

④ 《周书·旅獒》孔疏：“礼有异姓、庶姓，异姓，王之甥舅；庶姓与王无亲。”《尚书正义》卷一三，第195页。

⑤ 《史记》卷四《周本纪》，第126—127页。

“功臣谋士”。不论前者或后者均包括了周族的宗族与姻亲。前者如，大禹之后被封于杞，姒姓，乃文王之妃、武王之母大姒之家。帝舜之后被封于陈，妫姓，“至于周武王克殷纣，乃复求舜后，得妫满，封之于陈，以奉帝舜祀，是为胡公。”① 周武王“以元女大姬配胡公，而封诸陈，以备三恪。”② 是所封“先圣王”包括甥舅之国；后者“功臣谋士”之封也包括周族的姻亲，在这类中以姜姓的师尚父列为“首封”，姜姓乃周族传统的婚姻世家，周族始祖后稷之母姜原，为姜姓之女③。开始“翦商”事业的太王之妃为姜姓女大姜④。武王之后邑姜亦为姜姓女，“邑姜，齐大公女，晋唐叔之母。”“亦是成王之母”⑤。如果我们从武王的角度来说，则所封之杞国，是其母家；所封之齐国，是其岳父家；所封之陈国，是其女婿家。如果从成王的角度来说，杞国是其外祖母家；齐国是其母家；陈国是其姐夫家。可以说周王室上下左右的姻亲均得以受封。

除了周王室与异姓诸侯结成联姻关系之外，其他同姓诸侯与异姓诸侯或异姓诸侯之间亦交错结成更为错综复杂的联姻关系。同姓之国与异姓之国联姻，如同姓之国的鲁国，与异姓之国的薛国、宋国、齐国、陈国、楚国、杞国、郳国、莒国等联姻；同姓之国的晋国，与异姓之国的齐国、秦国、杞国、郳国等联姻；同姓之国的卫国，与异姓之国的齐国、宋国、陈国、楚国等联姻；同姓之国的郑国，与异姓之国的陈国、齐国、宋国、申国、楚国等联姻。异姓之国相互联姻，如异姓之国的齐国，除了与姬姓联姻之外，又与异姓之国宋国、楚国、郳国等联姻。以周王朝同姓之国鲁国为例，鲁哀公二十四年（前471）宗人衅夏总结鲁国的联姻历史时说：“周公及武公娶于薛，孝、惠娶于商，自桓以下娶于齐。”⑥ 薛为任姓；商即宋，子姓；齐为姜姓。可见鲁国先后与任姓、子姓、姜姓等诸侯结成甥舅关系。

婚姻关系中的媵婚制度，更进一步发展和扩大了诸侯之间的联姻关

① 《史记》卷三六《陈杞世家》，第1575页。
② 《春秋左传正义》卷三六，襄公二十五年，第1174页。
③ 《毛诗正义》卷一七（十七之一）《大雅·生民》，第1239—1250页。
④ 参见《毛诗正义》卷一六（十六之二）《大雅·绵》，第1154页。
⑤ 《春秋左传正义》卷四五，昭公十年杜注、孔疏，第1470页。
⑥ 《春秋左传正义》卷六〇，哀公二十四年，第1966—1967页。

系。“媵者何？诸侯娶一国，则二国往媵之，以侄娣从。侄者何？兄之子也。娣者何？弟也。”春秋时期诸侯对于媵婚表现得十分主动、积极，何休谓通婚之国“君不求媵，二国自往媵夫人。”① 各国根据自己的政治需要而主动往媵。这种媵婚制并非周代所创，实际上是原始社会族外群婚的残余，故三代皆然。通过媵婚制，使诸侯之间的婚姻关系更为错综复杂。联姻加强了与异姓之国的关系，媵婚则进一步加强了与同姓之国的关系；故同姓之国不仅通过宗法制度加强相互关系，也通过媵婚关系促进这种关系。媵婚关系还促使同姓之国与异姓之国之间的交错关系更为发展，例如，鲁成公八年（前583），鲁女伯姬将嫁宋共公，“卫人来媵共姬”。次年成婚后，“晋人来媵”。成公十年（前581）“齐人来媵”。本来“凡诸侯嫁女，同姓媵之，异姓则否。”齐作为异姓国，也来媵婚，故杜预曰：“异姓来媵，非礼也。”② 可见不仅同姓之国来媵，异姓之国也来媵，形成更为错综复杂的姻亲关系。而且这种“非礼”的媵婚现象在春秋时期并非少见。诸侯之所以不分同姓、异姓而积极参与媵婚，就是图谋通过这种方式以发展和密切相互关系。

西周时期将婚姻关系引进封邦建国体制中，并非完全为周人所首创，实为前代已有成例之进一步发展。一方面是以姻亲为诸侯的情况先代已露端倪。传说夏禹“合诸侯于涂山，执玉帛者万国。”③ 而夏禹“娶于涂山，辛壬癸甲，启呱呱而泣。”④ 可知涂山氏为夏之姻亲。其会诸侯于此，则涂山氏为夏之“万国”诸侯之一。商王“帝乙归妹，以祉元吉。”王弼注曰：“妇人谓嫁曰‘归’。”⑤ 这或许透露了商王嫁妹于诸侯，从而存在姻亲诸侯之信息。西周中期“遂公盨”⑥ 的器主遂公传说为虞舜之后，在商代已封于遂，《左传》谓：“舜重之以明德，寘德于遂”，杜预注曰：“遂，舜后，盖殷之兴，存舜之后而封遂。”⑦ 西周仍之，直至鲁庄公十三

---

① 《春秋公羊传注疏》卷八，庄公十九年，第184页。

② 《春秋左传正义》卷二六，成公八、九、十年，第844、847、851页。

③ 《春秋左传正义》卷五八，哀公七年，第1890页。

④ 《史记》卷二《夏本纪》，“索隐”引《尚书》，第81页。

⑤ 《周易正义》卷二《泰》，第81—82页。

⑥ 李学勤：《论遂公盨及其重要意义》，《中国历史文物》2002年第6期。

⑦ 《春秋左传正义》卷四四，昭公八年，第1455页。

年（前681）为齐国所灭。周武王以元女太姬下嫁之胡公满即遂国之后。另一方面是西周的甥舅之国多为与周人传统的姻亲，故西周建立后他们之被分封乃顺理成章、水到渠成之事。周襄王十七年（前635），“王德狄人，将以其女为后，富辰谏曰：‘不可。夫婚姻，祸福之阶也。由之利内则福，利外则取祸。昔挚、畴之国也由大任，杞、缯由大姒，齐、许、申、吕由大姜，陈由大姬，是皆能内利亲亲者也……’”[①] 富辰所列举的这些诸侯，均在西周建国之前与周族有了联姻关系，并通过姻亲关系而得以立国。上文提到西周分封之“先圣王”或“功臣谋士”均有不少为周人原来之姻亲，其中尤以姜姓为典型。姬、姜为世代通婚关系，周初封于齐国的吕尚，其祖先在“虞夏之际封于吕，或封于申……夏商之时，申、吕或封枝庶子孙，或为庶人。”[②] 商末周初吕尚辅佐周文王、武王灭商建立西周。可以说西周的建立是姬、姜姻亲合作的结果，故西周分封时以吕尚为“首封”。是知“齐、许、申、吕”这类封国实乃渊源有自。氏族、部落或诸侯之间的姻亲关系源远流长，瓜瓞绵绵，从“三皇”“五帝”延伸至三代，并对三代的分封制度产生了重要影响。是为西周封邦建国体制产生的历史条件之一。

总之，西周封建的国家体制是建立在宗族和姻亲关系基础上的，前者主要以宗法制度相维系，后者主要以姻亲关系相维系。宗族关系和姻亲关系犹如两根绳索或两个网络交织在一起，维系着西周王朝的统治体制。在这两种关系基础上分封的同姓之国（兄弟之国）与异姓之国（甥舅之国）犹如两根支柱支撑着西周王朝，两者缺一不可。郑大夫游吉答赵简子问“何谓礼”时有云：“为父子、兄弟、姑姊、甥舅、婚媾姻亚，以象天明。”杜预注曰：“六亲和睦，以事严父，若众星之共辰极也。”[③] 西周的封建就是宗族关系与姻亲关系相维体制下的同姓之国（兄弟之国）与异姓之国（甥舅之国）如众星拱辰以事周天子。故西周春秋时期联姻关系继续成为维系天子与诸侯以及诸侯之间关系的纽带和重要方式是必然的、顺理成章的事情。

---

① 《国语集解》卷二《周语中》，第46—47页。

② 《史记》卷三二《齐太公世家》，第1477页。

③ 《春秋左传正义》卷五一，昭公二十五年，第1673页。

（二）联姻与西周春秋的交聘

交聘在西周春秋时期已经成为周王室与诸侯、诸侯与诸侯之间和平交往的主要方式，但是，这个时期它们之间相互密切的、错综复杂的联姻关系，对于交聘关系的发展仍然起着重要的作用，可以视为交聘关系的补充，从而使这种联姻关系带有浓厚的政治色彩。西周中期的“遂公盨”铭是一篇论述诸侯以德承家重要性的论文，其中有云：“心好德，婚媾亦唯协。”[①] 将联姻视为诸侯“德”政之重要组成部分，认为通过联姻可以达到诸侯和谐之目的。杜预《春秋左传序》谓“其发凡以言例，皆经国之常制”，孔颖达疏曰：“发凡之体，凡有二条：一是特为策书；一是兼载国事。特为策书者，凡告以名则书之类是也；兼载国事者，凡嫁女于敌国之类是也。”[②] 诸侯之间的联姻被视为“国事”，反映了联姻在春秋政治生活中的重要性，实为周代政治的重要组成部分，故其与交聘关系具有相辅相成的作用是很自然的事情。

西周春秋时期联姻与交聘的关系，是一种以交聘为主体，交聘与联姻相辅相成、相互为用的关系，具体来说表现在如下四个方面。

1．联姻与交聘的相互结合

原始时代的联姻既然兼具氏族部落之间交往的功能，那么在国家产生之后，虽然交聘已从联姻中分离出来，但是两者仍然有着不解之缘，故两者往往相互结合而进行。这种相互结合，乃是它们之间原先所具有的密切关系的反映或残存。周代之封邦建国既然主要是分封同姓之国和异姓之国，其封国体制是建立在同姓之国与异姓之国的相辅相维基础上的，故其统治的核心职能亦主要在于维护两者之间的合作与和谐，从而巩固周天子的共主地位。宗法制度以维系同姓之国为主，姻亲关系以维系异姓之国为主，这两个网络的相互为用与相辅相成，乃周代封邦建国体制之本质特征及其得以巩固和长期存在的内在原因。《周礼》叙述大宗伯之职曰：“以脤膰之礼，亲兄弟之国；以贺庆之礼，亲异姓之国。”脤膰，“社稷宗庙之肉，以赐同姓之国”，是为宗法关系之体现；而以“贺

---

① 《论遂公盨及其重要意义》，《中国历史文物》2002 年第 6 期。

② 《春秋左传正义》卷一《春秋序》，第 16—18 页。

庆之礼”，亲“王婚姻甥舅”①，是为姻亲关系之体现。同姓之国即兄弟之国，异姓之国即甥舅之国。维护兄弟之国与甥舅之国之间的和谐与合作，是周代礼制的核心内容之一。作为周礼组成部分的交聘亦然，其目的在于“亲邦国”②。所谓“邦国”主要即上述兄弟之国和甥舅之国。而与甥舅之国之间的关系，除了政治上的交聘之外，就是婚姻上的来往。而在西周春秋时期婚姻上的来往，与交聘往往是相互结合进行的，两者有着密不可分的关系。这种相互结合，略举如下：

其一，交聘使与联姻使一身而二任。鲁昭公二年（前540）春，晋平公派遣其卿韩起出使聘鲁，一方面是因为鲁昭公即位，另一方面则是“且告为政而来见”，即通报韩起代赵武为政。这是按照周代交聘礼仪进行的友好访问，晋国“虽盟主，而修好同盟”，故曰“礼也”。在聘问完毕后，韩起“遂如齐纳币”，从鲁国转赴齐国，其任务是“为平公聘少姜”，为晋平公娶齐国之少姜而行“纳币”之礼。这项任务完成之后，韩起又“自齐聘于卫”，对卫国进行聘问。同年夏四月，韩起之子韩须“如齐逆女。齐陈无宇送女，致少姜”③，从而完成了这桩婚事。韩起身兼交聘使与联姻使，一身而二任，进行穿梭出访。其使命亦兼负交聘与联姻两项，他对鲁国、卫国是进行聘问，对齐国则进行聘女。鲁昭公四年（前538）楚国欲会诸侯于申，于是“使椒举如晋求诸侯”，希望晋国能够促使诸侯与会。“晋侯欲勿许”，经臣下分析利害得失，“乃许楚使”。“椒举遂请婚，晋侯许之。”楚使椒举亦身兼交聘使与联姻使于一身，杜预注曰：“盖楚子遣（椒）举时，兼使求婚”④，认为楚国在派遣椒举出使时就预先将两者集于其一身。当晋国满足了楚国关于促使诸侯参加申之会的交聘目的之后，椒举便提出了联姻的要求，从而圆满完成了这两项使命。鲁成公十八年（前573）“秋，杞桓公来朝”，其原定目的是“劳公，且问晋故。”但是鲁成公在接待杞桓公时，“以晋君语之”，杜预注曰：“语其德政”。于是杞伯“骤朝于晋，而请为昏”，决定“从鲁即

① 《周礼注疏》卷一八《春官宗伯·大宗伯》，第552—553页。

② 《周礼注疏》卷一八《春官宗伯·大宗伯》，第546页。

③ 《春秋左传正义》卷四二，昭公二年，第1348—1351页。

④ 《春秋左传正义》卷四二，昭公四年，第1370—1374页。

疾朝于晋”[①]。这是在出访过程中由单一的朝聘增加了联姻，同样是一身而二任焉。

其二，交聘与联姻的结合进行。鲁成公八年（前583）春，“宋公使华元来聘”。华元之出使鲁国，名义上是“聘”，实际上是来为宋共公“聘共姬也”。孔颖达疏曰：“此华元来聘，则彼《婚礼》所谓‘下达’者也。士礼使媒，诸侯不可求媒于其国，自使臣行，则亦媒之义。”华元实际上充当了宋共公的媒人。次年二月，“伯姬归于宋”，鲁成公姊妹伯姬正式出嫁于宋。夏，鲁国派遣“季孙行父如宋致女”，圆满完成了这次宋、鲁联姻。所谓“致女”是周代诸侯婚礼中的一个环节：“女嫁三月，又使大夫随加聘问，谓之致女。所以致成妇礼，笃婚姻之好。”[②]《仪礼·士昏礼》：“若舅姑既没，则妇入三月，乃奠菜。”[③] 此即所谓“三月庙见”。“知致女必以三月，盖庙见之后，妇礼既成，使大夫聘问，谓之致女。”[④] 二月伯姬归宋，夏则“致女”，约为三个月。同样的情况又见于鲁桓公三年（前709），是年春正月，“公会齐侯于嬴”。“会”本为周代诸侯之间的会盟或时会等政治交往活动，但是，这次鲁桓公与齐僖公相会于齐邑嬴的实际内容是鲁桓公与文姜“成婚于齐也”。同年九月，齐僖公送文姜至鲁地讙，桓公“会齐侯于讙”。此“会”实际上是鲁桓公去迎娶文姜。同年冬，“齐侯使其弟年来聘”，此“聘”实为“致夫人也”。这里的“致夫人”与上述季孙行父“致女”为同一性质事情。杜预注曰：“古者女出嫁，又使大夫随加聘问，存谦敬，序殷勤也。在鲁而出，则曰致女；在他国而来，则总曰聘。故传以致夫人释之。”[⑤] 也指出了嫁娶与聘问的同一性，这类聘问往还，实际上是为了联姻。齐仲年“致夫人”也是约在结婚三个月之后。

卿大夫联姻亦然，往往借交聘而娶。鲁僖公五年（前655）夏，鲁卿“公孙兹如牟”，表面上是到牟国交聘，但其实际目的是“娶焉”。杜预注

① 《春秋左传正义》卷二八，成公十八年，第930页。
② 《春秋左传正义》卷二六，成公九年，《经》，孔颖达疏，第845页。
③ 《仪礼注疏》卷六《士昏礼》，第106页。
④ 《春秋左传正义》卷二六，成公九年，《经》，孔颖达疏，第845页。
⑤ 《春秋左传正义》卷六，桓公三年，第184页。

曰：公孙兹“娶于牟。卿非君命不越竟，故奉公命聘于牟，因自为逆。”① 公孙兹为了与牟联姻，遂请求鲁僖公派遣他出使牟国交聘，以迎娶新妇，此乃“因聘而娶”。鲁文公六年（前621）鲁卿“臧文仲以陈、卫之睦也，欲求好于陈。夏，季文子聘于陈，且娶焉。”季文子为鲁卿，利用交聘陈国机会而娶妇。“臣非君命不越竟，故因聘而自为娶。”② 此亦“因聘而娶”。鲁宣公五年（前604）春，鲁宣公访问齐国时，齐大夫“高固使齐侯止公，请叔姬焉。”高固通过齐惠公扣留鲁宣公，逼迫他答应将叔姬嫁于他，杜预谓：“留公，强成婚。”同年秋，九月，“齐高固来逆叔姬”。孔颖达谓：“此高固亦是因来聘而自逆也”。何以书“逆”而不书“聘”？“请君行聘，而因自逆妻，本意为逆，不为聘也。从鲁而出，私娶轻而君命重，故书聘，不书逆。自外而来，则嫁女重，而受聘轻，故书逆不书聘。内外之异文耳。”③ 鲁成公八年（前583）春，《经》曰鲁大夫“公孙婴齐如莒”，《左传》解读曰：“逆也”。亦以交聘名义赴莒国迎娶，杜预注曰：“自为逆妇而书者，因聘而逆。”④ 鲁昭公元年（前541）“楚公子围聘于郑。且娶于公孙段氏。”交聘的同时兼娶妇。“入逆而出。遂会于虢，寻宋之盟。”⑤ 入城迎娶之后，又至郑地虢与诸侯会盟。参加此次会盟者，除公子围代表的楚国之外，还有晋、齐、鲁、宋、卫、陈、蔡、郑、许、曹等，是一次大规模的诸侯会盟。这是楚国利用交聘、会盟而联姻，此所谓“古者大夫得因聘而娶”⑥。

诸侯相朝亦有类似的情况。鲁成公四年（前587）“杞伯来朝”，但其实际目的是“归叔姬故也”，拟离弃叔姬而归还鲁国。此次杞国之“朝”，实为“将出叔姬，先修礼朝鲁”。次年春，“杞叔姬来归”⑦，被送回鲁国。

---

① 《春秋左传正义》卷一二，僖公五年，第385—386页。
② 《春秋左传正义》卷一九上，文公六年，第588页。
③ 《春秋左传正义》卷二二，宣公五年，第703—704页。
④ 《春秋左传正义》卷二六，成公八年，第842页。
⑤ 《春秋左传正义》卷四一，昭公元年，第1310—1311页。
⑥ 《仪礼注疏》卷一九《聘礼》，贾公彦疏，第418页。
⑦ 《春秋左传正义》卷二六，成公四年《传》、五年《经》，第824—825页。

2. 联姻使与交聘使的同一性

联姻与交聘均需要通过使者方能进行，是为两者共同特征和必具之重要条件之一。而联姻使与交聘使在许多方面都有相似、相同之处，两者不论在身份、级别、派遣以及使团组成等方面均大体相似或相同。上文所述交聘使与联姻使一身而二任之事实，表明两者身份、级别和派遣之相同自不待言。诸侯交聘一般以卿、大夫为使，“小聘使大夫，大聘使卿，朝则君自行”①。诸侯联姻使者除了“亲迎”这一环节有些特殊规定外，其余均以卿、大夫为使。由于婚礼中的“亲迎”一贯以来都是新郎需亲自至女方家迎娶新娘，故在周代这方面对于天子、诸侯遂有一些权变措施：“天子尊，无与敌，不自亲逆，使卿逆而上公临之。诸侯则亲逆，有故得使卿。”② 按照规定，天子不亲迎，诸侯只有在特殊情况下才不亲迎。但是实际上诸侯往往不亲迎，而以卿大夫代为亲迎。故亲迎这个礼仪环节也往往以卿大夫为使而进行。但是联姻与交聘有一点不同，一般来说交聘派遣一个使团即可完成一次使命，而联姻则需经过多次遣使才能完成，期间使者的情况亦有所变化。

联姻之第一步是遣媒氏“下达”。鲁成公八年（前583）宋共公遣使向鲁国求婚，以卿华元为使，执行“下达”之使命。《春秋》记作：“宋公使华元来聘”，郑玄注曰：“昏聘不使卿，今华元将命，故特书之。”③按照规定不以卿为媒氏，但是实际上以卿为媒氏并非个别，鲁昭公三年（前539）“齐侯使晏婴请继室于晋”，其使命是“复以女继少姜”④，因齐女少姜嫁晋平公后死。齐卿晏婴实际上是作为媒氏而出使晋国，这也是以卿为使。鲁成公八年（前583）夏，“宋公使公孙寿来纳币，礼也。”宋国派遣公孙寿前往鲁国，执行联姻另一环节——“纳币”之礼。公孙寿为卿，杜预谓：“纳币应使卿”，故《左传》曰“礼也”⑤。按照婚礼，媒氏“下达”和使者“纳币”之间，还“当有纳采、纳吉二使，二使之后，乃次纳币。今唯书纳币者，纳采、纳吉，其使非卿，故不书也。”杜

---

① 《礼记正义》卷一一《王制》，郑玄注，第422页。
② 《春秋左传正义》卷六，桓公三年，孔颖达疏，第181页。
③ 《春秋左传正义》卷二六，成公八年，第838页。
④ 《春秋左传正义》卷四二，昭公三年，第1357页。
⑤ 《春秋左传正义》卷二六，成公八年，第842页。

预《释例》总结春秋时期诸侯遣使联姻制度曰："纳币、逆女二事，皆必使卿行，卿行则书之；他礼非卿，则不书也。"① 上述鲁昭公二年（前540）晋平公派遣韩宣子"如齐纳币"②，为其聘娶齐女少姜，即以卿为使。总之，纳币、逆女这类比较重要的环节是以卿为使，其他环节则非卿，当为大夫。下达这个环节虽然非必以卿为使，但实际上也往往以卿为使。

经过下达、纳采、纳吉、纳币等环节之后，则有男方之亲迎和女方之送女等礼。亲迎这一环节，一般来说新郎均应亲自至女家迎接，诸侯亦然。鲁庄公二十四年（前670）夏，"公如齐逆女"。杜预注曰："亲逆，礼也。"③ 这是诸侯亲自迎娶。但是如果诸侯有某些特殊事故则可以不必亲自前往，而派遣卿为代表进行。"《昏礼》：'诸侯以下，法当亲迎，有故得使卿。'"④ 鲁桓公三年（前709）娶齐女文姜，鲁国派遣"公子翚如齐逆女。"杜预注曰："礼，君有故则使卿逆。"⑤ 就属于这种情况。鲁成公十四年（前577）秋，"叔孙侨如如齐逆女"⑥，叔孙侨如为鲁卿，亦以卿为使迎女。如果国君有故而卿不迎女，则被视为"非礼"。鲁文公四年（前623）"逆妇姜于齐，卿不行，非礼也。"⑦ 因为没有派遣卿前往迎女，故被视为"非礼"。则国君有故，必须以卿为使前往迎女。

送女则国君不亲送，而由卿、大夫负责进行。因为婚礼规定父母不下堂送女。《左传》例曰："凡公女嫁于敌国，姊妹，则上卿送之，以礼于先君；公子，则下卿送之。于大国，虽公子，亦上卿送之。于天子，则诸卿皆行，公不自送。于小国，则上大夫送之。"⑧ 根据所出嫁之国的等级和所嫁女之身份不同而将送女的使者分别由上卿、下卿或大夫中的上大夫担任。国君之姊妹，不论敌国、大国、小国均使上卿送之；国君之女儿，敌国以下卿、大国以上卿送之；小国则由大夫中的上大夫送之。

---

① 《春秋左传正义》卷二六，成公八年《经》，杜预注，第840页。
② 《春秋左传正义》卷四二，昭公二年，第1351页。
③ 《春秋左传正义》卷一〇，庄公二十四年，《经》，第316页。
④ 《春秋左传正义》卷四二，昭公二年，孔疏引，第1352页。
⑤ 《春秋左传正义》卷六，桓公三年，第183页。
⑥ 《春秋左传正义》卷二七，成公十四年《经》，第876页。
⑦ 《春秋左传正义》卷一八，文公四年，第577页。
⑧ 《春秋左传正义》卷六，桓公三年，第183—184页。

总之，一般由卿送之，少数情况由大夫送之。但是也有国君亲自送女的情况。鲁桓公三年（前709），齐文姜嫁于鲁，“齐侯送姜氏于讙”，《左传》认为是“非礼也”①。《仪礼·士昏礼》：亲迎时“主人不降送”②，此即所谓父母不下堂。齐侯不是派遣卿送之，而是亲自送至鲁地，故曰“非礼”。鲁昭公五年（前537）晋楚联姻，“晋侯送女于邢丘”，也是诸侯亲自送女，孔颖达谓：“今晋侯亲送女至邢丘，是敬楚也。”③ 这是晋国迫于楚国的强大的无奈之举。送女使者之级别，还与男方娶女是否为正妻有关。鲁昭公二年（前540）晋平公娶齐国少姜，“齐陈无宇送女”，晋、齐为敌国，理应以卿送之，但陈无宇是上大夫，故晋国“谓陈无宇非卿，执诸中都”，将其关押。齐之所以派遣上大夫送女，因为晋平公娶少姜并非以之为夫人。而晋国依仗其强大，“欲使齐以适夫人礼送少姜”，即派遣卿为使送之。故《左传》曰：“畏大国也，犹有所易，是以乱作。”杜预注曰：“言齐畏晋，改易礼制，使上大夫送，遂致此执辱之罪。”④ 由此可见送女使者之级别高低还与所娶女是为夫人还是为妾有关。

成婚三月之后的“致女”亦由卿出使进行。如前述鲁成公九年（前582）“季孙行父如宋致女”⑤。鲁桓公三年（前709）“齐侯使其弟年来聘，致夫人也”⑥。均属于这种情况。孔颖达在评论齐仲年之“致夫人”一事时曰：“凡聘享嘉好之事，于是使卿，故夷仲年之聘，皆以卿称弟而行。”⑦ 联姻与交聘均属于嘉好之事，故均以卿为使。

综上所述，联姻使与交聘使之同一性表现在如下两个方面：

第一，联姻使与交聘使之身份和派遣基本上是一致的。不仅使者之身份均为卿或大夫，而且如同交聘使者由国君任命一样，联姻使亦由国君任命。因此，两者均为国家的正式使节。鲁宣公元年（前608）“公子

① 《春秋左传正义》卷六，桓公三年，第183页。

② 《仪礼注疏》卷五《士昏礼》，第90页。

③ 《春秋左传正义》卷四三，昭公五年，第1399页。

④ 《春秋左传正义》卷四二，昭公二年，第1351—1352页。

⑤ 《春秋左传正义》卷二六，成公九年《经》，第845页。

⑥ 《春秋左传正义》卷六，桓公三年，第184页。

⑦ 《春秋左传正义》卷二四，宣公十七年，孔颖达疏，第781页。齐侯之弟年，或记作“齐仲年”“夷仲年”。

遂如齐逆女。尊君命也。”① 鲁昭公二年（前540）齐、晋联姻，晋国派遣“韩须如齐逆女”②，担任迎娶少姜之使者。鲁昭公五年（前537）薳启强向楚王论述晋国人才济济时提到“韩须受命而使”，即指此事，谓其“年虽幼，已任出使”③。可见韩须所充联姻使，与交聘使一样被视为奉国君之命的正式使者。

如同交聘中有国君亲自出疆为“朝”一样，联姻中也有这种情况，这种形式亦被称为“朝”。鲁成公十八年（前573）杞桓公在朝鲁期间，从中得知晋国的相关情况后，“骤朝于晋，而请为昏。”④ 这是杞国国君亲自前往晋国求婚。鲁成公四年（前587）“杞伯来朝，归叔姬故也。”杜预注曰：“将出叔姬，先修礼朝鲁，言其故。”⑤ 这是国君亲自出疆处理婚姻事宜。

第二，联姻使团与交聘使团的组成和级别也是一致的⑥。鲁昭公元年（前541）“楚公子围聘于郑，且娶于公孙段氏，伍举为介……既聘，将以众逆。”⑦ 公子围是正使，“介”即副使，可见楚国的联姻使团是由正使与副使组成，使团领导成员下面还有“众”。交聘使团亦由正使和副使“介”组成领导成员，随从人员也有“众”⑧。而且交聘使团和联姻使团成员的级别也是相同的。鲁昭公五年（前537）晋平公派遣“韩宣子如楚送女，叔向为介”⑨。韩宣子为晋国正卿，叔向为大夫，故楚王谓“今其来者，上卿、上大夫也。”⑩ 可见晋国的联姻使，正使由卿担任，副使由大夫担任。交聘使一般也是正使由卿担任，副使由大夫担任。可见联

① 《春秋左传正义》卷二一，宣公元年，第676页。

② 《春秋左传正义》卷四二，昭公二年，第1351页。

③ 《春秋左传正义》卷四三，昭公五年，第1405页。

④ 《春秋左传正义》卷二八，成公十八年，第930页。

⑤ 《春秋左传正义》卷二六，成公四年，第824页。

⑥ 关于交聘使者与使团问题，详见拙文《周代的交聘使者及使团》，《史学集刊》2008年第4期。

⑦ 《春秋左传正义》卷四一，昭公元年，第1310页。

⑧ 交聘使团入境前需誓众，“史于众介之前，北面读书，以敕告士众，为其犯礼暴掠也。礼，君行师从，卿行旅从。”可见使团有“士众”随行。见《仪礼注疏》卷一九《聘礼》，郑玄注，第425页。

⑨ 《春秋左传正义》卷四三，昭公五年，第1400页。

⑩ 《春秋左传正义》卷四三，昭公五年，第1401页。

姻使团与交聘使团的组成及其级别是一致的。

3. 联姻与交聘礼仪的相似性

交聘既与联姻有着渊源关系，故在西周春秋时期两者在礼仪方面仍然具有不少的相似性。从西周春秋时期交聘与联姻在礼仪方面的相似性中，可以进一步印证聘礼之渊源于婚礼以及两者之间原先的相生相成关系。

联姻与交聘在礼仪方面的相似性，首先体现在接待人员的相似性方面。联姻使入境之后，主国之接待人员与接待交聘使时是相同的。主国国君为最高接待负责人已见诸上述资料，如鲁昭公五年（前537）晋国韩宣子所率联姻使团入国后，是困辱之抑或礼待之？由楚王朝群臣商议，最后由楚王做出决定。宴享联姻使，亦如同接待交聘使，由国君出面主持等，毋庸赘言。而其他具体接待事务，则以主国之正卿为总负责人。鲁昭公元年（前541）“楚公子围聘于郑，且娶于公孙段氏，伍举为介。将入馆，郑人恶之。使行人子羽与之言，乃馆于外。既聘，将以众逆。子产患之，使子羽辞曰”[①] 云云。楚国联姻使团来到郑国后，郑国方面的接待事务负责人是执政子产。当时郑国“知楚怀诈”，担心其入住都城馆舍对郑国有所不利，于是安排他们住在城外馆舍；婚事确定之后，楚人拟以随从兵众入城迎娶，郑国担心有所不测，也不同意。这些问题，是由执政子产派遣“行人”子羽与楚国使团交涉解决的。由此可见，在接待联姻使时，主国之执政为接待事务之总负责人，其下面有“行人”等官员负责联络、沟通。交聘使亦然。鲁昭公六年（前536）夏，鲁国“季孙宿如晋，拜莒田也。晋侯享之有加笾。武子退，使行人告曰：‘小国之事大国也，苟免于讨，不敢求贶。得贶不过三献。今豆有加，下臣弗堪，无乃戾也！’韩宣子曰：‘寡君以为驩也。’对曰：‘寡君犹未敢，况下臣君之隶也，敢闻加贶？’固请彻加，而后卒事。晋人以为知礼，重其好货。”由于晋国在宴享鲁使季孙宿（即武子）时“笾豆之数，多于常礼”[②]。因此宴会之后季孙宿使“行人”告曰不可云云。这位“行人”是向晋国执政韩宣子转达季孙宿的意见的，可知正卿韩宣子是代表国君而具体接待交聘使的总负责人，“行人”则负责双方之间的传达、沟通。

---

① 《春秋左传正义》卷四一，昭公元年，第1310页。

② 《春秋左传正义》卷四三，昭公六年，第1416—1417页。

联姻与交聘在礼仪方面的相似性，还体现在其他诸多方面，略举如下：

其一，接待礼仪。诸侯对于联姻使的接待礼仪与交聘使基本上是一致的。鲁昭公五年（前537）“晋韩宣子如楚送女，叔向为介”。晋国送女使团假道于郑国时，郑国子大叔在劳礼中提醒晋国使者“楚王汏侈已甚，子其戒之。”叔向答语中有云：“若奉吾币帛，慎吾威仪，守之以信，行之以礼，敬始而思终，终无不复。从而不失仪，敬而不失威，道之以训辞，奉之以旧法，考之以先王，度之以二国，虽汏侈若我何？”孔颖达疏曰：“朝聘之礼，享用币帛，致国之所有。送女虽则非聘，亦以币帛通意，故云‘奉吾币帛，慎吾威仪’也。”表明联姻与交聘均以币帛致礼。对于“奉之以旧法”一语，孔颖达疏曰：“聘使旧故之法，奉承以致命，故言‘奉之’也。”[①] 联姻使将按照交聘使之旧法以致命。韩宣子等人到达楚国后，楚王拟困辱晋国使团，其臣薳启强谏止之，认为应当礼待晋使，其中有云：“圣王务行礼，不求耻人。朝聘有圭，享覜有璋，小有述职，大有巡功，设机而不倚，爵盈而不饮，宴有好货，飧有陪鼎，入有郊劳，出有赠贿，礼之至也。”认为应当以聘享之礼接待晋使、以飧燕之礼款待晋使、以郊劳之礼欢迎晋使、以赠贿之礼欢送晋使。这里所述诸礼仪，与接待交聘使团的礼仪完全相同。楚王接受了薳启强的谏言，于是“厚为韩子礼”[②]。按照薳启强所述而隆重接待晋国使团，韩宣子从而顺利完成使命。由此可知，在正常情况下对于联姻使的接待，完全是按照交聘使的礼仪进行的。

其二，飧燕礼仪。薳启强所述接待礼仪，在接待联姻使时具体是如何进行的呢？今以其中的飧燕之礼接待联姻使之情况为例略加说明。鲁昭公二十五年（前517）鲁卿“叔孙婼如宋”，为鲁执政季平子迎娶宋元公之女。《传》称“昭子如宋聘，且逆之。”昭子即叔孙婼。季平子“人臣，而因卿逆，季氏强横。”当时鲁国季氏专权，故派遣卿以交聘为名而为季平子娶。在接待鲁国联姻使时，“宋公享昭子，赋《新宫》。昭子赋《车辖》”[③]。这个记载表明联姻使受到主国国君飧燕之礼的款待。《周礼》

---

① 《春秋左传正义》卷四三，昭公五年，第1400—1401页。

② 《春秋左传正义》卷四三，昭公五年，第1401—1407页。

③ 《春秋左传正义》卷五一，昭公二十五年，第1662—1665页。

大宗伯之职“以飨燕之礼，亲四方之宾客”[①]。其具体形式有三：“待宾之礼有三：飨也、食也、燕也。飨重于食，食重于燕……飨食于庙，燕则于寝。”[②]《仪礼·聘礼》记载主国国君接待交聘使的飨燕之礼：“公于宾，壹食，再飨。”[③] 食礼一次，飨礼两次，此外燕礼不限。上述“宋公享昭子”，即宋元公以飨燕之礼款待叔孙婼。宾主在席间还相互赋诗，叔孙婼所赋《车辖》为《诗经·小雅》中的篇章，内容是“周人思得贤女以配君子”，因“昭子将为季孙迎宋公女，故赋之”[④]。来使受到主国国君飨燕之礼的款待，并在宴享中赋诗以言志，是接待交聘使时的惯常礼仪。鲁昭公二年（前540）晋平公派遣韩宣子聘鲁，祝贺昭公即位，并向鲁国通报他已代替赵武执政，《左传》称之为“礼也”，是典型的诸侯之间交聘。“公享之。季武子赋《绵》之卒章。”鲁昭公以享礼款待晋国交聘使，参加宴会的鲁卿季武子席间所赋《绵》为《诗经·大雅》，用意是“取文王有四臣，故能以绵绵致兴盛。以晋侯比文王，以韩子比四辅。”晋使韩宣子赋《角弓》，是为《诗经·小雅》，乃“取其‘兄弟婚姻，无胥远矣’。言兄弟之国宜相亲。”季武子又赋《节》之卒章，是为《诗经·小雅》，乃“取‘式讹尔心，以畜万邦’，以言晋德可以畜万邦。”[⑤] 宾主双方通过赋诗以进行友好交流或外交交锋，这种礼仪不论联姻或交聘均相一致。

交聘礼仪对于飨燕之礼有一个规定：“若不亲食，使大夫各以其爵。”如果主国国君有特殊原因则不亲自出席享礼，其特殊原因郑注“谓有疾及他故也”[⑥]。这种情况下就由相应级别的人员代表国君出面款待，即以卿款待卿，以大夫款待大夫。鲁昭公三年（前539）“齐侯使晏婴请继室于晋”，因晋平公所娶齐女少姜死，齐景公欲“复以女继少姜”。晏婴实际上是担任齐国的媒氏。“既成昏，晏子受礼，叔向从之宴，相与语。”所谓“既成昏”即“许昏成”；“晏子受礼”即“受宾享之礼”。这次晋

---

① 《周礼注疏》卷一八《春官宗伯·大宗伯》，第551页。

② （清）褚寅亮撰：《仪礼管见》卷六，《丛书集成初编》本，中华书局1985年版，第45页。

③ 《仪礼注疏》卷二二《聘礼》，第493页。

④ 《春秋左传正义》卷五一，昭公二十五年，第1664页。

⑤ 《春秋左传正义》卷四二，昭公二年，第1348—1350页。

⑥ 《仪礼注疏》卷二二《聘礼》，第495页。

平公没有主持享礼，而由叔向主持。因为晋平公尚“在缞绖之中”①。而聘礼“他故之中，兼及有哀惨。”② 晋平公因“有故”而“不亲食”，故使叔向代为宴享。由此可见联姻使的接待礼仪基本上是按照交聘使接待礼仪而进行的。

其三，复命礼仪。交聘使在完成使命返国之后，需要到朝廷向国君复命。联姻使亦然。鲁成公九年（前 582）夏，“季文子如宋致女，复命，公享之。赋《韩奕》之五章”。季文子在完成出使宋国致女的使命后，向鲁成公复命时也受到飨燕之礼的款待，席中亦赋诗，与出使时在婚姻之国受到的礼仪相同。其所赋《韩奕》，为《诗经·大雅》篇章，赋此诗的用意是：“言蹶父嫁女于韩侯，为女相所居，莫如韩乐。文子喻鲁侯有蹶父之德，宋公如韩侯，宋土如韩乐。”③ 通过此诗向鲁成公报告其女在宋国之欢愉。《仪礼·聘礼》没有记载交聘使复命时国君赐以飨燕之礼的情况，由联姻使回国复命所受到的飨燕之礼，可以推知交聘使复命后亦当受到飨燕之礼的慰劳。

其四，报使礼仪。报使为交聘礼仪之一，诸侯交聘之后，一般均需遣使报之④。诸侯联姻亦有此报使礼仪。鲁昭公六年（前 536）“楚公子弃疾如晋，报韩子也。”⑤ 楚国这次遣使晋国，是为了报答韩宣子去年来楚国送女一事。可见相互遣使联姻，是与交聘遣使等同视之的。报使礼仪是交聘与联姻均相同的。

其五，假道礼仪。联姻使与交聘使一样，出使经过邻国时则需要“假道”。鲁昭公五年（前 537）晋、楚联姻，一方面是楚国派遣莫敖屈生、令尹子荡组成的使团“如晋逆女”。途经郑国，“郑伯劳子荡于汜，劳屈生于菟氏。”另一方面则“晋侯送女于邢丘。子产相郑伯会晋侯于邢丘。”然后晋侯又派韩宣子出使楚国送女，“郑子皮、子大叔劳诸索氏。”

---

① 《春秋左传正义》卷四二，昭公三年，第 1357—1359 页。

② 《仪礼注疏》卷二二《聘礼》，贾公彦疏，第 495 页。

③ 《春秋左传正义》卷二六，成公九年，第 847 页。

④ 关于交聘中的报使礼，详见拙搞《周代交聘礼中的“礼尚往来”原则》（未刊稿）。整理者按，该文后刊发于《文史哲》2009 年第 3 期。今亦收入《黎虎文集》本卷。

⑤ 《春秋左传正义》卷四三，昭公六年，第 1418 页。

晋国使团返国时又途经郑国，“郑伯劳诸圉”①。鲁昭公六年（前536）楚国派遣公子弃疾出使晋国，报答韩宣子来送女时，又“过郑，郑罕虎、公孙侨、游吉从郑伯以劳诸柤。”② 这是晋、楚两国联姻使团假道于郑国并受到郑国接待的情况。作为晋、楚两国之间的郑国，为此先后劳楚国使团两次、劳晋国使团三次。聘礼亦有假道之礼，《仪礼·聘礼》：“若过邦，至于竟，使次介假道。束帛将命于朝，曰‘请帅’。奠币。下大夫取以入告，出许，遂受币。饩之以礼。”③ 这个记载表明交聘使团假道时，一般情况下是向假道国之国君请示并得到他的批准之后，得到“饩之于礼”的款待，并无国君及卿大夫亲劳之礼。对此，杜预认为“《传》言楚强，诸侯畏敬其使。”④ 这是郑国在两大国之间不得已而为之的平衡策略。《聘礼》所载基本上反映西周制度，上述情况已在春秋后期，由于诸侯关系的发展变化，聘礼亦随之而有所变化。孔颖达评论郑国国君亲劳时说：“今郑伯亲劳，是郑畏楚也。”评论晋国国君亲自送女时说：“《昏礼》，父母送女不下堂。今晋侯亲送女至邢丘，是敬楚也。”⑤ 由此可见，到了春秋后期，不仅聘礼有所变化，婚礼亦有所变化了。

4. 联姻与交聘的相互为用

西周春秋时期诸侯之间的交往虽然以交聘为主导，但是联姻仍然继续发挥作用，两者存在着相互为用、相互促进的互动关系。

鲁庄公二十八年（前666）“鲁饥，臧文仲言于庄公曰：‘夫为四邻之援，结诸侯之信，重之以婚姻，申之以盟誓，固国之艰急是为。’”⑥ 臧文仲认为解决国家之危难，需要有“四邻之援”，而获得“四邻之援”的措施有二，一为交聘，包括“结诸侯之信”与“申之以盟誓”等；二为联姻，即“重之以婚姻”。由此可见，联姻与交聘均对于解决国家之“艰急”有着重要意义，是得到“四邻之援”的重要手段之一，它与交聘有着相辅相成的作用。臧文仲对于联姻在发展诸侯关系中的重要性有比较

① 《春秋左传正义》卷四三，昭公五年，第1399—1407页。
② 《春秋左传正义》卷四三，昭公六年，第1418页。
③ 《仪礼注疏》卷一九《聘礼》，第423—424页。
④ 《春秋左传正义》卷四三，昭公五年，第1399页。
⑤ 《春秋左传正义》卷四三，昭公五年，第1399页。
⑥ 《国语集解》卷四《鲁语上》，第147—148页。

深刻的认识，因此他在施政中注重通过联姻而发展与诸侯的关系。鲁文公六年（前621）臧文仲“以陈、卫之睦也，欲求好于陈。夏，季文子聘于陈，且娶焉。”① 以交聘名义而联姻，通过联姻而达到“求好”诸侯的目的。对于弱小国家来说，通过联姻而取得大国的援助尤有重要意义。故春秋时期诸侯十分重视国君纳娶夫人之事，意图以此达到修好睦邻的目的。鲁文公二年（前625），在十一月办理完其父鲁僖公的丧礼后，十二月即派遣“公子遂如齐纳币”，为鲁文公完婚。《左传》对此阐述道“凡君即位，好舅甥，修昏姻，娶元妃以奉粢盛。”杜预注曰：“谓谅闇既终，嘉好之事通于外内，外内之礼始备。此除凶之即位也。于是遣卿申好舅甥之国，修礼以昏姻也。”② 联姻的首要目的是建立与甥舅之国的友好关系，其次才是延续香火的需要。鲁桓公三年（前709）“公子翚如齐逆女，修先君之好。”杜预注曰：“昏礼虽奉时君之命，其言必称先君以为礼辞。故公子翚逆女，《传》称修先君之好；公子遂逆女，《传》称尊君命。”③ 联姻是诸侯之间的政治行为，故与交聘一样，卿大夫是奉君命出使迎娶，从而得以通过联姻重申并强化两国之间传统的友好关系。不仅世代通婚之国齐、鲁为然，其他诸侯之间亦然，如秦、楚之间，“昔我先君穆公，及楚成王，是缪力同心，两邦有壹，绊以婚姻，袗以齐盟，曰枼万子孙，毋相为不利。”④ 双方亦借助联姻以促进相互关系。诸如此类，不胜枚举。

联姻的重要性有时甚至超过交聘，联姻关系处理得当与否，直接影响交聘成果能否巩固。如果联姻关系处理不当，可能将交聘成果付诸东流。春秋初期郑国庄公、厉公、昭公时期，郑国与诸侯关系的波折及郑国内部的政治动乱，与联姻问题处理不当均有相当关系。鲁桓公六年（前706）齐国遭到北戎的侵略，齐国遣使向郑国求援，郑太子忽帅师救齐，大败北戎。这是郑国在与齐国军事外交上的重大成功。但是由于太子忽处理与齐国的联姻问题不当，导致了郑国内部政治动乱及与诸侯关

① 《春秋左传正义》卷一九上，文公六年，第588页。

② 《春秋左传正义》卷一八，文公二年，第572—573页。

③ 《春秋左传正义》卷六，桓公三年，第183页。

④ （清）严可均校辑：《全上古三代秦汉三国六朝文》卷一四《诅楚文》，中华书局1958年版，第102页。

系的波折，使自己成为政治动乱的牺牲品。太子忽出兵齐国时，“齐侯欲以文姜妻郑大子忽。大子忽辞。人问其故，大子曰：‘人各有耦，齐大，非吾耦也。《诗》云：自求多福。在我而已，大国何为?’君子曰：‘善自为谋。’”战争结束后，齐国再一次提出与其联姻的问题，仍然遭到他的拒绝，“及其败戎师也，齐侯又请妻之。固辞。人问其故，大子曰：‘无事于齐，吾犹不敢。今以君命奔齐之急，而受室以归，是以师婚也。民其谓我何?’遂辞诸郑伯。”[①] 太子忽对于联姻的政治作用缺乏认识，因而“独絜其身，谋不及国”；对于与大国联姻的重要性也认识不足，认为“在我而已，大国何为”。于是他假借其父郑庄公名义推辞了齐国联姻的要求。战争结束后，“齐人饩诸侯，使鲁次之。鲁以周班后郑”[②]，鲁国不以军功而是以王爵高低排列位次，立了大功的郑国被排在后面，子忽大怒。郑国由外交上的主动转变为被动乃至失利，与拒绝齐婚不无关系。

太子忽拒绝齐国联姻要求时，郑卿祭仲曾经规劝他说：“必取之！君多内宠，子无大援，将不立。三公子，皆君也。”指出还有子突、子亹、子仪等与他争夺君位，需要得到“大援”方得以立，但他还是“弗从”[③]。太子忽的母亲邓曼是祭仲为郑庄公所娶，故立忽为太子乃祭仲所促成。而郑庄公所纳宋国大夫雍氏之女雍姞亦有宠，生子突。鲁桓公十一年（前701）宋国雍氏宗通过宋庄公“诱祭仲而执之，曰：‘不立突，将死！’”，强迫“祭仲与宋人盟”而立子突为君，是为郑厉公。面对宋国的干涉，公子忽因得不到齐国这样的大国支援，于是不得不出“奔卫”[④]。直到鲁桓公十五年（前697）郑厉公出奔蔡国，子忽才得以回国即位，是为郑昭公。杜预评论公子忽事件道：“忽为大子，有母氏之宠，宗卿之援，有功于诸侯，此大子之盛者也。而守介节，以失大国之助；知三公子之强，不从祭仲之言，修小善，絜小行，从匹夫之仁，忘社稷之大计，故君子谓之善自为谋，言不能谋国也。父卒而不能自君，郑人亦不君之，出则降名以赴，入则逆以大子之礼。始于见逐，终于见杀，三公子更立，

① 《春秋左传正义》卷六，桓公六年，第205页。
② 《春秋左传正义》卷七，桓公十年，第221页。
③ 《春秋左传正义》卷七，桓公十一年，第224页。
④ 《春秋左传正义》卷七，桓公十一年，第225页。

乱郑国者，实忽之由。”[①] 所指“守介节”“修小善，絜小行，从匹夫之仁”，即指其拒绝齐婚一事。本来太子忽具有国内外诸多有利条件，但因其拒绝齐婚，导致一系列严重后果。虽然“有功于诸侯”，但却“失大国之助”，原因在于不与齐婚。其主要教训在于不认识与大国联姻的重要性，因失去当时霸主齐国的援助，导致国内政治动乱以及自己坎坷的政治境遇。太子忽此事亦遭到当时郑国人民的非议，《诗经》有《有女同车》篇，批评太子忽在联姻问题上的失误。毛传曰：此诗“郑人刺忽之不婚于齐。大子忽尝有功于齐，齐侯请妻之。齐女贤而不取，卒以无大国之助，至于见逐，故国人刺之。”[②] 可见太子忽拒绝娶齐女，不仅为以祭仲为代表的高层所反对，也遭到国人的反对。“古者诸侯之有女子也，所以苞苴玩弄，系援于大国也。”[③] 诸侯通过联姻大国以取得援助，是为春秋时期人们的共识。

因此，诸侯之间的关系发生危机时，通过联姻加以消弥是当时普遍的现象。鲁僖公十七年（前643），鲁僖公在淮之会后被齐国扣留，“秋，声姜以公故，会齐侯于卞。九月，公至。”[④] 声姜为鲁僖公夫人，齐桓公之女。通过父女相会，使鲁僖公获得释放，从而解决了齐、鲁之间的这场危机。孟子在论天下有道与无道问题时曾言：“齐景公曰：‘既不能令，又不受命，是绝物也。’涕出而女于吴。”赵岐注曰：“言诸侯既不能令告邻国，使之进退，又不能事大国，往受教命，是所以自绝于物。物，事也。大国不与之通朝聘之事也，吴，蛮夷也，时为强国，故齐侯畏而耻之，泣涕而与为婚。”[⑤] 春秋后期吴强齐弱，故齐景公在与诸侯交聘失利的情况下，不得不通过联姻以争取维系与诸侯的关系。

西周春秋时期联姻之所以与交聘有着密切的关系，得以在政治上继续发挥重要作用，其原因有二：一方面，本来交聘就渊源于联姻，联姻

---

① 《春秋左传正义》卷七，桓公十五年，第234页。

② 《毛诗正义》卷四（四之三）《郑风·有女同车》，第347页。

③ （汉）刘向编撰，顾凯之图画：《古列女传》卷三《许穆夫人》，《丛书集成初编》本，中华书局1985年版，第65页。

④ 《春秋左传正义》14僖公十七年，第447页。

⑤ （汉）赵岐注，（宋）孙奭疏，廖名春、刘佑平整理，钱逊审定：《孟子注疏》卷七上《离娄上》，北京大学出版社2000年版，第230页。

与交聘一直存在着渊源和相生相成的关系，联姻一直就承载着氏族、部落、部落联盟之间联系、交往的使命，是氏族、部落、部落联盟之间进行联系、交往的纽带。及至国家产生之后，这种传统自然而然被引入国家政治和诸侯之间的交往关系中，两者相辅相成、相互为用，从而继续发挥其纽带作用。尽管这时政治性的交聘已经上升为主要方式，但是联姻的作用仍然不能完全被交聘所取代，仍然有其不可取代的特殊作用。另一方面，西周分封就是建立在兄弟之国与甥舅之国相辅相维基础上的封国体制，是五帝时代、夏商时期氏族、部落、部落联盟之间传统姻亲关系的延伸和发展，因此婚姻关系继续成为西周春秋时期维系诸侯相互关系必不可少的环节和纽带。这种联姻关系已经不是原来单纯的姻亲关系，而被赋予浓厚的政治内涵，与宗法制度一起发挥重要的政治功能。

研究交聘与联姻的渊源关系问题，不仅有助于认识先秦时期的交聘制度，而且对于进一步研究汉唐时期的交聘亦不无裨益，例如汉唐时期交聘中曾被广泛运用的“和亲”，就是在这个基础上并在新的历史条件下的运用和发展。

（原刊《文史》2009 年第 1 期。我们在黎虎先生遗存文稿中，发现了同名文章，经过比对，知是黎虎先生刊后修订稿。与原刊文的最大不同，是刊后修订稿采用了页下注的方式，而《文史》原刊文则为尾注，并辅以正文直接标注文献卷数的方式。今据黎虎先生刊后最新修订稿，并参校原刊文整理。李文才敬识。）

汉代和亲与“质侍”在外交中的互动关系

汉代外交有着诸多不同的方式，它们虽然各有其特定的功能和性质，具有相对的独立性，但是它们又相互关联，密切配合，从而形成一个有机的整体，共同为汉代外交目的任务的实现做出了贡献①。和亲与“质侍”② 就是汉代两种重要的外交方式，本文拟就两者在汉代外交中的关联性及其互动关系加以论述，以期有助于进一步认识外交诸方式之既有区别又有联系的有机的整体性。此为学术界所尚未触及的问题，兹不揣谫陋，试略述之，以就正于诸贤。

和亲与“质侍”是国君之间子女的授受，以之改善和巩固双方邦谊的一种政治行为，是为古代重要的两种外交方式，不仅为发展汉代的外交而且对于当时的社会历史和文化发挥了重要的、积极的作用。骤看起来这两者是没有关联性的、各自独立的外交方式，但实际上它们却是有关联性的，根据外交对象和外交目的任务的区别与变化在发挥各自独特功能的同时又相互配合，交相为用，存在着密切的互动关系。在拙著《汉代外交体制研究》中已经涉及了它们之间的互动关系，一方面从两者

---

① 笔者所提出的汉代外交方式，主要有：朝、贡、赐、封、质侍、和亲、互市等，详参拙著《汉代外交体制研究·绪论》，商务印书馆2014年版，第8页。

② “质侍”为笔者所创词语，为质子与侍子的合称。西汉前期承先秦绪余，一般仍然使用“质子”为称，西汉中期开始“质子”与“侍子”并用，到了东汉则基本上以“侍子”为称，故我们将两汉时期的纳质称之为“质侍”。“质侍”并非两字简单相加，而是蕴含汉代质子制度及相关时代的变化，其义有三：A. 称谓上的由“质”而“侍”的变化；B. 纳质制度性质的变化，质子制度中双向的、对等的关系变为单向的、不对等的关系；C. 相关时代变化的反映。统一的汉皇朝的建立打破了先秦以来诸侯、列国长期并存、并峙的格局，以强势地位将四方国、族纳质视若内部侯王、臣属之“入侍”。详参拙著《汉代外交体制研究》第四章（下）第五节（二）《汉代之由“质”而“侍”》，第489—491页。

所构成的“来往”关系观之，“质侍”为“来”，和亲为“往”，两者“一‘来’一‘往’，构成和体现了外交关系中的礼尚往来及其动态平衡。”[①] 另一方面从两者在外交关系中的作用观之，从汉皇朝的角度而论，和亲女为己方派驻对方之“常驻使节”，“质侍”则为对方派驻己方之“常驻使节”。虽然无论“质侍”还是和亲女均没有被派遣方正式授予常驻使节的职衔，但是他们“在实际上往往起到了这样的作用”[②]。

本文拟在上述基础上，进一步探讨和亲与“质侍”在汉皇朝外交运作中的关联性及其互动关系。兹从如下两个方面论之，一方面是就某一外交对象国而言，国强时用和亲，国弱时用“质侍”；另一方面是就整体外交关系国而言，和亲用于强国，“质侍”用于弱国。

一　国强时用和亲，国弱时用“质侍”

和亲与“质侍”根据外交对象国的强弱变化以及与此相联系的有求于对方与否而变换用之，这方面以对匈奴的外交中最为典型。对匈奴关系是汉代外交的重中之重，可谓贯穿于两汉历史的全过程。当匈奴强盛时，汉皇朝主要运用和亲这一方式，当匈奴衰弱时，则主要运用“质侍”这一方式，根据不同的情况交替运用这两种方式，遂成为汉代对匈奴外交中的一个特点。大略而言，两汉时期对匈奴外交从和亲到“质侍”的发展变化经历了三个阶段：汉初至武帝元光二年（前133）为和亲为主阶段；元光二年至成帝建始二年（前31）为和亲向“质侍”转变的过渡阶段；成帝建始二年起的西汉晚期直至东汉时期进入以“质侍”为主的阶段。

第一阶段的特点是汉方主动要求和亲，匈奴坐待和亲。产生这种现象的主要原因在于匈强汉弱，双方力量对比不平衡，故汉方有求于匈奴。秦汉之际匈奴崛起于北方草原地区，是当时东亚地区唯一足以与汉抗衡的大国，“当是时，冒顿为单于，兵强，控弦三十万，数苦北边。”[③] 西汉

---

① 《汉代外交体制研究·绪论》，第8页。

② 《汉代外交体制研究》，第602—603页。

③ （汉）司马迁撰，（南朝·宋）裴骃集解，（唐）司马贞索隐，（唐）张守节正义：《史记》卷九九《刘敬列传》，中华书局1959年版，第2719页。

前期正是匈奴国力最为强盛，处于巅峰状态的阶段，而西汉皇朝所继承的却是国力被极度消耗了的秦皇朝，加以秦汉之际的战乱和破坏，故西汉建国之后，社会经济处于极其凋弊的状态，“民失作业，而大饥馑”，呈现一幅“民亡盖臧”① 的萧条景象。恰恰在这时“匈奴最强大，尽服从北夷，而南与中国为敌国。”② 成为汉皇朝北部边疆最为严重的威胁，彼强我弱的态势十分突出。虽然经过汉初的恢复，社会经济取得长足的发展，但是双方的军事力量对比仍然是不平衡的，匈奴依然保持对汉皇朝的优势地位，这是因为匈奴在游牧经济基础上建立起来的骑兵是当时世界上最先进、最富有战斗力的武装，“匈奴，轻疾悍亟之兵也，至如猋风，去如收电，畜牧为业，弧弓射猎，逐兽随草，居处无常，难得而制。”③ 其运动速度、机动性和远程奔袭能力，为在农业经济基础上建立起来的以步、车兵种为主的汉兵所不敌。匈奴这种武装力量与广阔的北方草原这种自然条件相结合，又将其优越性发挥到了极致。汉七年（前200）平城之战时“汉悉兵，多步兵，三十二万，北逐之”“冒顿纵精兵三十余万骑围高帝于白登”④。双方以大抵相当的兵力对阵，但是一方以步兵为主，一方以“精骑”为主，其胜负结局自属不言而喻，由此可见，汉兵之败不在数量而在质量——缺少先进的骑兵。汉方骑兵不仅就数量而言远在匈奴之下，即使经过几代人的努力，大力发展养马业和骑兵，到武帝时达于巅峰，骑兵的数量仍然不及匈奴，倾全力所能调发的马匹最多不过十四万至十八万匹左右⑤。而且其质量亦在匈奴之下，汉方在农业区所培养的马匹不敌匈奴马，晁错指出：“上下山阪，出入溪涧，中国之马弗与也；险道倾仄，且驰且射，中国之骑弗与也。”⑥ 汉匈兵力相较之强弱优劣态势十分显然，于是匈奴处于军事上的优势和主动地位，“小

---

① （汉）班固撰，（唐）颜师古注：《汉书》卷二四上《食货志上》，中华书局 1962 年版，第 1127 页。

② 《史记》卷一一〇《匈奴列传》，第 2890 页。

③ 《汉书》卷五二《韩安国传》，第 2401 页。

④ 《汉书》卷九四上《匈奴传上》，第 3753 页。

⑤ 武帝元狩四年（前 119）卫青、霍去病“两军之出塞，塞阅官及私马凡十四万匹，而后入塞者不满三万匹。”（《汉书》卷五五《卫青霍去病传》，第 2488 页）；武帝元封元年（前 110）天子巡边“勒兵十八万骑，旌旗径千余里，威震匈奴。”（《汉书》卷六《武帝纪》，第 189 页）

⑥ 《汉书》卷四九《晁错传》，第 2281 页。

入则小利，大入则大利。”[①] 面对强邻，西汉前期不得不采取妥协退让方针，“和亲”就是在这种不利形势下不得已的选择，要求匈奴向汉方派遣“质侍”的问题尚未而且还不可能提上议程。

第二阶段的特点是匈奴方不断请求和亲，汉方则要求匈奴派遣“质侍”，双方就此展开长期的外交博弈。其主要原因在于虽然双方力量对比逐渐逆转，日益向着汉强匈弱的方向发展，但这是一个缓慢的过程，军事上亦随之进入拉锯状态的相持阶段，最后才以匈奴的分裂和衰弱而完成这一转化过程，从而在外交上实现了从和亲为主到“质侍”为主的变换过程。

汉初以来在实行和亲为主的外交方针政策及相关军事措施的保障下，争得了六七十年和平发展的历史机遇，大力休养生息，发展经济，到了汉武帝时期，汉方的综合国力和军事力量都得到了很大发展和提高，于是有了在外交上实施这一转变的有利条件。武帝元光二年（前133）是这一历史性转变阶段的起始时间。是年春，武帝诏问公卿曰：“朕饰子女以配单于，金币文绣赂之甚厚，单于待命加嫚，侵盗亡已。边境被害，朕甚闵之。今欲举兵攻之，何如?”[②] 收回和亲政策而改用战争手段解决匈奴问题首次正式提上了汉皇朝的议事日程。于是有了马邑事件的发生，“自是之后，匈奴绝和亲。”[③] 汉方开始了对匈奴以军事打击为主的进程，经过14年的努力，到元狩四年（前119）军事打击终于见了成效，“是后匈奴远遁，而幕南无王庭”，扭转了汉初以来军事上匈强汉弱的态势。但是，“匈奴虽病，远去，而汉马亦少，无以复往”，匈奴方面亦“终不肯为寇于汉边”，双方处于拉锯状态，进入战略相持阶段。在这种军事态势下，和亲问题的主动与被动关系亦随之而逆转，进入匈奴方面不断主动请求和亲的新时期，这年“单于用赵信计，遣使好辞请和亲”，第一次由匈奴方面主动提出和亲的请求，此后则“数使使好辞甘言求和亲”。汉方则“或言和亲，或言遂臣之”[④]，坐待匈奴方面的和亲请求了。经过十余

① 《汉书》卷四九《晁错传》，第2278页。
② 《汉书》卷六《武帝纪》，第162页。
③ 《史记》卷一一〇《匈奴列传》，第2905页。
④ 《汉书》卷九四上《匈奴传上》，第3770—3772页。

年的方针政策酝酿过程，终于于元封四年（前107）迈出了将和亲转变为“质侍”的第一步，是年夏“汉使王乌等窥匈奴”，经过汉使的“风喻”，匈奴“详许甘言，为遣其太子入汉为质，以求和亲。”同年秋又派遣杨信出使匈奴，汉使“既见单于，说曰：‘即欲和亲，以单于太子为质于汉。’”双方第一次就匈奴纳质问题进行交涉，匈奴方面则以纳质为诱饵，以求汉方许诺和亲，汉方则以纳质为条件始能答应和亲。匈奴方面以汉方的要求违反双方“故约”为由而断然加以拒绝，实际上是“殊无意入汉，遣太子来质。”①

面对汉方外交和军事两个方面的压力，匈奴方面始终以“故约”所订和亲为筹码，坚持和亲而反对纳质。处于外交上风的汉方，手握和亲筹码以图迫使匈奴就范，匈奴方面则与汉方相反，愈贫弱而愈希望和亲，“兵数困，国益贫”“欲和亲而恐汉不听，故不肯先言，常使左右风汉使者。然其侵盗益希，遇汉使愈厚，欲以渐致和亲，汉亦羁縻之。”②

从元封四年（前107）开始的纳质与和亲的博弈，经过五十余年的较量，到了五凤四年（前54）终于有了结果，是年“匈奴单于称臣，遣弟谷蠡王入侍。”这是匈奴第一次接受汉方纳质要求，汉匈关系由和亲向纳质转变迈出了实质性一步，标志着汉方实现了“臣服”匈奴的目的。次年，即甘露元年（前53）又有“匈奴呼韩邪单于遣子右贤王铢娄渠堂入侍。”③ 这一转变的具体原因在于匈奴内部分裂，导致其国势日蹙，“诸王并自立，分为五单于，更相攻击……因大乖乱”，于是“单于称臣”④，入朝于汉。纳质与入朝一起构成其臣服于汉的两个具体表现。这时汉皇朝处于极其有利的外交地位，“宣帝时匈奴乖乱，五单于争立，呼韩邪单于与郅支单于俱遣子入侍，汉两受之。”⑤ 出现了分裂下的匈奴单于争相纳质的情形。但是这个阶段的纳质关系还并不稳定，元帝初元四年（前44）“郅支单于自以道远，又怨汉拥护呼韩邪，遣使上书求侍子。汉遣谷吉送之，郅支杀吉。汉不知吉音问，而匈奴降者言闻瓯脱皆杀之。呼韩邪单

① 《史记》卷一一〇《匈奴列传》，第2913—2814页。
② 《汉书》卷九四上《匈奴传上》，第3783页。
③ 《汉书》卷八《宣帝纪》，第268页。
④ 《汉书》卷八《宣帝纪》，第268页。
⑤ 《汉书》卷七〇《陈汤传》，第3008页。

于使来，汉辄簿责之甚急。明年，汉遣车骑都尉韩昌、光禄大夫张猛送呼韩邪单于侍子，求问吉等，因赦其罪，勿令自疑。”① “质侍”关系并不巩固，更尚未形成制度化。

在过渡阶段的末期发生了一次和亲，即元帝竟宁元年（前 33）王昭君之出嫁呼韩邪单于。这次和亲与西汉前中期的和亲有着诸多不同的特点和性质。第一，这是匈奴在“臣服”汉皇朝的前提之下的和亲，与以前双方为“敌国”关系的和亲不同；第二，双方授受关系也完全发生了逆转，与以前汉方主动、匈奴坐待的情况不同，这次是匈奴方面乞求，而汉方“赏赐”之；第三，和亲女为汉方宫女而非“公主”，两者地位差异甚大；第四，这是在匈奴纳质和入朝的前提之下进行的和亲。由此可见，这次和亲与西汉前中期的和亲是完全不同意义上的和亲，是汉匈和亲关系史中的一个特例，从两汉与匈奴和亲历史的大格局来看，这是西汉前中期对匈奴和亲的一次回光返照。

尽管在这个过渡阶段有过一次具有特殊性的和亲，但是这并不能改变汉匈关系之从和亲向“质侍”转变的历史趋势，这是因为双方关系中的汉强匈弱状态已成定局，不可逆转。

第三阶段的特点是和亲从汉匈关系中基本上隐去，“质侍”成为汉匈关系中的常态，这个阶段的“质侍”较第二阶段的“质侍”亦上了一个台阶，具有了常态化、长期化、制度化的特点。其根本原因在于匈奴分裂导致汉强匈弱的态势不可逆转，匈奴的地位亦发生重大变化，两汉四百年间匈奴对汉关系地位呈逐步下降态势，经历了从“敌国”关系而为臣属国、附属国、卫星国乃至部分纳入汉皇朝统治的过程。

从成帝建始二年（前 31）起，汉匈关系中的纳质关系开始进入常态化、长期化的历史阶段。其具体表现是：建始二年呼韩邪单于去世，其子继位为复株絫若鞮单于，新单于即位后即“遣子右致卢儿王醯谐屠奴侯入侍”②。此后，新单于继位后即遣子入侍成为常态，而且如果有的侍子返国，则立即派遣新的侍子接替，无有间断。此两者遂成为第三阶段“质侍”制度的基本特点。成帝鸿嘉元年（前 20）复株絫若鞮单于去世，

---

① 《汉书》卷九四下《匈奴传下》，第 3801 页。

② 《汉书》卷九四下《匈奴传下》，第 3807 页。

搜谐单于继位，随即“遣子左祝都韩王朐留斯侯入侍”。成帝元延元年（前12）搜谐单于去世，车牙单于立，随即“遣子右于涂仇掸王乌夷当入侍”。成帝绥和元年（前8）车牙单于去世，乌珠留单于即位后，随即“遣子右股奴王乌鞮牙斯入侍”。侍子右股奴王乌鞮牙斯入汉之次年去世，“归葬”之后，随即“复遣子左于駼仇掸王稽留昆入侍”①，以另一侍子补上。元寿二年（前1），乌珠留单于来朝，侍子稽留昆随单于同时返国，哀帝“遣稽留昆随单于去，到国，复遣稽留昆同母兄右大且方与妇入侍。还归，复遣且方同母兄左日逐王都与妇入侍。”② 稽留昆回到匈奴后，匈方随即派遣其兄大且方夫妇一同入侍；大且方夫妇回国后，又派遣大且方之兄左日逐王都夫妇入侍。侍子夫妇同来入侍，正是“质侍”长期化的反映。由此可见，这个时期匈奴对汉方的纳质从不间断，随时有侍子在汉廷，匈奴纳质已经完全常态化和长期化了。

到了东汉时期，匈奴分裂为南北匈奴，两者与汉皇朝的关系有所不同，其中南匈奴依附于汉，成为汉皇朝与北匈奴之间的缓冲，处于汉皇朝卫星国的地位，乃至最后被并入汉皇朝，于是南匈奴向汉皇朝纳质较之西汉晚期更上了一个台阶，在常态化、长期化的基础上进而制度化。光武帝建武二十五（49）“南单于复遣使诣阙，奉藩称臣，献国珍宝，求使者监护，遣侍子，修旧约。”南匈奴主动提出按照“旧约”遣子入侍问题，这里的“旧约”当指西汉晚期成帝以降的纳质条约。次年秋，“南单于遣子入侍，奉奏诣阙。”开始履行纳质条约。但是从是年开始的纳质并不是完全重复西汉晚期的条约规定，而有了新的发展，其具体表现是：“单于岁尽辄遣奉奏，送侍子入朝，中郎将从事一人将领诣阙。汉遣谒者送前侍子还单于庭，交会道路。”③ 一方面是“质侍”与入朝两者结合进行，每年年终即遣子入侍，侍子兼负朝贡之责；另一方面是新旧侍子每年进行轮换，新侍子之来与前侍子之去同时进行。由于匈奴侍子常驻于汉庭，经久不辍，因而匈奴侍子之在汉庭的政治活动亦随之常态化，从

① 《汉书》卷九四下《匈奴传下》，第3809—3810页。

② 《汉书》卷九四下《匈奴传下》，第3818页。

③ （南朝·宋）范晔撰，（唐）李贤等注：《后汉书》卷八九《南匈奴传》，中华书局1965年版，第2944页。

而被载入汉皇朝的典章制度之中，成为定制，东汉时期的“九宾”制度已将“匈奴侍子”纳入其中，形成了“九宾谓王、侯、公、卿、二千石、六百石下及郎、吏、匈奴侍子，凡九等”[①] 这样一种包含“匈奴侍子”在内的新的礼仪制度。从而实现了匈奴“质侍”之制度化历史进程。

东汉时期的北匈奴虽然基本上保持着独立性，并经常对于汉皇朝构成不同程度的威胁，甚至有的时段还构成严重威胁，但是总体而言毕竟与西汉前中期的匈奴不可同日而语了，他们对于汉皇朝没有达到致命性威胁的程度，总体而言属于骚扰性的威胁，因此汉皇朝对于北匈奴并没有外交上的急迫需求，基本上是坐待其外交上的有求于己。这个时期汉皇朝与北匈奴外交上的博弈，主要体现于北匈奴不断要求与汉和亲，而汉方则加以拒绝，“不答其使，但加赐而已”[②] 成为常态。唯明帝永平六年（63）胡邪尸逐侯鞮单于长立，“时北匈奴犹盛，数寇边，朝廷以为忧。”次年“会北单于欲合市，遣使求和亲，显宗冀其交通，不复为寇，乃许之。”[③] 这里的“和亲”似非指联姻，而主要是包括互市在内的通使关系。即使此“和亲”包含联姻之意，在当时也没有事实证明其已经履行。从汉方来说，对于北匈奴主要是要求其纳质，但是北匈奴始终不肯纳质，直至东汉和帝永元元年（89）窦宪大破北匈奴，随后“遣军司马吴汜、梁讽，奉金帛遗北单于，宣明国威”，北单于喜悦，“乃遣弟右温禺鞮王奉贡入侍，随讽诣阙。（窦）宪以单于不自身到，奏还其侍弟。”[④] 在大军压境之下方才派出侍子，但是仍然没有表现出纳质的诚意。及至元兴元年（105）北匈奴“遣使诣敦煌贡献……愿请大使，当遣子入侍。”李贤注曰：“天子降大使至国，即遣子随大使入侍。”[⑤] 北匈奴提出汉皇朝派遣大使，作为其遣子入侍之条件。表明北匈奴只要还有一些实力和独立性则不愿意遣子入侍。东汉皇朝与北匈奴关于和亲与纳质的博弈，某种意义上似乎又回到西汉中期从和亲到纳质转变阶段的情形。但是直至

① （晋）司马彪撰，（梁）刘昭补注：《续汉书·礼仪志上》注引“薛综曰”，点校本《后汉书志》第四，中华书局1965年版，第3103页。

② 《后汉书》卷八九《南匈奴传》，第2957页。

③ 《后汉书》卷八九《南匈奴传》，第2949页。

④ 《后汉书》卷二三《窦宪传》，第817页。

⑤ 《后汉书》卷八九《南匈奴传》，第2957页。

北匈奴西迁，北匈奴也没有向汉皇朝派遣质子。

二 强国用和亲，弱国用“质侍”

两汉时期和亲与“质侍”这两种外交方式之关联性及其互动关系，一个重要的体现是对于强国、大国使用和亲，对于弱国、小国则使用“质侍”，以及往往与此相联系的有求于对方与否的变化而交替运用，相互配合。

古代世界的外交基本上是一种区域性外交，亦即近邻外交，这是由于当时的交通、通讯条件制约下所决定的。两汉四百年间东亚外交圈中的强国、大国为汉帝国和匈奴帝国，西域外交圈中与汉帝国并峙称雄者先后有罗马帝国、安息帝国、贵霜帝国等为代表的诸多强国、大国，但是在西汉中期通西域之前，两个外交圈之间的利益交集和外交关系并不明显，即使在汉通西域之后仍然有一个发展过程，汉皇朝与两个外交圈诸国的外交关系密切度与相互之间距离的远近往往成反比例关系。前者中以汉皇朝与匈奴两强最为近邻，双方外交利益交集最为频密，故有汉一代外交的主要对象就是匈奴，是为汉代自始至终首屈一指的重点。汉皇朝自建国伊始即与匈奴进行和亲，上文已经作了论述，兹不赘述。在东亚外交圈除了汉与匈奴之外，其他众多国家均在此两国之下，而属于中小国家之列，所以我们可以看到它们之中没有一个能够与汉皇朝建立和亲关系，如果发生外交关系，“质侍”即为与这些中小国家的主要方式。

但是有汉一代与汉皇朝和亲的国家，除了匈奴之外，还有一个重要对象就是西域外交圈中的乌孙。那么汉皇朝与乌孙的和亲是否仍然符合我们上面提出的见解和结论呢？答案是肯定的。

首先，汉皇朝与乌孙和亲是因为匈奴问题而引发和导致的，是对匈奴外交战略的重要组成部分，从和亲问题的角度而言，与乌孙的和亲是对匈奴和亲的延伸。

西汉皇朝为了解决匈奴这一重中之重的问题，在西汉前中期经历了由内而外再到内外兼修的发展转变过程。西汉前期主要在于“内修”，其时汉皇朝专注于休养生息以发展社会经济，同时加强以骑兵为中心的军备发展，以从综合国力上和军事上培育与匈奴抗衡的力量。在“外修”方面，则经历了从近邻外交到远邻外交的两个阶段。汉初基本上专注于对匈外交，运用和亲这一方式以缓和与匈奴的敌对关系，弱化、遏制其对汉边的进犯，是当时汉匈外交关系的核心。围绕对匈奴外交这一核心课题，汉皇朝逐步改善、发展了周边关系，其动作之先后顺序大体上是：册封东南地区的闽越和东瓯，向岭南的南越施加强大的政治、军事压力，迫使其从独立而转变为半独立，试图稳定后方，以便集中注意力于北方的匈奴。到了汉武帝时期，将“外修”战略战术推上了一个新的台阶，把重点从内政为主转移到对外的军事和外交为主的方针政策上来，这体现于一举将南越并入汉皇朝，并顺势将与其成犄角之势的西南夷亦一举纳入版图，通过这些步骤，进一步稳定了后院，解除了后顾之忧，取得了全力面对匈奴的有利条件。在武力反击匈奴，将其驱逐于漠北，从而取得决定性胜利的基础上，又进一步从匈奴的左右两侧发动军事的外交的攻势，于是“东伐朝鲜，起玄菟、乐浪，以断匈奴之左臂；西伐大宛，并三十六国，结乌孙，起敦煌、酒泉、张掖，以鬲婼羌，裂匈奴之右肩。”从东西两个方面牵制、削弱匈奴，断其左臂、右肩，置匈奴于孤立无援境地，于是“单于孤特，远遁于幕北”①，从而将匈奴问题的解决推进到了一个崭新的、决定性的发展阶段。其中“裂匈奴之右肩”中的一个中心环节就是“结乌孙”，“结乌孙”的主要方式就是和亲，这是汉通西域时，汉皇朝君臣事先就已经明确的外交方略：西向联结原先“羁属”匈奴的乌孙，“汉遣公主为夫人，结昆弟，其势宜听，则是断匈奴右臂也。”② 于是有了张骞出使西域之举：“西通月氏、大夏，又以公主妻乌孙王，以分匈奴西方之援国”③，将近邻外交推向远邻外交。故和亲乌孙是汉皇朝对匈奴整体战略中的一环，实际上是和亲匈奴之延伸和重要组成部分。

其次，和亲乌孙也与乌孙在西域诸国中的“强国”“大国”地位以及与汉的距离相对较近有关。

汉皇朝从西部实施“断匈奴右臂”的战略计划并非仅仅指向乌孙一国，而是包括乌孙在内的西域地区诸多国家，何以只与乌孙和亲而不与

---

① 《汉书》卷七三《韦贤传》，第 3126 页。

② 《史记》卷一二三《大宛列传》，第 3168 页。

③ 《史记》卷一一〇《匈奴列传》，第 2913 页。

西域其他国家和亲呢？乌孙之被汉皇朝采择为西域地区的和亲国，主要有两个方面的原因，一是乌孙在西域地区的“强国”“大国”地位以及与汉的距离相对较近，二是与此相联系的乌孙在整个西域地区所处重要战略地位有关。

先来看看第一个方面的原因，即乌孙在西域地区的“强国”“大国”地位以及与汉的距离相对较近的情形。

西域地区众多小国林立，不相统一，“各有君长，兵众分弱，无所统一”①。但是其中也有若干相对强大的国家，乌孙即是其中的突出者，它在西域中“最为强国”“故服匈奴，及盛，取其羁属，不肯往朝会焉”②。这就是汉皇朝之所以在西域诸国中唯与乌孙和亲的重要原因，史称“乌孙大国，控弦十万，故武帝妻以公主。”③ 那么，乌孙是否称得上“强国”“大国”呢？兹制作汉皇朝周边大国排序表以见其情形。

汉皇朝周边大国排序表

国名	与汉距离	国力状况	序号
匈奴	与汉关故河南塞（《史记》卷110《匈奴列传》）	冒顿得自强，控弦之士三十余万（《汉书》卷94上《匈奴传上》）。 冒顿单于兵强，控弦四十万骑（《汉书》卷43《刘敬传》）。 总人口150—200万之间④	1
乌孙	大昆弥治赤谷城，去长安八千九百里……东至都护治所千七百二十一里（《汉书》卷96下《西域传下·乌孙国传》）	户十二万，口六十三万，胜兵十八万八千八百人（《汉书》卷96下《西域传下·乌孙国传》）	2
康居	王冬治乐越匿地。到卑阗城。去长安万二千三百里。不属都护……东至都护治所五千五百五十里（《汉书》卷96上《西域传上·康居国传》）	户十二万，口六十万，胜兵十二万人（《汉书》卷96上《西域传上·康居国传》）	3
大月氏	治监氏城，去长安万一千六百里。不属都护……东至都护治所四千七百四十里（《汉书》卷96上《西域传上·大月氏国传》）	户十万，口四十万，胜兵十万人（《汉书》卷96上《西域传上·大月氏国传》）。 阎膏珍为王，月氏自此之后，最为富盛，诸国称之皆曰贵霜王。汉本其故号，言大月氏云（《后汉书》卷88《西域传》）	4

① 《汉书》卷九六下《西域传下》，第3930页。

② 《史记》卷一二三《大宛列传》，第3161页。

③ 《后汉书》卷四七《班超传》，第1577页。

④ 田继周：《秦汉民族史》，四川民族出版社1996年版，第51页。

续表

国名	与汉距离	国力状况	序号
大宛	王治贵山城，去长安万二千五百五十里……东至都护治所四千三十一里。（《汉书》卷96上《西域传上·大宛国传》）	户六万，口三十万，胜兵六万人。（《汉书》卷96上《西域传上·大宛国传》）	5
安息	王治番兜城，去长安万一千六百里。不属都护（《汉书》卷96上《西域传上·安息国传》）。 居和椟城，去洛阳二万五千里（《后汉书》卷88《西域传·安息国传》）	其属小大数百城，地方数千里，最为大国（《史记》卷123《大宛列传》）。 地方数千里，小城数百，户口胜兵最为殷盛（《后汉书》卷88《西域传·安息国传》）	?
大秦国	在海西（《后汉书》卷88《西域传》）	地方数千里，有四百余城。小国役属者数十（《后汉书》卷88《西域传》）	?

由上表可见：(1) 从人口与兵力两要素观之，第一大国匈奴之下的第二大国即为乌孙，无论人口数量还是军队数量均如此，而康居、大月氏（贵霜）、大宛等西域大国均在乌孙之下。其余西域小国虽多，但他们的实力与乌孙不可同日而语，以武力为例，其胜兵数量多为数千人乃至百余人，甚至如狐胡国，仅有“户五十五，口二百六十四，胜兵四十五人。”① 故哀帝元寿二年（公元1），乌孙“大昆弥伊秩靡与单于并入朝，汉以为荣。”② 乌孙与匈奴两个昔日的大国同来朝贡，汉皇朝认为这是它在外交上的重大胜利，故引以为荣。(2) 乌孙与汉的距离也是排在匈奴之后的第二位，康居、大月氏（贵霜）、大宛等西域大国均较乌孙为远，故它们对于汉皇朝的战略方面、外交方面的需求程度均低于乌孙。以其中的月氏为例观之，东汉时“月氏尝助汉击车师有功，是岁贡奉珍宝、符拔、师子，因求汉公主。（班）超拒还其使，由是怨恨。”其主动向汉要求和亲却遭到拒绝，于是永元二年（90），“月氏遣其副王谢将兵七万攻（班）超。超众少，皆大恐。超譬军士曰：‘月氏兵虽多，然数千里踰葱领来，非有运输，何足忧邪？但当收谷坚守，彼饥穷自降，不过数十日决矣。’谢遂前攻超，不下，又钞掠无所得。超度其粮将尽，必从龟兹求救，乃遣兵数百于东界要之。谢果遣骑赍金银珠玉以赂龟兹。超伏兵

① 《汉书》卷九六下《西域传下》，第3920页。
② 《汉书》卷九六下《西域传下》，第3910页。

遮击，尽杀之，持其使首以示谢。谢大惊，即遣使请罪，愿得生归。超纵遣之。月氏由是大震，岁奉贡献。”① 月氏虽属大国，但是其和亲要求被拒，原因有二，一是月氏与汉皇朝距离遥远，对汉皇朝没有直接的威胁，由此而决定的第二个原因是其战略上的意义和迫切性与前汉时期的乌孙不能比拟。上表中还有两个重要的大国安息与大秦没有统计数字，我们没有进行排序，但是他们与汉的距离均较上述诸国更为遥远。可以说当时乌孙是在汉皇朝的外交视野中仅次于匈奴的强国，也是仅次于匈奴而与汉皇朝距离最近、外交上需求程度最高的大国。

接下来看看第二个方面的原因，即乌孙所处重要战略地位。

在上述诸大国中，乌孙所处的战略地位也十分重要，它“东与匈奴、西北与康居、西与大宛、南与城郭诸国相接。”② 它的东界与汉皇朝北方的劲敌匈奴相邻，因此是从西翼牵制匈奴的最佳战略抓手，这在上文已经述及。乌孙的西面是康居、大宛乃至安息等西域诸国，乌孙之亲汉，不仅可以有效牵制匈奴，而且将有助于其西部诸国之向汉，如果乌孙亲匈奴，则匈奴可以继续有效控制西域，而增加对汉皇朝的压力。西汉元帝时，“会康居王数为乌孙所困，与诸翕侯计，以为匈奴大国，乌孙素服属之，今郅支单于困阸在外，可迎置东边，使合兵取乌孙以立之，长无匈奴忧矣。即使使至坚昆通语郅支。”③ 从康居企图联合匈奴以制乌孙，可知乌孙的战略地位对于其东西两方来说都是重要的。乌孙的南面邻接城郭诸国，有助于汉皇朝控制南部的西域诸国。东汉班超在经营城郭诸国时，“既破（疏勒都尉）番辰，欲进攻龟兹。以乌孙兵强，宜因其力，乃上言：‘乌孙大国，控弦十万，故武帝妻以公主，至孝宣皇帝，卒得其用。今可遣使招慰，与共合力。’帝纳之。八年，拜超为将兵长史，假鼓吹幢麾。以徐干为军司马，别遣卫候李邑护送乌孙使者，赐大小昆弥以下锦帛。”④ 表明乌孙在控制城郭诸国方面具有重要意义。故乌孙成为汉皇朝与匈奴在西域相互争夺的重要对象和关键。

---

① 《后汉书》卷四七《班超传》，第 1580 页。
② 《汉书》卷九六下《西域传下》，第 3901 页。
③ 《汉书》卷九四下《匈奴传下》，第 3802 页。
④ 《后汉书》卷四七《班超传》，第 1577 页。

有汉一代，与汉皇朝和亲者只有匈奴和乌孙两个强国、大国，其他国家如果与汉皇朝发生外交关系，则所用方式主要为“质侍”。

汉代的外交可以张骞两次通西域为分界，此前汉皇朝处于外交的保守阶段，此后转入外交的积极进取阶段。而在后一阶段的外交中恰恰逐步进入了以“质侍”为主、和亲为辅的阶段，这是汉皇朝鹤立鸡群于东亚地区在外交上处于强势地位的一种体现。这一转变在东亚外交圈中是从与南越建立“质侍”关系为突破口而开始的。汉武帝建元六年（前135）闽越王郢兴兵击南越，南越王胡使人上书求援，于是汉皇朝派遣两将军往讨闽越，闽越王弟余善杀郢以降。汉方趁势派遣“庄助往谕意南越王，南越王胡顿首曰：‘天子乃为臣兴兵讨闽越，死无以报德！’遣太子婴齐入宿卫。”南越是在兵威之下被迫纳质的。后十余年南越王胡病逝，婴齐继位后，“汉数使使者风谕婴齐，婴齐尚乐擅杀生自恣，惧入见要用汉法，比内诸侯，固称病，遂不入见。遣子次公入宿卫。”① 南越第二次遣子入侍也是在汉皇朝威逼之下不得已而为之的。

“质侍”与和亲在西域外交圈的实施情况与东亚外交圈有所差异，是从“质侍”开始的。元封三年（前108）从票侯赵破奴将属国骑及郡兵数万击姑师，虏楼兰王，楼兰降服贡献。匈奴闻之，次年发兵击之，“于是楼兰遣一子质匈奴，一子质汉。”② 首开西域小国向汉纳质之先河。汉皇朝何以首先拿楼兰作为西域诸国纳质的突破口？这是因为楼兰不仅是西域小国，而且它是距离汉皇朝最为接近的西域国家，是汉使进入西域首先必经的东部小国，它对于汉通西域具有重要价值，但它却经常依违于汉和匈奴之间。“楼兰国最在东垂，近汉，当白龙堆，乏水草，常主发导，负水儋粮，送迎汉使，又数为吏卒所寇，惩艾不便与汉通。”楼兰一直保持与匈奴的关系，经常“为匈奴反间，数遮杀汉使。”③ 于是汉匈之间展开了对于楼兰的争夺战，“质侍”是双方博弈的重要手段。征和元年（前92），楼兰王死，国人来请质子在汉者，欲立之。质子常坐汉法，下蚕室宫刑，故不遣。报曰：“侍子，天子爱之，不能遣。其更立其次当立

① 《史记》卷一一三《南越列传》，第2971页。

② 《汉书》卷九六上《西域传上》，第3876—3877页。

③ 《汉书》卷九六上《西域传上》，第3878页。

者。”楼兰更立王，“汉复责其质子，亦遣一子质匈奴。”后王又死，“匈奴先闻之，遣质子归，得立为王。”汉皇朝与匈奴在对楼兰的“质侍”博弈中输了一着，于是汉“遣使诏新王，令入朝，天子将加厚赏。”楼兰王后妻谓楼兰王曰：“先王遣两子质汉皆不还，奈何欲往朝乎？”王用其计，谢汉使曰：“新立，国未定，愿待后年入见天子。”① 汉皇朝与匈奴在楼兰的“质侍”博弈中何以稍逊一筹？这主要是匈奴早在汉通西域之前就已经长期控制着西域，它与西域诸多国家也早已建立纳质关系，这方面他的经验要比汉皇朝老到纯熟得多。元凤四年（前77），大将军霍光遣平乐监傅介子刺杀了楼兰王，告谕以“王负汉罪，天子遣我来诛王，当更立前太子质在汉者”②。汉皇朝乃立楼兰质子“尉屠耆为王，更名其国为鄯善，为刻印章，赐宫女为夫人，备车骑辎重，丞相将军率百官送至横门外，祖而遣之”③，最终还是以汉皇朝得分而结束了这场“质侍”博弈。

在汉皇朝逼迫楼兰首开纳质之后，以征服大宛为契机，又进一步将西域的“质侍”畛域向西推进。太初四年（前101）李广利征服了大宛，“贰师将军之东，诸所过小国闻宛破，皆使其子弟从军入献，见天子，因以为质焉。”④ 大宛东部小国纷纷纳质。大宛亦然，汉在破大宛之后，“立昧蔡为宛王而去。岁余，宛贵人以为昧蔡善谀，使我国遇屠，乃相与杀昧蔡，立毋寡昆弟曰蝉封为宛王，而遣其子入质于汉。”⑤ 原来相对来说还算强大的大宛本来在汉皇朝眼中就是一个“小国”⑥，在被汉皇朝征服之后更属弱小之国，其向汉纳质实属顺理成章。

在西域地区以楼兰纳质为突破口的同时，汉皇朝进而在东方又与其长期的劲敌匈奴开展了纳质与和亲的外交博弈，这场博弈的特点是：汉

---

① 《汉书》卷九六上《西域传上》，第3877—3878页。

② 《汉书》卷七〇《傅介子传》，第3002页。

③ 《汉书》卷九六上《西域传上》，第3878页。

④ 《史记》卷一二三《大宛列传》，第3178页。

⑤ 《史记》卷一二三《大宛列传》，第3179页。

⑥ 《史记》卷一二三《大宛列传》：“是后天子数问（张）骞大夏之属。骞既失侯，因言曰：‘臣居匈奴中，闻乌孙王号昆莫，昆莫之父，匈奴西边小国也……’”太初元年夏，贰师将军李广利征西域，“公卿及议者皆愿罢击（大）宛军，专力攻胡。天子已业诛宛，宛小国而不能下，则大夏之属轻汉……”云云（第3168、3176页）可见，在西汉人眼中，乌孙尚且只是“匈奴西边小国”，则视实力远逊于乌孙的大宛为“小国”，更是必然的心态了。

方要求匈奴纳质，匈奴则要求和亲，形成长期的外交攻防战。元封四年（前107）汉使王乌出使匈奴，要求匈奴纳质是这场博弈开始的标志。当时匈奴诈称遣其太子入汉为质，以求和亲。但是实际上匈奴方面“诸所言者，单于特空绐王乌，殊无意入汉及遣太子来质。”[①] 这时的匈奴虽然在军事上遭到重创，但是仍然有很大实力，汉匈力量对比还没有发展到完全逆转的地步，故匈奴还有力量来抗拒汉皇朝提出的“质侍”要求。这场博弈历时半个世纪，到了汉宣帝五凤四年（前54）终于有了结果，最后以匈奴向汉皇朝纳质而宣告汉匈关系中“质侍”取代和亲历史阶段的到来。这一转变的关键是匈奴进入了空前的衰弱期，由东亚地区仅次于汉皇朝的第一强国而沦落为弱国——汉皇朝的依附国，是年匈奴单于称臣，遣弟谷蠡王入侍[②]。最后形成了以呼韩邪单于和郅支单于为主的两个匈奴政权对峙的局面，于是甘露元年（前53）呼韩邪引众南近塞，遣子右贤王铢娄渠堂入侍，郅支单于亦遣子右大将驹于利受入侍，汉两受之[③]，两单于争相向汉皇朝纳质。

这里值得注意的是，在匈奴正式进入对汉皇朝纳质阶段的同时，西域的乌孙也已经向汉皇朝纳质了。乌孙具体于何年向汉纳质没有明确的记载，但是我们却可以看到，当五凤四年（前54）匈奴开始向汉纳质的同时，也出现了有关乌孙纳质的记载了，是年汉皇朝“使卫司马魏和意、副候任昌送侍子还乌孙”[④] 的记载，表明这时乌孙也已经向汉皇朝纳质了，而且乌孙的纳质很可能还在匈奴纳质之稍前，因为这个记载所述是乌孙的侍子被汉使护送回国的事情，那么这个乌孙侍子应当是在五凤四年之前入汉的。乌孙作为一个西域大国、强国，何以这个时候也向汉纳质了呢？这时乌孙的国势亦走在下坡路上，宣帝神爵二年（前60）乌孙向汉皇朝请求和亲一事透露了这方面的信息，乌孙昆弥翁归靡事前通过长罗侯常惠向汉宣帝上书，表示“愿以汉外孙为嗣，得复尚少主，结婚内附，畔去匈奴。”[⑤] 乌孙方面为了得到汉方允许继续和亲，主动提出了

---

① 《史记》卷一一〇《匈奴列传》，第2913—2914页。

② 《汉书》卷八《宣帝纪》，第268页。

③ 《汉书》卷九四下《匈奴传下》，第3797页；《汉书》卷七〇《陈汤传》，第3008页。

④ 《汉书》卷九六下《西域传下》，第3906页。

⑤ 《汉书》卷七八《萧望之传》，第3279页。

三个条件，一是以具有汉人血统的解忧公主之子元贵靡继位为昆弥，二是“内附”，三是“畔去匈奴”。从乌孙所提这三个条件，可以看到乌孙对于汉皇朝的依附性已经日益发展，纳质当为其“内附”的具体行动之一。到了甘露元年（前53）呼韩邪单于召集匈奴贵族决策是否降汉的问题时，其左伊秩訾曰：“强弱有时，今汉方盛，乌孙城郭诸国皆为臣妾。”[①] 指出乌孙已经与西域城郭诸国一起成为汉皇朝的“臣妾”了。这些情况表明乌孙已经从独立自主的强国、大国转变为对于汉皇朝依附性很强的弱国、小国了，在这样的历史条件下，乌孙向汉皇朝遣子入侍，汉乌关系也开始发生从和亲逐步向“质侍”的转变，实属势所必然。后“自乌孙分立两昆弥后，汉用忧劳，且无宁岁。”[②] 国势江河日下，“汉遂不复与结婚”[③]，而只有纳质关系了。

到了西汉后期，与汉皇朝和亲的两个强国、大国匈奴和乌孙都先后完成了从和亲到“质侍”的转变。到了汉元帝、成帝时，另一西域大国康居也遣子入侍，也就是说，从这个时期开始汉皇朝外交网络中原来的大国、强国均与汉皇朝确立了纳质关系。根本原因在于这些相对强大的国家，对于汉皇朝来说都在不同程度上处于弱势地位了。在这种形势下，西域地区的其他弱小国家遣子入侍自不必说。这种势头到了东汉时期更为发展，西部方面，包括乌孙在内的西域诸国纷纷遣子入侍；北部方面，南匈奴遣子入侍已经成为制度化、长年化；东部方面则乌桓、鲜卑亦先后向汉皇朝纳质，建武二十五年（49）“乌桓或愿留宿卫，于是封其渠帅为侯王君长者八十一人，皆居塞内，布于缘边诸郡，令招来种人，给其衣食，遂为汉侦候，助击匈奴、鲜卑。”同时复置乌桓校尉于上谷甯城，“开营府，并领鲜卑，赏赐质子，岁时互市焉。”[④] 永初元年（107）鲜卑大人燕荔阳“诣阙朝贺，邓太后赐燕荔阳王印绶，赤车参驾，令止乌桓校尉所居甯城下，通胡市，因筑南北两部质馆。鲜卑邑落百二十部，各遣入质。”[⑤] 可以说，到了东汉时期，汉皇朝与四面八方的大小国家均用

① 《汉书》卷九四下《匈奴传下》，第3797页。

② 《汉书》卷九六下《西域传下》，第3910页。

③ 《汉书》卷七八《萧望之传》，第3279页。

④ 《后汉书》卷九〇《乌桓鲜卑传》，第2982页。

⑤ 《后汉书》卷九〇《乌桓鲜卑列传》，第2986页。

“质侍”而不用和亲了，进入了一个以“质侍”为主的时期。这种情况的出现，是由于这个时期汉皇朝已经独步天下，在整个东亚地区乃至西域的邻近地区均无出其右者所决定的。总之，和亲与“质侍”的交相为用，大体上是随着双方力量之强弱大小以及与此相联系的外交上有求于对方与否的变化而转移的。

原刊文附言：拙著《汉代外交体制研究》于去年11月由商务印书馆出版之后，感到其中仍有一些意犹未尽之处，汉代和亲与“质侍”两种重要外交方式之间的关联性及其互动关系即属此类问题，故续撰《汉代和亲与“质侍”在外交中的互动关系》一文以事补苴。今年适逢中国史学界耆宿朱绍侯先生九秩华诞，谨以此拙文敬献，以襄盛典云尔。

2015年4月27日　于北京师范大学历史学院

（原刊李振宏主编：《朱绍侯九十华诞纪念文集》，河南大学出版社2015年版。后收入《先秦汉唐史论》上编“古史卷”，北京师范大学出版社2016年版。我们在黎虎先生遗存文稿中，又发现同名文章，经过比对，知与原刊文微有区别，当系黎虎先生在刊后又进行了一些修订。今据黎虎先生刊后最新修订稿，并参校原刊文暨《先秦汉唐史论》刊文整理。李文才敬识。）

解忧公主出塞的历史贡献

西汉中叶的解忧公主出塞，远嫁西域乌孙王，是我国各族人民友好交往历史中一曲优美动人的乐章。解忧公主是一位对于祖国统一的多民族国家的发展做出了重要贡献的历史人物。然而，两千多年来，她却象沉埋瀚海的一颗明珠，一直没有引起人们足够的注意并给予应有的评价。不仅在许多通史著作中没有她的地位，即使在论述两汉与西域关系历史的专著、论文中，对此亦语焉不详，甚或不置一词；也有些著作主次颠倒，轩轾失当，对于其作用远不能与之相比的细君公主（即江都公主）反倒较为重视，而无视解忧公主的历史作用。因此，我们今天有必要对解忧公主出塞作出公正的评价，给她以应有的历史地位，庶几恢复历史之本来面目。

兹不揣刍荛，略陈管见，以期引起人们对于这一历史人物的重视，并就正于史学界同志们。

一 解忧公主出塞的历史背景

解忧公主出塞之年，史无明文。然据诸史料，当在汉武帝太初四年（前101）①。

① 第一，解忧公主是在细君公主死后入乌孙的。清人王先谦《汉书补注·西域传》引徐松曰："（细君）公主在乌孙，仅四五年而死。"并谓解忧公主妻岑陬"在太初中"（书目文献出版社1995年版，第1633页）。细君公主于公元前105年出塞，四五年而死，当在太初四年。第二，据《汉书》卷七八《萧望之传》，神爵二年（公元前60年）萧望之曾谓"前少主（指解忧）在乌孙四十余年。"［（汉）班固撰，（唐）颜师古注，中华书局1962年版，第3279页］由此上推至太初四年为四十一年。第三，又据《汉书》卷九六下《西域传下·乌孙国传》，解忧公主于甘露三年（公元前51年）回到长安，"时年且七十"（第3908页），由此上溯至太初四年，解忧公主"年且二十"，正当出嫁之年。准此，则解忧公主出塞之年当在太初四年。

从公元前202年西汉王朝建立到解忧公主出塞的一百年中，西汉在民族关系中面临的一个最严重问题，是北方匈奴政权的威胁。匈奴族是我国北部地区的一个古老的兄弟民族。大约公元前3世纪匈奴族完成了由原始公社向阶级社会的过渡，在冒顿单于（前209—前174）时建立了东起辽河，西逾葱岭，北抵贝加尔湖，南接长城的政权。这是一个带有强烈的掠夺性的游牧军事政权，“进行掠夺在他们看来是比进行创造的劳动更容易甚至更荣誉的事情。……现在进行战争，则纯粹是为了掠夺”，因而把战争视为“经常的职业”。[①] 史称“匈奴明以攻战为事”[②]“行盗侵驱，所以为业”[③]。邻人的财富刺激了他们的贪欲，战争的目的纯粹是为了掠夺，“其攻战，斩首虏赐一卮酒，而所得卤获因以予之，得人以为奴脾。故其战，人人自为趋利”。[④] 匈奴经常对汉族地区进行掠夺性的军事行动，“小入则小利，大入则大利。”[⑤] 其掠夺对象不仅是物质财富，还大肆杀掠吏民，虏为奴婢。据粗略统计，仅从汉文帝三年（前177）到昭帝元凤三年（前78），匈奴贵族就虏去汉人十万口以上[⑥]。

这一百年中，汉匈关系发生了巨大的变化。西汉前期，由于汉、匈力量对比不平衡，汉朝还不足以完全抗御匈奴贵族的威胁，因而采取以“和亲”与“通关市”为主，军事防御为辅的政策。经过汉初六十年休养生息，西汉社会经济发展，中央集权政治得到巩固，到了汉武帝时，“天下殷富，财力有余，士马强盛”[⑦]，解决匈奴政权威胁的条件已经具备。

---

① ［德］恩格斯：《家庭、私有制和国家的起源》，中共中央马克思恩格斯列宁斯大林著作编译局译，人民出版社1972年版，第162页。按，人民出版社1999年版《家庭、私有制和国家的起源》，这段文字表述如下：“掠夺在他们看来比劳动更容易甚至更光荣。……现在打仗，则纯粹是为了掠夺，战争成了经常性的行当。”（第171页）2018年版表述为：“掠夺在他们看来比用劳动获取更容易甚至更光荣。……现在打仗，则纯粹是为了掠夺，战争成了经常性的行当。”（第183页）就翻译文字的雅训情况来看，1972年版似较1999、2018年版为胜，而就汉匈之间的关系来看，也以“战争”较诸“打仗”为胜。故这里引用1972年版。

② 《汉书》卷九四上《匈奴传上》，第3760页。

③ （汉）司马迁撰，（南朝·宋）裴骃集解，（唐）司马贞索隐，（唐）张守节正义：《史记》卷一一二《主父偃传》，中华书局1959年版，第2955页。

④ 《汉书》卷九四上《匈奴传上》，第3752页。

⑤ 《汉书》卷四九《晁错传》，第2278页。

⑥ 林幹：《匈奴社会制度初探》，《匈奴史论文集（1919—1979）》，中华书局1983年版，第303—304页。

⑦ 《汉书》卷九六下《西域传下》“赞曰”，第3928页。

于是，汉武帝便改变原来的退让、迁就政策，而改为主动进攻的政策。

为此，汉武帝从两个方面着手进行，一是从军事上加强力量，主动出击；二是联合西域，夹击匈奴，实施“断匈奴右臂”的战略计划。这两个方面，密切配合，相辅相成。

解忧公主出塞之前，第一方面已取得了相当的进展。从元光二年（前133）汉匈战争开始后，汉武帝对匈奴发动了三次决定性的出击：元朔二年（前127）大将军卫青出云中，夺回河南地；元狩二年（前121）骠骑将军霍去病出陇西，大败匈奴右部休屠王、浑邪王，占领河西走廊，打通了汉通西域的道路；元狩四年（前119）卫青、霍去病分兵出击漠北，匈奴单于远遁，以致“漠南无王庭”。时在解忧公主出塞之前十八年。

但是，这些胜利并没有完全解除北方的威胁，匈奴势力虽然受到沉重打击，但还保持相当的实力，继续与汉廷抗衡，骚扰汉边。匈奴威胁之真正得到解决，是在实现了联合西域，“断匈奴右臂”的战略计划之后。

汉代所谓“西域”，有广义与狭义之分。广义的西域包括我国新疆以西的中亚细亚、印度、伊朗高原、阿拉伯及小亚细亚等地；狭义的西域，则主要指敦煌以西、葱岭以东的我国新疆天山南北地区。本文所论主要指后者而言。西域地区自古以来就是我国西北各兄弟民族和汉族共同开辟的家园。秦汉之际西域各族人民已在这里建立了许多城邦和部落国家。天山以南的塔里木沙漠南缘的十几个国家称为“南道诸国”，北缘的十几个国家称为“北道诸国”。这些国家多以农牧为业，有城廓庐舍，故统称“城廓诸国”。天山以北的十几个国家，多以畜牧为业，统称为“山后诸国”。

秦汉时期，匈奴政权虏掠、奴役的对象，除南部的汉族农业地区外，还包括东部的鲜卑、乌桓和西部的西域各族。而“西域诸国，各有君长，兵众分弱，无所统一”①，所以早在西汉初，西域各族就处于匈奴政权的野蛮控制之下，“楼兰、乌孙、呼揭及其旁二十六国皆已为匈奴”。② 匈奴西部的日逐王在西域设置“僮仆都尉”，驻节焉耆、危须、尉犁诸国，进

---

① 《汉书》卷九六下《西域传下》“赞曰”，第3930页。

② 《汉书》卷九四上《匈奴传上》，第3757页。

行军事占领与残酷的奴役剥削，“赋税诸国，取富给焉。”[①] 葱岭以西大国，如大月氏、大夏、康居等亦不得不服事匈奴，“匈奴使持单于一信，则国国传送食，不敢留苦”。[②] 因此，“胡得众国而益强”。[③] 以上诸国已成为匈奴政权的重要经济支柱，在军事上则是其进攻西汉的一只有力的“右臂”。匈奴在元狩四年被汉打败后，“单于益西北”[④]，进一步把注意力西移，加紧对西域的控制。此后，汉匈斗争的重心就转移到了西域，争夺西域成了汉匈斗争的一个焦点，西域诸国的向背成为汉、匈孰胜孰败的关键。

早在建元三年（前138），汉武帝就派张骞第一次通西域，目的是联络大月氏，东归故地，夹击匈奴。但张骞这次的使命没有达到原定目的。元狩四年（前119）张骞第二次奉使西域，这次出使西域的目的是联络乌孙。乌孙原来也住在祁连、敦煌一带，依附于匈奴，后西迁至塞地（伊犁河流域），便“不肯复朝事匈奴”[⑤]，与匈奴存在矛盾。张骞向汉武帝建议：“蛮夷恋故地，又贪汉物，诚得以此时厚赂乌孙，招以东居故地，汉遣公主为夫人，结昆弟，其势宜听，则是断匈奴右臂也”。[⑥] 这是一个十分正确的决策。

乌孙地处巴尔喀什湖以东以南，伊犁河流域的广大地区，这里水草丰美，物产丰盛，人民以游牧为业，与匈奴同俗。其国都赤谷城在阗池（伊塞克湖）之南。西汉时，乌孙已进入阶级社会。“国多马，富人至四五千匹”[⑦]。考古发掘证明，西汉时期的乌孙墓葬大小规模已相差悬殊，大型墓的封土底周达二三百米，高达十余米。有的大墓可能还有殉葬奴隶。而小墓则面积很小，随葬品极少[⑧]，阶级分化已经十分明显。其时，乌孙已建立了国家，在昆弥（或作“昆莫”，即国王）之下设有各种官职

---

① 《汉书》卷九六上《西域传上·序》，第3872页。

② 《史记》卷一二三《大宛列传》，第3173页。

③ 王利器校注：《盐铁论校注（定本）》卷八《西域第四十六》，中华书局1992年版，第500页。

④ 《史记》卷一一〇《匈奴列传》，第2914页。

⑤ 《汉书》卷六一《张骞传》，第2692页。

⑥ 《汉书》卷六一《张骞传》，第2692页。

⑦ 《汉书》卷九六下《西域传下·乌孙国传》，第3901页。

⑧ 新疆维吾尔自治区博物馆：《新疆历史文物》，文物出版社1977年版，第15页。

和常备军队。

乌孙在西域诸国中也是最强大的一个国家。乌孙有户十二万，人口六十三万，胜兵十八万八千人，是“山后诸国”中乃至整个西域中人口最多、兵力最强的大国，号称“最为强国”①。在西域诸国中，它是唯一能与匈奴抗衡的国家，匈奴“遣兵击之不胜”②。

乌孙在西域处于十分重要的战略地位，它东界匈奴，西邻康居、大宛，南接城廓诸国。如果乌孙与汉结盟，一方面可以一东一西，对匈奴形成夹攻之势；另一方面可以作为汉与西域各国联系的枢纽，并带动西域诸国向汉，所谓“既连乌孙，自其西大夏之属皆可招来而为外臣”③，就是这个道理。这些作用是远在葱岭以西的大月氏所起不到的。因此，争取乌孙是实现联合西域、断匈奴右臂战略计划的一个关键。

但是，张骞这次联络乌孙的目的并未完全达到。其原因有三：一是“乌孙远汉，未知其大小”④；二是“素服属匈奴日久矣，且又近之，其大臣皆畏胡”⑤，三是“昆莫年老国分，不能专制”，⑥ 这时乌孙国分为三，不能完全由国王决定一切。归根结底还是因为汉、匈在西域的力量对比悬殊，匈奴在西域的势力还超过西汉。不过，乌孙出于对抗匈奴的需要，也强烈希望与汉通好。因此当元鼎二年（前 115）张骞回汉时，乌孙“遣使数十人、马数十匹报谢”。通过这种交往，“乌孙使既见汉人众富厚，归报其国，其国乃益重汉”。⑦ 从此乌孙与汉建立了经常性联系。时在解忧公主出塞之前十四年。

由于乌孙与汉的关系日益发展，汉使到大宛、月氏等地，均从乌孙通过，相继不绝。“匈奴闻其与汉通，怒欲击之”。在匈奴的压力下，“乌孙于是恐，使使献马，愿得尚汉公主，为昆弟”⑧，主动提出与汉结和亲，进一步倒向汉朝。乌孙以马千匹作为聘礼。元封六年（前 105）汉朝把江

---

① 《汉书》卷九六下《西域传下・乌孙国》，第 3901 页。

② 《汉书》卷六一《张骞传》，第 2692 页。

③ 《汉书》卷六一《张骞传》，第 2692 页。

④ 《汉书》卷九六下《西域传下・乌孙国传》，第 3902 页。

⑤ 《史记》卷一二三《大宛列传》，第 3169 页。

⑥ 《汉书》卷九六下《西域传下・乌孙国传》，第 3902 页。

⑦ 《史记》卷一二三《大宛列传》，第 3169 页。

⑧ 《汉书》卷九六下《西域传下・乌孙国传》，第 3903 页。

都王刘建的女儿细君作为公主嫁与乌孙昆弥猎骄靡。这时匈奴在乌孙还有很大势力，当细君嫁乌孙后，匈奴也立即遣女嫁乌孙。乌孙人按照以左为贵的习俗，以匈奴女为左夫人，而以细君为右夫人。时在解忧公主出塞之前四年。

猎骄靡的太子早死，死前曾商定以太子之子岑陬（乌孙官名）军须靡为太子。细君公主嫁猎骄靡后不久，“昆莫年老，欲使其孙岑陬尚公主”。当时乌孙还残存着原始社会血缘群婚的遗俗。但“公主不听，上书言状。天子报曰：‘从其国俗，欲与乌孙共灭胡。’”① 于是细君又嫁给了猎骄靡之孙军须靡。不久，猎骄靡死，军须靡继位为昆弥。细君公主在乌孙只四五年，于太初四年（前101）死去，汉武帝即以楚王刘戊之孙解忧为公主，嫁与军须靡。

二　解忧公主在乌孙和西域的活动

解忧公主从武帝太初四年（前101）出塞，到宣帝甘露三年（前51）回长安，在乌孙整整生活了五十年。这五十年，在我国统一的多民族国家发展史上发生了两起意义重大的事件：一是西域与内地的联系日益密切，终于导致了神爵二年（前60）西域都护府的建立，从此，西域与内地的关系史进入了崭新的阶段；二是北方匈奴政权对各族人民威胁的解除，最后促成了甘露三年（前51）匈奴呼韩邪单于归汉，实现了汉匈联合。这两起重大历史事件的发生都与解忧公主在乌孙及西域的活动有着不同程度的关系。

解忧公主在乌孙的半个世纪中，进行了一系列积极的活动，为促成上述两项重大历史事件之演进作出了不可磨灭的贡献。

（一）协助完成“断匈奴右臂”的战略计划

有些著作认为，细君公主“完成了乌孙与汉联盟的任务”②。这个看法似不准确。细君公主作为第一位与乌孙和亲的汉公主，对于加强乌孙与汉的友好关系起了一定作用。不过，她并没有完成乌孙与汉联盟的任务。细君公主在乌孙并无十分积极的活动，她不习惯于乌孙的游牧生活，

---

① 《汉书》卷九六下《西域传下·乌孙国传》，第3904页。

② 安作璋：《两汉与西域关系史》，齐鲁书社1979年版，第30页。

因而“自治宫室居”。加以“昆莫年老，言语不通”，她更是整日悲愁，思恋故土，作歌哀叹：“居常土思兮心内伤，愿为黄鹄兮归故乡。”① 同时，她在乌孙的时间也很短促，不过四五年而已。因此，她没有也不可能完成乌孙与汉联盟的任务。太初三年（前102）李广利再征大宛时，汉武帝曾希望乌孙“大发兵并力击宛”，但乌孙只是派了二千骑兵参加，并且“持两端，不肯前”②，就是明显的例证。正因为这样，所以当细君公主死后，汉武帝立即以解忧公主续配军须靡，让她继续去完成这一使命。解忧公主与细君公主截然不同。她不仅在乌孙生活的时间比细君公主长得多，更加难能可贵的是，她在这漫长的岁月中，始终不忘自己的政治使命，岁愈久而志弥坚，进行了十分积极的富有成效的活动，为汉皇朝完成与乌孙联盟的任务，从而实现“断匈奴右臂”的战略计划助一臂之力。

解忧公主嫁与军须靡后不久，军须靡死。军须靡的叔父之子翁归靡继位为昆弥，号肥王。按照乌孙的婚姻习俗，翁归靡又继娶解忧公主为妻。解忧公主与翁归靡结合的时间最长，直至汉宣帝神爵二年（前60）翁归靡死。他们生有三男二女。翁归靡统治时期是乌孙国力最强盛的时期，也是乌孙与汉友好关系的高潮阶段。这与解忧公主的作用是不能分开的。解忧公主在乌孙前期的活动，史文阙载。不过，从昭帝末年匈奴侵乌孙时，提出要乌孙交出解忧公主，以迫使乌孙“隔绝汉”来看，其时解忧公主在加强汉、乌关系中应当做了不少工作，已成为汉、乌友好关系的重要象征，因而匈奴感到必须除掉她才能离间汉、乌友好关系。由此可知，解忧公主前期在乌孙的活动，已奠定了汉、乌友好关系的牢固基础。到了昭帝末年和宣帝时期，随着她年龄的增长，政治上的日趋成熟，以及子女的成长，因而愈来愈活跃于乌孙乃至西域的政治舞台，发挥了愈加重要的作用和影响。

自从汉武帝发动对匈奴的三次大规模出击之后，在相当长的一段时间内，汉对匈奴无更有力的反击，其规模最大的一次，是天汉二年（前99）李广利、李陵的出击。但这次进攻完全失败，李广利被围，几不得脱，李陵兵败投降。此后汉、匈之间一直处于相持局面。这种状况直到

① 《汉书》卷九六下《西域传下·乌孙国传》，第3903页。

② 《史记》卷一二三《大宛列传》，第3178页。

本始三年（前71）汉与乌孙联军大败匈奴后才彻底改变。

乌孙的向汉，对于匈奴控制西域是一个沉重打击，这自然引起匈奴贵族的恐惧和仇视，因此他们拼命与汉争夺乌孙。昭帝末年，匈奴在不断南袭汉边的同时，大举西伐乌孙。为了切断乌孙与汉的联系，匈奴派遣四千骑占领了西域的门户车师，与车师联兵，共侵乌孙。匈奴还一再派人到乌孙，威胁乌孙交出解忧公主，以“隔绝汉”。在这斗争的关键时刻，解忧公主挺身而出。她上书昭帝，报告匈奴在西域的军事动向，并请求汉朝派兵，共击匈奴。汉朝接到解忧公主的上书，正在“议欲击匈奴”[①] 时，汉昭帝死。宣帝继位后，解忧公主与翁归靡又上书宣帝，报告“匈奴复连发大兵侵击乌孙”[②]，夺取了乌孙的车延、恶师等地，并虏掠人民而去。他们再一次要求汉朝派军，并主动建议与汉联合出兵，乌孙“愿发国半精兵，自给人马五万骑，尽力击匈奴”[③]。汉朝采纳了他们的建议。

本始二年（前72），汉朝大发关东轻锐，选伉健习骑射者皆从军。第二年春，田广明将四万骑出西河，范明友三万骑出张掖，韩增三万余骑出云中，赵充国三万余骑出酒泉，田顺三万余骑出五原，凡五将军，十五万大军，由东面击匈奴；另派校尉常惠为使节，护乌孙发兵。乌孙昆弥翁归靡亲自率领翕侯以下五万余骑兵，从西面进攻匈奴。汉、乌联军共二十余万。由于双方密切配合，东西夹击，因而这次战争大获全胜，战果辉煌。乌孙兵英勇出击，攻至匈奴右谷蠡王庭，俘虏了单于的叔父、嫂嫂、公主及名王以下三万九千人，获马牛驴骡骆驼五万余匹，羊六十余万头。[④] 东部战线五将军各出塞二千余里，“匈奴闻汉兵大出，老弱奔走，驱畜产远遁逃”。[⑤] 这次战争给了匈奴政权以沉重的打击，“匈奴民众死伤而去者，及畜产远移死亡不可胜数”。此后，“匈奴遂衰耗，怨乌孙”。[⑥] 常惠因护乌孙发兵有功，封为长罗侯。汉朝为表彰乌孙立大功，又派常惠“持金

---

① 《汉书》卷九六下《西域传下·乌孙国传》，第3905页；《汉书》卷七〇《常惠传》，第3003页。

② 《汉书》卷九六下《西域传下·乌孙国传》，第3905页。

③ 《汉书》卷九六下《西域传下·乌孙国传》，第3905页。

④ 《汉书》卷七〇《常惠传》，第3004页。

⑤ 《汉书》卷九四上《匈奴传上》，第3757页。

⑥ 《汉书》卷九四上《匈奴传上》，第3786页。

币还赐乌孙贵人有功者”[1]。

匈奴单于不甘心失败，这年冬，自将一万骑兵，袭击乌孙，虏掠了一些老弱人众。恰逢天降大雪，一日深丈余，“人民畜产冻死，还者不能什一”。匈奴政权又遭到一次沉重打击。这时，长期受匈奴贵族奴役的各民族纷起反抗，“丁令乘弱攻其北，乌桓入其东，乌孙击其西”，匈奴政权处于四面楚歌的困境。各族人民的密切配合，更扩大了前次的战果，“凡三国所杀数万级，马数万匹，牛羊甚众。又重以饿死，人民死者什三，畜产什五”[2]。

这一连串的胜利，是自从汉武帝反击匈奴以来六十多年间具有决定意义的胜利，是“断匈奴右臂”的一次决战，汉武帝长期经营的战略至此才得以付诸实现，其影响十分深远。

首先，这次战争对匈奴内部产生了十分深刻的影响。它给了匈奴政权以致命的打击，“匈奴大虚弱”，从此一蹶不振，再也无力保持强大的军事力量，丧失了“百蛮大国”的地位。至此，北方的威胁基本解除，从此“匈奴不能为边寇”，而“边境少事矣”。[3] 同时，它也加速了匈奴内部的矛盾和分化，此后“匈奴乖乱”[4]，内部斗争加剧，而要求与汉友好联合的势力日益发展，“兹欲乡和亲”[5]，终于导致汉、匈民族的大联合。这次战争之后十年，神爵二年（前60）匈奴西部的日逐王先贤掸“率其众数万骑归汉”，汉封日逐王为归德侯。这次战争之后十四年，宣帝五凤元年（前57），匈奴五单于争立。结果匈奴分裂为两部分，郅支单于率众西迁，呼韩邪单于款五原塞，举族归汉，实现了汉、匈民族的大联合。时为宣帝甘露二年（前52），上距前次战争十九年。呼韩邪单于在召集诸大臣讨论归汉问题时，考虑到“今汉方盛，乌孙城廓诸国皆为臣妾”，因而“今事汉则安存，不事则危亡”[6]，这才下决心归汉。可见，乌孙与西域的向汉，对匈、汉民族的联合起了重要的促进作用，这里面自

---

① 《汉书》卷七〇《常惠传》，第3004页。
② 《汉书》卷九四上《匈奴传上》，第3787页。
③ 《汉书》卷九四上《匈奴传上》，第3787页。
④ 《汉书》卷七〇《郑吉传》，第3005页。
⑤ 《汉书》卷九四上《匈奴传上》，第3787页。
⑥ 《汉书》卷九四下《匈奴传下》，第3797页。

然也包含着解忧公主的一份功劳，而她恰是在呼韩邪单于归汉后的第二年回到长安的。

其次，这次战争瓦解了匈奴对各族人民的奴役统治。从此他们纷纷摆脱了匈奴政权的控制，“诸国羁属者皆瓦解，攻盗不能理”①。特别是加速了西域各族摆脱匈奴而倾心向汉。本来匈奴在西域的统治一直就受到西域各族人民的强烈反抗，他们“虽属匈奴，不相亲附。匈奴能得其马畜旃罽，而不能统率与之进退”②。因此，西汉政府领导的抵抗匈奴的斗争，也代表了西域人民的利益，因而得到他们的积极支持。这次战争胜利，更鼓舞了西域人民的斗志，他们更积极支持反对匈奴政权的斗争。在汉与西域各族的共同努力下，终于把匈奴势力逐出西域。这次战争之后十年，当匈奴在西域的最后一个据点车师被拔掉后，匈奴势力退出了西域，整个西域地区便控制在西汉统治之下。于是，汉朝便在西域的中心地点——乌垒城设立西域都护府。至此，西域便从匈奴奴役下解脱出来，“僮仆都尉”由此罢，“匈奴益弱，不得近西域”③。从此，“汉之号令班西域矣”④“其土地山川王侯户数道里远近翔实矣”⑤。

解忧公主对这次取得历史性胜利的汉、乌联军合击匈奴的战争做出了不可磨灭的贡献，起了十分重要的作用。这次战争的原因之一就是由于她在乌孙的活动引起匈奴政权的嫉恨，因而发动侵犯乌孙的战争。乌孙在向汉朝请求合兵反击匈奴时也一再以“哀救公主”为号召。战前她一再向汉朝上书，报告西域的局势与匈奴的动向。而汉、乌联军，东西合击的主意也是她提出的。后来战事的进程正是按照这个建议发展，并取得辉煌的战绩，证明这个建议是正确的。可以说，解忧公主是这次战争的重要推动者者之一。这是她执行汉武帝断匈奴右臂的战略计划所取得的辉煌的成就之一，也是她对统一的多民族国家的发展所做出的重大贡献之一。

---

① 《汉书》卷九四上《匈奴传上》，第3787页。
② 《汉书》卷九六下《西域传下》赞曰，第3930页。
③ 《汉书》卷九六上《西域传上·序》，第3874页。
④ 《汉书》卷七〇《郑吉传》，第3006页。
⑤ 《汉书》卷九六上《西域传上·序》，第3874页。

（二）促进了乌孙与汉的友好关系

解忧公主在乌孙的五十年，是乌孙与汉友好关系的高峰。解忧公主出塞之初，乌孙迫于匈奴的威势，还在汉朝与匈奴之间“持两端”。到了解忧公主出塞的后期，特别是宣帝之世，乌孙已完全倒向汉朝而“畔绝匈奴”。这与解忧公主在乌孙政治舞台上发挥越来越大的作用适成正比。这五十年中，她为促进乌孙与汉的友好关系作了大量的工作。

为了加强乌孙与汉的友好关系，解忧公主经常派遣自己的子女到长安来，学习汉族的先进文化，为此而使节往还，络绎不绝。地节元年（前69），解忧公主遣其长女弟史到长安“学鼓琴”，留学三年。后来汉朝特派侍郎乐奉护送弟史回乌孙①。过去人们总是强调西域音乐对内地的影响，而不言内地音乐对西域的影响。从这件事可知内地音乐也曾影响西域，汉与西域在经济文化交流中总是互学所长，相得益彰。解忧公主的次子万年也曾到长安生活过一段时间②。宣帝五凤年间（前57—前54）解忧公主还有“侍子”在长安，汉朝曾派卫司马魏和意、副侯任昌送侍子回乌孙③。通过这类友好往还，一方面把西域文化传入内地，另一方面也把先进的汉文化带到了乌孙，促进了乌孙经济文化的发展。汉代的冶铁术就是在这期间给乌孙以深刻影响的。据汉元帝时的西域副校尉陈汤说，原来乌孙冶铁技术落后，因而“兵刃朴钝，弓弩不利”，后来由于“颇得汉巧”④，铁兵器才有了较大改进。考古学家在伊犁河流域的昭苏、特克斯、新源、尼勒克、巩留、察布查尔等地发现了许多两汉时期的乌孙墓葬。昭苏墓中出土的木碳经“放射性碳”测定，其年代相当于西汉。墓上有园丘形封土，墓室均为竖穴，其中部分有木椁室，椁室外垒卵石和木炭，椁内置棺或抬板。这种墓葬形制同战国、秦汉时代内地的墓葬有许多共同特征。从木椁和墓室的加工痕迹上可以辨别出曾使用过方刃铲、锛、斧、凿、刨、锯等工具，还发现了一些铁钉。由此可见，当时乌孙人已大量使用铁器⑤。昭苏县发现的西汉乌孙人墓葬出土的陶器亦具

① 《汉书》卷九六下《西域传下》，第3916页。

② 《汉书》卷九六下《西域传下》，第3897页。

③ 《汉书》卷九六下《西域传下》，第3906页。

④ 《汉书》卷七〇《陈汤传》，第3023页。

⑤ 参见《新疆历史文物》，第15页。

有内地的风格，其中有一件红色细泥陶罐，园唇小口，底小鼓腹，是汉代陶罐常见形式①。由此可见，在西汉时乌孙接受了汉文化深刻的影响，这种影响已深入社会生活的各个领域。

解忧公主的子女也大多活跃于乌孙政治舞台，这对于促进乌孙与汉的友好关系也起了积极的作用。她的长男元贵靡，后来作了乌孙的大昆弥；次男大乐是乌孙的左大将，小女素光嫁给了乌孙贵族若呼翎侯为妻。其中尤以元贵靡对乌孙政治影响更大一些。

元康二年（前64），翁归靡通过汉使常惠上书，主动提出“愿以汉外孙元贵靡为嗣”，立为太子。为了进一步巩固与汉的亲密关系，翁归靡要求汉朝准许元贵靡“复尚汉公主，结婚重亲”，同时表示坚决“畔绝匈奴”②。这是乌孙方面主动采取加强与汉友好的重要步骤。这项要求虽然遭到萧望之的反对，汉宣帝还是批准了它。于是“遣使者之乌孙，先迎取聘”。翁归靡、元贵靡以及乌孙贵族派出三百余人的使团，入汉迎娶汉公主。汉宣帝以解忧公主的侄女相夫为公主，许配元贵靡。为此作了充分的准备工作，为相夫公主“置官属侍御百余人”③，住在上林苑，学习乌孙语言。汉宣帝委派常惠为副使护送相夫公主出塞。出发前，在平乐观举行了盛大集会，邀请匈奴使者和各国君长参加，以显示汉与乌孙的特殊关系。

但是，相夫一行走到敦煌，得知乌孙政情变化，翁归靡死，乌孙贵族拥立军须靡的匈奴妻所生儿子泥靡为昆弥，因军须靡死前曾遗嘱：“泥靡大，以国归之”④。元贵靡不得立。于是，汉宣帝召还了相夫。汉、乌关系遭受了一段波折。

泥靡继位后，号狂王，复娶解忧公主为妻。但狂王“不与主和”，两人关系不好。狂王又“暴恶失众”“为乌孙所患苦”⑤，不得乌孙人心。在这种情况下，解忧公主与汉使魏和意、任昌合谋，于酒席中刺杀狂王。

---

① 中国科学院新疆分院民族研究所考古组：《昭苏县古代墓葬试掘简报》，《文物》1962年第7—8期。

② 《汉书》卷九六下《西域传下·乌孙国传》，第3905页。

③ 《汉书》卷九六下《西域传下·乌孙国传》，第3905页。

④ 《汉书》卷九六下《西域传下·乌孙国传》，第3904页。

⑤ 《汉书》卷九六下《西域传下·乌孙国传》，第3906页。

因剑刺斜，狂王负伤而逃。狂王的儿子细沈瘦起兵包围解忧公主和汉使于赤谷城。解忧公主和汉使坚持斗争数月，后西域都护郑吉率西域各国兵前来支援，打败了细沈瘦。

但在这时，翁归靡的匈奴妻所生儿子乌就屠依靠其母家的支持，袭杀了狂王，自立为昆弥。乌孙一时出现倒向匈奴的危局。西汉政府一面派破羌将军辛武贤将兵一万五千人至敦煌，准备以武力征讨；另一方面由解忧公主的侍女冯嫽进行斡旋调停。

冯嫽是解忧公主的侍者。她在乌孙大力协助解忧公主，为加强汉与乌孙、西域的关系做出了出色的贡献。她“能史书，习事”[①]，是个颇有政治素养与外交才干的人。她的丈夫乌孙右大将与乌就屠关系十分密切，因此西域都护郑吉便利用这种关系而让冯嫽去说服乌就屠。冯嫽对乌就屠分析形势，晓以利害。乌就屠终于答应让出王位，“愿得小号”。为了详细了解乌孙政局，汉宣帝召冯嫽回长安，亲自了解情况。然后派冯嫽作为汉朝使节，“锦车持节”前往乌孙处理这起事件。冯嫽把乌孙贵族和乌就屠召到赤谷城，立元贵靡为大昆弥，乌就屠为小昆弥，均赐以汉朝的印绶。由于冯嫽出色的斡旋，终于化干戈为玉帛，“破羌将军不出塞还”[②]。

这次事件是乌孙内部矛盾的必然爆发。一方面是乌孙内部亲汉势力与亲匈奴势力的斗争；另一方面是狂王的残暴统治已失去乌孙人心，如不推翻他的统治，乌孙人民会遭受更大痛苦。因此解忧公主的行动代表了乌孙人民的愿望。

这次事件终于推翻了狂王的残暴统治。但是，乌孙从此分裂为二，产生了消极的后果。不过，经过解忧公主五十年辛勤浇灌的汉、乌友谊之花并没有因这场风暴而摧折凋谢，从总体上来说，在乌孙亲汉力量还是超过亲匈奴的力量。此后，解忧公主的子孙一直做着乌孙的大昆弥，到元贵靡的孙子雌栗靡为大昆弥时，乌孙国力又强盛起来，“国中大安和翁归靡时”，颜师古注曰：“胜于翁归靡时也”[③]。东汉明帝永平十七年

① 《汉书》卷九六下《西域传下·乌孙国传》，第3907页。
② 《汉书》卷九六下《西域传下·乌孙国传》，第3907页。
③ 《汉书》卷九六下《西域传下·乌孙国传》，第3909页。

(74)，耿恭为西域戊己校尉，“移檄乌孙”，乌孙“大昆弥已下皆欢喜，遣使献名马，及奉宣帝时所赐公主博具，愿遣子入侍”[①]。

可见在解忧公主死后一百二十多年中，乌孙人还一直珍藏着解忧公主的遗物，并以此作为汉、乌友好的见证物。解忧公主撒下的民族友好的种子已深深地扎根于乌孙的土地上，任何力量也无法隔断历史上形成的汉、乌之间的血肉联系。

（三）促进了西域与汉的友好关系

解忧公主不仅在乌孙进行了积极的活动，还在西域各国进行活动，为促进西域诸国与汉的友好关系做出了贡献。

解忧公主曾派她的侍者冯嫽持汉节巡视天山南部的城廓诸国，所到之处，遍行赏赐。由于冯嫽内习汉事，外习西域诸国事，因而深得西域各国的敬信，被他们尊称为“冯夫人”[②]。这些行动，大大扩大了汉在西域的影响，促进了西域诸国与汉的友好关系。

解忧公主的子女也为西域各国与汉的友好关系做出了贡献。

龟兹国王绛宾由于倾心向汉，特意派人前往乌孙，求娶解忧公主的女儿。其时解忧公主的长女弟史还在长安。地节四年（前66），弟史从长安回乌孙，路经龟兹。绛宾便留下弟史，再次派人向解忧公主禀报。经解忧公主同意，绛宾与弟史成婚。第二年，解忧公主上书宣帝，请求让弟史以宗室的身份入朝，龟兹王绛宾也上书汉朝，“言得尚汉外孙为昆弟，愿与公主女俱入朝”[③]。汉朝同意了他们的要求，于是绛宾与弟史双双入汉朝贺。汉朝赐给他们印绶，号称弟史为“公主”，并“赐以车骑旗鼓，歌吹数十人，绮绣杂缯琦珍凡数千万”。夫妻二人在长安停留将近一年，回龟兹时汉朝还“厚赠送之”。此后，夫妻二人还数次前来朝贺。绛宾由于“乐汉衣服制度”，回龟兹后便“治宫室，作徼道周卫，出入传呼，撞钟鼓，如汉家仪”[④]。不仅摹仿汉家的生活习俗，也学习汉家的一些政治制度。在西域诸国中，龟兹所受汉文化影响最深。由于绛宾摹仿

① 《后汉书》卷一九《耿恭传》，第720页。
② 《汉书》卷九六下《西域传下·乌孙国传》，第3907页。
③ 《汉书》卷九六下《西域传下·龟兹传》，第3916页。
④ 《汉书》卷九六下《西域传下·龟兹传》，第3916—3917页。

汉制“治宫室”，因此龟兹在都城建设方面深受内地的影响。其国都延城，“城有三重，外城与长安城等。宫室壮丽”①。今库车东郊发现的皮朗旧城，城作方形，周长七公里，或即延城之遗址。城中有土台多处，均用内地夯筑法筑成。② 绛宾死后，其子丞德还自称为“汉外孙”，与汉朝保持密切关系，直至“成、哀时往来尤数，汉遇之亦甚亲密”③。

解忧公主的次子万年，深得莎车国王的喜爱，可见解忧公主与莎车也有十分密切的友好往来。莎车王死时无子，这时万年正在汉。莎车“欲自托于汉，又欲得乌孙心”④，为了加强与汉和乌孙的关系，于是上书汉朝，请求以万年为莎车王。汉朝答应了莎车的请求，元康元年（前 65）派使者奚充国护送万年赴莎车，即位为莎车王。万年即位后不久，被莎车的亲匈奴势力所杀。经过一段波折，亲汉的力量在莎车终于占了主导地位，西汉末莎车王延“长于京师，慕乐中国”“常敕诸子，当世奉汉家，不可负也”⑤。

汪宁生同志的《汉晋西域与祖国文明》⑥ 一文正确地指出：西域诸国“在摹仿内地习俗方面，龟兹、莎车走在前列。”我认为还必须指出的是：龟兹、莎车之所以在这方面走在西域诸国的前面，是与解忧公主及其子女在这两国播下了民族友谊的种子分不开的。

三 解忧公主的历史地位

甘露三年（前 51），解忧公主的长男元贵靡病死，她与狂王泥靡所生的儿子鸱靡亦病死。于是，她上书宣帝，表示“年老思土，愿得归骸骨，葬汉地”。这年，解忧公主携带三个孙儿孙女，回到了阔别半个世纪的长安，这时她已经是一位年近七十的老人了。宣帝给了她以丰厚的赏赐和极高的荣誉，“田宅奴婢，奉养甚厚，朝见仪比公主”。⑦ 她回到长安只两

① （唐）姚思廉撰：《梁书》卷五四《诸夷・龟兹传》，中华书局 1973 年版，第 813 页。

② 黄文弼：《略述龟兹都城问题》，《文物》1962 年第 7—8 期；黄文弼：《塔里木盆地考古记》，科学出版社 1958 年版，第 30 页。

③ 《汉书》卷九六下《西域传下・龟兹传》，第 3917 页。

④ 《汉书》卷九六上《西域传上・莎车国传》，第 3897 页。

⑤ 《后汉书》卷八八《西域传・莎车国传》，第 2923 页。

⑥ 汪宁生：《汉晋西域与祖国文明》，《考古学报》1977 年第 1 期。

⑦ 《汉书》卷九六下《西域传下・乌孙国传》，第 3908 页。

年，就于黄龙元年（前 49）死去，她的三个孙子也都留下看守她的坟墓。她就这样把自己的一生全部献给了祖国的民族友好的伟大事业，在中华民族的发展史上写下了光辉的篇章！

然而，千百年来，对于这样一位为祖国为民族做出了重要贡献的历史人物，一直没有给予应有的重视和公正的历史地位。在论及西汉一代出塞和亲的汉女时，我们的历史著作中提得比较多的总是王昭君或细君公主，而对于解忧公主或只字不提，或轻描淡写，一语带过。以致一些辞书亦然，如《中国人名大辞典》，有王昭君和细君公主而无解忧公主①。这显然是不公正的。当然，王昭君和细君公主都对民族友好与多民族统一国家的发展做出了贡献，都是值得肯定和歌颂的人物。但是，如果不同时肯定并歌颂解忧公主，就未免有失公平了。而且，在我看来，在西汉一代出塞和亲的汉女中，解忧公主的贡献和历史作用，比王昭君或细君公主都要更大些，因而她的历史地位也应当更高些②。

第一，解忧公主出塞肩负的使命是特别艰巨而重大的。其时，汉朝在民族关系上存在的主要问题，即匈奴贵族政权的威胁还没有解决，她所去的西域还是“畏匈奴于汉使”③ 的局面。她是面临着这些严重问题而出塞和亲的。当然，匈奴威胁之解除，是国内民族关系长期发展的必然结果，也是汉族、西域各族、东胡各族人民共同斗争的结果。乌孙与汉的友好关系的发展，也是由乌孙人民与汉族人民根本利益的一致性所决定的。但是，这些与解忧公主的积极活动也是分不开的。

正是由于上述问题之次第解决，才导致了呼韩邪单于“愿婿汉氏以自亲”④ 和昭君出塞的历史成果。解忧公主死后十六年，即元帝竟宁元年

---

① 臧励龢主编：《中国人名大辞典》，商务印书馆 1921 年版。

② 黎虎（2012 年）补按：解忧公主和王昭君是汉代和亲女中最为著名的两位，但是她们二人的作为和历史贡献是有差异的，虽然王昭君出塞对于巩固、维护汉、匈友好关系产生了积极的效果，但是她本人在出塞之后基本上没有明显的主动性活动，而解忧公主则在政治乃至军事等方面均有较大行动和作为，从而为实现汉武帝“欲与乌孙共灭胡”的战略计划做出了积极贡献，为促成“断匈奴右臂”战略目标之完成助了一臂之力。她们二人的这种差异，主要是时代赋予她们的历史使命不同决定的，也与她们的出身、素质之差异有一定关系。详见拙文《解忧公主与王昭君比较研究》，《西域研究》2011 年第 1 期。

③ 《史记》卷一二三《大宛列传》，第 3173 页。

④ 《汉书》卷九四下《匈奴传下》，第 3803 页。

（前33），昭君出塞和亲匈奴。没有解忧公主出塞在其前，也就没有昭君出塞在其后。昭君出塞时，汉朝在民族关系上的主要问题已基本解决，北方匈奴政权的威胁已基本解除，汉、匈联合已经实现，南匈奴归汉后，已进入了汉、匈两族和平友好的阶段。因此，昭君出塞便是去进一步促进和巩固这一和平友好关系。

第二，从疆域地理上看，呼韩邪单于乃傍塞而居，昭君出塞亦近在河套地区。而解忧公主则万里关山，远适伊犁河畔。由于她在那里卓有成果的活动，使巴尔喀什湖以东以南的广大地区与内地的联系更加密切，经济文化交流更加频繁。这在我国统一的多民族国家的发展史上是一件具有重大意义的事件。

第三，解忧公主在乌孙的时间长达五十年，三为国母，在乌孙的政治舞台上发挥了重大作用。她所起的作用绝不限于一些客观上所自然达到的东西，而是主动地、积极地展开活动，忠贞不渝地贯彻执行自己肩负的政治使命，并使自己的活动超出乌孙的范围而达于西域诸国，为促进汉与乌孙、西域的友好关系作出了重要贡献。在漫长的岁月中，未见她因遭到挫折而“哀怨”“悲愁”或“思乡”“恋土”，她是一位能从祖国民族友好的大处着眼的人。她坚毅勇敢，犹如天山的雪莲顶风傲雪，常开不败。她不愧是一位有胆有识，有思想有魄力的杰出人物。

那么，为什么人们总是盛赞昭君出塞，而对解忧公主出塞则比较隔膜呢？这除了王昭君确实为祖国民族友好事业做出了贡献，因而她的事迹足资称道之外，还有一个重要原因，就是王昭君的事迹被后代诗词、戏曲、小说和说唱等文艺形式作为题材而广为宣传，因而王昭君已从一个历史人物转化成了一个艺术形象。成功的艺术形象所具有的感染力是巨大的，而文学作品所具有的巨大影响也是任何社会科学著作所无法比拟的。当人们囿于王昭君的艺术形象的时候，就有可能妨碍人们去认识那些即使作用比她更大的同类型的历史人物。这件事给了我们一个启示：一方面不要让文艺作品模糊了我们的视线，妨碍我们去正确评价某些历史人物和历史事件；另一方面，对于重要的历史人物或历史事件，不仅历史工作者应当努力去清理、发掘并大力宣传，还必须借助于文艺这一有力的手段，密切配合，以向人民群众更广泛地普及历史知识。

解忧公主是一位值得歌颂的历史人物，是一位对于祖国统一的多民族国家做出了重要贡献、在我国各族人民友谊史上闪烁着异彩的一颗明珠。因此，我们必须给她以应有的公正的历史地位，不仅在民族关系史的专著中，而且在中国通史著作中也应当有她的一席地位。她是当之无愧的。今年恰逢解忧公主出塞二千零八十周年，仅以此文献给这位为祖国的民族友好事业贡献了毕生精力的女英雄，以表示我们对她的深切的纪念！

[原刊《北京师范大学学报》1979年第4期。后收入《先秦汉唐史论》上编“古史卷”，北京师范大学出版社2016年版。我们在黎虎先生遗存文稿中，发现了同名文章，经过比对，知是黎虎先生的后期修订稿，应该是黎虎先生在选编《先秦汉唐史论》时所作的修订，而且在《先秦汉唐史论》出版以后又作了一些修订。今据黎虎先生最新刊后修订稿，并参校原刊文暨《先秦汉唐史论》刊文整理。

相较于原刊文，黎虎先生在《先秦汉唐史论》刊文及后续修订中，对于一些涉及中国古代社会性质的用词进行了修订，这是其中最显著的变化。兹举例如下：原刊文“大约公元前三世纪匈奴族完成了由原始公社向奴隶社会的过渡，在冒顿单于（公元前209—前174年）时建立了东起辽河，西逾葱岭，北抵贝加尔湖，南接长城的奴隶制政权。”其中的“奴隶社会”，黎先生修订为“阶级社会”；“奴隶制政权”，先生直接删除了“奴隶制”三字。“匈奴奴隶主经常对汉族地区进行掠夺性的军事行动”“解决匈奴奴隶主政权威胁的条件已经具备”“秦汉时期，匈奴奴隶主政权虏掠、奴役的对象”“以上诸国已成为匈奴奴隶主政权的重要经济支柱”“乌孙出于对抗匈奴奴隶主的需要”“二是北方匈奴奴隶主政权对各族人民威胁的解除”“乌孙的向汉，对于匈奴控制西域是一沉重打击，这自然引起匈奴奴隶主贵族的恐惧和仇视”“这次战争给了匈奴奴隶主政权以沉重的打击”“匈奴奴隶主政权又遭到一次沉重打击。这时，长期受匈奴贵族奴役的各民族纷起反抗，‘丁令乘弱攻其北，乌桓入其东，乌孙击其西’，匈奴奴隶主政权处于四面楚歌的困境”“首先，这次战争对匈奴内部产生了十分深刻的影响。它给了匈奴奴隶主政权以致命的打击”等句，直接删除“奴隶主”三字。“西域各族就处于匈奴奴隶主的野蛮控制之下”，其中“匈奴奴隶主”改为“匈奴政权”。黎虎先生为何要对原刊文进行这样的修订呢？这就必须联系他晚年对于中国古史的认识所发生的根本性变化才能够明白其深意所在。在整理修订《先秦汉唐史论》时，尽管《中国古史分期暨社会性质论纲——兼论中国传统社会主要矛盾问题》尚未发表，但黎虎先生对于中国古史分期暨社会性质问题的判断，已经形成了自己的体系，可以说至迟到这个时候，黎虎先生的脑海中已经形成了他关于中国古史分期暨社会性质的“三段论”理论体系，并以之取代了原来的“五种生产方式论”的传统观点。这应当是黎虎先生做出上述改动的原因所在。李文才敬识。]

解忧公主与王昭君比较研究

解忧公主是汉代和亲女中最为杰出的一位，我在31年前发表《解忧公主出塞的历史贡献》[①] 时，她还不大为人们所知晓和注意，拙文首次在学术界提出对这个历史人物的评价问题，认为她的历史贡献主要有三个方面，一是完成了“断匈奴右臂”的战略计划，二是促进了乌孙与汉的友好关系，三是促进了西域与汉的友好关系。此后关于解忧公主的文章、著作逐渐涌现，可以说掀起了一股解忧公主热，她已比较广泛地为人们所了解。但是31年来对于解忧公主的研究基本上没有大的突破，一些论文、专著乃至通俗文章对于解忧公主的论述，基本上是在拙文的基础和框架上进行，有的甚至文字表述也相仿，但是都没有注明出处来源。那篇文章同时也提出将解忧公主和王昭君进行对比研究的问题，认为“在西汉一代出塞和亲的汉女中，解忧公主的贡献，她的历史作用，比王昭君或细君公主都要更大些，因而她的历史地位也应当更高些。”由于当时解忧公主还不为学术界注意，人们多只知道王昭君而不知道解忧公主，因此我在文中主要论述解忧公主的历史功绩，而没有更多地对她们进行对比研究。那么，解忧公主与王昭君各自具体的历史贡献如何？她们的差别在哪里？为什么会有这样的差异？本文拟就这些问题进一步加以申述。

在这里先提出一个前提，那就是和亲女的历史作用，主要是由和亲双方首脑和政府操作而发挥，但是和亲女在其中亦起到一定作用。我们是在这个前提下来论述和亲女的历史作用的。

---

① 黎虎：《解忧公主出塞的历史贡献》，《北京师范大学学报》1979年第4期。

一　解忧公主与王昭君事迹比较

评价和亲女的历史贡献和作用，同评价其他历史人物一样，首先应当看看她们实际上做了哪些事情？有什么具体的贡献？回答这些问题又应当根据当时的第一手资料，而不能依据一些后世的诗词歌赋之类的文字来进行。现在我们就先将这两位和亲女的有关事迹列表进行对照。

解忧公主、王昭君事迹对照表

事迹	解忧公主	王昭君	资料出处
出嫁表现	无	昭君入宫数岁，不得见御，积悲怨，乃请掖庭令求行。	②《后汉书·南匈奴传》
再嫁表现	（细君）公主死，汉复以楚王戊之孙解忧为公主，妻岑陬；翁归靡既立，号肥王，复尚楚主解忧；狂王复尚楚主解忧。	及呼韩邪死，其前阏氏子代立，欲妻之，昭君上书求归，成帝敕令从胡俗，遂复为后单于阏氏焉。	①《汉书·西域传下》；②《后汉书·南匈奴传》
军事活动	昭帝时，公主上书言“匈奴侵乌孙，幸救之”；宣帝初即位，公主及昆弥复遣使上书，愿发国半精兵，自给人马五万骑，尽力击匈奴。	无	①《汉书·西域传下》
政治活动	狂王不与主和，又暴恶失众。汉使卫司马魏和意、副候任昌送侍子，公主言狂王为乌孙所患苦，易诛。遂谋刺狂王，狂王伤，上马驰去。其子细沈瘦会兵围和意、昌及公主于赤谷城。数月，都护郑吉发诸国兵救之，解去；车骑将军长史张翁留验公主与使者谋杀狂王状，主不服，叩头谢，张翁捽主头骂詈。主上书，翁还，坐死；“上书二封。其一长罗侯，一乌孙公主。甘露二年二月。”	无	①《汉书·西域传下》；悬泉汉简
友好活动	楚主侍者冯嫽能史书，习事，尝持汉节为公主使，行赏赐于城郭诸国，敬信之，号曰冯夫人。	无	①《汉书·西域传下》
对子女活动的干预	遣女来至京师学鼓琴；龟兹王遣人至乌孙求公主女，主许之。后公主上书，愿令女比宗室入朝。	无	①《汉书·西域传下》
归宿	元贵靡、鸱靡皆病死，公主上书言年老土思，愿得归骸骨，葬汉地。天子闵而迎之，公主与乌孙男女三人俱来至京师。时年且七十，赐以公主田宅奴婢，奉养甚厚，朝见仪比公主。后二岁卒，三孙因留守坟墓。		①《汉书·西域传下》

续表

事迹	解忧公主	王昭君	资料出处
子女活动	长男曰元贵靡，为乌孙大昆弥；次曰万年，为莎车王；次曰大乐，为左大将；长女弟史为龟兹王绛宾妻；小女素光为若呼翎侯妻。	生一男伊屠智牙师，为右日逐王，长女云为须卜居次，小女为当于居次。王莽风单于令遣王昭君女须卜居次云入侍太后；匈奴用事大臣右骨都侯须卜当，即王昭君女伊墨居次云之婿也。云常欲与中国和亲，又素与咸厚善，见咸前后为莽所拜，故遂越舆而立咸为乌累若鞮单于。乌累单于咸立，云、当遂劝咸和亲；天凤元年，云、当遣人之西河虎猛制虏塞下，告塞吏曰欲见和亲侯。	①《汉书・西域传下》；②《后汉书・南匈奴传》

说明：资料出处栏中序号，①为解忧公主，②为王昭君。所引文字有所压缩，并非全为原文。

通过上表我们可以看到，首先，在出嫁和改嫁方面，王昭君的事迹详于解忧公主。王昭君在出嫁和改嫁时的表现有较为具体的记载，虽然其中有一些个人的恩怨和伦理观念在内，但是她积极主动要求出塞，并接受朝廷的旨意，顺利改嫁，还是应当肯定的。这方面解忧公主没有具体的资料留下，但是从她后来的一再顺利改嫁，没有怨言观之，虽然她不一定有主动要求出塞的行动，但是一直能够服从朝廷的旨意，是没有问题的。在这方面解忧公主所处环境与王昭君有所不同，解忧公主是接替细君公主而与乌孙昆弥军须靡结婚的，而细君公主改嫁时已经得到汉武帝的指示："从其国俗，欲与乌孙共灭胡。"[①] 这是从战略高度来处理伦常问题，细君公主已经勇敢地迈出了第一步，解忧公主自然遵循不违。但是王昭君在细君公主和解忧公主已经走过这一步之后数十年，在改嫁问题上仍然有所顾虑，"及呼韩邪死，其前阏氏子代立，欲妻之，昭君上书求归，成帝敕令从胡俗，遂复为后单于阏氏焉。"[②] 表明其对自己承担的政治使命的认识有所不足。不过，毕竟当时汉匈之间文化差异还比较大，在这个问题上我们也不能苛求王昭君。

---

① （汉）班固撰，（唐）颜师古注：《汉书》卷九六《西域传下・乌孙国传》，中华书局 1962 年版，第 3904 页。

② （南朝・宋）范晔撰，（唐）李贤等注：《后汉书》卷八九《南匈奴传》，中华书局 1965 年版，第 2941 页。

其次，解忧公主和王昭君的子女都不同程度地有比较出色的表现，都为发展或维护匈奴与汉的友好关系做出了积极的贡献，可以说难分仲伯。他们的一些差异，与他们所处时代不同，客观环境不同有关。因此，在这方面对于他们的所作所为都是应当加以肯定的。

但是，评价和亲女的作用时，上述两个方面都不是主要的，主要应该看她们本人在和亲国的具体活动情况，特别是有无开展政治、军事等方面的活动，以促进双方的关系。在这方面王昭君几乎没有什么具体的事迹，而解忧公主的事迹却是比较丰富而具体的。具体说来有如下几个方面：

其一，在军事上有所作为和贡献。解忧公主对于促进汉宣帝本始二、三年（前72—前71）汉与乌孙联军合击匈奴之战及其胜利起了积极作用，做出了贡献。这次战争的起因与解忧公主有关。昭、宣时期汉匈之间的战场有由北方正面战场向西部侧翼战场转移之趋势，匈奴在正面战场失利之后，于是转向右翼，“匈奴繇是恐，不能出兵。即使使之乌孙，求欲得汉公主。击乌孙，取车延、恶师地。”① 由此可见，本始二、三年的战争是匈奴挑起来的，而匈奴挑起这场战争的目的之一是劫持解忧公主，企图藉此破坏汉与乌孙和亲，以隔绝汉与乌孙关系。从匈奴侵乌孙时，提出要乌孙交出解忧公主，以迫使乌孙“隔绝汉”来看，解忧公主在加强汉与乌孙关系中有着重要作用，她已成为汉与乌孙友好关系的象征，因而匈奴感到必须除掉她才能离间汉与乌孙友好关系。

解忧公主在促成汉与乌孙联军方面做出了积极贡献。面对匈奴的入侵，解忧公主挺身而出，“乌孙公主上书，下公卿议救，未决。昭帝崩，宣帝即位。”② 乌孙方面的请求得到汉方的积极回应，于是“汉养士马，议欲击匈奴。”③ 但因汉朝内部帝位转移而延滞。宣帝即位后，乌孙“公主及昆弥皆遣使上书，言‘匈奴复连发大兵侵击乌孙，取车延、恶师地，收人民去，使使谓乌孙趣持公主来，欲隔绝汉。昆弥愿发国半精兵，自给人马五万骑，尽力击匈奴。唯天子出兵以救公主、昆弥。’”④ 解忧公主

---

① 《汉书》卷九四《匈奴传上》，第3785页。

② 《汉书》卷九四《匈奴传上》，第3785页。

③ 《汉书》卷九六《西域传下》，第3905页。

④ 《汉书》卷九六《西域传下》，第3905页。

和乌孙昆弥分别向汉请求并提出组成联军合击匈奴的建议，汉廷接受了解忧公主和乌孙昆弥的建议，本始二年（前72），“汉大发关东轻锐士，选郡国吏三百石伉健习骑射者，皆从军。”① 本始三年（前71）汉廷派遣田广明将四万骑出西河，范明友三万骑出张掖，韩增三万余骑出云中，赵充国三万余骑出酒泉，田顺三万余骑出五原，凡五将军，十五万大军，由东面击匈奴；另派校尉常惠为使节，护乌孙发兵。乌孙昆弥翁归靡亲自率领翕侯以下五万余骑兵，从西面进攻匈奴。汉与乌孙联军共二十余万。

这是一次大规模的跨境性联军，这次联军之所以能够顺利组成，既是汉与乌孙和亲长期发展的一个积极成果，也与解忧公主一再向汉方提出具体建议、大力促进有密切关系。由于汉与乌孙双方密切配合，东西夹击，因而这次战争大获全胜，战果辉煌。乌孙兵英勇出击，攻至匈奴右谷蠡王庭，俘虏了单于的叔父、嫂嫂、公主及名王以下三万九千人，获马牛驴骡骆驼五万余匹，羊六十余万头。② 东部战线五将军各出塞二千余里，“匈奴闻汉兵大出，老弱奔走，驱畜产远遁逃，是以五将少所得。”③ 汉方之战绩反而不及乌孙方面。

这次战争给了匈奴致命一击，“匈奴民众死伤而去者，及畜产远移死亡不可数胜。于是匈奴遂衰耗，怨乌孙。”④ 这次战争胜利，终于把匈奴势力逐出西域。这是汉匈之间进入相持阶段以来所发动的最重也是最后一击，是汉匈之间长期斗争的一个转折点，意义重大，影响深远。这次战争之后7年，宣帝元康二年（前64）郑吉“发诸国兵攻破车师……使护鄯善以西南道”⑤。神爵二年（前60）遂以郑吉“并护车师以西北道，故号都护。都护之置自（郑）吉始焉”⑥。整个西域地区便控制在西汉统治之下，“僮仆都尉由此罢，匈奴益弱，不得近西域。”⑦ 从此，“汉之号令班西域矣”⑧“单于称藩臣，西域服从，其土地山川王侯户数道里远近

① 《汉书》卷九四《匈奴传上》，第3785页。
② 《汉书》卷七〇《常惠传》，第3004页。
③ 《汉书》卷九四《匈奴传上》，第3785页。
④ 《汉书》卷九四《匈奴传上》，第3787页。
⑤ 《汉书》卷七〇《郑吉传》，第3005页。
⑥ 《汉书》卷七〇《郑吉传》，第3006页。
⑦ 《汉书》卷九六《西域传上》，第3874页。
⑧ 《汉书》卷七〇《郑吉传》，第3006页。

翔实矣。"[①] 至此，汉武帝"欲与乌孙共灭胡"的初衷得以实现，"断匈奴右臂"的战略目标终于达到。班超追述西汉经营西域历史时说："乌孙大国，控弦十万，故武帝妻以公主，至孝宣皇帝，卒得其用。"[②] 班固认为西域之从匈奴控制下转变为汉所控制，这一历史巨变乃"始自张骞而成于郑吉"[③]，这个时间段同汉与乌孙和亲的时间段恰恰完全重叠并存，可见和亲乌孙对于这一战略目标之实现有着直接的作用，因此我们也可以说，和亲女所肩负的"欲与乌孙共灭胡"的使命，始自细君公主而成于解忧公主。

其二，在政治上有所行动。神爵二年（前60）解忧公主第二任丈夫、乌孙昆弥翁归靡死，翁归靡之"兄子狂王背约自立"[④]，继位为昆弥。所谓"背约"，是指在此之前乌孙已经向汉方提出"愿以汉外孙元贵靡为嗣，得令复尚汉公主，结婚重亲，畔绝匈奴。"[⑤] 翁归靡死后，狂王撕毁这一约定而自立为昆弥，解忧公主之子元贵靡不得立，因此引起汉方不满，召回相夫，取消与乌孙继续和亲。狂王是解忧公主第一任丈夫军须靡的"胡妇"所生之子。解忧公主之子元贵靡不得继位为乌孙昆弥，而由狂王继位为昆弥，使乌孙与汉的关系受到影响而倾向于匈奴。所以，汉方对于狂王的继位是不满的。狂王继位后又与解忧公主结婚，但是他"不与（公）主和，又暴恶失众"。由此可见，狂王之继位，不仅导致汉与乌孙关系紧张，而且导致乌孙内部关系紧张，乌孙民众也不满他的统治。面对乌孙这种政局，解忧公主终于采取了一个果敢行动。甘露元年（前53）"汉使卫司马魏和意、副候任昌送侍子，公主言狂王为乌孙所患苦，易诛也。遂谋置酒会，罢，使士拔剑击之。"[⑥] 但是这一行动没有成功，"狂王伤，上马驰去。其子细沈瘦会兵围和意、昌及公主于赤谷城。"同时"翁归靡胡妇子乌就屠，狂王伤时惊，与诸翎侯俱去，居北山中，扬言母家匈奴兵来，故众归之。"导致乌孙内部大乱。

---

① 《汉书》卷九六《西域传上》，第3874页。
② 《后汉书》卷四七《班超传》，第1577页。
③ 《汉书》卷七〇《郑吉传》，第3006页。
④ 《汉书》卷九六《萧望之传》，第3279页。
⑤ 《汉书》卷九六《西域传下》，第3905页。
⑥ 《汉书》卷九六《西域传下》，第3906页。

为了消除这一事件造成的负面影响，汉廷派遣中郎将张遵持医药治狂王，同时以“车骑将军长史张翁留验公主与使者谋杀狂王状，（公）主不服，叩头谢，张翁捽主头骂詈。（公）主上书，翁还，坐死”[①]。张翁粗暴对待解忧公主，于是公主上书报告其事，张翁被处死。表明朝廷对于解忧公主是支持的，对于她的上书是十分重视和听信的。这里应当指出，解忧公主与汉使密谋刺杀狂王是得到汉廷同意的，徐松曰：“公主、（魏）和意谋杀狂王，固汉意也。”而张翁之获罪，乃“不知朝廷之意”[②]。解忧公主采取这个行动，是得到汉廷首肯的，她实际上是在贯彻汉方的意图。后来经过汉廷调解，乌孙两派妥协，分立为两个昆弥，元贵靡为大昆弥，乌就屠为小昆弥。

其三，促进汉与乌孙和西域诸国的友好关系。解忧公主在和亲乌孙期间，为促进汉与乌孙和西域的友好关系，采取了许多行动。她曾经派遣她的侍者冯嫽开展亲善友好活动，“楚主侍者冯嫽能史书，习事，尝持汉节为公主使，行赏赐于城郭诸国，敬信之，号曰冯夫人。”[③] 从这个记载我们可以知道，冯嫽出使西域城郭诸国时是持“汉节”而行的，而且是受解忧公主之命而进行的，可见她不是代表乌孙，而是代表解忧公主和汉廷而进行巡视的，因为“节”是权力的象征，表明她的行动是汉朝官方性质的。她在巡视期间还进行赏赐，这种赏赐物资也是汉廷的物资，我们从细君公主“岁时一再与昆莫会，置酒饮食，以币帛赐王左右贵人。”后来汉廷又“间岁遣使者持帷帐锦绣给遗焉”[④]，可知汉廷经常以大量物资输送和亲女，为其在和亲国之活动提供条件。冯嫽的出使之所以十分成功，得到城郭诸国的广泛欢迎和尊重，就因为她是以汉朝和解忧公主的名义而出使的。

解忧公主还经常派遣她的子女入汉，为汉朝与乌孙友好关系和文化交流做出积极贡献。宣帝地节元年（前69），解忧公主“遣女来至京师学鼓琴”[⑤]，留学三年。此即其长女弟史。明言是解忧公主“遣”之，是

① 《汉书》卷九六《西域传下》，第3906页。

② （清）王先谦撰：《汉书补注》卷六六《西域传下》引，中华书局1983年版，第1628页。

③ 《汉书》卷九六《西域传下》，第3907页。

④ 《汉书》卷九六《西域传下》，第3903页。

⑤ 《汉书》卷九六《西域传下》，第3916页。

她主动提议的。她的次子万年也曾经在长安生活了一段时间，“宣帝时，乌孙公主小子万年，莎车王爱之。莎车王无子死，死时万年在汉。莎车国人计欲自托于汉，又欲得乌孙心，即上书请万年为莎车王。汉许之，遣使者奚充国送万年。”① 万年之入汉，亦当与解忧公主之鼓励、支持分不开。其长女弟史与龟兹王绛宾联姻，是解忧公主亲自批准同意的。他们结婚以后，解忧公主又“上书，愿令女比宗室入朝”②。这不仅促成了弟史之入朝，还连带促成了龟兹王绛宾与弟史一起入朝，弟史得到了“公主”的称号，她和绛宾都被“赐印绶”，表明他们的婚姻也得到了汉宣帝的认同，从而使弟史与绛宾的联姻，不仅具有乌孙与龟兹“和亲”的性质，也具有汉与龟兹“和亲”的性质，成为有汉一代唯一具有双重和亲关系的一桩婚姻，在汉代和亲史上留下了瑰丽多彩的一页。

汉与乌孙、西域关系的发展，是实施“断匈奴右臂”战略目标的关键步骤。这个时期汉与乌孙、西域关系之所以能够跃上一个新的台阶，从最初乌孙对汉“持两端”③ 到后来乌孙“畔绝匈奴”④ 而臣属于汉，与和亲公主个人发挥的主观能动作用是分不开的，其中解忧公主从太初四年（前101）嫁乌孙，直至宣帝甘露三年（前51）回到长安，在乌孙生活了整整50年，发挥了突出的作用。解忧公主及其侍者冯嫽在乌孙和西域地区长期的、积极的活动对于促进汉与乌孙关系以及汉与西域诸国关系的发展，起了积极的作用。

与解忧公主相比较，王昭君在出塞之后的活动，除了“及呼韩邪死，其前阏氏子代立，欲妻之，昭君上书求归，成帝敕令从胡俗，遂复为后单于阏氏焉。”⑤ 这是她在和亲期间唯一可知的活动事迹，此外，就没有别的事迹了。至于汉元帝为王昭君出塞而改元为“竟宁”，匈奴方面号其为“宁胡阏氏”，以及汉墓中发现“单于和亲”瓦当等，均不属于她本人的活动事迹。这些是人们的期望，或反映其出塞所带来的客观效果。我

① 《汉书》卷九六《西域传上》，第3897页。

② 《汉书》卷九六《西域传下》，第3916页。

③ （汉）司马迁撰，（南朝·宋）裴骃集解，（唐）司马贞索隐，（唐）张守节正义：《史记》卷一二三《大宛列传》，中华书局1959年版，第3178页。

④ 《汉书》卷九六《西域传下》，第3905页。

⑤ 《后汉书》卷八九《南匈奴传》，第2941页。

们可以说，王昭君出塞本身就是汉匈和平友好的行动，她这一行动的历史功绩是应当肯定的，同时表明她也没有做过任何不利于汉匈关系的事情。但是，从另一方面来看，则她并没有主动积极为汉匈关系采取有意义的行动，也是不容否认的。

二　解忧公主与王昭君存在差异的原因

解忧公主本人及其侍者冯嫽对于促进汉与乌孙关系方面起了诸多重要作用已见上述种种，为和亲匈奴之王昭君所不能比拟。可以说，解忧公主在和亲期间是有所作为的，而王昭君在和亲期间则基本上无所作为。王昭君与解忧公主相比较之所以存在差异，其原因主要有二，一是与她们所处时代不同，因而肩负之使命亦有所差别而决定的。二是与她们个人出身、素质之不同也有一定关系，因而她们所能够发挥的主观能动作用亦有所差异。

我们先来看她们所处时代的差别。解忧公主和亲是在西汉的前期，王昭君和亲则是在西汉的后期。解忧公主和亲乌孙时，匈奴问题尚未得到解决，匈奴对汉的威胁还是汉皇朝所面临的严峻问题，西域与汉的关系也还未完全打开，还存在许多未知数，故其和亲乌孙时所面临的时代使命还非常艰巨，她及其前之细君公主一样，均肩负着“欲与乌孙共灭胡”[①] 的使命，是为实现“断匈奴右臂”[②] 战略计划之关键所在。这不仅是和亲女个人的使命，也是汉皇朝所面临的重大历史使命。因此，解忧公主出塞，不论对于汉还是和亲女来说均可谓任重而道远。故解忧公主和亲乌孙之后，不仅需要尽一般和亲女所应尽之维护和发展双方友好关系之责任，而且还肩负加强汉与西域诸国的友好关系，乃至进一步在政治上、军事上与汉皇朝联盟，以从右翼钳制匈奴等重任。王昭君和亲的西汉后期，汉皇朝所面临的重大问题——北方匈奴问题已经基本解决，匈奴统一军事帝国已经瓦解，实际上已经分裂为两个部分——呼韩邪单于和郅支单于，不待东汉时期南北匈奴之分裂，呼韩邪单于一支已经臣服于汉皇朝，故王昭君和亲呼韩邪单于，其肩负之任务与解忧公主时代

---

① 《汉书》卷九六《西域传下》，第 3904 页。

② 《史记》卷一二三《大宛列传》，第 3168 页。

已不可同日而语，基本上是保持、维护汉匈之间已经建成、存在之臣服关系和友好关系。两者之差异不完全决定于和亲女个人的能力，而决定于她们所处时代以及时代赋予她们的历史使命之不同。

但是，和亲女个人之素质、能力也有一定关系。在这方面，解忧公主，尤其是其侍者冯嫽，纵横捭阖于汉廷与乌孙之间及汉与西域诸国之间，其政治能力和水平不仅在和亲女中属于佼佼者，而且可以说不下于汉廷中的一些干练高级官员，实际上已经不是一般的和亲女，而是堪称具有相当政治素养和能力的政治家、外交家。而王昭君在这方面则没有可供评述之历史事实存留。那么，她们二人何以有这样的差异呢？这除了她们所处时代条件不同等客观原因之外，与她们的主观条件之不同亦有一定关系。解忧公主为楚王刘戊之孙，属于汉代诸侯王家庭出身，诸侯王为汉代最高封爵称号。楚王这一支又受到格外尊宠。楚王始封于汉六年（前201），始祖刘交为刘邦“同父少弟”，其人“好书，多材艺”[①]。文帝时其孙刘戊嗣，即解忧公主之祖父。

文帝“尊宠元王，子生，爵比皇子”，意即其“封爵皆与皇子同”。景帝即位，“以亲亲封元王宠子五人。”[②] 后来，刘戊参与“吴楚七国之乱”，兵败自杀。解忧公主出身在这样一个高级贵族家庭，一方面可以得到优越的培养教育，另一方面则对于汉皇朝统治集团内部错综复杂的关系和矛盾斗争，耳濡目染，其政治识见比一般人自然要更为丰富、高深。故其和亲乌孙之后，不仅能够很好地适应和融入乌孙统治集团之中，而且对于汉皇朝宫廷内部关系亦较常人更有深切的了解，对于其沟通汉乌双方可谓得天独厚。

王昭君则与解忧公主有较大差别。关于王昭君的情况，据《后汉书·南匈奴传》记载：“昭君字嫱，南郡人也。初，元帝时，以良家子选入掖庭。”[③]《汉书·元帝纪》记王昭君事曰：“赐单于待诏掖庭王樯为阏氏”，注引应劭曰：“郡国献女未御见，须命于掖庭，故曰待诏。”[④] 由此

① 《汉书》卷三六《楚元王传》，第1921页。
② 《汉书》卷三六《楚元王传》，第1923页。
③ 《后汉书》卷八九《南匈奴传》，第2941页。
④ 《汉书》卷九《元帝纪》，第297页。

可知，王昭君出身寒素，为南郡秭归之“良家子”，自民间徵召入宫。何谓“良家子”？如淳云“非医、巫、商贾、百工也。”[①] 汉代后宫之制，在皇后、夫人之下，还有各种称号、等级，“元帝加昭仪之号，凡十四等云。”在这十四等中，“昭仪位视丞相，爵比诸侯王。”为第一等，最后一等即第十四等为“上家人子、中家人子，视有秩斗食云”。颜师古注曰：“家人子者，言采择良家子以入宫，未有职号，但称家人子也。斗食谓佐史也。谓之斗食者，言一岁不满百石，日食一斗二升。”[②] 可见“良家子”多为吏民中的中、上户人家，她们在入宫之后，为后宫最末之第十四等“家人子”，相当于官吏系统中最末一等之“有秩斗食”。自第十二等“五官以下，葬司马门外。”注引服虔曰：“陵上司马门之外。”[③] 故“家人子”死后不能葬在陵园之内，而葬于陵园之司马门之外，其地位之低下可想而知。王昭君即属于这一等级之宫人。这种出身及其在宫中的低下等级，决定了她所受教育，她的见识、能力和水平的局限性，与出身豪门贵族的解忧公主不可比拟，如果说解忧公主是大家闺秀的话，那么王昭君则是小家碧玉。这种出身和素养的差异，决定了她们的眼界、能力、水平的差异，王昭君在这方面不仅不能与解忧公主相比，甚至与解忧公主的侍者冯嫽相比也不能相比。这样我们就可以理解，何以解忧公主在乌孙期间能够在政治乃至军事等方面有所作为，甚至堪称是大手笔的作为，而王昭君则基本上无所作为。这除了时代条件的制约之外，与她们个人的见识、素质、能力、水平也有一定关系。

（原刊《西域研究》2011 年第 1 期。我们在黎虎先生遗存文稿中，发现了同名文章，经过比对，知与原刊文有些微差别，应该是黎虎先生的刊后修订稿。今据黎虎先生刊后最新修订稿，并参校原刊文整理。李文才敬识。）

---

① 《史记》卷一〇九《李将军列传》“索隐”案，第 2867 页。
② 《汉书》卷九七《外戚传上》，第 3935 页。
③ 《汉书》卷九七《外戚传上》，第 3935 页。

和亲女的常驻使节作用

——以汉代为中心

学术界于和亲问题论之已甚为详悉，几可谓题无剩义。仅就和亲作用问题学术界已经作了诸多论述，兹将其中学术界尚未有所论及的和亲女的常驻使节作用问题，略陈于后，以就正于先进。

和亲之功用主要由和亲双方首脑和政府操作而发挥，但是和亲女在其中亦起到一定作用。其重要作用之一体现于和亲女及其陪同使团具有某种常驻使节的作用。由于和亲是一种政治性的交聘手段和方式，和亲女肩负一定政治性使命，因而某种意义上发挥了一种常驻使节的功用。由于古代国家民族之间经常性事务并不繁多，故古代交聘关系中主要以临时性使节联系、沟通双方关系，而没有常驻使节。一般认为常驻使节“由13世纪意大利各城邦之间相互交换代表开始，后来逐渐普及，从17世纪后半叶起，常驻使节才成为普遍的制度。”① 受古代交通条件和发展水平限制，交聘双方的联系、沟通比较困难。在这种情况下，某种替代性的常驻使节将能够在一定情况下弥补这一不足。我们在论述质侍制度时已经谈到，质侍在某种意义上起到了常驻使节的作用②，和亲亦具有这样的功能和性质。以汉皇朝而论，质侍为对方派驻己方之“常驻使节”，和亲女则为己方派驻对方之“常驻使节”。虽然无论质侍还是和亲女均没有被派遣方正式授予常驻使节的职衔，但是他们在实际上往往起到了一

---

① 日本国际法学会编：《国际法辞典》，世界知识出版社1985年版，第790页。

② 黎虎：《汉代交聘体制研究》第2章《交聘方式》第5节《质侍》，未刊稿。整理者按：该书于2014年由商务印书馆出版，书名改为《汉代外交体制研究》，关于“质侍”问题的相关论述，在该书第四章《外交方式（下）》。

些这样的作用。

一 和亲女及其陪同使团乃持节出使

和亲女并非一般的出嫁，而是具有持节出使的身份，这是其能够发挥常驻使节作用的前提。汉代的出使制度中有这样一种特殊情况，就是在派遣护送和亲公主出嫁使团时，只配备副使而不设正使。宣帝时以乌孙主解忧弟子相夫为公主出嫁乌孙，神爵二年（前60），“使长罗侯光禄大夫（常）惠为副，凡持节者四人，送少主至敦煌。”① 这个护送使因只配备了四位副使而没有正使，那么实际上是以和亲公主为正使，故不再另设正使。解忧公主的官属、侍御中有侍者冯嫽，“尝持汉节为公主使，行赏赐于城郭诸国，敬信之，号曰冯夫人。”② 这个记载向我们透露了重要的讯息，冯嫽作为解忧公主使团中的成员，代表解忧公主巡视、访问西域城郭诸国时，是持节出使的，而其所持汉节当为解忧公主出嫁时被汉皇朝所授予。由此可知，和亲女在出嫁时是被授予“节”的，因此和亲女具有持节出使的身份和权力。“节”是汉代被授予权力的凭信和标志，“将命者持之以为信”③。故“节”又被称为“信节”④。使者必被授予“节”，以为凭信和权力的根据，汉武帝派遣苏武出使匈奴时，是“以中郎将使持节送匈奴使留在汉者”⑤，宣帝派遣冯奉世“以卫候使持节送大宛诸国客”⑥，均属此类。有的大型使团还可以有多人持节，张骞出使西域时，“将三百人，马各二匹，牛羊以万数，赍金币帛直数千巨万，多持节副使，道可使，使遗之他旁国。”⑦ 有了节就有了使者的权力和身份，张骞之副使亦持节出使，他们被张骞派遣出使“他旁国”，就不仅是代表张骞，而且是代表汉皇朝，因为他们有了代表汉皇朝的正式身份。冯嫽

---

① （汉）班固撰，（唐）颜师古注：《汉书》卷九六下《西域传下·乌孙国传》，中华书局1962年版，第3905页。

② 《汉书》卷九六下《西域传下·乌孙国传》，第3907页。

③ 《汉书》卷一上《高帝纪上》，颜师古注，第23页。

④ （汉）司马迁撰，（南朝·宋）裴骃集解，（唐）司马贞索隐，（唐）张守节正义：《史记》卷一一五《朝鲜列传》，中华书局1959年版，第2987页。

⑤ 《汉书》卷五四《苏建附子（苏）武传》，第2460页。

⑥ 《汉书》卷七九《冯奉世传》，第3294页。

⑦ 《史记》卷一二三《大宛列传》，第3168页。

持汉节出使西域城郭诸国，她既是代表解忧公主，同时也是代表汉皇朝出使。她的出使活动之所以获得很大成功，除了她个人的活动能力之外，更重要的就是因为她也是汉皇朝的代表，西域诸国视其为汉皇朝使节，故得到西域诸国的“敬信”，被尊称为“冯夫人”。解忧公主之派遣其助手出使西域诸国，类似于张骞之派遣副使出使其他“旁国”，所不同的是，张骞为临时性使团团长，和亲女为常驻使团团长。

和亲女出嫁时，需要配备两种使团，一为护送和亲女之使团，一为和亲女备置之官属、侍御人员所组成的陪同使团。前者为临时性使团，护送任务完成即返回；后者则为常驻性和亲使团，他们将留下与和亲女一起常驻于和亲国。护送使团规格颇高，宣帝神爵二年（前60）护送相夫出嫁乌孙时，“使长罗侯光禄大夫（常）惠为副，凡持节者四人，送少主。”① 持节使者一共四人。悬泉汉简“□县（悬）泉置度侍少主长罗侯用吏”②，就是这次常惠所率和亲使团经过悬泉置时的接待记录。为和亲女配置之常驻使团规模庞大，汉武帝元封六年（前105）细君公主出嫁乌孙时，“为备官属宦官侍御数百人”③，为和亲女相夫所备置使团则为“官属侍御百余人”④。这种常驻使团规模大约在百余人至数百人之间。这种使团由各种官员和服务人员组成。汉文帝六年（前174）“复遣宗室女公主为单于阏氏，使宦者燕人中行说傅公主。”⑤ 中行说为宫中宦官，抽调至和亲使团中担任“傅”⑥，此为和亲使团中之“官属”。解忧公主妻乌孙时，其侍御中有“侍者”冯嫽⑦，此属和亲使团中之“侍御”成员。这些官属、侍御由各种职务和性别成员组成，其特殊之处在于使团为女性或男性之阉割者。应当特别指出，汉帝为和亲女所备置之和亲使团成

---

① 《汉书》卷九六下《西域传下·乌孙国传》，第3905页。

② 胡平生、张德芳编撰：《敦煌悬泉汉简释粹》，Ⅱ0214②：298，编号196，上海古籍出版社2001年版，第139页。

③ 《汉书》卷九六下《西域传下·乌孙国传》，第3903页。

④ 《汉书》卷九六下《西域传下·乌孙国传》，第3905页。

⑤ 《史记》卷一一〇《匈奴列传》，第2898页。

⑥ 《汉书》卷六五《东方朔传》“醉杀主傅”，服虔曰：“主傅，主之官也。”如淳曰：“礼有傅姆。说者又曰傅者老大夫也，汉使中行说傅翁主也。”师古曰：“傅姆是也。服说失之。”（第2851—2852页）

⑦ 《汉书》卷九六下《西域传下·乌孙国传》，第3907页。

员，多为出色人才，如文帝时和亲女之“傅”中行说，因不愿意出使，“汉强使之。（中行）说曰：‘必我行也，为汉患者。’中行说既至，因降单于，单于甚亲幸之。”① 他投降匈奴后，为单于出谋划策，“教单于左右疏记，以计课其人众畜物”；教单于起草与汉的交聘文书；而且能言善辩，经常出面陵折汉使；不仅有文才，而且还有武才，“日夜教单于候利害处”② 以侵扰汉边。这是反面人物，正面人物亦然，如解忧公主侍者冯嫽，“能史书，习事。”③ 不仅有文化知识，而且有政治头脑，工作能力很强，是个出色的外交人才。由此可见，和亲女周围有一个人员构成多样、人才济济的群体，从各个方面协助和照顾她。这样，和亲女就有条件和可能展开一些有利于汉皇朝的活动。

留侍和亲女之和亲使团成员出发之前还需要经过一定的培训，其中包括学习当地语言。相夫下嫁乌孙之前，汉方命其随行之官属侍御百余人“舍上林中，学乌孙言。”当年细君公主和亲乌孙时，曾因“语言不通”而“悲愁”④，这当是总结以往经验教训而加以改进，故事先进行语言等方面的培训。这不仅是为了生活上的方便，亦当为开展活动所需。集训完毕，“天子自临平乐观，会匈奴使者、外国君长大角抵，设乐而遣之。”⑤ 平乐观即在集训和亲使团之上林苑中⑥。这不仅是一次隆重的欢送会，而且是一次外交盛会，这对于和亲女及其使团在和亲国展开活动无疑起了一种推动和支持作用。

二　联系密切，听命于朝廷

和亲女在和亲期间，与本国保持着密切的联系，遇有事关重大的问题时，均需上报朝廷并听命于朝廷。细君公主在乌孙因“昆莫年老，语言不通”而“悲愁”，“昆莫”为乌孙王号，其名曰猎骄靡。细君于是作

---

① 《史记》卷一一〇《匈奴列传》，第 2898 页。
② 《史记》卷一一〇《匈奴列传》，第 2898—2901 页。
③ 《汉书》卷九六下《西域传下 · 乌孙国传》，第 3907 页。
④ 《汉书》卷九六下《西域传下 · 乌孙国传》，第 3903 页。
⑤ 《汉书》卷九六下《西域传下 · 乌孙国传》，第 3905 页。
⑥ 陈直校证：《三辅黄图校证》，陕西人民出版社 1980 年版，第 85 页。

歌慨叹，“天子闻而怜之，间岁遣使者持帷帐锦绣给遗焉。”[①] 汉皇帝之所以能够及时了解和亲女之动态，乃因相互有密切的沟通渠道，为了尽可能解除和亲女之悲愁，武帝决定每隔一年即遣使运送物资至乌孙，将朝廷与和亲女的联系时间定制化。和亲女不仅得到朝廷物资上定期的供应，而且遇有重大问题时，还得上报皇帝并听命于皇帝的指示。细君公主和亲乌孙不久，乌孙“昆莫年老，欲使其孙岑陬尚公主。公主不听，上书言状，天子报曰：‘从其国俗，欲与乌孙共灭胡。’岑陬遂妻公主。”[②] “岑陬”为乌孙官号，其名曰军须靡。这个事件的过程表明，和亲女在遇到重大问题时，直接向皇帝报告，并按照皇帝的指示行事。细君公主遇到的这个难题，被汉武帝从“欲与乌孙共灭胡”这一战略高度出发，确定了“从其国俗”的行动准则加以解决。细君公主接到武帝的指示后，便与军须靡结婚，并生有一女。

此后，汉在乌孙的和亲女便一直遵循汉武帝所确立的这一原则行事。细君公主死后，汉方又以解忧公主续配军须靡。军须靡死后，军须靡叔父之子翁归靡继位，于是解忧公主又与翁归靡结婚；翁归靡死后，军须靡与匈奴妻所生子泥靡继位为昆弥，泥靡又妻解忧公主。汉武帝所确立的这一原则亦为后代和亲所继承并遵循，元帝竟宁元年（前 33）王昭君妻呼韩邪单于，仅历二年，建始二年（前 31）呼韩邪单于死，其大阏氏之子雕陶莫皋继位，为复株絫若鞮单于。复株絫若鞮单于“欲妻之，昭君上书求归，成帝敕令从胡俗，遂复为后单于阏氏焉。”[③] 王昭君的遭遇与细君公主相似，但均依照武帝所确立的方针政策加以解决。这个事件表明王昭君亦可以直接上书皇帝，其与朝廷亦有密切联系；王昭君亦需按照皇帝的指示行事。

和亲女不仅在遇到上述切身问题时与皇帝和朝廷直接沟通，还可以就国家大事与皇帝直接沟通。虽然前者之中也在一定意义上与国家大事有关，但与后者毕竟还是有一定的区别，后者更能显示和亲女及其使团

---

① 《汉书》卷九六下《西域传下·乌孙国传》，第 3903 页。

② 《汉书》卷九六下《西域传下·乌孙国传》，第 3904 页。

③ （南朝·宋）范晔撰，（唐）李贤等注：《后汉书》卷八九《南匈奴传》，中华书局 1965 年版，第 2941 页。

之政治作用。匈奴与汉在北方正面战场失利后，转向西线战场，于是在昭帝年间发动对于乌孙的侵略，企图通过侧翼以制汉。解忧公主遂上书昭帝，言："匈奴发骑田车师，车师与匈奴为一，共侵乌孙，唯天子幸救之!"① 解忧公主的请求亦必定来自乌孙统治集团之决策。面对匈奴的侵略，不是由乌孙昆弥向汉皇帝求援，而是由和亲女向皇帝求援，这种情况表明，在乌孙方面看来由和亲女出面比由昆弥出面的作用更大一些、更直接一些。解忧公主这一请求虽然是从乌孙本身的安危出发，但是这也与汉方"欲与乌孙共灭胡"的战略方针是一致的。故汉方接到解忧公主请求之后，即"养士马，议欲击胡。"此事因昭帝崩而迟滞，当宣帝继位后，"公主及昆弥皆遣使上书"②，解忧公主再次上书提出这一请求，与此同时乌孙昆弥亦上书提出同样的请求，建议成立汉、乌联军夹击匈奴。汉方同意了他们的建议，联军合击而大败匈奴。这里我们应当注意，解忧公主是与乌孙昆弥各自分别向宣帝上书的，也就是说，和亲女具有很大的独立性，她与朝廷有着直接的沟通关系，她或独自上书，或与该国国君一起上书，但其上书并非与该国国君的上书合为一封，而是各自上书，更不是附属于该国国君而由其转交。与此类似的情况在考古资料中亦有所反映。悬泉汉简：

> 上书二封。其一长罗侯，一乌孙公主。甘露二年二月辛未日夕时受平望译（驿）骑当富，县（悬）泉译（驿）骑朱定付万年译（驿）骑。③

此简所记为当时汉方派驻乌孙都城赤谷城的长罗侯常惠以及解忧公主的上书经过悬泉置传递的情况。两封上书经过悬泉置的时间是甘露二年二月辛未。此前，因乌孙狂王"暴恶失众""为乌孙所患苦"，于是解忧公主与汉使合谋诛杀狂王，未遂，导致乌孙政局动荡，翁归靡的匈奴妻所生子乌就屠"扬言母家匈奴兵来，故众归之。后遂袭杀狂王，自立

---

① 《汉书》卷九六下《西域传下·乌孙国传》，第3905页。

② 《汉书》卷九六下《西域传下·乌孙国传》，第3905页。

③ 《敦煌悬泉汉简释粹》，Ⅱ0113③：65，编号193，第137页。

为昆弥。”[①] 乌孙有倒向匈奴的危险。常惠和解忧公主的上书就是在这种背景下发出的。常惠与解忧公主都与乌孙这场政治局面有直接的、密切的关系，但是他们却各自上书向朝廷报告乌孙的情况，表明汉方派驻乌孙的代表也不能代替在乌孙的和亲女而上书，解忧公主仍然具有很大的独立性，在汉方派驻乌孙的代表上书的同时，她仍需直接向皇帝和朝廷报告乌孙政情或提出建议。

三　了解国情，提供决策依据

和亲女及其使团亦通过一些日常活动开展公关或资情之搜集与掌握，了解和亲国之国情，从而为朝廷提供决策情报与建议。

和亲女及其使团，往往通过行赏赐这一方式以增进与各方面的关系。细君公主“至其国，自治宫室居，岁时一再与昆莫会，置酒饮食，以币帛赐王左右贵人。”[②] 这是通过举行酒会而进行赏赐，以增进与乌孙上层人士的关系。解忧公主侍者冯嫽亦代表公主“行赏赐于城郭诸国”[③]。这是通过赏赐以发展与西域城郭诸国关系。赏赐是汉代重要的交聘方式之一，是汉皇朝发展与周边国家、民族关系的常用手段；赏赐，实质上是输出汉地物质文明，与异地文化进行交流，从而扩大汉文化的影响，拉近双方关系。和亲女亦运用这一方式展开亲善活动。汉方对于和亲女不仅在出嫁时“赠送甚盛”，而且“间岁遣使者持帷帐锦绣给遗焉”[④]，这不完全是为了满足和亲女个人生活所需，同时也是为其在和亲国进行赏赐活动提供条件和支持。

遣使巡视亦为和亲女在和亲国开展活动之方式之一。解忧公主官属侍御中的侍者冯嫽，“尝持汉节为公主使，行赏赐于城郭诸国，敬信之，号曰冯夫人。”[⑤] 这是通过遣使巡视、访问，同时进行赏赐，以增进汉与西域城郭诸国的关系。冯嫽之出使，史称乃“为公主使”，这个记载的含义有二，一是其出使乃解忧公主所派遣而非乌孙所派遣，二是

① 《汉书》卷九六下《西域传下·乌孙国传》，第3907页。
② 《汉书》卷九六下《西域传下·乌孙国传》，第3903页。
③ 《汉书》卷九六下《西域传下·乌孙国传》，第3907页。
④ 《汉书》卷九六下《西域传下·乌孙国传》，第3903页。
⑤ 《汉书》卷九六下《西域传下·乌孙国传》，第3907页。

其出使乃代表解忧公主而非代表乌孙。而其出使所赍持节更突出了这种出使的性质，她一方面是持汉节前往，另一方面是以汉方物资进行赏赐，故其代表汉皇朝的性质十分明显，故冯嫽之出使城郭诸国，可以视为是汉方对于城郭诸国的亲善访问，从而对于增进西域诸国对汉的了解和亲近感具有积极意义。这种活动对于汉方了解、掌握西域诸国国情亦大有裨益。

和亲女及其使团常驻于所在国，通过日常活动和人际关系，自然对于所在国之国情有深入之了解，是为其他临时性使节所无法企及者。这样她们就能够更好地为外交、军事等急需而向朝廷提供咨询和建议。

神爵二年（前60），乌孙狂王继位后，“不与（公）主和，又暴恶失众。”甘露元年（前53），“汉使卫司马魏和意、副候任昌送侍子，公主言狂王为乌孙所患苦，易诛也。遂谋置酒会，罢，使士拔剑击之。”[①] 在这里先不论刺杀狂王之是非，所可注意者有二，一是汉使来到乌孙之后，与解忧公主有密切之接触，可以就乌孙政情进行密切之谘商；二是汉使通过解忧公主了解乌孙政情及其内幕，依靠解忧公主而获得乌孙政情之第一手资料之后，从而采取行动。

这次事件之后，汉在派遣中郎将张遵持医药治狂王的同时，以“车骑将军长史张翁留验公主与使者谋杀狂王状，（公）主不服，叩头谢，张翁捽主头骂詈。（公）主上书，翁还，坐死。”[②] 张翁粗暴对待解忧公主，于是公主上书报告其事，张翁被处死。表明朝廷对于和亲女的上书是十分重视和听信的。实际上，解忧公主与汉使密谋刺杀狂王是得到汉方同意的，徐松曰：“公主、（魏）和意谋杀狂王，固汉意也。”而张翁之获罪，乃“不知朝廷之意”[③]。表明这次行动实际上是在朝廷支持下进行的。

由于和亲女之随从熟悉所在国国情，因此当那里发生纷争等棘手问题时，就有可能奉命出使，或进行谈判，或斡旋纷争。解忧公主的侍者冯嫽就是这方面的杰出代表，史称她“习事”，胡三省对此释曰：“内习

---

① 《汉书》卷九六下《西域传下·乌孙国传》，第3906页。

② 《汉书》卷九六下《西域传下·乌孙国传》，第3906页。

③ （汉）班固撰，（清）王先谦补注，上海师范大学古籍整理研究所整理：《汉书补注》卷六六下《西域传下》王先谦补注引“徐松曰”，上海古籍出版社2008年版，第5852页。

汉事，外习西域诸国事也。”① 可以说是一位难得的“西域通”，自然为汉方所格外倚重。狂王事件后，乌孙昆弥翁归靡与匈奴妻所生子乌就屠袭杀狂王，自立为昆弥，汉、乌关系处于危急状态，在这种情况下，一方面“汉遣破羌将军辛武贤将兵万五千人至敦煌”，准备讨之，另一方面西域都护郑吉“使冯夫人说乌就屠，以汉兵方出，必见灭，不如降。乌就屠恐，曰：‘愿得小号。’”在软硬两手并施下，冯嫽的斡旋取得了成功。都护郑吉不是从都护府官属中派遣使者去与乌就屠谈判，而是派遣解忧公主之侍者冯嫽，表明郑吉认为冯嫽是更为合适的人选，这与冯嫽谙悉乌孙国情及其在乌孙之人脉不无关系。冯嫽的斡旋结果受到朝廷的重视，于是“宣帝徵冯夫人，自问状。”② 宣帝在咨询冯嫽之后作出了决策，“遣谒者竺次、期门甘延寿为副，送冯夫人。”派遣冯嫽出使乌孙解决其内争，“冯夫人锦车持节，诏乌就屠诣长罗侯赤谷城，立元贵靡为大昆弥，乌就屠为小昆弥，皆赐印绶。破羌将军不出塞还。”③ 冯嫽果然不负汉宣帝之重托，圆满解决了这个棘手问题。这里值得注意者有三：一是冯嫽与乌就屠的第一次谈判事实上已经达成初步协议，双方同意将乌孙昆弥分别为大小称号；二是汉宣帝实际上认可并接受了冯嫽的斡旋结果，冯嫽被宣帝派遣返回乌孙的使命主要是正式宣布大小昆弥之封拜和授予印绶；三是宣帝之所以接受冯嫽的斡旋结果，乃因这种结果是当时乌孙国情和政局状况下唯一较好选择，表明冯嫽对乌孙政局之判断、处置是恰当的。

悬泉置出土汉简留下了关于冯嫽这次活动的记载：

> 甘露二年二月庚申朔丙戌，鱼离置啬夫禹移县（悬）泉置，遣佐光持传马十匹，为冯夫人柱，廪穬麦小卌二石七斗，又茭廿五石二钧。今写券墨移书到，受薄（簿）入，三月报，毋令缪（谬），如律令。④

① （宋）司马光编著，（元）胡三省音注：《资治通鉴》卷二七，汉宣帝甘露元年（前53），中华书局1956年版，第883页。

② 《汉书》卷九六下《西域传下·乌孙国传》，第3907页。

③ 《汉书》卷九六下《西域传下·乌孙国传》，第3907页。

④ 《敦煌悬泉汉简释粹》，Ⅱ0115③：96，编号200，第141页。

这是冯嫽被宣帝召回长安之后，又“锦车持节”返回乌孙处理其内争问题，途经悬泉置时的记录。悬泉置东的鱼离置移书悬泉置，称派遣置佐名光者持传马十匹护送冯夫人西行，悬泉置据此提供穬麦及茭若干以饲其马匹。《资治通鉴》将宣帝徵冯嫽回京及其返回乌孙事，系于甘露元年，据此汉简可知冯嫽自长安返回乌孙是在甘露二年①，于二月丙戌这天途经悬泉置西行。

甘露三年（前51）元贵靡死，其子星靡继位为大昆弥，解忧公主与狂王所生子鸱靡亦已死，解忧公主遂告老回到阔别半个世纪的长安，冯嫽亦随之回到长安。由于星靡幼小，治国不得力，于是“冯夫人上书，愿使乌孙镇抚星靡。汉遣之，卒百人送焉。”② 这是冯嫽第二次被宣帝委以重任，出使乌孙。这时的冯嫽也年事已高，在乌孙的统治遇到困难时又主动请缨，实属难能可贵。冯嫽之所以敢于主动提出这个请求，而且她的请求也得到皇帝的批准，表明她具备“镇抚”乌孙的能力和水平，这与她深谙乌孙政情和游刃有余的斡旋能力有密切关系，这时的冯嫽已堪称一位成熟老练的政治家了。

外交理论学者杰夫·贝里奇在介绍16世纪早期外交学先驱马基雅弗利时写道：“通读马基雅弗利的著作，可以发现他认为常驻大使应当有五项主要职责。大使必须鼓动驻在国君主采取符合本国君主利益的政策，防止敌对政策的酝酿，其中可能包括破坏外交对手活动的行为。外交官还必须向本国君主提交政策建议，并且不惜一切代价捍卫本国君主的名声。如果有必要，他还应该参与正式谈判，特别要注意努力获取情报并向国内报告。最困难的是，报告必须预测未来局势发展。”③ 我们不必拘泥于马基雅弗利所说的五项职责，他是根据他作为佛罗伦萨共和国外交官员的经验而总结出来的，何况常驻大使的职责在不同时代、不同国家也是有所变化的，要之，常驻大使代表本国君主常驻于所在国，他们将利用一切机会和可能为维护本国之利益，为发展双方关系而尽力，获取

① 汪桂海：《敦煌汉简所见汉朝与西域的关系》，武汉大学简帛研究中心编：《简帛》第一辑，上海古籍出版社2006年版。

② 《汉书》卷九六下《西域传下·乌孙国传》，第3908页。

③ ［英］杰夫·贝里奇、莫里斯·基恩斯—索珀、奥特：《外交理论——从马基雅弗利到基辛格》，陆悦璘、高飞译，北京大学出版社2006年版，第16页。

情报或提交政策建议向本国君主报告。解忧公主及其侍者冯嫽虽然并没有常驻使节的正式职衔，但是她们的所作所为堪称汉皇朝派驻于乌孙的常驻使节。

欧洲常驻使节在15世纪出现的时候，并非广泛派遣，马基雅弗利认为“君主应当至少在有利益涉及的相关宫廷各设一名常驻外交官”[①]，也就是说最初常驻使节主要派驻于与其利益攸关之国家。我们注意到，汉代和亲主要是与匈奴和乌孙，虽然这些和亲女并非作为常驻使节而派遣，但是，这种情况表明匈奴与乌孙是汉皇朝利益攸关方，因此对于这两个国家派遣了他们的和亲女。在当时尚未有常驻使节的时代，和亲女承担一些常驻使节的职能，实在是必要的和自然而然的。

四　发挥女性特点和优势

和亲女及其使团作为具有常驻性使节的作用方面，还具有男性使节及其他人员所不具备的特点和优势。这种特点和优势，主要体现于通过繁衍后嗣，从而将和亲效应加以延伸和扩大，为发展双方关系发挥了更大的作用。这种作用是与其作为女性以及伴随她的女性官属侍御所独具的，故和亲女及其使团在为发展双方关系方面能够起到一般男性之质侍或使节所不可能起到的特殊作用。

关于这方面的作用早在刘敬为汉高帝规划和亲之计时已经提出，其计策之核心就在于发挥和亲女作为女性而具有的特点和优势，从血缘关系方面来改造对方统治者和统治集团，注入亲汉之基因，导致其和平演变，达到“独可以计久远子孙为臣耳”[②] 之功效。刘敬的计策有其过于理想化的成分，在国家关系中各自的国家利益是第一位的、决定性的，非血缘关系和亲情所能够决定的[③]，在双方力量对比没有发生变化之前，令对方“臣服”是不可能的。但是这个计策有其一定的合理性和现实性，通过血缘亲族关系在一定历史条件下确实可以起到促进双方关系的积极

① Missions, Vol. 3, pp. 60, 98－99, 245, 262。转引自《外交理论——从马基雅弗利到基辛格》，北京大学出版社2006年版，第21页。

② 《史记》卷九九《刘敬列传》，第2719页。

③ 于阗与莎车的和亲是这方面的一个典型，参见《后汉书》卷八八《西域传·莎车国传》，第2925—2926页。

作用。

以汉匈关系观之，在汉匈力量对比发生逆转之前的西汉前期，其时的和亲女及其子女无闻于世，即她（他）们在政治上无所作为之反映。但是到了西汉后期，汉匈力量对比发生逆转之后，虽然“外孙为单于”的状况依然没有出现，和亲女本人的直接作用亦不算太显著，但是和亲女之子女在政治上的作用却已有所体现。王昭君两度为匈奴单于妻，她与呼韩邪单于生一男，名伊屠智牙师，为右日逐王；她与复株絫若鞮单于生二女，长女云为须卜居次，小女为当于居次，分别嫁匈奴贵族须卜氏、当于氏。王昭君之子伊屠智牙师“以次当为左贤王。左贤王即是单于储副。”但是后“单于欲传其子，遂杀知牙师。”[①] 王昭君长女之婿须卜当为“匈奴用事大臣”[②]，而且“欲与中国和亲”[③]，是位亲汉的匈奴当权者。汉、新之际王莽乱政导致汉匈关系破坏时，王昭君女及女婿尽力所能及为维护汉匈关系起了积极作用。始建国五年（13）匈奴乌珠留单于死，在确定单于继

① 《后汉书》卷八九《南匈奴传》，第2941页。

② 《汉书》卷九四下《匈奴传下》，第3826页。

③ 《汉书》卷九四下《匈奴传下》，第3827页。黎按：这段文字在中华书局标点本《汉书·匈奴传下》作如下之标点：“乌珠留单于立二十一岁，建国五年死。匈奴用事大臣右骨都侯须卜当，即王昭君女伊墨居次云之壻也。云常欲与中国和亲，又素与咸厚善，见咸前后为莽所拜，故遂越舆而立咸为乌累若鞮单于。”（《资治通鉴》记此事基本同于《汉书》，且其标点本之标点亦同，见《资治通鉴》卷三七，王莽始建国五年公元13年，第1200页）其中的“云常欲与中国和亲”一句似有一些问题需提出讨论。在“云”字旁加上了人名符号，这样就使读者以为这句话的意思是说伊墨居次云“常欲与中国和亲”，而且她“又素与咸厚善，见咸前后为莽所拜，故遂越舆而立咸为乌累若鞮单于。”这似乎不符合原意。这句话的主语是须卜当，叙述他作为王昭君女婿，有与汉和亲的愿望，而且是匈奴用事大臣，故有意欲及能力在新旧单于更替时扶立他认为亲汉的匈奴王咸为新单于；此非伊墨居次云一人可以为之的。窃意“云”字下面的“常”字殆为“当”字之讹，指须卜当，“云”指伊墨居次云。（按，“常”古人往往书为“尝”，其繁体为“嘗”，与“当”之繁体“當”，形近以致讹。）这句话的意思是说伊墨居次云和须卜当“欲与中国和亲”云云，而且夫妇二人均与咸善，故共同努力扶立咸为单于。这样不仅文意顺畅，而且与其后经常“云、当”连用之史文相符，如：“乌累单于咸立……云、当遂劝和亲。”“天凤元年，云、当遣人之河西虎猛制虏塞下，告塞吏曰欲见和亲侯。”天凤二年王莽遣使“至塞下，单于遣云、当子男大且渠奢等至塞迎。”王莽使者到匈奴后，“又以陈良等购金付云、当，令自差与之。”天凤五年王莽“遣和亲侯歙与奢等俱至制虏塞下，与云、当会，因以兵迫胁，将至长安。云、当小男从塞下得脱，归匈奴。”（《汉书》卷九四下《匈奴传下》，第3827—3828页）这些“云、当”均指伊墨居次云和须卜当，“云、当”连胜为《汉书》惯例。故“云”“当”两字之间可加顿号，“当”字旁也应加人名符号。

承人时，须卜当运用其权力“遂越舆而立咸为乌累若鞮单于”[①]，越过另一继承人舆而选择他认为亲汉的右犁汗王咸继位。乌累若鞮单于咸继位后，须卜居次云及其夫婿须卜当均“劝咸和亲”[②]，于是乌累若鞮单于咸“复与（王）莽和亲”[③]，乌累若鞮单于咸之和亲与他们夫妇的影响有关。须卜当在匈奴右部时，“兵不侵边，单于动静辄语中国”，成为汉方在匈奴之代理人，被汉方誉为“此方面之大助也”[④]。在王莽乖戾政策导致汉匈关系日益恶化的情况下，王昭君在汉、匈双方的亲属经常担任使节，频繁往返于双方之间，为维护双方关系竭尽所能。本来双方这种带着亲戚关系的使节往还应当是有利于友好关系发展的，但是不幸的是时值王莽乱政，结果却是双方关系不仅没有向好的方向发展，反而日益走向反面。天凤元年（14），须卜居次云、须卜当“遣人之西河虎猛制虏塞下，告塞吏曰欲见和亲侯。和亲侯王歙者，王昭君兄子也。”[⑤] 经过王昭君女儿及女婿二人的主动沟通，王莽倒是派遣了王昭君之侄王歙、王飒兄弟出使匈奴，“贺单于初立”的同时欺骗匈奴，假称已被王莽杀害的匈奴侍子还在，以换回杀害西域戊己校尉刀护而投降匈奴的陈良、终带等人。匈奴单于将陈良、终带等人交出后，王莽“皆烧杀之”[⑥]。天凤二年（15）王莽派遣王歙等人护送被害匈奴侍子尸骨还匈奴，匈奴则派遣王昭君外孙（须卜居次云与须卜当之子）大且渠奢等“至塞迎”[⑦]。天凤五年（18）乌累若鞮单于咸死，呼都而尸道皋若鞮单于继位，匈奴又派遣大且渠奢和王昭君另一外孙（王昭君小女儿当于居次之子）醯椟王“俱奉献至长安”。而王莽却诱骗须卜居次云和须卜当，派遣和亲侯王歙及大且渠奢等“俱至制虏塞下”，与二人相会，“因以兵迫胁，将至长安。”唯随同前来的二人之“小男从塞下得脱，归匈奴。”[⑧] 王莽拜须卜当为单于，不久须卜当病死，王莽又以庶女妻大且渠奢，“欲出兵立之”。由于王莽一再欺诈并干涉匈奴内政，

① 《汉书》卷九四下《匈奴传下》，第 3827 页。
② 《汉书》卷九四下《匈奴传下》，第 3827 页。
③ 《汉书》卷九四下《匈奴传下》，第 3827 页。
④ 《资治通鉴》卷三八，王莽天凤六年（19），第 1219 页。
⑤ 《汉书》卷九四下《匈奴传下》，第 3827 页。
⑥ 《汉书》卷九六下《西域传下》，第 3927 页。
⑦ 《汉书》卷九四下《匈奴传下》，第 3828 页。
⑧ 《汉书》卷九四下《匈奴传下》，第 3829 页。

“匈奴愈怒，并入北边，北边由是坏败。”“会汉兵诛莽，云、奢亦死。”①最后的结果是，王昭君之长女、长女婿及外孙均死于汉地，这样一个坚持和亲并身体力行的家族就这样成为王莽错误政策的牺牲品，他们的悲剧不是由于彼方而是由于己方而导致，这不能不令人深省。

在发挥女性特点和优势上，以汉与乌孙和亲中显得更为突出和成功。王昭君与解忧公主相比较之所以存在差异，与她们所处时代不同，因而肩负之使命亦有所差别而决定的。解忧公主和亲在西汉前期，王昭君和亲在西汉后期。解忧公主和亲乌孙时，匈奴问题尚未得到解决，匈奴对汉的威胁还是汉王朝面临的严峻问题，西域与汉的关系也还存在许多未知数，故其和亲乌孙肩负着“与乌孙共灭胡”的使命，成为实现“断匈奴右臂”战略计划之关键所在。这不仅是和亲女个人的使命，也是汉皇朝所面临的重大课题。

因此，解忧公主出塞，不论对于汉还是和亲女来说均可谓任重道远。王昭君和亲的西汉后期，汉皇朝所面临的重大问题——北方匈奴问题已经基本解决，匈奴统一军事帝国已经瓦解，实际上已经分裂为两个部分——呼韩邪单于和郅支单于。呼韩邪单于一支已经臣服汉皇朝，故王昭君和亲呼韩邪单于，其肩负之任务与解忧公主时代已不可同日而语，基本上是保持、维护汉匈之间已经建成、存在之臣服关系。两者之差异不完全决定于和亲女个人的能力，而决定于她们所处时代以及时代使命之不同。但是，和亲女个人之素质、能力也有一定关系，在这方面解忧公主，尤其是其侍者冯嫽，纵横捭阖于汉、乌及西域诸国之间，其政治能力和水平不下于汉廷中的一些高级官员，实际上是具有相当政治素养和能力的政治家、外交家。

在这样的背景下，解忧公主之子女、亲属、后嗣在政治上亦有诸多突出表现。解忧公主与翁归靡生有三男两女，其中多位在政治上有所表现或作为。长男元贵靡为乌孙第一任大昆弥，其后祖孙三代相继为大昆弥，刘敬所谓“外孙为单于”之设想至此在乌孙得以实现。甘露元年（前53）乌孙分裂，经汉方调解，“立元贵靡为大昆弥，乌就屠为小昆

---

① 《汉书》卷九四下《匈奴传下》，第3829页。

弥，皆赐印绶。”① 大昆弥户六万余，小昆弥户四万余。元贵靡死后，其子星靡“代为大昆弥”，星靡死后，其“子雌栗靡代”②。雌栗靡被小昆弥末振将使人刺杀后，汉“立雌栗靡季父公主孙伊秩靡为大昆弥”③。小昆弥乌就屠为翁归靡与匈奴妻所生，乌就屠死后，其子“拊离代立”，拊离被其弟日贰杀害后，“汉遣使者立拊离子安日为小昆弥”④“后安日为降民所杀，汉立其弟末振将代。”末振将被大昆弥翎侯难栖杀后，“末振将兄安日子安犁靡代为小昆弥”⑤。也就是说，汉和亲女与匈奴和亲女之后嗣分别相继为乌孙之大、小昆弥，分裂后的乌孙，主要部分——大昆弥一直掌控于汉和亲女之子孙手中，其次之部分——小昆弥一直掌控于匈奴和亲女之子孙手中。两昆弥中之大昆弥亲汉，小昆弥虽然亲匈奴，但与汉亦保持关系，因为这个时期匈奴已经臣服于汉。

虽然甘露三年（前 51）解忧公主携三孙告老返回长安，但这时她的后嗣仍然在乌孙继续执掌权力。黄龙元年（前 49）解忧公主辞世后的第 47 年——哀帝元寿二年（前 1），其孙大昆弥伊秩靡来到长安入朝，与匈奴单于同时来朝，“汉以为荣”⑥，成为汉王朝一桩交聘盛事，汉与乌孙的友好关系进入了又一个高潮。和亲效应在时间上之延伸性于此可见。此和亲效应不仅在西汉后期保持达半个世纪以上，甚而延伸至东汉时期，明帝永平十七年（74）耿恭为戊己校尉，屯车师后王部金蒲城，“移檄乌孙，示汉威德，大昆弥已下皆欢喜，遣使献名马，及奉宣帝时所赐公主博具，愿遣子入侍。恭乃发使赍金帛，迎其侍子。”⑦ 两汉之际遭王莽乱政，汉与西域关系断绝，在得到汉使音讯后，乌孙大昆弥作出了积极的回应，其报使特意携带汉宣帝时赐予和亲公主之博具来见，可见和亲效应在解忧公主辞世 123 年之后仍然在发生作用。

和亲女在乌孙之后嗣以及他们的亲族，除了上述为大昆弥者之外，

---

① 《汉书》卷九六下《西域传下 · 乌孙国传》，第 3907 页。
② 《汉书》卷九六下《西域传下 · 乌孙国传》，第 3908 页。
③ 《汉书》卷九六下《西域传下 · 乌孙国传》，第 3909 页。
④ 《汉书》卷九六下《西域传下 · 乌孙国传》，第 3908 页。
⑤ 《汉书》卷九六下《西域传下 · 乌孙国传》，第 3909 页。
⑥ 《汉书》卷九六下《西域传下 · 乌孙国传》，第 3910 页。
⑦ 《后汉书》卷一九《耿恭传》，第 720 页。《资治通鉴》卷四五，汉明帝永平十七年（74），谓耿恭为戊校尉，第 1466 页。

还有不少跻身于乌孙统治集团中，这对于维护汉乌关系亦有积极意义。解忧公主三子名大乐，为乌孙左大将。乌孙昆弥之下的高层统治者有“相，大禄，左右大将二人。”① 星靡继位为大昆弥后，因其幼弱，西域都护韩宣遂奏请免去星靡，“更以季父左大将乐代为昆弥”②，这里的乐即解忧公主之三子大乐，为星靡叔父。此议虽然被朝廷否决，但从中可知他在乌孙政治舞台上也是一位重要人物。

解忧公主之侍者冯嫽嫁乌孙右大将，与左大将大乐为同一级别之高层官员。甘露年间冯嫽调解乌孙统治者纷争之获得成功，与其姻亲有一定关系。在乌就屠杀狂王、自立为昆弥时，西域都护郑吉之所以派遣她去劝说乌就屠，就因为冯嫽的丈夫“右大将与乌就屠相爱”③，冯嫽利用这一关系而与乌就屠谈判并说服了他。冯嫽与乌就屠谈判之获得成功，其夫右大将亦当有所助益。

和亲女后嗣影响所及不仅在于乌孙，甚至及于西域其他国家或地区。解忧公主长女弟史嫁龟兹国王绛宾，将汉与乌孙的和亲扩展至与龟兹的和亲，并将这种亲密关系延伸至汉末，“绛宾死，其子丞德自谓汉外孙，成、哀帝时往来尤数，汉遇之亦甚亲密。”④ 汉与龟兹的友好关系亦延续半个世纪以上。解忧公主的次子万年，“莎车王爱之。莎车王无子死，死时万年在汉。莎车国人计欲自托于汉，又欲得乌孙心，即上书请万年为莎车王。汉许之，遣使者奚充国送万年。”⑤ 从莎车王“爱之”可见解忧公主与莎车原有十分密切的友好往来。解忧公主之子万年被视为莎车与汉、乌孙建立友好关系的媒介，可惜的是“万年初立，暴恶，国人不说。莎车王弟呼屠徵杀万年，并杀汉使者，自立为王，约诸国背汉。”⑥ 经过一段波折，亲汉的力量在莎车还是占了主导地位，西汉末莎车王延“常敕诸子，当世奉汉家，不可负也。”后来“匈奴单于因王莽之乱，略有西

① 《汉书》卷九六下《西域传下·乌孙国传》，第3901页。
② 《汉书》卷九六下《西域传下·乌孙国传》，第3908页。
③ 《汉书》卷九六下《西域传下·乌孙国传》，第3907页。
④ 《汉书》卷九六下《西域传下·龟兹国传》，第3917页。
⑤ 《汉书》卷九六上《西域传上·莎车国传》，第3897页。
⑥ 《汉书》卷九六上《西域传上·莎车国传》，第3897—3898页。

域，唯莎车王延最强，不肯附属。”① 和亲女所具有的女性特点和优势，将和亲效应充分延伸和扩展，从而最大限度地发挥常驻使节的作用。

（原刊《江汉论坛》2011 年第 1 期。此文后被翻译成日文，刊载于日本《神户大学史学年报》2021 年 6 月第 36 号。我们在黎虎先生遗存文稿中，发现了同名文章，经过与原刊文进行比对，知是黎虎先生刊后修订稿。今据黎虎先生刊后最新修订稿，并参校原刊文整理，原刊文注释格式系尾注，今统一改为页下注。李文才敬识。）

① 《后汉书》卷八八《西域传·莎车国传》，第 2923 页。

汉代朝礼交聘功能的发展

“朝”是汉代交聘诸方式中最为重要的一种，其交聘功能并非与生俱来，而是随着汉代交聘关系的发展而逐步加强的一个历史过程。中国古代的“朝”，大略而言可以分为实务性“朝”和礼仪性“朝”两类。实务性“朝”是指臣属朝见君主以议政，处理政务为其主要功能和目的。礼仪性“朝”是境内诸侯、群臣和四方国、族的君主、酋长或使节朝见天子的礼仪性集会，以软性政治意义及“亲仁善邻”[①] 为其主要功能和目的。后者与我们所要讨论的交聘有着密切的关系，遂为汉代交聘诸方式之一。这种朝礼在周代主要是指四方诸侯之来朝，“以宾礼亲邦国。春见曰朝，夏见曰宗，秋见曰覲，冬见曰遇，时见曰会，殷见曰同。”郑玄注曰：“此六礼者，以诸侯见王为文。”[②] 及至汉代，“诸侯”名存实亡，实际上已经成为汉皇朝的地方政权单位，故这种朝礼中的“诸侯”来朝与地方政府之来朝性质相同，为中央与地方关系性质；故这种朝礼中的交聘功能不体现于“诸侯”来朝，而体现于四方国、族的君主、酋长或使节之来朝，是为这个时代朝礼交聘功能的集中和最高体现，从而成为汉代诸交聘方式中最为隆重的方式之一。

---

① （汉）郑玄注，（唐）贾公彦疏，赵伯雄整理，王文锦审定：《周礼注疏》卷二《天官冢宰·大宰》：大宰之职之一，乃“以八统诏王驭万民：……八曰礼宾。”郑玄注曰：“礼宾，宾客诸侯，所以示民亲仁善邻。”（北京大学出版社 2000 年版，第 36—37 页）；（周）左丘明传，（晋）杜预注，（唐）孔颖达正义，浦卫忠、龚抗云、胡遂、于振波、陈咏明整理，杨向奎审定：《春秋左传正义》卷四，隐公六年：“五父谏曰：‘亲仁善邻，国之宝也。君其许郑。’”（北京大学出版社 2000 年版，第 118 页）

② 《周礼注疏》卷一八《春官宗伯·大宗伯》，第 546 页。

汉代朝礼交聘功能的发展，可以从朝礼本身交聘功能的逐步加强和朝礼向其他礼仪形态之扩展两个方面以观之。这方面问题未见有论及者，故试略述之。

一 朝礼中交聘功能的逐步加强

汉代的“朝”礼，依其规模、隆重程度和时间，可分为“大朝”与“常朝”两种。“常朝”以政务为其主要功能和目的，“大朝”以软性政治意义为其主要功能和目的。前者虽然在某些情况下也具有一定的软性政治意义功能和目的，但以实务性的日常政务或论政为其主要功能和目的，后者虽然也具有一定的实务性功能和目的，而以软性政治意义为其主要功能和目的。

以“大朝”为代表的“朝”礼，又以“正旦朝”最为重要，从而成为礼仪性朝礼的代表和最高形式。“正旦朝”即“每岁首正月，为大朝受贺。”[①] 是为最隆重、也最为统治者所重视的“大朝”。何以然？从时令而言，正旦即正月初一。这一天被视为“三朝之会”，即“岁、月、日三者之始，故云三朝。”[②] 古人最为重视这个日子，称为“月正元日”“月正，正月。元日，上日也。”[③] 故正旦朝又有“朝正”或“岁朝”等称谓。从政治上而言，这是颁正朔、改正朔的日子。《周礼》太史职“颁告朔于邦国”，郑玄注曰：“天子颁朔于诸侯，诸侯藏之祖庙，至朔，朝于庙，告而受行之。”[④] 而“‘改正朔’者，‘正’谓年始，‘朔’谓月初，言王者得政，示从我始改故用新。”[⑤] 改正朔意味着新朝、新君的开始及其合法性之宣示。因此，正朔就不单纯是历法，而是新朝、新君“体元以居正”[⑥]

① （晋）司马彪撰，（梁）刘昭注补：《续汉书·礼仪志中》，点校本《后汉书志》第五，中华书局1965年版，第3130页。

② （汉）班固撰，（唐）颜师古注：《汉书》卷八五《谷永传》，中华书局1962年版，第3468—3469页。

③ （汉）孔安国传，（唐）孔颖达疏，廖名春、陈明整理，吕绍纲审定：《尚书正义》卷三《舜典》，北京大学出版社2000年版，第85页。

④ 《周礼注疏》卷二六《春官宗伯·大史》，第816页。

⑤ （汉）郑玄注，（唐）孔颖达疏，龚抗云整理，王文锦审定：《礼记正义》卷三四《大传》，孔颖达疏，北京大学出版社2000年版，第1167页。

⑥ 《春秋左传正义》卷二，隐公元年，杜预注，第43页。

的政治标志。故春秋时期“诸侯朝正于王”，杜预注曰：“朝而受政教也”[①]。诸侯“朝正”意味着接受周天子的“政教”。

秦始皇“推终始五德之传，以为周得火德，秦代周德，从所不胜。方今水德之始，改年始，朝贺皆自十月朔。”《正义》曰：“周以建子之月为正，秦以建亥之月为正，故其年始用十月而朝贺。”[②] 汉承秦制，亦以十月为岁首，朝十月朔。汉七年（前 200），长乐宫成，“诸侯群臣皆朝十月。”[③] 颜师古注曰：“适会七年十月，而长乐宫新成也。汉时尚以十月为正月，故行朝岁之礼，史家追书十月。”[④] 汉初正旦朝在十月举行，即继承秦制。至汉武帝太初元年（前 104）“夏五月，正历，以正月为岁首。”颜师古注曰：“谓以建寅之月为正也。未正历之前谓建亥之月为正。”[⑤] 此后即以农历正月为岁首，直至近代。故武帝太初元年之后正旦朝均在正月岁首举行。

汉七年十月的“大朝”是以叔孙通所订朝礼而施行。叔孙通制订的朝礼是汉代朝礼确立的标志，也是此后两汉朝礼的基础性礼仪，在朝礼发展史上具有承前启后的历史意义。

汉代朝礼的发展大体经历了两个阶段性的发展变化，即从以对内关系为主逐渐增加了对外关系的成分，其对外关系成分之由小到大的发展，直接反映了汉代交聘关系发展的进程。一般而言，诸侯朝拜皇帝亦属一种交聘关系，但那是汉皇朝内部的关系，我们所谓交聘是指与四方国、族的交聘关系，主要是指对外关系。汉初制订朝仪的主要目的是针对内部关系而言的。汉五年（前 202），“已并天下，诸侯共尊汉王为皇帝于定陶……群臣饮酒争功，醉或妄呼，拔剑击柱，高帝患之。叔孙通知上益厌之也”[⑥]，由此可见，在推翻秦皇朝之后，新建立的汉皇朝面临着“礼崩乐坏”、纲纪紊乱的局面，其时亦无暇顾及对外关系，当务之急是

---

① 《春秋左传正义》卷一八，文公四年，第 579 页。

② （汉）司马迁撰，（南朝·宋）裴骃集解，（唐）司马贞索隐，（唐）张守节正义：《史记》卷六《秦始皇本纪》，中华书局 1959 年版，第 237 页。

③ 《史记》卷九九《叔孙通列传》，第 2723 页。

④ 《汉书》卷四三《叔孙通传》，颜师古注，第 2128 页。

⑤ 《汉书》卷六《武帝纪》，第 199 页。

⑥ 《史记》卷九九《叔孙通列传》，第 2722 页。

稳定内部关系，故亟需制订维护新君权威，维护新皇朝统治秩序和纲纪的新的礼仪，于是叔孙通向刘邦提出了这个问题和建议。刘邦遂令叔孙通制订新的朝仪，以整饬纲纪，树立新君之权威。叔孙通就是在这样的背景和时代条件下奉命制订新礼的，施行此新礼之后刘邦所以强调“今日知为皇帝之贵”，也主要是从内部关系而言的。此后，随着汉代对外交聘关系的日益发展，这种朝礼也随之逐渐增加了对外关系的成分，其国际化、族际化的因素和色彩日益浓厚和加强，朝礼的交聘功能亦随之日益加强和发展。这不仅体现了朝礼本身的发展变化，同时也是汉代交聘关系发展变化在政治上和礼仪上发展变化的一种反映和体现。

汉代朝礼交聘功能的发展变化，集中体现于与会成员的发展变化上面，具体来说就是朝会中的四方国、族成分的增加，从而使朝会的国际化、族际化色彩日益加强和浓厚，朝会成为重要的民族关系和外交关系场所。

在汉七年（前200）首次举行的“朝正”礼中，我们只见到汉皇朝内部的诸侯和文武百官等人员出席，即排列于西方之“功臣列侯诸将军军吏”和排列于东方的“文官丞相以下”等“诸侯、群臣”①，还没有看到其他四方国、族的来朝者。这显然与皇朝草创，尚未与四方国、族建立密切的交聘关系，更遑论“朝”关系之建立有着直接的关系。随着交聘关系的发展，四方国、族来朝者遂逐渐增加。我们试以四方国、族之首朝，即第一次与汉皇朝建立“朝”关系作为标志，以考察汉代“朝”关系之发展进程。

汉代四方国、族首朝表

初朝年代	国、族	具体情状	地方	出处
汉五年（前202）?	闽越	“立无诸为闽越王”（案：依制当朝）	闽中，都东冶（今福州市）	《史记》卷114《东越列传》
惠帝三年（前192）?	东瓯	“立摇为东海王”；“东瓯入朝”	都东瓯（今温州市）	《史记》卷114《东越列传》；《汉书》卷45《伍被传》
景帝年间	南越	“称臣，使人朝请”，“其使天子，称王朝命如诸侯”	都番禺（今广州市）	《史记》卷113《南越列传》

① 《史记》卷九九《叔孙通列传》，第2723页。

续表

初朝年代	国、族	具体情状	地方	出处
元狩二年（前121）	乌桓	“徙乌桓于上谷、渔阳、右北平、辽西、辽东五郡塞外，为汉侦察匈奴动静。其大人岁一朝见。”	上谷、渔阳、右北平、辽西、辽东五郡塞外	《后汉书》卷90《乌桓鲜卑传》
元鼎五年（前112）	西域诸国	汉使自安息还，安息“发使随汉使来观汉广大，以大鸟卵及黎轩善眩人献于汉。及宛西小国欢潜、大益，宛东姑师、捍罙、苏薤之属，皆随汉使献见天子。天子大悦。”	中亚、西亚地区	《史记》卷123《大宛列传》
元鼎六年（前111）	夜郎	“夜郎侯始倚南越，南越已灭，会还诛反者，夜郎遂入朝。上以为夜郎王。”	今云贵川交界地区	《史记》卷116《西南夷列传》
元封二年（前109）	滇	“滇王离难西南夷，举国降，请置吏入朝。于是以为益州郡，赐滇王王印，复长其民。”	今云南东部滇池地区	《史记》卷116《西南夷列传》
元封三年（前108）	倭人	灭卫氏朝鲜，以其地置真番、临屯、乐浪、玄菟四郡后，“以岁时来献见”	“乐浪海中”（日本九州北部）	《汉书》卷28下《地理志下》
元康元年（前65）	龟兹	龟兹王绛宾与夫人（解忧公主女）联袂入朝	今新疆库车一带	《汉书》卷96下《西域传下》
神爵三年（前59）	匈奴	“匈奴单于遣名王奉献，贺正月，始和亲。”	北方草原地区	《汉书》卷8《宣帝纪》
甘露三年（前51）	匈奴单于	呼韩邪单于来会正旦朝贺	北方草原地区	《汉书》卷8《宣帝纪》；《汉书》卷94下《匈奴传下》
元寿二年（前1）	乌孙大昆弥	“大昆弥伊秩靡与单于并入朝，汉以为荣。”	伊塞克湖一带，都赤谷城（伊什提克）	《汉书》卷96下《西域传下》
建武六年（30）	濊	“省都尉官，遂弃领东地，悉封其渠帅为县侯，皆岁时朝贺。”	今朝鲜东北部	《后汉书》卷85《东夷传》
建武八年（32）	高句丽	“高句骊遣使朝贡，光武复其王号。”	今吉林、辽宁、朝鲜交界地区	《后汉书》卷85《东夷传》
建武二十年（44）	韩	“韩人廉斯人苏马諟等诣乐浪贡献。光武封苏马諟为汉廉斯邑君，使属乐浪郡，四时朝谒。”	朝鲜半岛南部	《后汉书》卷85《东夷传》
建武二十五年（49）	乌桓	辽西乌桓大人郝旦等九百二十二人“率众向化，诣阙朝贡，献奴婢牛马及弓虎豹貂皮。”	今辽宁义县、朝阳一带	《后汉书》卷90《乌桓鲜卑传》
建武三十年（54）	鲜卑	“鲜卑大人于仇贲、满头等率种人诣阙朝贺，慕义内属。帝封于仇贲为王，满头为侯。”	乌桓之北	《后汉书》卷90《乌桓鲜卑传》

续表

初朝年代	国、族	具体情状	地方	出处
建武中元二年（57）	倭奴国	“倭奴国奉贡朝贺，使人自称大夫……光武赐以印绶。”	日本九州北部	《后汉书》卷85《东夷传》
顺帝永和元年（136）	夫余	“其王来朝京师，帝作黄门鼓吹、角抵戏以遣之。”	今吉林农安、长春一带	《后汉书》卷85《东夷传》

说明：（1）本表依时间先后排列；初朝年代不确切者，后面加“？”。（2）含君主首朝。

从上表观之，汉皇朝与四方国、族“朝”关系之发展具有如下一些特点。

首先，汉皇朝与四方国、族“朝”关系发展大体呈先南后北、由南而北态势。与汉皇朝建立“朝”关系最早者为东、南诸越。秦汉时期在中原地区的东、南地区分布的百越诸族，在汉初先后存在几个比较大的部族集团或割据政权，其主要者有以东冶（今福建福州市）为都①的闽越王、以东瓯（今浙江温州市）为都的东瓯王、以南海（今广东广州）为都的南越国等。前二者因率越人佐汉有功而被封，无诸于汉五年（前202）被立为闽越王，摇于惠帝三年（前192）被立为东海王，俗称东瓯王②。在南方的南越虽然在汉十一年（前196）已与汉朝建立了“剖符通使”③的关系，而其“使人”对汉“朝请”④则已至景帝（前157—前141）时期了，这时距汉朝建立已经半个世纪了。由此观之，在汉七年参与朝会的四方国、族，唯东越的闽越有其可能性，而东瓯、南越作为“诸侯”朝汉均在其后才有可能。

其次，“朝”关系的发展是一个漫长曲折的过程。四方国、族大量来朝是在汉武帝时期。这个时期东北地区的乌桓等族，西域诸国和西南夷地区的诸国、族开始陆续来朝。甚至远在“乐浪海中”（日本九州北部）的倭人亦“以岁时来献见”⑤。这种情况，与汉武帝时期交聘关系之大发

① 关于闽越王都地望长期有争论，有福州说、浙南说、浦城说等，或谓在武夷山城村遗址，参见石彦陶《西汉闽越王城地望之新见》，《湖南城市学院学报》2003年第5期。

② 《史记》卷一一四《东越列传》，第2979页。

③ 《史记》卷一一三《南越列传》，第2967页。

④ 《史记》卷一一三《南越列传》，第2970页。

⑤ 《汉书》卷二八下《地理志下》，第1658页。

展的状况是完全一致的。但是这时汉皇朝在北方的最大“敌国”匈奴尚未来朝，而匈奴之来朝还有待数十年之后的汉宣帝时期，神爵三年（前59）“匈奴单于遣名王奉献，贺正月，始和亲。”[①] 而匈奴单于之来朝更在其后，甘露三年（前51）实现呼韩邪单于来朝[②]，是为汉代“朝”关系发展之高峰。这时距离汉皇朝建立已经155年了。由此可见，“朝”关系之实现是一个漫长而曲折的过程。南越之首朝是在汉皇朝建国之后的半个世纪，乌桓之首朝是在汉皇朝建国85年之后，西南夷、西域、倭人之首朝是在汉皇朝建国之后100年，而匈奴之首朝则在汉皇朝建国150年之后了。大体经历了近一个半世纪的曲折历程，直至西汉后期才基本上与四方国、族建立起比较全面的、完整意义上的“朝”关系。

何以“朝”关系的确立如此艰难而旷日持久？这主要是因为交聘关系之由一般的通使关系发展为“朝”关系，是双方关系的一个提升和质变，即由敌国关系变为臣属关系，由对等关系变为非对等关系。周礼规定，“朝”为“君之礼”[③]。汉代仍然承袭这种观念，视主国与朝国之间的关系为一种君臣关系。上述四方国、族都是先与汉皇朝建立起通使关系，经过长期的磨合、较量才逐步建立起“朝”关系的。在汉皇朝与四方国、族的交聘关系发展中，交聘诸方式中以“朝”这一方式最被看重，因而最为难于实现，其他方式都可能在“朝”之前发生。交聘关系之发生发展过程大体循如下顺序进行：通使关系是最早进行，也是最为经常的；然后其他交聘方式遂陆续发生，如贡献、和亲、约誓、封拜、互市等；最后才是“朝”关系和“质侍”[④] 关系的确立和完成。

“朝”之实现不仅经历了上述由通使关系逐步向“朝”关系的发展过程，而且“朝”本身也存在着若干层级的发展过程。一般来说“朝”关系实际上存在三个层次，即遣使来“朝”、侍子入“朝”[⑤]、君主来“朝”。双方关系依循这样三个层次而逐步发展和加深。匈奴之首次“朝”

① 《汉书》卷八《宣帝纪》，第262页。

② 《汉书》卷八《宣帝纪》，第271页；《汉书》卷九四下《匈奴传下》，第2798页。

③ 《周礼注疏》卷三七《秋官司寇·小行人》，第1184页。

④ 关于汉代“质侍”问题有另文论述，兹不赘。

⑤ 侍子来朝亦可纳入遣使来朝之中而统称为遣使来朝。

汉，是神爵二年（前60）派遣“名王”来朝[①]，接着有神爵四年（前58）单于弟“呼留若王”来朝[②]，甘露元年（前53）呼韩邪单于弟左贤王来朝[③]，等。是为遣使来朝。五凤四年（前54）“匈奴单于称臣，遣弟谷蠡王入侍。”[④] 甘露元年（前53）呼韩邪单于“遣子右贤王铢娄渠堂入侍”[⑤]。侍子均参与朝会，故入侍即意味着来朝，是为侍子入朝。至甘露三年（前51）方才开始单于本人之入朝[⑥]。是为君主来“朝”。这三种来朝，不仅其层次逐步提高，而且基本上是按照其层级之高下而依序实施。

虽然到汉武帝时期四方国、族来朝开始进入高潮阶段，但是真正具体看到重要的四方国、族君主之在“大朝”中的活动身影，则是到了西汉后期了。汉宣帝甘露三年（前51）的“大朝”是一个重要标志。在这年正月举行的正旦朝中，匈奴呼韩邪单于成为来朝者的主角，其所率领的使团成员“左右当户之群臣皆得列观”，此外还有“诸蛮夷君长王侯数万”[⑦] 参与，四方国、族来朝者首次大规模出现在正旦朝的舞台上，也是首次出现在正史的记载之中，而且人数众多，盛况空前。由于四方国、族之来朝在西汉宣帝时期进入一个新的高潮阶段，因而史籍有关这方面的比较详细完整的记载亦始见于这个时期。《汉书·匈奴传》中关于甘露三年呼韩邪单于朝正旦的记载为首次关于“蛮夷戎狄”来朝正旦之比较详细完整的记载。此后，这方面的记载虽然在《汉书》的《纪》《传》中不同程度亦有所反映，但是作为典章制度的专题著述中这方面的记载仍然不多，及至东汉时期陆续问世的关于《汉官》的诸著述始见将这方面的情况纳入其中。蔡邕叔侄的著作具有代表性，蔡邕之叔、卫尉蔡质《汉官典职仪式选用》（简称《汉官典职》《汉官典仪》《汉官》）记载曰：“正月旦，天子幸德阳殿，临轩。公、卿、将、大夫、百官各陪朝贺。

---

① 《汉书》卷八《宣帝纪》，第262页。

② 《汉书》卷八《宣帝纪》，第264页。

③ 《汉书》卷八《宣帝纪》，第269页。

④ 《汉书》卷八《宣帝纪》，第268页。

⑤ 《汉书》卷八《宣帝纪》，第268页。

⑥ 《汉书》卷八《宣帝纪》，第271页。

⑦ 《汉书》卷九四下《匈奴传下》，第3798页。“当户”为匈奴官名，匈奴单于之下“自如左右贤王以下至当户，大者万骑，小者数千，凡二十四长。”（《史记》卷一一〇《匈奴列传》，第2890页）

蛮、貊、胡、羌朝贡毕，见属郡计吏，皆陛觐，庭燎。”① 这里除了内部的公卿百官之外，还有“蛮、貊、胡、羌”等四方国、族之来“朝”者；四方国、族来“朝”已经纳入“正旦朝”之礼仪制度之中，这是四方国、族来朝已经常态化、制度化的反映。蔡邕曾撰《朝会志》②，其书已佚，但是其《独断》中有云：“四姓小侯，诸侯家妇，凡与先后有瓜葛者，及诸侯王大夫、郡国计吏、匈奴朝者、西国侍子皆会。”③ 其《朝会志》当有“匈奴朝者、西国侍子”来朝之记载。其后应劭《汉官仪》亦有相关记载④，与蔡质《汉官》文字基本相同。

从汉七年（前200）叔孙通制订元会礼，至甘露三年（前51）之呼韩邪单于来朝正旦，再到东汉时期将四方国、族来朝纳入典章制度著述中，历时一个半至两个世纪，这一方面反映了汉皇朝与四方国、族交聘关系取得了长足的发展，体现了历史的进步趋势；另一方面也反映了“朝”关系建立、发展之曲折和漫长，以及“朝”礼与时俱进之发展规律。

朝礼中的交聘功能发展，实际上就是汉代“朝”关系发展在礼仪制度上的反映。其发展并非一蹴而就，是在汉皇朝国力上升之后，亦即汉皇朝与相关国、族经过长期的较量，力量对比发生有利于汉皇朝，或向汉皇朝倾斜之后才逐步得以实现的。故汉代的朝礼基本上是先内后外、由内而外逐步扩展和完善的过程。

二　朝礼向其他礼仪形态之扩展

以“大朝”为代表的朝礼在随着汉代交聘关系的发展及其对外成分之日益注入朝礼之中，朝礼亦随之向其他礼仪形态扩展和延伸：一方面是以朝礼为核心发展出了其他一些相似、相关的大型礼仪性集会，朝礼陆续向其他节庆、祭祀等礼仪（如上陵礼、祀“三雍”礼等）方面延伸、

① （汉）蔡质撰，（清）孙星衍校集：《汉官典职仪式选用》，周天游点校：《汉官六种》，中华书局1990年版，第210页。

② （唐）刘知幾撰，（清）蒲起龙通释，王煦华整理：《史通通释》卷一二《外篇·古今正史第二》，上海古籍出版社2009年版，第317页。

③ 周天游辑注：《八家后汉书辑注》，谢承《后汉书卷一·礼仪志》注引，上海古籍出版社1986年版，第5页。

④ （汉）应劭撰，（清）孙星衍校集：《汉官仪》卷下，周天游点校：《汉官六种》，第183页。

扩展；另一方面则同时又将朝礼中的交聘关系对外成分移植于这些新型的礼仪性集会之中，一并纳入交聘关系体制之中，成为交聘礼仪中不可分割的有机的组成部分。这是朝礼的交聘功能在汉代得到发展的又一重要体现。

兹以汉代朝礼之向上陵礼、祀“三雍”礼等大型礼仪扩展的情况为中心作一论述。

（一）上陵礼

上陵礼是东汉时期在朝会礼基础上创立的一种大型祭祀礼仪。东汉人王充说：“古礼庙祭，今俗墓祀。”① 上陵礼即属于墓祀。《汉官仪》说：“古不墓祭。秦始皇起寝于墓侧，汉因而不改。”② 上陵礼是在继承秦礼基础上而创立的。《续汉志》说：“西都旧有上陵”③，但是据蔡邕说“昔京师在长安时，其礼不可尽得闻也。”④ 可知在西汉时期虽然已有这种礼仪，但是其礼仪已不得其详。东汉光武帝去世后，葬于原陵。“明帝嗣位逾年，群臣朝正。感先帝不复闻见此礼，乃帅公卿百僚，就园陵而创焉。”⑤ 可见这个礼仪是在东汉明帝时在正旦朝基础上创立的。

上陵礼的性质虽然与正旦朝不同，前者属于丧葬礼仪，后者属于节庆、朝觐礼仪，但是两者之间的联系和相似性却是密切的。

第一，从举行礼仪的时间来说，上陵礼是在正旦朝之后接着举行的。明帝即位后的次年，永平元年（58）“春正月，帝率公卿已下朝于原陵。”⑥《通鉴》记此事曰：“是后遂以为常”⑦，成为了一项正式的国家大典。上陵礼与正旦朝紧密联系，“元正朝贺，拜祠陵庙毕，汉乃遣单于使，令谒者将送。”⑧ 可知正旦朝与拜祠陵庙是相继进行的，匈奴单于是在完成这两项礼仪之后才辞行的。永平七年（64）光武阴皇后去世，“明

---

① 黄晖撰：《论衡校释》卷二三《四讳篇》，中华书局1990年版，第971—972页。

② （南朝·宋）范晔撰，（唐）李贤等注：《后汉书》卷二《明帝纪》注引《汉官仪》，中华书局1965年版，第99页。

③ 《续汉书·礼仪志上》，点校本《后汉书志》第四，第3103页。

④ 《续汉书·礼仪志上》，点校本《后汉书志》第四，注引谢承《后汉书》，第3104页。

⑤ 《续汉书·礼仪志上》，点校本《后汉书志》第四，注引谢承《后汉书》，第3104页。

⑥ 《后汉书》卷二《明帝纪》，第99页。

⑦ 《资治通鉴》卷四四，汉明帝永平元年（58）正月，第1431页。

⑧ 《后汉书》卷八九《南匈奴传》，第2944页。

帝性孝爱，追慕无已。十七年正月，当谒原陵，夜梦先帝、太后如平生欢。既寤，悲不能寐，即案历，明旦日吉，遂率百官及故客上陵。其日，降甘露于陵树，帝令百官采取以荐。”① 这里记载永平十七年（74）上陵事，称是年正月“当谒原陵”，可见正月上陵已成为定制。谢承《后汉书》载：建宁五年（172）“正月，车驾上原陵，蔡邕为司徒掾，从公行，到陵，见其仪，忾然谓同坐者曰：‘闻古不墓祭。朝廷有上陵之礼，始谓可损。今见其仪，察其本意，乃知孝明皇帝至孝恻隐，不可易旧。’”② 可知东汉末仍然于正月上陵。故《汉官仪》曰：“天子以正月上原陵”③，正月上陵已成为制度。

第二，更为重要的是上陵礼与正旦朝礼基本上是一致的。《后汉书·明帝纪》记载明帝于永平元年春正月率领百官上陵时曰：“如元会仪”④，明确指出上陵礼与正旦朝礼是相同的。《通鉴》胡注曰：“朝陵如元会仪，事死如事生也。”⑤ 实际上就是把朝会礼仪移植至上陵礼中。故或将上陵礼径称为“朝礼”⑥。《东观汉纪》记明帝永平元年上陵曰：“帝即祚。长思远慕，至踰年，乃率诸王侯、公主、外戚、郡国计吏上陵，如会殿前礼。”⑦ 这里所谓“如会殿前礼”与《后汉书》所谓“如元会仪”是相同的。事实上两者基本的礼仪环节是相同的，如司仪礼宾，元会仪：“谒者治礼，引以次入殿门。”“大行设九宾”⑧。上陵之礼亦然：“谒者治礼引客，群臣就位如仪。”“大鸿胪设九宾”⑨。再如与会宾客，元会仪：“公、卿、将、大夫、百官各陪位朝贺。蛮、貊、胡、羌朝贡毕，见属郡计吏。”⑩ 上陵礼：“百官、四姓亲家妇女、公主、诸王大夫、外国朝者侍

① 《后汉书》卷一〇上《皇后纪上》，第407页。这里的“故客”当为“胡客”之讹。

② 《续汉书·礼仪志上》，点校本《后汉书志》第四，注引谢承《后汉书》，第3103页。

③ 《后汉书》卷二《明帝纪》注引《汉官仪》，第99页。

④ 《后汉书》卷二《明帝纪》，第99页。

⑤ 《资治通鉴》卷四四，汉明帝永平元年（58）正月，第1431页。

⑥ 《续汉书·礼仪志上》，点校本《后汉书志》第四，注引鱼豢曰，第3104页。

⑦ （东汉）刘珍等撰，吴树平校注：《东观汉纪校注》卷二显宗孝明皇帝，中华书局2008年版，第55页。

⑧ 《史记》卷九九《叔孙通列传》，第2723页。

⑨ 《续汉书·礼仪志上》，点校本《后汉书志》第四，第3103页。

⑩ 《续汉书·礼仪志中》，点校本《后汉书志》第五，刘昭注引（汉）蔡质《汉仪》，第3131页。

子、郡国计吏会陵。”[①] 除了上陵礼中“与先后有瓜葛者”[②] 稍有不同之外，其余则基本上是相同的。此外如乐舞，元会仪：“奏食举之乐”[③]。“尔乃食举《雍》彻，太师奏乐。陈金石，布丝竹。钟鼓铿鍧，管弦烨煜。抗五声，极六律。歌九功，舞八佾。《韶》《武》备，泰古毕。四夷间奏，德广所及。《僸》《佅兜离》。罔不具集。万乐备，百礼暨。”[④] 上陵礼：“太常乐奏食举，舞文始、五行之舞。”[⑤] 凡此种种，不烦枚举。

第三，从交聘关系角度而言，两者是一致的。朝礼中的交聘关系基本上被移植于上陵礼之中。《东观汉纪》曰：“明旦上陵，百官、胡客悉会。”[⑥] 鱼豢曰：“孝明以正月旦，百官及四方来朝者，上原陵朝礼。”[⑦] 表明参加正旦朝的来朝者，随后均参加上陵礼。正旦朝是朝拜当今皇帝，上陵礼是朝拜已经去世的皇帝。除了参加正旦朝的王侯百官之外，外国和少数民族来朝者亦同样参加上陵礼。上陵礼中由“大鸿胪设九宾”，薛综曰：“九宾谓王、侯、公、卿、二千石、六百石下及郎、吏、匈奴侍子，凡九等。”[⑧] 如同元会仪，上陵礼亦将“匈奴侍子”纳入“九宾”之中。蔡邕谓上陵礼中“匈奴朝者、西国侍子皆会。”[⑨]《后汉纪》谓上陵礼中“匈奴单于、西域三十六国侍子皆会焉，如会殿之仪礼。”[⑩] 司马彪谓上陵礼“外国朝者侍子……会陵”。[⑪] 由此可见，在上陵礼中外国和少数民族来朝者亦济济一堂，与元会仪中的情况是完全一致的。这些上陵礼的参加者，就是正旦朝的参加者。可以说上陵礼与正旦朝一样，也成

---

① 《续汉书·礼仪志上》，点校本《后汉书志》第四，第3103页。

② 《续汉书·礼仪志上》，点校本《后汉书志》第四，注引（汉）蔡邕《独断》，第3103页。

③ 《续汉书·礼仪志中》，点校本《后汉书志》第五，第3130页。

④ （梁）萧统编，（唐）李善注：《文选》卷一（班固）《东都赋》，上海古籍出版社1986年版，第36—374页；《后汉书》卷四〇下《班固传》所载略同，第1364页。

⑤ 《续汉书·礼仪志上》，点校本《后汉书志》第四，第3103页。

⑥ 《东观汉纪校注》卷二显宗孝明皇帝，第57页。

⑦ 《续汉书·礼仪志上》，点校本《后汉书志》第四，注引鱼豢曰，第3104页。

⑧ 《续汉书·礼仪志上》，点校本《后汉书志》第四，第3103页。

⑨ （宋）李昉等撰：《太平御览》卷五三一《礼仪部一一·宗庙》引《汉杂事》，中华书局1960年版，第2409页。

⑩ （东晋）袁宏撰，张烈点校：《两汉纪》下册《后汉纪》卷二三《孝灵皇帝纪上》，中华书局2017年版，第456页。

⑪ 《续汉书·礼仪志上》，点校本《后汉书志》第四，第3103页。

为一种交聘关系的舞台，有着浓厚的国际化、族际化的色彩和氛围，从而成为汉代交聘体制之组成部分。

（二）祀“三雍”礼

“三雍”指辟雍、明堂、灵台。“武帝时，献王来朝，献雅乐，对三雍宫。”注引应劭曰：“辟雍、明堂、灵台也。雍，和也，言天地君臣人民皆和也。”[①]“三雍”又称“三朝”，明帝诏曰“光武皇帝建三朝之礼”，注曰：“三朝之礼谓中元元年初起明堂、辟雍、灵台也。”[②] 此三处宫室为政治性、文化性典礼场所。“天子立辟雍何？所以行礼乐、宣德化也。”[③]即此之谓。“三雍”礼与上述上陵礼不同，并非汉代创始，而是有着源远流长的历史。据说“周公相成王，王道大洽，制礼作乐，天子曰明堂辟雍，诸侯曰泮宫。郊祀后稷以配天，宗祀文王于明堂以配上帝。”[④] 及至“汉承秦灭学，庶事草创，明堂、辟雍阙而未举。武帝封禅，始立明堂于泰山，犹不于京师。元始中，王莽辅政，庶绩复古，乃起明堂、辟雍。”[⑤]可知西汉时期祀“三雍”之礼已经兴起，惟尚未臻完善，及至东汉时期而得到进一步的发展，“中元元年，初建三雍。明帝即位，亲行其礼。”[⑥]是东汉祀“三雍”礼兴起之标志。光武帝中元元年（56）“初起明堂、灵台、辟雍。”[⑦] 但是中元二年（57）二月光武帝即去世，未及祀“三雍”，故明帝曰：“光武皇帝建三朝之礼，而未及临飨。”[⑧] 明帝继位后之第三年，即永平二年（59）正月辛未，“宗祀光武皇帝于明堂……礼毕，登灵台……三月，临辟雍，初行大射礼。”[⑨] 此即明帝“亲行其礼”之谓。史家将东汉“三雍”礼之创设归功于光武帝和明帝两代前后相继之努力，“至世祖践祚，都于土中，始修三雍，正兆七郊。显宗遂就大业，初服

---

① 《汉书》卷五三《景十三王传·河间献王（刘）德传》，第2410—2411页。

② 《后汉书》卷二《显宗孝明帝纪》，第102页。

③ （清）陈立撰，吴则虞点校：《白虎通疏证》卷六《辟雍》，中华书局1994年版，第259页。

④ 《汉书》卷二五上《郊祀志上》，第1193页。

⑤ 《太平御览》卷五三三《礼仪部一二·明堂》引蔡邕《礼乐志》，第2419页。

⑥ 《后汉书》卷七九上《儒林传上·序》，第2545页。

⑦ 《后汉书》卷一下《光武帝纪下》，第84页。

⑧ 《后汉书》卷二《显宗孝明帝纪》，第102页。

⑨ 《后汉书》卷二《显宗孝明帝纪》，第100—102页。

旒冕，衣裳文章，赤舄絇屦，以祠天地，养三老五更于三雍，于时致治平矣。"①

此后，明帝即以亲祀"三雍"为常制。明帝亲祀"三雍"及上述创建上陵礼在内的制礼作乐活动，在汉代诸帝中堪称突出，于汉代礼仪制度之创设与推行贡献殊多，被史家视为有其一朝之重要政绩，从而受到称赞："备章朝物，省薄坟陵。永怀废典，下身遵道。登台观云，临雍拜老。懋惟帝绩，增光文考。"注曰："废典谓明堂、辟雍之礼，历汉不行。下身谓进爵授绥之类。"② 其后东汉历代皇帝亦以祀"三雍"为常，如章帝建初三年（78）"春正月己酉，宗祀明堂。礼毕，登灵台，望云物。大赦天下。"③ 和帝永元五年（93）"春正月乙亥，宗祀五帝于明堂，遂登灵台，望云物。大赦天下。"④ 顺帝永和元年（136）春正月己巳，"宗祀明堂，登灵台，改元永和，大赦天下。"⑤ 汉安元年（142）"春正月癸巳，宗祀明堂，大赦天下，改元汉安。"⑥ 历东汉一代，不绝如缕。

祀"三雍"礼在汉代除了传统的政治性、文化性内涵之外，还被纳入交聘关系体制之中，成为又一组具有国际性、族际性特征的礼仪场合。早在西汉时期已经如此，据《盐铁论》记载："今万方绝国之君奉贽献者，怀天子之盛德，而欲观中国之礼仪，故设明堂、辟雍以示之，扬干戚、昭《雅》《颂》以风之。"⑦ 强调祀"三雍"为展示汉皇朝礼仪制度的重要平台，达到发展汉朝与"万方绝国"交聘关系之目的。《盐铁论》所反映的是西汉昭宣时期的历史事实。而在东汉时期，光武帝之所以建造"三雍"，就与当时交聘关系发展有密切关系，永平三年（60）八月东平王刘苍议曰："光武皇帝受命中兴，拨乱反正，武畅方外，震服百蛮，戎狄奉贡，宇内治平，登封告成，修建三雍，肃穆典祀，功德巍巍，比隆前代。"⑧ 强调"震服百蛮，戎狄奉贡"为其修建"三雍"之重要原

① 《续汉书·舆服志下》，点校本《后汉书志》第三十，第3662页。
② 《后汉书》卷二《显宗孝明帝纪》"赞曰"，第125页。
③ 《后汉书》卷三《肃宗孝章帝纪》，第136页。
④ 《后汉书》卷四《孝和帝纪》，第174页。
⑤ 《后汉书》卷六《孝顺帝纪》，第265页。
⑥ 《后汉书》卷六《孝顺帝纪》，第272页。
⑦ 王利器校注：《盐铁论校注》卷七《崇礼第三十七》，中华书局1992年版，第437页。
⑧ 《续汉书·祭祀志下》，点校本《后汉书志》第九，注引《东观书》，第3196页。

因。明帝开始祀“三雍”，即将朝礼中的四方国、族来朝之礼引入其中，永平二年（59）春正月辛未，宗祀光武皇帝于明堂，明帝“及公卿列侯始服冠冕、衣裳、玉佩、絇屦以行事。”同时“群僚藩辅，宗室子孙，众郡奉计，百蛮贡职，乌桓、濊貊咸来助祭，单于侍子、骨都侯亦皆陪位。”① 其中即有四方国、族之与会者或“贡职”，或“助祭”，或“陪位”，表明其与朝会礼仪基本上是相同的，从交聘关系角度而言，可以说是将朝会移植于祀“三雍”礼中，使这一大典成为国际性、族际性交往的重要平台。张衡《七辩》有云：“建明堂而班辟雍，和邦国而悦远人。”② 将祀“三雍”礼与交聘关系的发展联系在一起。祀“三雍”礼的推行，反过来又进一步促进了交聘关系的发展，史家盛称明帝“坐明堂而朝群后，登灵台以望云物，袒割辟雍之上，尊养三老五更。飨射礼毕，帝正坐自讲，诸儒执经问难于前，冠带缙绅之人，圜桥门而观听者盖亿万计。其后复为功臣子孙、四姓末属别立校舍，搜选高能以受其业，自期门羽林之士，悉令通孝经章句，匈奴亦遣子入学。济济乎，洋洋乎，盛于永平矣!”③ 这里从文化教育的角度论述了祀“三雍”之礼的功能和作用，它不仅推动了东汉文化教育的发展，而且导致“匈奴亦遣子入学”，把汉匈关系引向更为深层的发展。

祀“三雍”与交聘关系之结合亦非始于汉代，而是源远流长。《礼记》曰：“昔者周公朝诸侯于明堂之位，天子负斧依，南乡而立。三公，中阶之前，北面东上。诸侯之位，阼阶之东，西面北上。诸伯之国，西阶之西，东面北上。诸子之国，门东，北面东上。诸男之国，门西，北面东上。九夷之国，东门之外，西面北上。八蛮之国，南门之外，北面东上。六戎之国，西门之外，东面南上。五狄之国，北门之外，南面东上。九采之国，应门之外，北面东上。四塞，世告至，此周公明堂之位也。”郑玄注曰：“周公摄王位，以明堂之礼仪朝诸侯也。不于宗庙，辟王也。”④ 古者朝会在宗庙举行，周公为避嫌而改在明堂，由此可见，祀

① 《后汉书》卷二《显宗孝明帝纪》，第100页。

② （唐）欧阳询撰，汪绍楹校：《艺文类聚》卷五七《杂文部三·连珠》引《七辩》，上海古籍出版社1999年版，第1027页。

③ 《后汉书》卷七九上《儒林传上·序》，第2545—2546页。

④ 《礼记正义》卷三一《明堂位》，第1085—1086页。

明堂之礼实乃朝礼之移植。祀明堂之礼参加者，除了西周的诸侯之外，九州之内的蛮夷戎狄亦前来参加，乃至九州之外的“四塞”之国亦“世”一朝焉。郑玄注曰：“四塞谓夷服、镇服、蕃服，在四方为蔽塞者。新君即位，则乃朝。《周礼》：‘侯服岁一见，甸服二岁一见，男服三岁一见，采服四岁一见，卫服五岁一见，要服六岁一见。九州之外，谓之蕃国，世一见。’”《大戴礼记》亦谓：“明堂者，所以明诸侯尊卑。外水曰辟雍，南蛮、东夷、北狄、西戎。”① 周代朝四方蛮夷戎狄于明堂四门之外亦渊源有自，据说尧使舜“宾于四门，四门穆穆。”② 汉代将祀“三雍”之礼纳入交聘体制之中，可谓源远流长，不过其“蛮夷戎狄”之内涵较周代已经大为扩展，不可同日而语了。

那么，将朝礼加以扩展，从而将祀“三雍”礼、上陵礼等纳入交聘体制之中，何以兴盛于东汉时期呢?

这一方面与礼仪制度本身的发展有关系。西汉时期，特别是西汉前期，不论在政治思想或礼仪制度方面，秦代的影响仍然深刻而不可能猝然消除，拨乱反正、建构适合新时代需要的政治思想和礼仪制度尚须假以时日。班固总结周秦礼制发展历史和经验教训说：“周监于二代，礼文尤具……及其衰也，诸侯逾越法度，恶礼制之害己，去其篇籍。遭秦灭学，遂以乱亡。”③ 汉初吸取秦代用法深刻、残民以逞的教训，拨乱反正，以黄老无为作为指导思想，而“汉兴，拨乱反正，日不暇给”，虽然命叔孙通制订礼仪，但“未尽备而（叔孙）通终”④。而“孝惠、高后时，公卿皆武力功臣。孝文时颇登用，然孝文本好刑名之言。及至孝景，不任儒，窦太后又好黄老术，故诸博士具官待问，未有进者。”⑤ 制礼作乐、崇儒尚文的时代条件尚未完全备具。“至武帝即位，进用英隽，议立明堂，制礼服，以兴太平。会窦太后好黄老言，不说儒术，其事又废。”⑥

---

① （清）王聘珍撰，王文锦点校：《大戴礼记解诂》卷八《明堂》，中华书局 1983 年版，第 149—150 页。

② 《尚书正义》卷三《舜典》，第 61 页。

③ 《汉书》卷二二《礼乐志》，第 1029 页。

④ 《汉书》卷二二《礼乐志》，第 1030 页。

⑤ 《汉书》卷八八《儒林传・序》，第 3592 页。

⑥ 《汉书》卷二二《礼乐志》，第 1031 页。

武帝虽然接受董仲舒建议提倡独尊儒术、罢黜百家，但是一方面儒学的发展非可一蹴而就，另一方面其时汉皇朝所面临的内外情势亦不可能更多地制礼作乐，“是时，上方征讨四夷，锐志武功，不暇留意礼文之事。”① 及至成帝，刘向说上：“宜兴辟雍，设庠序，陈礼乐，隆雅颂之声，盛揖攘之容，以风化天下。”虽然成帝接受了刘向的建议，丞相大司空亦奏请立辟雍，“案行长安城南，营表未作”②，由于刘向、成帝相继去世，此事遂半途而废。无怪乎王鸣盛慨叹西汉“无礼乐”③。及至东汉“海内更始，民人归本，户口岁息，平其刑辟，牧以贤良，至于家给，既庶且富，则须庠序礼乐之教化矣。”加以“幸有前圣遗制之威仪，诚可法象而补备之，经纪可因缘而存著也。”④ 于是制礼作乐之任务提上了日程，光武“受命中兴，拨乱反正，改定京师于土中。即位三十年，四夷宾服，百姓家给，政教清明，乃营立明堂、辟雍。显宗即位，躬行其礼，宗祀光武皇帝于明堂，养三老五更于辟雍，威仪既盛美矣。”⑤ 于是将朝礼加以扩展，完成把祀“三雍”礼、上陵礼等纳入交聘体制之中的任务。

另一方面是由交聘关系发展所决定的。两汉交聘关系的发展，大体经历了三个时期，西汉前期为开辟、磨合时期。这个时期的特点是解决以匈奴问题为核心的与周边国、族的和与战、向心与离心、交聘与对抗的问题。西汉中后期为转型时期。这个时期随着匈奴问题的基本解决，基本上实现了与周边国、族的和与战、向心与离心、交聘与对抗的逆转，和平友好交往成为主流。东汉是守成时期。这个时期一方面享受西汉开创的交聘关系成果，一方面在其基础上进一步发展与周边国、族的交聘关系，从而将中原皇朝与周边国、族的交聘关系规范化、制度化，完成了中国中古时期交聘体制的规制。这种发展过程，在汉代“朝”关系的发展进程中得到了充分的体现，因而在这个基础上朝礼的扩展既有其需

---

① 《汉书》卷二二《礼乐志》，第 1032 页。

② 《汉书》卷二二《礼乐志》，第 1033—1034 页。

③ （清）王鸣盛著，黄曙辉点校：《十七史商榷》卷一一《汉书五》“汉无礼乐”条，上海书店出版社 2005 年版，第 77 页。

④ 《汉书》卷二二《礼乐志》，第 1075 页。

⑤ 《汉书》卷二二《礼乐志》，第 1035 页。

求，亦有其可能条件。

（原刊《中国边疆史地研究》2011 年第 2 期。我们在黎虎先生遗存文稿中，发现了同名文章，经过与原刊文比对，知是黎虎先生刊后修订稿。今据黎虎先生刊后最新修订稿，并参校原刊文整理。李文才敬识。）

汉代外交使节的人选

汉代的外交较先秦时代有了很大发展，进入中国古典外交的一个开拓创新时期，频繁的外交往还需要选拔大批使节，根据不同的外交目的需要派遣不同的外交使团，因而汉代外交使节的人选也就具有多样性的特点，那么，什么人可以担任外交使节？使节需要具备什么样的素质和才具呢？尽管具体的使节人选多种多样，但大略而言，主要为文、武两方面的人才，文者主要为“辩士”，武者主要为“勇士”（“壮士”）。两者则以后者为主。

一　辩士

“辩士”是汉代外交使节中常见的一类人员。

“士”在中国古代有着非常复杂的含义，《说文解字》：“士，事也。”段注：“引伸之，凡能事其事者称士。”[①] 具有一定的知识和技能服务于社会者均可谓之“士”。“士”在春秋战国时期作为一个社会群体主要是指与农、工、商贾共同构成的“四民”之一，《谷梁传》成公元年：“古者有四民，有士民，有商民，有农民，有工民。”范宁将“士民”解释为“学习道艺者”[②]。所谓“道艺”，含义也很复杂，《唐六典》有一个很概括的说法：“凡习学文武者为士”[③]。以文、武两大类为“道艺”之主要

---

① （汉）许慎撰，（清）段玉裁注：《说文解字注》一上《士部》，上海古籍出版社 1988 年版，第 20 页。

② （晋）范宁集解，（唐）杨士勋疏，夏先培整理，杨向奎审定：《春秋谷梁传注疏》卷一三，成公元年，北京大学出版社 2000 年版，第 241 页。据杨士勋疏：“释曰：何休云：‘德能居位者曰士。’范云：‘学习道艺者，是以为之四民。若以居位，则不得为之民，故云学习道艺也。’”

③ （唐）李林甫等撰，陈仲夫点校：《唐六典》卷三《尚书尸部·户部尚书》，中华书局 1992 年版，第 74 页。

内容。由此可知，尽管“士”依其知识、技能的不同而有多种多样，但文士、武士是其主要大类。例如《庄子》所列举的“士”有十二种之多，但其中的“知士”“辩士”“察士”“招世之士”“中民之士”“法律之士”“礼教之士”“仁义之士”等八种大体属于“文士”范畴，“筋力之士”“勇敢之士”“兵革之士”等三种大体属于“武士”范畴，还有一种“枯槁之士”，则可能兼包文武之士在内。①

“辩士”是“文士”的一种。王充说：“文士之务，各有所从，或调辞以巧文；或辩伪以实事。”可见“文士”包括善于“调辞”的文人，以及善于“辩伪”的辩士。而“文贵约而指通，言尚省而趋明；辩士之言要而达，文人之辞寡而章。”② 两者各自具有写作或言语方面的才能和特长。《韩诗外传》说：“是以君子避三端：避文士之笔端，避武士之锋端，避辩士之舌端。”③“文士”以“笔端”见长，“辩士”以“舌端”见长，两者与以“锋端”见长的“武士”相对应相区别，而“辩士”是与“文士”同类的群体，属于“文士”这一范畴之内而以能言善辩、口才过人为其特长者。庄子说：“辩士无谈说之序则不乐”④，辩士的特点是以口舌为事。于是辩士又被称为“谈说之士”，所谓“谈说之士资在于口”⑤，有时则径称为“有口”者，“孝惠时，吕太后用事，欲王诸吕，畏大臣及有口者。”颜师古注曰：“有口，谓辩士。”⑥ 强调其运用口舌的特点。故辩士又被称为“说士”⑦。但是“辩士”在古代的类型也是比

① （清）王先谦撰：《庄子集解》卷六《杂篇·徐无鬼第二十四》，中华书局 1987 年版，第 212—213 页。按，“枯槁之士”，据王先谦集解曰：“山林枯槁，留恋名高。”又，清人郭庆藩在解释“枯槁之士宿名”之意涵时，亦谓“食杼衣褐，形容顑颔，留心寝宿，唯在声名也……韦昭、高诱注并曰：缩，取也。枯槁之士缩名，犹言取名也。”［（清）郭庆藩撰，王孝鱼点校：《庄子集释》卷六《杂篇·徐无鬼第二十四》，中华书局 1961 年版，第 835 页］由此可知，所谓“枯槁之士”大致相当于后世所谓的山林隐逸之士，他们往往为了博得高名而隐居山林，而隐遁山林者，则文士、武士皆有可能。

② 黄晖撰：《论衡校释》卷三〇《自纪篇》，中华书局 1990 年版，第 1201 页。

③ （汉）韩婴撰，许维遹校释：《韩诗外传集释》卷七《第五章》，中华书局 1980 年版，第 242 页。

④ 《庄子集解》卷六《杂篇·徐无鬼第二十四》，第 212 页。

⑤ 蒋礼鸿撰：《商君书锥指》卷二《算地第六》，中华书局 1986 年版，第 47 页。

⑥ （汉）班固撰，（唐）颜师古注：《汉书》卷四三《陆贾传》，中华书局 1962 年版，第 2114 页。

⑦ 《汉书》卷四五《蒯通传》，第 2167 页。

较复杂的，可以是匡国扶君的诤臣、贤人，“……昔者，虞不用宫之奇而晋并之，陈不用子家羁而楚并之，曹不用僖负羁而宋并之，莱不用子猛而齐并之，吴不用子胥而越并之，秦人不用蹇叔之言而秦国危，桀杀关龙逢而汤得之，纣杀王子比干而武王得之，宣王杀杜伯而周室卑，此三天子六诸侯，皆不能尊贤用辩士之言，故身死而国亡。”[①] “梁王赘其群臣而议其过，任座进谏曰：‘主君国广以大，民坚而众，国中无贤人辩士，奈何？’”[②] 他们即属于这个类型；“辩士”也可以指长于辩难的学问家，如“公孙龙，六国时辩士也。疾名实之散乱，因资材之所长，为‘守白’之论。”[③] “是时诸侯多辩士，如荀卿之徒，著书布天下。”[④] 都属于此类；“辩士”也指游说之士，苏代遗燕昭王书曰：“然则王何不使辩士以此言说秦王”[⑤]。“范雎、蔡泽世所谓一切辩士，然游说诸侯至白首无所遇者，非计策之拙，所为说力少也。”[⑥] 这是“辩士”的另一重要类型。

春秋战国时期诸侯、列国之间交往争斗空前频繁和激烈，于是作为沟通诸侯、列国关系的“辩士”应运而起，活跃于外交舞台。因为辩士具有口辩的特长，于是常被用于充任外交使节。据说孔子与子贡、子路、颜渊游于戎山之上。孔子喟然叹曰：“二三子各言尔志，予将览焉……赐，尔何如？”子贡对曰：“得素衣缟冠，使于两国之间，不持尺寸之兵，斗升之粮，使两国相亲如弟兄。”孔子曰：“辩士哉！”[⑦] 可见辩士的特点是“使于两国之间”，担当外交使节。燕昭王二十四年（前288）助齐伐宋，苏代不同意这个方针，而希望联秦攻齐，于是遗燕昭王书，为其出

---

① （汉）刘向撰，向宗鲁校证：《说苑校证》卷九《正谏》，中华书局1987年版，第217—218页。

② 《说苑校证》卷一二《奉使》，第299页。

③ 谭戒甫撰：《公孙龙子形名发微》之《迹府第二》，中华书局1963年版，第7页。（又见王琯撰《公孙龙子悬解》一《迹府第一》，中华书局1992年版，第33页）又，（汉）桓谭：《新论》卷下《离事第十一》：“公孙龙，六国时辩士也，为坚白之论”（上海人民出版社1977年版，第48页）。

④ （汉）司马迁撰，（南朝·宋）裴骃集解，（唐）司马贞索隐，（唐）张守节正义：《史记》卷八五《吕不韦列传》，中华书局1959年版，第2510页。

⑤ 《史记》卷六九《苏秦列传》，第2268页。

⑥ 《史记》卷七九《范雎蔡泽列传》，第2425页。

⑦ 《韩诗外传集释》卷九《第十五章》，第319—321页。

谋划策，建议“何不使辩士以若说说秦王”①，派遣辩士为使以说服秦王联合伐齐。战国四公子之一的楚人春申君，姓黄名歇，“游学博闻，事楚顷襄王，顷襄王以歇为辩，使于秦”，也是一位“辩士”。时秦国正联合韩、魏，由秦将白起率领攻楚，黄歇“乃上书说秦昭王”，秦昭王看了黄歇的长篇说辞之后“于是乃止白起而谢韩、魏，发使赂楚，约为与国。”②可见“辩士”不仅口辩，而且善于以笔辩。后黄歇又与楚太子一起入质于秦，楚顷襄王病，太子不得归，于是黄歇说服秦相应侯同意遣返太子，并用计使太子及自己先后平安回到楚国，其口辩之才亦不下于笔辩。淳于髡仕于齐威王，他“滑稽多辩，数使诸侯，未尝屈辱。”③ 也以口辩之才而活跃于战国外交舞台。秦王政在统一战争中，“用李斯之谋，阴遣辩士赍金玉游说诸侯……然后使良将随其后，数年之中，卒兼天下。”④ 可见秦统一天下是“辩士”与“良将”的相互配合而实现的，“辩士”在其中发挥了巨大作用。活跃于战国外交舞台上的著名外交家苏秦被称为“天下之辩士”⑤。由于辩士经常纵横捭阖于诸侯、列国之间，因而又被称为“纵横家”，“纵横者，所以明辩说，善辞令，以通上下之志者也。《汉书》以为本出行人之官，受命出疆，临事而制……”⑥，“辩士”在一定意义上可以说是外交使节或外交家的同义语。

汉代继承先秦这一传统，广泛吸收辩士以充任外交使节。东方朔在与汉武帝讨论“得天下贤士，公卿在位咸得其人”的问题时，以古代贤士、贤臣作比喻，分别指出他们适于担任何种职务，其中说到应当以“子赣使外国”，颜师古注曰：“以其有辩说”⑦。子赣即孔子弟子子贡，

---

① 马王堆汉墓帛书整理小组编：《战国纵横家书》20《谓燕王章》，文物出版社1976年版，第86页。

② 《史记》卷七八《春申君列传》，第2387、2394页。

③ 《史记》卷一二六《滑稽列传》，第3197页。

④ （宋）司马光编著，（元）胡三省音注：《资治通鉴》卷六，秦始皇十年（前237），中华书局1956年版，第218页。

⑤ （西汉）刘向集录：《战国策》卷一〇《齐策三》“楚王死”条，上海古籍出版社1985年版，第371页。

⑥ （唐）魏徵，令狐德棻撰：《隋书》卷三四《经籍志三》，中华书局1973年版，第1005页。

⑦ 《汉书》卷六五《东方朔传》，第2860页。

曾被孔子誉为“辩士”。他“利口巧辞”[①]，曾出使齐、吴、越、晋等国，挽救了鲁国的危局，是孔门中著名外交家。可见汉代统治集团认为像子贡那样的“辩士”是外交使节人才的首选，故汉代经常以“辩士”充任外交使节。刘敬向汉高帝建议对匈奴实行“和亲”之策，其中一项措施是：“以岁时汉所遗彼所鲜数问遗，因使辩士风谕以礼节。”[②] 在馈赠物资的同时，派遣“辩士”执行外交使命。两度率领使团出使南越的陆贾就是一位“辩士”，“陆贾者，楚人也。以客从高祖定天下，名为有口辩士，居左右，常使诸侯。”他以口才出色而经常奉命出使。司马迁评价他说：“余读陆生《新语》书十二篇，固当世之辩士。”[③] 除了以“辩士”担任使团团长之外，在使团成员中也常配有辩士，元鼎四年（前113）汉朝派遣安国少季出使南越时，即“令辩士、谏大夫终军等宣其辞。”[④]“辩士”在这个使团中的主要任务是“宣其辞”，发挥其口辩的特长。有些使节虽然史籍没有明言其为“辩士”，但实际上也是“辩士”。如，建元六年（前135）闽越攻南越，汉发兵击闽越以救助南越，闽越降。于是汉“乃令严助谕意风指于南越。南越王顿首曰：‘天子幸兴兵诛闽越，死无以报！’即遣太子随助入侍。”[⑤] 这位严助也可以说是“辩士”型的使节，他以贤良对策而擢为中大夫，在武帝左右参与谋议，武帝曾令他“与大臣辩论”，结果“大臣数诎”[⑥]。可见他的辩才是很突出的。

“辩士”一般来说是具有较高文化修养的儒生，天凤二年（15）王莽“选辩士济南王咸为大使”[⑦] 出使匈奴，《汉书》记此事作：“莽选儒生能颛对者济南王咸为大使”[⑧]，可见王咸可称为“辩士”，也可被称为“儒生”，而“辩士”是儒生中具有“专对”才能者。由于汉朝常派遣儒生型辩士出使匈奴，故匈奴每见汉朝所遣使者“其儒先，以为欲

① 《史记》卷六七《仲尼弟子列传》，第2195页。
② 《史记》卷九九《刘敬列传》，第2719页。
③ 《史记》卷九七《陆贾列传》，第2697、2705页。
④ 《史记》卷一一三《南越列传》，第2972页。
⑤ 《汉书》卷六四上《严助传》，第2786页。
⑥ 《汉书》卷六四上《严助传》，第2775页。
⑦ 《资治通鉴》卷三八，王莽天凤二年（15），第1205页。
⑧ 《汉书》卷九九中《王莽传中》，第4139页。

说，折其辩。”① “儒先”，《汉书》记作“儒生”②。可见使节中具有辩才者多为儒生。上文所述陆贾就是一位著名的儒生和学者，他经常向汉高帝“说称《诗》《书》”，提出了“马上得之，宁可以马上治乎”的著名论断，著《新语》一书总结秦所以失天下，汉所以得天下的历史经验教训。出使南越的终军也是一位儒生文士，他“少好学，以辩博能属文闻于郡中。年十八，选为博士弟子。”③ 这些具有较高文化水平和修养的“辩士”在外交中也都确实发挥了突出作用，在出使中胜利完成使命，往往“皆如意旨”④，令“天子大说”⑤。

二　“勇士”（“壮士”）

“勇士”（“壮士”）是汉代外交使节的又一类重要人选，这也是继承先秦以来的传统。

“勇士”（“壮士”）属于“武士”范畴，是与“辩士”等“文士”相对应的士人，《管子》说：“内辩士使图其计，内勇士使高其气。”⑥ 两者的特长和作用不同。“勇士”又被称为“壮士”，据说孔子与子路等游於景山之上，孔子让他们各言其志，子路曰：“由愿奋长戟，荡三军，乳虎在后，仇敌在前，蠡跃蛟奋，进救两国之患。”孔子曰：“勇士哉！”子贡听了以后说：“两国构难，壮士列阵，尘埃张天……”⑦，可见“勇士”与“壮士”是相通的，他们均以武报国。秦王政二十年（前227）燕国派遣“勇士”荆轲、秦舞阳出使秦国，在易水送别使团时，歌曰：“风萧萧兮易水寒，壮士一去兮不复还！”⑧ 在这里也把出使的“勇士”称为“壮士”，表明两者的含义是相通的。庄子所说十二种“士”中有“勇敢之士”“筋力之士”，后者据成玄英疏曰：“英髦壮士，有力如虎。”⑨ 可

① 《史记》卷一一〇《匈奴列传》，第2913页。
② 《汉书》卷九四上《匈奴传上》，第3773页。
③ 《汉书》卷六四下《终军传》，第2814页。
④ 《汉书》卷四三《陆贾传》，第2116页。
⑤ 《汉书》卷六四下《终军传》，第2821页。
⑥ 黎翔凤撰，梁运华整理：《管子校注》卷一七《禁藏》，中华书局2004年版，第1027页。
⑦ 《韩诗外传集释》卷七《第二十五章》，第268页。
⑧ 《史记》卷八六《刺客列传》，第2534页。
⑨ 《庄子集释》卷六《杂篇·徐无鬼第二十四》，第835页。

见这两种“士”其实也是相通的。“勇士”是怎样的人呢？伍子胥为吴公子光“求勇士专诸”[1]时，“因而相之，雄貌，深目，侈口，熊背，知其勇士。”[2]但勇士不仅是孔武有力，体现于外表，更重要的是具有舍生忘死的精神，从上述孔子与子路的谈话可知，他们是将“勇士”（壮士）视为为国效力而不避死难之人。此外还有各种说法，如“勇士轻其死”[3]“勇士不怯死而灭名”[4]“勇士极其节”[5]等等，都是强调“勇士”重名节、轻死生的特点。班超出使西域时，与随行吏士商议袭杀匈奴使团，众人建议曰：“当与从事议之。”从事郭恂是被出征匈奴的权臣窦固安插于使团中的。班超怒曰：“吉凶决于今日。从事文俗吏，闻此必恐而谋泄，死无所名，非壮士也！”[6]班超把从事郭恂排除于“壮士”之列，认为他是“文俗吏”，如果让他参与袭击匈奴使团的谋划，他“闻此必恐而谋泄”，是个重私利而缺乏为国献身精神，胆小而无气节的人。班超袭杀匈奴使团成功之后，第二天告诉郭恂，“恂大惊，既而色动。（班）超知其意，举手曰：‘掾虽不行，班超何心独擅之乎？’恂乃悦。”[7]可见“壮士”与非壮士的区别在于其是否具有为国献身精神，重名节、轻死生的勇敢无畏之士，两者的区别及其在外交中的表现和作用的差异于此可见。“壮士”与“勇士”虽然基本相通，但有时也有一定的区别，即强调其志存高远。班超少年时“家贫，常为官佣书以供养。久劳苦，尝辍业投笔叹曰：‘大丈夫无它志略，犹当效傅介子、张骞立功异域，以取封侯，安能久事笔研间乎？’左右皆笑之。超曰：‘小子安知壮士志哉！’”[8]在班超心目中，傅介子[9]、张骞这些“立功异域”的外交家都是他要效法的

---

① 《史记》卷三一《吴太伯世家》，第1462页。

② 《史记》卷三一《吴太伯世家》“正义”引《吴越春秋》，第1462页。

③ 《管子校注》卷二二《山至数》，第1326页。

④ 《史记》卷八三《鲁仲连邹阳列传》，第2465页。

⑤ 《汉书》卷六七《梅福传》，第2917—2918页。

⑥ 《后汉书》卷四七《班超传》，第1572页。

⑦ 《后汉书》卷四七《班超传》，第1572、1573页。

⑧ 《后汉书》卷四七《班超传》，第1571页。

⑨ 《西京杂记》曰：“傅介子年十四，好学书，尝弃瓢而叹曰：‘大丈夫当立功绝域，何能坐为散儒？’卒斩匈奴使者，还报，拜中郎将。后复斩楼兰王首，封义阳侯。”［（宋）李昉等撰：《太平御览》卷六一四《学部八·废学》引，中华书局1960年版，第2763页］由此可见傅介子亦少年弃儒从武、矢志立功异域之壮士，班超以其为榜样，良有以也。

“壮士”，这里“壮士”是有远大抱负、矢志立功异域的人。

先秦时期就常以“勇士”（“壮士”）充任使节。春秋时有“壮士椒丘䜣”，乃“东海上人也。为齐王使於吴”①。“楚庄王举兵伐宋，宋告急，晋景公欲发兵救宋，伯宗谏曰：‘天方开楚，未可伐也。’乃求壮士，得霍人解扬，字子虎，往命宋毋降。”② 战国时，楚怀王十六年（前313），楚国中了秦国的反间计，表示愿断绝与齐国的友好关系，“乃使勇士往詈齐王”③。秦昭王提出愿以十五城交换赵国的和氏璧，赵国恐见欺，物色可以胜任这一艰巨使命的人，宦者令缪贤向赵惠文王推荐他的舍人蔺相如，说：“臣窃以为其人勇士，有智谋，宜可使。”④ 蔺相如果然不辱使命，完璧归赵。可见“勇士”不仅孔武有力，而且足智多谋，作为外交使节的“勇士”应是智勇双全的。燕太子丹为了报复、抗御强秦，苦于国小力弱，于是设计派遣“勇士使于秦，窥以重利，秦王贪，其势必得所愿矣。”⑤ 图谋相机劫持或刺杀秦王。为此而“奉养勇士，无所不至。”⑥ 秦王政二十年（前227）燕国派遣“勇士”荆轲出使秦国，同时“燕国有勇士秦舞阳，年十三，杀人，人不敢忤视。乃令秦舞阳为副。”⑦ 正副使都由“勇士”担任。由上述数例可见，以“勇士”出使，大多因外交任务艰险，甚至是担负刺杀之类的特殊使命，不仅需要有勇敢精神，而且需要有过人的体力和武艺。汉代沿袭先秦的传统，也常以“勇士”（“壮士”）充任使节。大宛有“善马”在其贰师城，汉使回国后向武帝报告大宛不肯给，“天子既好宛马，闻之甘心”，于是太初元年（前104）“使壮士车令等持千金及金马以请宛王贰师城善马。”⑧ 这是以“壮士”担任使团负责人。元鼎四年（前113）汉武帝派遣安国少季出使南越，同时令“勇士魏臣等辅其决”⑨。后来“郏壮士”故济北相韩千秋又提出愿率

① 周生春：《吴越春秋辑校汇考》卷四《阖闾内传》，上海古籍出版社1997年版，第46页。

② 《说苑校证》卷一二《奉使》，第293页。

③ 《战国策》卷四《秦策二》“齐助楚攻秦”条，第137页。

④ 《史记》卷八一《廉颇蔺相如列传》，第2440页。

⑤ 《史记》卷八六《刺客列传》，第2531页。

⑥ 无名氏撰，程毅中点校：《燕丹子》卷上，中华书局1987年版，第3页。

⑦ 《史记》卷八六《刺客列传》，第2533页。

⑧ 《史记》卷一二三《大宛列传》，第3174页。

⑨ 《汉书》卷九五《西南夷两粤朝鲜传》，第3854页。

“勇士”二百人前往，武帝给其二千人[①]。

汉代常以“少年”出使，这些“少年”也属于“勇士”。史称“匈奴俗，见汉使……其少年，以为欲刺，折其气。”[②] 由于这种“少年”往往担当刺杀的使命，故对方见有“少年”来使便以为是来行刺的，故采取“折其气”的手段以对付之。《管子》说：“阴内辩士使图其计，内勇士使高其气。”[③]“辩士”的特长是用“计”，“勇士”的特点是其“气”，故对付“勇士”须“折其气”。可见这种“少年”实际上就是“勇士”。以“少年”执行刺杀使命也是有传统的，战国末年随同荆轲刺秦王的“勇士”秦舞阳就是一位十三岁的少年。汉代外交使团中常有一种称为“少从”的随从人员，史称自张骞通西域以后，“汉往使既多，其少从率进孰于天子。”关于“少从”，孟康注曰：“少年从行之微者也。”颜师古注曰：“汉时谓随使而出外国者为少从，总言其少年而从使也。”[④] 可见在汉代以“少年”出使是较为普遍的现象。

汉代外交使节中的“勇士”，不仅史籍明言者为然，实际上不少没有明言者也属于“勇士”，或者说是“勇士”型的外交使节。例如：著名外交使节苏武为汉将苏建之子，父子均“位列将”。武帝时苏武“以中郎将使持节送匈奴使留在汉者”，被匈奴扣留十九年，威武不屈，精忠报国[⑤]。随从苏武出使匈奴的常惠，返国后又被多次派遣出使西域，本始二年（前72）“以校尉，持节护乌孙兵”合击匈奴。本始三年（前71）再次出使乌孙，率领“吏士五百人”，还过龟兹时，“发西国兵二万人”，又“令副使发龟兹东国二万人，乌孙兵七千人，从三面攻乌孙”，迫使龟兹王交出主谋杀害汉使的龟兹贵人，“斩之而还”[⑥]。冯奉世于元康元年（前65）被派遣“使持节送大宛诸国客”，途经鄯善国时，得知莎车杀害了汉朝所立国王万年及汉使者奚充国，投靠匈奴，攻劫南道诸国，“与歃盟畔汉，从鄯善以西皆绝不通。”遂与其副使严昌商议，认为不立即攻击莎

① 《史记》卷一一三《南越列传》，第2973—2974页。

② 《史记》卷一一〇《匈奴列传》，第2913页。

③ 《管子校注》卷一七《禁藏》，第1027页。

④ 《汉书》卷六一《张骞传》，第2697—2698页。

⑤ 《汉书》卷五四《苏建附子（苏）武传》，第2459—2469页。

⑥ 《汉书》卷七〇《常惠传》，第3003—3004页。

车，则“其势难制，必危西域。”于是“以节谕告诸国王，因发其兵，南北道合万五千人进击莎车，攻拔其城。莎车王自杀，传其首诣长安。诸国悉平，威振西域。”解决莎车问题之后，冯奉世继续西行至大宛，“大宛闻其斩莎车王，敬之异于它使。得其名马龙象而还。”① 傅介子“以从军为官”，昭帝元凤中出使大宛，从大宛回经龟兹时，又“率其吏士共诛斩匈奴使者”。因楼兰国常拦截安息、大宛等国来汉使节以及汉朝派往西域的使节，于是傅介子又率吏士出使楼兰，斩楼兰王首而归②。段会宗“为人好大节，矜功名”，曾多次出使乌孙。乌孙小昆弥末振将杀解忧公主曾孙、大昆弥雌栗靡。末振将死后，“汉恨诛不加”，于元延二年（前11）再次派遣段会宗出使乌孙，“发戊己校尉诸国兵，即诛末振将太子番丘。”段会宗“恐大兵入乌孙，惊番丘，亡逃不可得”，于是他“轻兵深入乌孙”“选精兵三十弩，径至昆弥所在，召番丘”，谴责末振将杀害大昆弥的罪状，“即手剑击杀番丘”。乌孙小昆弥得知后，“勒兵数千骑围会宗”，段会宗向他们解释诛杀番丘之意，终于使“昆弥以下服”③。甘延寿、陈汤于建昭三年（前36）出使西域。甘延寿“少以良家子善骑射为羽林，投石拔距绝于等伦，尝超逾羽林亭楼，由是迁为郎。试弁，为期门，以材力爱幸。”④是位武艺精良、拳捷超群、膂力过人的材力之士。陈汤“为人沈勇有大虑，多策谋，喜奇功。”⑤ 二人抵达西域后，认为郅支单于有控制西域的野心，“必为西域患”，于是“矫制发城郭诸国兵、车师戊己校尉屯田吏士”“部勒行阵”，调遣“汉兵胡兵合四万余人”，直指郅支城下。在经过与郅支谈判无果的情况下，奋力攻城，经过激战而克之，斩郅支单于首，大获全胜⑥。关都尉文忠于元帝时被派遣护送罽宾使节返国。罽宾曾多次剽杀汉使，文忠抵达后，罽宾“王复欲害（文）忠，忠觉之，乃与容屈王子阴末赴共合谋，攻罽宾，杀其王，立阴末赴为罽宾王，授印绶。”⑦

① 《汉书》卷七九《冯奉世传》，第3294页。
② 《汉书》卷七〇《傅介子传》，第3001—3002页。
③ 《汉书》卷七〇《段会宗传》，第3030—3031页。
④ 《汉书》卷七〇《甘延寿传》，第3007页。
⑤ 《汉书》卷七〇《陈汤传》，第3010页。
⑥ 《汉书》卷七〇《陈汤传》，第3010—3014页。
⑦ 《汉书》卷九六上《西域传》，第3995—3886页。

上述诸人，从其出身、官职或行事均可以看出他们是地道的“勇士”，均能调兵遣将，指挥战斗，身先士卒，亲行刺杀，坚忍不拔，吃苦耐劳，有勇有谋。故班固在为傅介子、常惠、甘延寿、陈汤、段会宗等人作《传》之后说，凡此诸人“皆以勇略选”[①]。在《汉书》卷六九的《赞》中又说：甘延寿、傅介子、苏武等人“皆以勇武显闻”[②]。可见上述诸人都是属于“勇士”型的外交使节。著名的外交家张骞更是“勇士”之佼佼者，史称其“为人强力，宽大信人”，是其体质、性格优秀；他被匈奴扣留十余年依然“持汉节不失”，是其忠贞；他开创外交新世界的“凿空”精神，是其勇敢；在历尽十三年艰难险阻之后，百余人的使团中仅他和堂邑父“二人得还”[③]，是其坚忍不拔和身体强健过人。他具备“勇士”所应有的种种美德和特长，不愧是“勇士”型外交使节中出类拔萃的代表。无怪乎班超把张骞、傅介子等人作为自己效法的“壮士”的榜样[④]。

“勇士”不仅担任外交使团的团长，而在他们所率领的使团成员中也有许多“勇士”。元鼎四年（前113），安国少季出使南越，随行的使团成员有“勇士魏臣”[⑤] 等人。其后“郏壮士”韩千秋又要求率领“勇士”二百人前往南越[⑥]。常惠出使乌孙时，“令副使发龟兹东国二万人”[⑦]，合击乌孙。这位副使独当一面、调兵遣将，也应属于“勇士”。元凤四年（前77），汉朝派遣傅介子往刺楼兰王。“介子轻将勇敢士”而往，其使团成员均由“勇敢士”组成。他们到楼兰后设宴饮醉楼兰王，由“壮士二人从后刺杀之”[⑧]，具体执行刺杀任务的是这些“勇敢士”中的两位“壮士”。永平十六年（73）出使西域的班超不仅自称为“壮士”，而且把他召来商议袭杀匈奴使团的三十六名吏士也称为“壮士”[⑨]。班超被再次派遣出使西域时，朝廷拟给他增加随员，班超说：“愿将本所从三十余

① 《汉书》卷七〇“赞曰”，第3032页。
② 《汉书》卷六九“赞曰”，第2998页。
③ 《史记》卷一二三《大宛列传》，第3159、3157页。
④ 《后汉书》卷四七《班超传》，第1571页。
⑤ 《汉书》卷九五《西南夷两粤朝鲜传》，第3854页。
⑥ 《史记》卷一一三《南越列传》，第2973—2974页。
⑦ 《汉书》卷七〇《常惠传》，第3003—3004页。
⑧ 《汉书》九六上《西域传上·鄯善国传》，第3878页。
⑨ 《后汉书》卷四七《班超传》，第1572、1573页。

人足矣!”可见班超对这三十余人非常满意，因为经过实践的考验证明他们不愧为真正的“壮士”。班超到达西域后，了解到匈奴所立龟兹王建依仗匈奴威势攻杀疏勒王，改立龟兹人兜题为疏勒王。永平十七年（74）春，班超率领其使团从间道抵达疏勒王所居城外九十里处，派遣其吏田虑“先往降之”，嘱咐“若不即降，便可执之。”田虑到达后，“兜题见虑轻弱，殊无降意。虑因其无备，遂前劫缚兜题。左右出其不意，皆惊惧奔走。”[①] 这位田虑就是班超部下的三十六位“吏士”之一，可见班超所率三十余位“吏士”不愧为真正的“壮士”。随从张骞出使西域的堂邑氏胡奴甘父在这次伟大的“凿空”外交壮举中表现出色，不仅始终跟随张骞历尽艰难险阻，忠贞不渝，而且发挥了其作为胡人的特长，以其“善射，穷急射禽兽给食”，为这一外交使命的完成立下了汗马功劳。十三年后仅有他和张骞二人得以一起回到长安，一同受到汉朝廷的嘉奖，被拜为“奉使君”[②]，这位胡人也不愧为“勇士”。

“勇士”虽然属于“武士”的范畴，但是“勇士”并非仅仅有武无文，前述作为“勇士”的蔺相如之足智多谋，折冲樽俎，能言善辩的外交才华，在完璧归赵、渑池之会的外交斗争中淋漓尽致的表现，已为人们所熟知。到了汉代像这样智勇双全的外交使节已经不是个别现象，而是比先秦时期大大增加了，在外交使节中具有相当的普遍性。著名外交使节如冯奉世不仅有武勇，而且“学《春秋》涉大义，读兵法明习。”[③] 陈汤亦“少好书，博达善属文。”[④] 苏武“明习故事”[⑤]，熟悉典章制度，而且“久在外国，知边事。”[⑥] 壮士班超也是个“有口辩，而涉猎书传”[⑦]的人，兼具“辩士”的口才和文化修养。文、武人才或文武兼备的人才都是外交使节所必须的。汉代这类“勇士”型外交使节与一般的“勇士”已经不同了，他们不仅仅是一勇之夫，仅凭个人体格、武艺和献身精神

---

① 《后汉书》卷四七《班超传》，第 1574 页。
② 《史记》卷一二三《大宛列传》，第 3159 页。
③ 《汉书》卷七九《冯奉世传》，第 3294 页。
④ 《汉书》卷七〇《陈汤传》，第 3007 页。
⑤ 《汉书》卷五四《苏武传》，第 2468 页。
⑥ 《汉书》卷七《昭帝纪》注引如淳曰，第 224 页。
⑦ 《后汉书》卷四七《班超传》，第 1571 页。

而完成比较简单的外交使命，他们还具有过人的谋略和胆识，具有高超的外交才能，他们所要完成的外交使命，所处理的外交关系要比先秦时期错综复杂得多。因而他们已经不是一般的“勇士”，而是“勇士”中的“武官”“武将”和高层次外交人才。这是汉代外交较先秦时期有了很大发展和提高在外交人才方面的一种体现。

三　结语

中国古代外交使节人选从先秦到汉代发生了一个变化，那就是先秦时期的外交使节是以“辩士”为主，“勇士”（“壮士”）次之，而汉代则以“勇士”（“壮士”）为主，“辩士”次之。这是中国古代外交使节人选所发生的第一次重大变化。“辩士”与“勇士”（“壮士”）两类人才都是外交使节的基本人选，他们从文武两个方面或两者兼而有之发挥各自的特长，以完成不同的外交使命。这表明文、武人才或文武兼备的人才都是外交使节所必须的。但是，先秦与汉代这两类人选的侧重点是有所不同的。先秦虽然也以“勇士”为使，但以“辩士”为主，汉代虽然也以“辩士”为使，但以“勇士”为主。先秦时期活跃于外交舞台的是“游士”“纵横家”等“辩士”①，汉代活跃于外交舞台的则是张骞、苏武、傅介子、常惠、班超等“勇士”型的使节。赵翼曾注意到汉代“奉使者亦皆非常之才，故万里折冲，无不如志”，遂能“立功绝域”的情况，指出：“自汉武击匈奴，通西域，徼外诸国无不慑汉威。是时汉之兵力实强……兵威之足以讋服诸外夷也。而其时奉使者亦皆有胆决策略，往往以单车使者，斩名王定属国于万里之外。”在列举了傅介子、文忠、

① “辩士”活跃于春秋战国外交舞台的情况，汉代人已有所论述，如《淮南子》卷六《览冥训》：“晚世之时，七国异族，诸侯制法，各殊习俗，纵横间之，举兵而相角。”高诱注：晚世，“春秋之后，战国之末。”纵横，“苏秦约纵，张仪连横；南与北合为纵，西与东合为横；故曰：纵成则楚王，横成则秦帝。”《淮南子》卷二一《要略》：“晚世之时，六国诸侯……力征争权，胜者为右，恃连与国，约重致，剖信符，结远援，以守其国家，持其社稷，故纵横修短生焉。”（刘文典撰，冯逸、乔华点校：《淮南鸿烈集解》卷六《览冥训》、卷二一《要略》，中华书局 1989 年版，第 212—213、711 页）后来袁宏也说：“战国纵横，强弱相陵，臣主侧席，忧在危亡，不旷日持久以延名业之士，而折节吐诚以招救溺之宾。故有开一说而飨执珪，起徒步而登卿相，而游说之风盛矣。”［（东晋）袁宏撰，张烈点校：《两汉纪》下册《后汉纪》卷二二《孝桓皇帝纪下》，中华书局 2017 年版，第 433 页］

段会宗等人的事迹之后，说："此皆以单使立奇功者也。又有擅发属国兵而定乱者。"接着列举了常惠、甘延寿、陈汤、冯奉世等人的事迹，说："此又以一使者用便宜调发诸国兵以靖反侧者也。"此外还提到了冯嫽、班超父子、田虑等人的事迹[①]。赵翼在这里指出了两点，一是汉代武力强盛，外夷慑服，故汉使能立功绝域；二是汉使有非常之才，故能无不如志。一般而论，这两点都是正确的。但这只是问题的一方面，还有另一方面，至少还可以指出以下三点：一是外交的成败得失固然与国力的强弱有很大关系，但也不可一概而论。事实上，当时徼外诸国不惧汉朝兵威的情况还是相当普遍的，史称"外国……度汉兵远，不能至，而禁其食物，以苦汉使。"[②] 甚至"数剽杀汉使。"[③] "自乌孙以西至安息，近匈奴"[④]，他们依仗匈奴等强国威势而疏远或对抗汉朝。楼兰国虽然"最在东垂，近汉"，但苦于迎送汉使负担沉重，亦"复为匈奴反间，数遮杀汉使。"[⑤] 二是赵翼所举只是一些成功的外交使节，事实上汉使辱命不称职、被扣、被杀的情况也是非常普遍的。宣帝元康元年（前65）冯奉世出使西域，史称"先是时，汉数出使西域，多辱命不称，或贪污，为外国所苦。"[⑥] 此前汉使被杀的情况即很严重，如昭帝时，仅楼兰王安归就杀害汉使卫司马安乐、光禄大夫忠、期门郎遂成等三批使团以及安息、大宛等国来汉的使团。[⑦] 元康元年之后亦然。如汉元帝时，仅郅支单于就"囚杀使者吏士以百数"，此事"暴扬外国，伤威毁重。"[⑧] 诸如此类的记载充斥史乘。三是赵翼所列举的这些使节实际上主要属于"勇士"型外交使节，表明只有真正的"勇士"或"勇士"型外交使节才有可能在这样的情况下做到"折冲万里，无不如志"。外交使节本身的素质和才具在外交

---

① （清）赵翼著，王树民校证：《廿二史札记校证》卷三"汉使立功绝域"条，中华书局1984年版，第56—57页。

② 《汉书》卷六一《张骞传》，第2695页。

③ 《汉书》卷九六上《西域传上·罽宾国传》，第3885页。

④ 《汉书》卷九六上《西域传上·大宛国传》，第3896页。

⑤ 《汉书》卷九六上《西域传上·鄯善国传》，第3878页。据本传载，鄯善国本名楼兰，元凤四年更名鄯善。

⑥ 《汉书》卷七九《冯奉世传》，第3294页。

⑦ 《汉书》卷七〇《傅介子传》，第3002页。

⑧ 《汉书》卷七〇《陈汤传》，第3017页。

中的作用是十分重要的。赵翼注意到汉使皆“非常之才”，但他没有指出是什么样的“才”，这是因为他没有从先秦以来外交使节人选的变化中去认识汉代外交使节人选的这个特点。一般而言，辩才是外交场合所最为需要者，因而“辩士”或“辩士”型的人才应当是外交使节的主要人选，但是在汉代实际上“勇士”及“勇士”型外交使节扮演了更为重要的角色，其建功立业者较之“辩士”更有过之而无不及，尤其是出使西域的使节更是如此。那么，为什么在汉代外交使节中“勇士”或“勇士”型外交使节较先秦时期占有更为突出的地位？先秦与汉代外交使节人选特点的这种变化，根本原因是由于汉代突破了先秦时代的“外交圈”，即汉代突破了先秦外交基本上是在“东亚外交圈”范围内进行的局限而大为拓展①，而这一突破引起了汉代外交态势与难易程度的一系列变化。

一是导致外交范围由华夏文化圈向异文化圈的扩展。先秦时代的外交基本上是在“东亚外交圈”中的华夏文化圈内进行的，其时诸侯列国的政治、经济、文化虽然也存在这样那样的地区差异，但就其主要方面而言则基本上是一致的。由于他们有着共同的语言和文化传统，他们之间的外交问题可以方便地通过语言、文字的交流、辩难而进行。因而“辩士”型的纵横家、游士活跃于外交舞台。及至汉代，其外交不仅及于“东亚外交圈”中的异文化圈国家，如与横跨欧亚草原的匈奴即于这个时期建立了外交关系，而且发展至“西域外交圈”中的诸文化圈国家。这种变化首先导致语言、文字交流的困难。先秦时代外交基本上可以运用相同的语言、文字直接进行，汉代的外交则需迂回曲折进行，即必须借助于语言、文字的翻译，而且往往需要经过多重中介，即所谓“重译”才能进行。在这种情况下像先秦“辩士”那样的滔滔说辞、长篇大论已不合时宜，不能不退居次要地位。其次由于文化传统的差异导致外交谈判中文化学术内涵的淡化。先秦“辩士”在外交中往往借助于中国传统文化学术的内容以加强其说辞的说服力，这在华夏文化圈内不仅能够相互理解而且是相当有效的，但是对于异文化圈来说其必要性和效果都大为减少，甚至是无用的。因而汉代外交谈判中的文化内涵较之先秦时代

---

① 关于古代世界“外交圈”问题，说见拙著《汉唐外交制度史·前言》，兰州大学出版社1998年版，第6—7页。

相应淡化和减少。而且汉代发展起来的外交关系国家大多为多武少文的国家，如匈奴“毋文书，以言语为约束……人习战攻以侵伐，其天性也。”① 所谓“长于武力而短于文事”②。西域之大月氏、乌孙、康居等基本上亦与匈奴同俗③。可以说先秦时代外交关系国家多为多文少武，汉代外交关系国家多为多武少文，因而外交使节也由先秦时代的多文少武变为汉代的多武少文。

二是与诸多社会发展阶段不同国家建立外交关系进一步导致外交中“武”的成分增加。先秦时期发生外交关系的国家，基本上是在华夏文化圈内处于大体相同社会发展阶段的国家。到了汉代由于外交范围的扩大，不仅在“东亚外交圈”内增加了新的外交关系国家，而且发展了与“西域外交圈”诸多国家的外交关系，这些国家中的大部分处于古代东、西方诸文明国家的中间地带，其社会发展阶段一般落后于华夏文化圈内诸国。东西方诸文明中心早已形成了各自的外交关系规范，如华夏文化圈内诸国在先秦时代已经形成了一套包含外交关系法则在内的“宾礼”，确立了外交关系中“礼尚往来”，以及“兵交，使在其间可也”④ 等外交使节权利、义务的国际法准则。而中间地带国家对于东西方文明中心所形成起来的外交关系规范的接受和实行则相对薄弱和滞后。加以他们“自以绝远，汉兵不能至”⑤，因而袭击、扣留、杀害外交使节的现象比先秦时期大为增加。在这种情况下，汉方也采取一些相应的报复措施，因而外交中“武”的成分有所增加，外交往还中的躯体接触、体力和武艺的较量与争斗较之先秦更为经常发生，军事行动和刺杀之类的行为在外交中较之先秦更为经常运用，外交与武力较先秦时代更为紧密地结合在一起。因而在外交使节人选中出现多武少文的情况也就很自然了。

三是随着外交范围的扩大导致外交旅途的空前艰险。先秦时期的外

---

① 《史记》卷一一〇《匈奴列传》，第 2879 页。

② 冯家升：《匈奴民族及其文化》，《禹贡》1937 年第 7 卷第 5 期。

③ 《史记》卷一二三《大宛列传》，第 3161 页。

④ （周）左丘明传，（晋）杜预注，（唐）孔颖达疏，浦卫忠、龚抗云、胡遂、于振波、陈咏明整理，杨向奎审定：《春秋左传正义》卷二六，成公九年，北京大学出版社 2000 年版，第 847 页。

⑤ 《汉书》卷九六上《西域传上·罽宾国传》，第 3885 页。

交基本上是在中原地区及其邻近地区进行的，地理情况熟悉，外交旅途较短，交通较为便利，外交旅途中的困难相对来说也就比较少。以张骞“凿空”的壮举为标志，汉代在中国历史上第一次打开了通向西方世界的大门，从而面临着一片陌生的外部世界。由于外交范围空前扩大，外交旅途空前伸展延长，地理环境生疏复杂，旅途中的艰难险阻空前加重，使得这个时期的出使具有强烈的探险性质。由于社会生产力发展水平的局限，当时的交通、通讯和物质条件对于遥远的外交旅途的制约是很大的，出使是一项极其艰难险阻的苦差。班固慨叹通西域之艰难曰：“通西域，近有龙堆，远则葱岭，身热、头痛、县度之厄。淮南、杜钦、扬雄之论，皆以为此天地所以界别区域，绝内外也。”① 故出使西域“绝远，非人所乐往。”② 出使外国常被称为出使“绝国”。加以还要经常遭受沿途敌对的、不友好国家的种种阻挠、袭击。这就要求外交使节需要具备过人的身体素质和吃苦耐劳的精神。从这个意义上说，这个时期的外交使节就是探险家。因此需要选择具有献身和冒险精神，坚忍不拔的品格，以及过人体力的人才以充任外交使节，文弱书生是不堪其任的。张骞所率使团百余人出使西域十三年之后仅剩二人得以生还，就生动地说明当时对于使节身体素质、生存能力的要求是多么高。因而汉代外交使节中多有“勇士”“壮士”“少年”等就完全可以理解了。

（原刊《人文杂志》2003 年第 6 期。中国人民大学报刊复印资料《先秦、秦汉史》2004 年第 1 期全文转载。我们在黎虎先生遗存文稿中，发现了同名文章，经过与原刊文比对，知是黎虎先生刊后修订稿。今据黎虎先生刊后最新修订稿，并参校原刊文整理。李文才敬识。）

① 《汉书》卷九六下《西域传下》“赞曰”，第 3929 页。

② 《史记》卷一二三《大宛列传》，第 3171 页。

汉代外交使节的选拔

汉代随着国力的逐步上升，对外交往亦日益发展，因而需要大量的外交使节，史家盛称“武帝既招英俊，程其器能，用之如不及。时方外事胡越，内兴制度，国家多事，自公孙弘以下至司马迁皆奉使方外。”[①]由此可以窥知汉代国运兴隆之时外交事务繁忙、急需大量外交人才的情况，以及使节济济洋洋、相望于道途之间的盛况。任何时代外交权力都集中于国家最高统治者及以其为代表的统治集团。汉承秦制，实行专制主义中央集权政治制度，其外交权力集中于皇帝及其所代表的皇权统治集团手中。外交使节是国家的代表，在皇权专制主义政体中则是代表皇帝而衔命出使，因而外交使节的选拔权力集中于皇帝及其所代表的皇权统治集团手中。那么，具体来说汉代外交使节是怎样进行选拔的？其选拔方式有哪些？这种选拔方式的特点和原因是什么呢？

一　汉代外交使节的选拔方式

汉代外交使节的选拔方式，其主要者有如下数端：

第一，募。募是汉代选拔外交使节的重要方式之一。《说文》：“募，广求之也。”[②] 汉代经常采用招募的方式，广求人才，以完成各种特殊的、艰难的任务。如为了满足防御匈奴所需的“边粟”，“于是募民能输及转

---

① （汉）班固撰，（唐）颜师古注：《汉书》卷六五《东方朔传》，中华书局1962年版，第2863页。

② （汉）许慎撰，（清）段玉裁注：《说文解字注》十三下《力部》，上海古籍出版社1988年版，第701页。

粟于边者拜爵”[①]。因朝鲜“远难守”，于是“天子募罪人击朝鲜”[②]。东郡太守翟义反对王莽篡汉，于是“募郡中勇敢，部署将帅”[③]，举兵讨莽。灌夫父子参加平定吴楚之乱，父战死，为“报父之仇”，于是灌夫“被甲持戟，募军中壮士所善愿从者数十人”[④] 驰击吴阵。虞诩为朝歌长，为了镇压境内叛乱，乃“设令三科以募求壮士”[⑤]，从而平定了叛乱。诸如此类，不胜枚举。上至最高统治者，下至郡守、县令，或出征将帅，均可根据需要而招募人才。故选拔外交使节时也经常运用这种方式。汉武帝建元（前140—前135）年间，为了遣使西域的月氏国，“乃募能使者”，于是张骞“以郎应募，使月氏。”[⑥] 可见汉代首通西域的外交使节就是通过招募而来的。此后汉武帝更进一步大规模遣使西域，其使节也多是招募而来的，“募吏民毋问所从来，为具备人众遣之，以广其道”[⑦]。与募使由陆路通西域的同时，汉武帝又募使由海路通西域，在向印度洋诸国派出的庞大使团中“有译长，属黄门，与应募者俱入海市明珠、璧流离、奇石异物，赍黄金杂缯而往。”[⑧] 其中也有招募来的成员。出使匈奴的使团中也有招募来的成员，常惠“少时家贫，自奋应募，随中监苏武使匈奴。”[⑨] 在苏武所率使团中有“常惠等募士斥候百余人俱”，颜师古注“募士”曰：“募人以充士卒，及在道为斥候者。”[⑩] 可见在这个使团中除常惠之外还有不少招募来的成员，如“士卒”“斥候”等多是招募而来。除了向社会广泛招募之外，甚至还从狱中招募，汉武帝在《悔征伐诏》中曾谈及：“大鸿胪等又议，欲募囚徒送匈奴使者，明封侯之赏以报忿”[⑪]，

---

① （汉）司马迁撰，（南朝·宋）裴骃集解，（唐）司马贞索隐，（唐）张守节正义：《史记》卷三〇《平准书》，中华书局1959年版，第1419页。

② 《史记》卷一一五《朝鲜列传》，第2987页。

③ 《汉书》卷八四《翟方进传》，第3426页。

④ 《史记》卷一〇七《灌夫传》，第2845—2846页。

⑤ （南朝·宋）范晔撰，（唐）李贤等注：《后汉书》卷五八《虞诩传》，中华书局1965年版，第1867页。

⑥ 《史记》卷一二三《大宛列传》，第3157页。

⑦ 《史记》卷一二三《大宛列传》，第3171页。

⑧ 《汉书》卷二八下《地理志下》，第1671页。

⑨ 《汉书》卷七〇《常惠传》，第3003页。

⑩ 《汉书》卷五四《苏建附子（苏）武传》，第2460页。

⑪ 《汉书》卷九六下《西域传下·渠犁传》，第3913—3914页。

就是这种情况的反映。

由上述情况可知，招募是汉代选拔外交使节广泛采用的方式，招募的使团成员，既有使团负责人和官员，也有随行的士卒和杂役等各类人员。因为这些应募者多具有献身精神，因而能够选拔到一些优秀的外交使节，如张骞就是其中的佼佼者。

第二，自请。自请奉使在汉代以前就已有之。战国时，秦围赵之邯郸，赵国派遣平原君出使楚国，向其求救。平原君已物色了随员十九人，尚缺少一人，食客毛遂自荐以充。到了楚国，毛遂果然表现出色，协助平原君胜利完成使命。平原君盛赞道："毛先生一至楚，而使赵重于九鼎大吕；毛先生以三寸之舌，强于百万之师。"① 秦使张唐相燕，欲与燕共伐赵以广河间之地，张唐勉强成行，"行有日，甘罗谓文信侯曰：'借臣车五乘，请为张唐先报赵。'文信侯乃入言之于始皇"，极力向秦始皇推荐，"始皇召见，使甘罗于赵。"经甘罗游说，"赵王立自割五城以广河间"②。甘罗自请出使轻易实现了秦国的外交目的。可见自请这一方式是能够物色到优秀外交使节的。

这种方式到了汉代更为盛行。自请是与募紧密相联的选拔方式，那些应募者在一定意义上都可以说是自请者，但自请者往往比应募者更积极主动，有时在国家并未公开招募时也可能提出请求。元鼎（前116—前111）年间"当发使匈奴"，谒者终军"自请曰：'军无横草之功，得列宿卫，食禄五年。边境时有风尘之警，臣宜被坚执锐，当矢石，启前行。驽下不习金革之事，今闻将遣匈奴使者，臣愿尽精厉气，奉佐明使，画吉凶于单于之前。臣年少材下，孤于外官，不足以亢一方之任，窃不胜愤懑。'"汉武帝接见了他，与他讨论了对匈奴的对策，很赏识他，提升他为谏大夫。时值"南越与汉和亲"，于是汉武帝"乃遣（终）军使南越，说其王，欲令入朝，比内诸侯。军自请：'愿受长缨，必羁南越王而致之阙下。'军遂往说越王，越王听许，请举国内属，天子大说。"③ 出色地完成了这一使命。不过，由于越相吕嘉作乱，终军被杀，时年二十余。

① 《史记》卷七六《平原君列传》，第2368页。

② 《史记》卷七一《甘茂列传》，第2320页。

③ 《汉书》卷六四《终军传》，第2820—2821页。

傅介子也是这样一位自请出使的出色外交使节，元凤四年（前77）他“以骏马监求使大宛”。当时楼兰、龟兹“皆尝杀汉使者”，汉昭帝便命令傅介子在出使大宛的同时顺道“责楼兰、龟兹国。”① 傅介子出色地完成了使命，受到嘉奖。江充也是“因自请，愿使匈奴”②，而被汉武帝派遣出使匈奴，从而受到重用。史学家班固族人班伯“家本北边，志节慷慨，数求使匈奴。河平（前28—前25）中，单于来朝，上使伯持节迎于塞下。”③ 汉武帝时和亲乌孙的解忧公主在乌孙生活了半个世纪之后，年老思土，于汉宣帝甘露三年（前51）回到长安定居。这时解忧公主之孙星靡代为乌孙的大昆弥，但他幼弱，不能控制乌孙政局。当年随同解忧公主和亲乌孙的侍者冯嫽，外交能力很强，在乌孙各界人士中享有很高的威信，被人们尊称为冯夫人。这时她也已回长安定居，见此情景，“冯夫人上书，愿使乌孙镇抚星靡。”④ 也是主动提出出使请求。于是汉宣帝便派遣她出使乌孙，协助星靡稳定政局。陈汤被举荐为郎之后，“数求使外国”“久之，迁西域副校尉，与甘延寿俱出。”⑤ 由此可见，自请这种方式往往能够选拔到一些真正具有献身精神的、高素质的优秀外交使节，如终军、傅介子、冯嫽、陈汤等就是其中的代表。

自请者未必都能得到批准。大约在汉宣帝时因需要选拔出使匈奴的使节，右扶风丞路温舒就曾“上书，愿给厮养，暴骨方外，以尽臣节。”颜师古注曰：“求为卒而随使至匈奴也。”但他的请求就没有得到批准。路温舒提出请求之后，“事下度辽将军范明友、太仆杜延年问状，罢归故官。”皇帝将此事下达范明友、杜延年二人负责审查，审查后认为他不合格，于是令他回去担任右扶风丞原职。为什么没有批准他的请求呢？颜师古注曰：“以其言无可取，故罢而遣归故官。”⑥ 由此可见，对于自请者国家是要经过一定的程序而进行审查的，从这个材料和上述自请出使被批准的事例观之，审查的一个重要方面就是通过面试的方式，考察自请

---

① 《汉书》卷七〇《傅介子传》，第3001页。
② 《汉书》卷四五《江充传》，第2177页。
③ 《汉书》卷一〇〇上《叙传上》，第4199页。
④ 《汉书》卷九六下《西域传下·乌孙国传》，第3908页。
⑤ 《汉书》卷七〇《陈汤传》，第3007—3008页。
⑥ 《汉书》卷五一《路温舒传》，第2371—2372页。

者的能力和水平，以确定其是否胜任使节的重任。对自请者的审查还是很严格的。

但是，自请出使也有过滥的情况。“自博望侯开外国道以尊贵，其后从吏卒皆争上书言外国奇怪利害，求使。”可见在张骞开通西域之后出现了一股自请出使的热潮，于是汉武帝“听其言，予节”，只要提出请求的都予以批准，派遣其出使。但这些人往往良莠不齐，或违法乱纪，或不能完成使命，“天子为其习之，辄覆案致重罪，以激怒令赎，复求使。”于是这些人又通过求使以赎罪，“使端无穷，而轻犯法”，形成恶性循环，“其吏卒亦辄复盛推外国所有，言大者予节，言小者为副，故妄言无行之徒皆争效之。”① 可见武帝时这种自请出使的方式曾产生不良效果。

第三，举荐。举荐也是选拔使节的重要方式之一。举荐使节的方式在汉代以前就已经实行，战国时秦昭王向赵惠文王求和氏璧，惠文王“计未定，求人可使报秦者，未得。宦者令缪贤曰：‘臣舍人蔺相如可使。’王问：‘何以知之？’”缪贤在追述了蔺相如的表现之后，说：“臣窃以为其人勇士，有智谋，宜可使。”② 于是赵王召见蔺相如，派遣他出使秦国。甘罗向吕不韦请求出使赵国，吕不韦向秦王政推荐道：“昔甘茂之孙甘罗，年少耳，然名家之子孙，诸侯皆闻之。今者张唐欲称疾不肯行，甘罗说而行之。今愿先报赵，请许遣之。”③ 经吕不韦举荐，秦王于是派遣甘罗出使赵国。

汉代进一步推行这种选拔方式。卫律，“善协律都尉李延年，延年荐言（卫）律使匈奴。”④ 这是通过臣下的推荐而选拔使节。这种方式一般是在有了出使需要时，由皇帝下诏百官举荐，汉宣帝时曾发布“诏书令公卿选可使匈奴者”⑤，这是下令让公卿普遍推荐。宣帝元康元年（前65）“选可使外国者，前将军（韩）增举（冯）奉世以卫候使持节送大宛诸国客。”⑥ 这就是在下令百官举荐的基础上而确定人选，故《资治通

---

① 《史记》卷一二三《大宛列传》，第 3171 页。

② 《史记》卷八一《廉颇蔺相如列传》，第 2439—2440 页。

③ 《史记》卷七一《甘茂列传》，第 2320 页。

④ 《汉书》卷五四《李陵传》，第 2457 页。

⑤ 《汉书》卷五一《路温舒传》，第 2371 页。

⑥ 《汉书》卷七九《冯奉世传》，第 3294 页。

鉴》记此事曰“上令群臣举可使西域者”[1]。更始二年（24）“大臣荐（陈）遵为大司马护军，与归德侯刘飒俱使匈奴。”[2] 有时也可指定特定的官员推荐，孝文帝元年（前179年），“诏丞相陈平等举可使南越者，平言好陆贾，先帝时习使南越。乃召贾以为太中大夫，往使。”[3] 这是指定丞相陈平等人举荐出使人选。

除了诏令中央百官举荐之外，有时也诏令地方政府举荐。汉武帝元封五年（前106年），“名臣文武欲尽，诏曰：‘……其令州郡察吏民有茂材异等，可为将相及使绝国者。’”所谓“异等”，应劭注曰：“超等轶群不与凡同也。”“绝国”，颜师古注曰：“绝远之国，谓声教之外。”[4] 这是诏令州郡官吏推荐具有特殊品质和才能的人充任外交使节。

举得其人，可能得到表彰。韩增举冯奉世出使西域，不仅完成了送大宛诸国客的使命，而且平服了莎车国的叛汉势力，“威振西域”，于是“宣帝召见韩增，曰：‘贺将军所举得其人。’”[5] 但是当举主犯罪时，被举者也可能受到牵连。卫律被协律都尉李延年举荐出使匈奴，“使还，会延年家收，律惧并诛，亡还降匈奴。”[6]

第四，征。“征”是汉代选拔官吏的方式之一，在外交使节的选拔中也采用这种方式。西汉和亲公主解忧与乌孙肥王翁归靡所生长男元贵靡未能立为昆弥，而在汉宣帝甘露元年（前53），乌孙肥王翁归靡与匈奴妇所生儿子乌就屠自立为昆弥。汉朝一方面派遣破羌将军辛武贤率军至敦煌，示以武力。另一方面则由西域都护郑吉派遣解忧的侍者冯嫽去劝说乌就屠投降，乌就屠表示“愿得小号”。在这种情况下，“宣帝征冯夫人，自问状。”汉宣帝亲自召见冯嫽，询问乌孙情况和政局，于是宣帝派遣“冯夫人锦车持节，诏乌就屠诣长罗侯赤谷城，立元贵靡为大昆弥，乌就屠为小昆弥，皆赐印绶。破羌将军不出塞还。”[7] 这是汉宣帝特征召冯为

---

① 《资治通鉴》卷二五，汉宣帝元康元年（前65），第825页。

② 《汉书》卷九二《游侠传·陈遵传》，第3714页。

③ 《史记》卷一一三《南越列传》，第2970页。

④ 《汉书》卷六《武帝纪》，第197页。

⑤ 《汉书》卷七九《冯奉世传》，第3294页。

⑥ 《汉书》卷五四《李陵传》，第3907页。

⑦ 《汉书》卷九六下《西域传下·乌孙国传》，第3907页。

使。乌就屠死后，西域都护段会宗立安日为小昆弥。后“乌孙小昆弥安日为降民所杀，诸翎侯大乱。”于是汉成帝“诏征故金城太守段会宗为左曹、中郎将、光禄大夫，使安辑乌孙，立安日弟末振将为小昆弥，定其国而还。”[①] 西域都护段会宗后拜金城太守，以病免，故曰故金城太守，这是汉成帝征召段会宗为使。由上可知，使节之征召由皇帝发出，被征召者均为声名已著、具有卓越外交业绩和才能者。

第五，指派。除了上述四种选拔方式之外，汉代还有不少使节是由皇帝在臣僚中直接挑选指派的。汉高帝七年（前200），韩王信反，高帝自往击之，至晋阳，得知韩王信图谋与匈奴连兵击汉，“上大怒，使人使匈奴。”而且相继派出十余批使者。接着，“上使刘敬复往使匈奴。”刘敬曾因建议定都关中而得到高帝赏识，“拜为郎中，号为奉春君。”[②] 郎中为皇帝的亲近侍从，刘敬又已为高帝所了解和赏识，故高帝直接指派他为使。在他之前出使匈奴的那些使者也当是高帝指派的身边的人员。这些都是汉高帝在晋阳前线直接指派他所了解的臣僚以充任使节。后来刘敬向高帝建议与匈奴和亲，深得高帝的赞成，于是又“使刘敬往结和亲约。”[③] 汉武帝建元六年（前135）“天子使庄助往谕意南越王”[④]，庄助即严助，他在先前被本郡举为贤良，“对策百余人，武帝善助对，由是独擢助为中大夫。”[⑤] 甚得武帝信任，故指派他出使南越。天汉元年（前100）匈奴且侯单于初立，恐汉袭之，遂将以前所扣留的汉使全部归还，“武帝嘉其义，乃遣（苏）武以中郎将使持节送匈奴使留在汉者。”[⑥] 苏武少以父任为郎，出使前官至中厩监，负责管理皇家马厩，亦为皇帝近臣，故被武帝指派为使节。汉明帝永平八年（65）“北匈奴遣使求和亲”，于是“显宗遣（郑）众持节使匈奴。”[⑦] 时郑众为给事中、越骑司马。给事中为加官，可出入宫禁，亦为皇帝近臣，故有可能被皇帝选为使节。

---

① 《汉书》卷七〇《段会宗传》，第3030页。

② 《史记》卷九九《刘敬列传》，第2717、2718页。

③ 《史记》卷九九《刘敬列传》，第2719页。

④ 《史记》卷一三三《南越列传》，第2971页。

⑤ 《汉书》卷六四上《严助传》，第2775页。

⑥ 《汉书》卷五四《苏建附子（苏）武传》，第2460页。

⑦ 《后汉书》卷三六《郑众传》，第1224页。

除了这些明言由皇帝指派的之外，还有一些所谓“诏遣”“诏使”的使节，也多为皇帝15所直接指派者。元始二年（2）西域车师后王姑句逃亡匈奴，羌国去胡来王唐兜率妻子、人民千余人亡降匈奴，而匈奴单于遣使上书言状曰：“臣谨已受。”于是“诏遣中郎将韩隆、王昌、副校尉甄阜、侍中谒者帛敞、长水校尉王歙使匈奴，告单于曰：‘西域内属，不当得受。’”① 此事在《汉书·西域传》中记曰：“是时新都侯王莽秉政，遣中郎将王昌等使匈奴。”② 可见这次遣使实际上是由王莽直接指派的。经韩隆等人交涉，匈奴单于被迫交出姑句、唐兜等人，于是“诏使中郎将王萌待西域恶都奴界上逆受。”③ 这次与韩昌等人出使一样，也是由王莽直接指派的。

还有一些被皇帝拜官之后出使的，也当为皇帝指派出使者。文帝时，朱建因与诸吕的关系而自尽，“孝文帝闻而惜之，曰：‘吾无意杀之。’乃召其子，拜为中大夫，使匈奴。”④ 张骞之孙张猛“有俊才，元帝时为光禄大夫，使匈奴。”⑤ 枚乘之子枚皋“上书北阙，自陈枚乘之子。上得之大喜，召入见待诏，皋因赋殿中。诏使赋平乐馆，善之。拜为郎，使匈奴。”⑥ 公孙弘“以贤良征为博士。使匈奴，还报，不合意，上怒。”⑦ 这些被皇帝拜官或受到皇帝亲幸的官员出使，亦当为皇帝所直接派遣者。

由上所述可知，指派的使节是皇帝在臣僚中挑选而来的，多为皇帝所信赖及熟悉的人，这种方式又可称为“选使”。始建国三年（11）王莽斩匈奴单于咸之子登，天凤二年（15）“单于咸既和亲，求其子登尸，莽欲遣使送致……选儒生能颛对者济南王咸为大使，五威将琅邪伏黯等为帅，使送登尸。”这是一次棘手的使命，故王莽特意从儒生中挑选“能颛对”者为使，“颛对”即专对，颜师古注曰：“谓应对无方，能专其事。”⑧ 永平十六年（73）窦固击匈奴时，派遣班超出使西域，班超在鄯

---

① 《汉书》卷九四下《匈奴传下》，第3818页。

② 《汉书》卷九六下《西域传下》，第3925页。

③ 《汉书》卷九四下《匈奴传下》，第3819页。

④ 《史记》卷九七《郦生陆贾列传附平原君朱建传》，第2703页。

⑤ 《汉书》卷六一《张骞传》，第2698页。

⑥ 《汉书》卷五一《枚乘附子（枚）皋传》，第2366页。

⑦ 《汉书》卷五八《公孙弘传》，第2613页。

⑧ 《汉书》卷九九中《王莽传中》，第4139—4140页。

善以过人的智勇击灭匈奴在鄯善的使团，使依违于汉、匈之间的鄯善“一国震怖”“遂纳子为质”。窦固将班超在西域的出色表现向汉明帝作了报告，“并求更选使使西域。帝壮超节，诏固曰：‘吏如班超，何故不遣而更选乎？今以超为军司马，令遂前功。’”① 这个记载表明，出使前要根据具体的任务而选派合适的使节，而汉明帝认为班超是最恰当的人选，故下令这次不必更选，即以班超为使。

指派使节时，皇帝也不一定事必躬亲而亲自去挑选，也有由朝臣挑选之后上报皇帝批准的情况。元凤四年（前77）因楼兰“为匈奴反间，数遮杀汉使”，于是“大将军霍光白遣平乐监傅介子往刺其王。”② 时霍光专权，他选拔傅介子为使，是在报告汉昭帝之后方才派遣他出使的。永元二年（90）“北单于以汉还侍弟，复遣车谐储王等款居延塞，欲入朝见，愿请大使。（窦）宪上遣大将军中护军班固行中郎将，与司马梁讽迎之。”③ 时窦宪用事，故他派遣自己的僚属为使，但是他也是在上报汉明帝之后才将他们派出的。

权臣直接遣使的情况也是存在的。永平十六年（73）窦固出击匈奴时，曾派班超别击伊吾，“多斩首虏而还”。窦固“以为能，遣与从事郭恂俱使西域。”④ 永元元年（89）窦宪出征匈奴时，“除（梁）讽为军司马，令先赍金帛使北单于，宣国威德。”⑤ 不过这些都是权臣在出征前线所为，情况比较特殊。

由于是指派出使，因而不免有强迫命令的情况发生。有的是因为对于外交使命的认识有分歧而产生抗命的情况，永平八年（65）郑众出使北匈奴时，北匈奴遣使随郑众回报，于是“朝议复欲遣使报之”。郑众根据自己对匈奴的深入了解，上书认为不宜遣使回报，但是“帝不从，复遣众。”郑众再次陈述不宜遣使的理由，但“帝不听，众不得已，既行，在路连上书固争之。诏切责众，追还系廷尉。”⑥ 这是因被指派的使节与

---

① 《后汉书》卷四七《班超传》，第1573页。

② 《汉书》卷九六上《西域传上·鄯善国传》，第3878页。

③ 《后汉书》卷二三《窦宪传》，第818页。

④ 《后汉书》卷四七《班超传》，第1572页。

⑤ 《后汉书》卷四七《梁慬传》，第1591页。

⑥ 《后汉书》卷三六《郑众传》，第1224—1225页。

皇帝对这次外交使命的必要性认识有分歧而产生的强迫命令及其矛盾冲突。虽然被指派之使节大多都能乐于奉命，但也有少数人不乐于出使而抗命的，乃至有因此而背叛者。汉文帝前六年（前 174）匈奴“老上稽粥单于初立，孝文皇帝复遣宗室女公主为单于阏氏，使宦者燕人中行说傅公主。说不欲行，汉强使之。说曰：‘必我行也，为汉患者。’中行说既至，因降单于。”[①] 宦者为皇帝侍臣，故得以入选为使。中行说是因不乐于奉使而背叛的，他投降匈奴后，极尽事匈反汉之能事，起了恶劣的作用。

二 汉代外交使节选拔的特点及其原因

汉代外交使节的选拔方式大体如上，从中可以看到其选拔方式与当时一般政府官员的选拔方式既有一致之处，也有不同之处。汉代一般政府官员的选拔方式主要有察举、征辟、考试、任子、纳赀、卖官等[②]。外交使节的选拔也运用其中的察举、征辟等方式，但是其余的考试、任子、纳赀、卖官等方式则未见。在汉代外交使节的选拔中虽然也运用察举、征辟等通常的选官方式，但是并不占居主要地位，更多的是采用招募、自请以及皇帝直接指派等方式。可见汉代外交使节的选拔方式与一般政府官员的选拔方式相比具有一定的特殊性。那么，何以会有这些区别，其产生的原因又是什么呢？

首先，这是由于汉代外交所处开辟、创新阶段的诸多特点所决定的。秦代虽有建立统一皇权国家之功，但是在外交上却建树无多，中国古典外交的开辟、创新之功落在了继之而起的汉皇朝身上。以张骞“凿空”的壮举为标志，汉代在中国历史上第一次打开了通向世界的大门，开启了中国古典外交的新时代，处于这样一个阶段的外交是充满着艰难的。外交使节往往面临着一片陌生的世界，外交具有探险的性质。从一定意义上说，外交使节就是探险家。此其一。由于当时交通、通讯和物质条件的制约，出使是一项极其艰难险阻的苦差。史称出使西域，“天子以其绝远，非人所乐往。”不仅旅途自然条件恶劣，生活保障困难，而且沿途

---

① 《史记》卷一一〇《匈奴列传》，第 2898 页。

② 安作璋、熊铁基：《秦汉官制史稿》下册，齐鲁书社 1985 年版，第 306—351 页。

敌对的、不友好的国家又常“禁其食物以苦汉使”，以致“汉使乏绝积怨，至相攻击。”① 出使道途之艰难可想而知。此其二。开辟、创新阶段的外交具有浓厚的野蛮性。外交固然首先是国家之间的文明、礼仪和友好关系的表现，但是在世界外交处于早期阶段时，外交行为的规范、约束、礼仪等还在摸索前进中，外交的文明程度还较低，因而对外交往中的野蛮行为时有发生，对于外交使节的拘禁、袭击、杀害等现象屡见不鲜。汉武帝在物色出使月氏的使节时，就考虑到匈奴不仅与汉朝敌对，而且与月氏敌对，而出使月氏必须路经匈奴，“道必更匈奴中”，具有很大危险性，因而“乃募能使者”② 以充任。张骞在出使途中果然被匈奴拦截，被扣留十余年方得逃脱。所以，当时外交使节是经常受到武力威胁的，人身安全是没有保障的，例如出使西域时，不仅“匈奴奇兵时时遮击使西国者”，而且沿途小国楼兰、姑师等也常“攻劫汉使”③。此外，刺杀在当时的外交中还是被经常运用的方式之一，外交使节常被委以行刺的任务。可以说这时的外交使节还是一个危险的职业，他们的人身安全是没有保障的。此其三，这样的苦差就不是一般的官僚贵族及其子孙都乐于或能够承担的，因此需要更广泛地从社会各阶层中，乃至下层社会中选择那些具有献身和冒险精神，坚忍不拔的品格，以及过人体力的人才以充任外交使者，而招募或自请等方式就是罗致这类人才的一种有效方式。

其次，外交使节与一般政府官员的性质亦有所区别。一般政府官员的职务及其任职基本上是常设的、固定的。从职务来说，不论中央政府官员或地方政府官员、文官或武官，其设置及其任所都基本上是常设的、固定的。从任期来说，他们或可久在其任，或可通过升迁调补等方式而转换职位。而外交使节并不是常设的、固定的官职，是为完成特定任务而设置，并随特定任务之完成而中止的，具有临时性、一次性的特点。他们没有固定的任所，而是根据使命所需而指向四面八方。他们没有固定的任期，完全由使命之完成与否而决定。外交使节需要根据不同的使

---

① 《史记》卷一二三《大宛列传》，第3171页。
② 《史记》卷一二三《大宛列传》，第3157页。
③ 《史记》卷一二三《大宛列传》，第3171页。

命及不同国度而选拔具有特定才能与素质，具有勇敢和献身精神的特殊人才。同时，外交是智慧和言词的较量，外交使节需要具备专对和能言善辩的特长和才能。因此，除了运用一般的选拔官员方式之外，还需要运用其他一些方式进行选拔，以满足各种使命的特定需求。这样的官职就不是一般官僚贵族及其子孙都乐于承担的，他们不会通过“纳赀”“任子”等方式去主动谋取这样的职务，相反还需要政府给予奖励以招致这样的人才。故外交使节需要广泛地从官员队伍中乃至民间招募那些具有各种特殊才能的、自愿效命的“壮士”或“辩士”类型的人才来承担。又由于外交使节是皇帝的代表，因而皇帝往往从朝廷中直接选拔那些已被了解、亲幸的人才来承担，故皇帝直接指派的方式也就时有所见。外交使节相较于一般政府官员所具有的这些特殊性，决定了其选拔方式和一般官吏的选拔有所不同也就不足为奇了。

（原刊《兰州大学学报》2002 年第 6 期。我们在黎虎先生遗存文稿中，发现了同名文章，经过与原刊文比对，知是黎虎先生刊后修订稿。今据黎虎先生刊后最新修订稿，并参校原刊文整理。李文才敬识。）

汉代外交使团的组成

自张骞“开外国道”揭开了中国古典外交的新时代，汉皇朝的“使者相望于道。诸使外国一辈大者数百，少者百余人……率一岁中使多者十余，少者五六辈，远者八九岁，近者数岁而反。”① 使节往还，盛况空前。但是，其时外交使团内部的组成情况如何？史籍没有系统的、明确的记载，而学术界亦迄未有关这方面的论述，兹鸠集零散史料试述之，以为引玉之砖。

汉代的外交使团一般由正使、副使、官属、吏士、译者及斥候士、御者等各色人员组成，大体可以将他们分为使团负责人、随员和服务人员等三类，其中正使、副使为使团负责人，随从的“官属”“吏士”“译者”等属于随员，“斥候士”“御者”等属于服务人员。随员以上为官员层级人员。天汉元年（前100）汉朝为了回报匈奴方面的和好姿态，“乃遣（苏）武以中郎将使持节送匈奴使者留在汉者……武与副中郎将张胜及假吏常惠等募士斥候百余人俱。”② 苏武使团的构成情况具有一定的典型性，这里除了使团的负责人正、副使之外，还有假吏以下的募士斥候等一百余人，后者就包括使团的各种随员和服务人员。

一 正使

正使为使团的最高长官，但在汉代的文献中并未见称其为“正使”

---

① （汉）司马迁撰，（南朝·宋）裴骃集解，（唐）司马贞索隐，（唐）张守节正义：《史记》123《大宛列传》，中华书局1959年版，第3170—3171页。

② （汉）班固撰，（唐）颜师古注：《汉书》卷五四《苏建附子（苏）武传》，中华书局1962年版，第2460页。

者，这种称呼到西晋时才出现，《晋书·四夷传》记载裨离等十国中有六国曾于太熙（290）初“各遣正副使诣东夷校尉何龛归化”[①]，表明这些使团各设正使与副使，而以“正使”为使团的主要负责人。正使在汉代一般并没有特别的称谓，他只是相对于副使而言是“正使”，例如上述苏武“以中郎将使持节送匈奴使留在汉者”，苏武是“与副中郎将张胜”[②] 等一同前往的，显然在这个使团中，苏武是正使，张胜是副使。不过对于正使也偶见一些特指的称谓，如“大使”“节使”“将”等。“大使”称谓在先秦时期已经出现，其时将王者所遣使节称为大使，《礼记·月令·孟秋之月》：“是月也，毋以封诸侯，立大官。毋以割地，行大使，出大币。”[③] 这种“大使”是天子所遣封建诸侯的使节。战国时魏安釐王三十年（前247）魏将信陵君攻秦之管城不下，管城守将是安陵人缩高之子，于是信陵君“遣大使之安陵”，要求安陵君将管城守将之父缩高交给他[④]。这里的“大使”是重要使节之意。到西汉后期有将正使称为“大使”的。王莽杀匈奴侍子登，天凤二年（15）单于和亲，求侍子登尸，于是王莽“选儒生能颛对者济南王咸为大使，五威将琅邪伏黯等为帅，始送登尸。”[⑤] 这里将这次出使匈奴使团的正使王咸称为“大使”。天凤三年（16）又“遣大使五威将王骏、西域都护李崇将戊己校尉出西域，诸国皆郊迎贡献焉。”[⑥] 这里的“大使”也是指正使。但是汉代“大使”一词未必专指正使，也可以是对大国所遣外交使团的尊称。永元元年（89）“北单于以汉还侍弟，复遣车谐储王等款居延塞，欲入朝见，愿请大使。”于是窦宪“上遣大将军中护军班固行中郎将，与司马梁

① （唐）房玄龄等撰：《晋书》卷九七《四夷·东夷·裨离等十国传》，中华书局1974年版，第2536—2537页。

② 《汉书》卷五四《苏建附子（苏）武传》，第2460页。

③ （汉）郑玄注，（唐）孔颖达疏，龚抗云整理，王文锦审定：《礼记正义》卷一六《月令·孟秋之月》，北京大学出版社2000年版，第610页。《吕氏春秋·孟秋纪》所记大体相同：“是月也，无以封侯、立大官，无割土地、行重币、出大使。”（许维遹撰，梁运华整理：《吕氏春秋集释》卷七《孟秋纪》，中华书局2017年版，第157页）

④ （西汉）刘向集录：《战国策》卷二五《魏策四》“魏攻管而不下”条，上海古籍出版社1985年版，第913—915页。

⑤ 《汉书》卷九九中《王莽传中》，第4139页。

⑥ 《汉书》卷九九中《王莽传中》，第4146页。

讽迎之。”[①] 这里班固是正使，梁讽是副使，他们率领的使团就是北单于所请求的“大使”。元兴元年（105）北单于遣使诣敦煌贡献，表示“愿请大使，当遣子入侍。”李贤注曰：“天子降大使至国，即遣子随大使入侍。”[②] 这里所谓“大使”并不是特指正使，而是尊称东汉所遣外交使团。又由于汉代外交使团均以“节”作为权力的象征，一般将其授予正使，故有将正使称为“节使”的，永平十六年（73）班超出使西域，在鄯善夜袭匈奴使团，“斩得匈奴节使屋赖带、副使比离支首及节。”[③] 这里将匈奴使团的正使称为“节使”。匈奴与汉制同，外交使节也持节出使，延光四年（125）西域长史班勇发兵攻车师后部王军就，“捕得军就及匈奴持节使者”[④]，就是明证。汉武帝募人出使西域时，“言大者予节，言小者为副。”[⑤] 前者即为正使，后者则是副使，可见当时一般是将“节”授予正使。新莽时期对于正副使曾有过一种特殊称谓“将率”。始建国元年（9）王莽“遣五威将王骏，率甄阜、王飒、陈饶、帛敞、丁业六人”[⑥] 出使匈奴，宣告王莽受命代汉，以新印更换单于故印。这里以五威将王骏为正使，甄阜等五“率”为副使。故下文在记述这个使团的活动时有云：“将、率既至，授单于印绂”，单于“遂解故印绂奉上，将、率受。”事后“右率陈饶谓诸将、率曰”云云，提议“椎破故印”，但“将、率犹与，莫有应者”。第二天单于派人“白将、率”求故印，“将、率示以故印”，告以“故印随

---

① （南朝·宋）范晔撰，（唐）李贤等注：《后汉书》卷二三《窦宪传》，中华书局1965年版，第818页。又见《后汉书》卷四〇下《班固传》，第1385页。

② 《后汉书》卷八九《南匈奴传》，第2957页。

③ 《后汉书》卷四七《班超传》注引《东观记》，第1573页。

④ 《后汉书》卷四七《班勇传》，第1589页。

⑤ 《史记》卷一二三《大宛列传》，第3171页。

⑥ 《汉书》卷九四下《匈奴传下》，第3820—3821页。案：中华书局标点本此句将“遣五威将王骏”与“率甄阜、王飒、陈饶、帛敞、丁业六人”连读，则此“率”字可能使读者误认为率领之意，但王骏所“率领”只有甄阜等五人，而非六人。此句实际是指“将”王骏与“率”甄阜等五人，一共六人出使西域，故“率”字以不上读为宜，而应在其前加逗号下读。此事《资治通鉴》记作：“及五威将王骏等六人至匈奴”云云，胡注曰：“六人者，一将、五帅也。”［（宋）司马光编著，（元）胡三省音注：《资治通鉴》卷三七，王莽始建国二年，中华书局1956年版，第1183页］可谓得其旨矣。《汉书》同传所载还有：“天凤二年五月，莽复遣（王）歙与五威将王咸，率伏黯、丁业等六人”（第3838页）出使匈奴，此“率”字也不是率领之意，而是“五率”之“率”，故“率”字前亦应有逗号较宜。虽然只是一个标点问题，实则关系对于新莽外交使团制度的理解问题。

将、率所自为破坏”。使团返国時匈奴“遣弟右贤王與奉马牛随将、率入谢”①。凡此均表明这个使团是由“将”与“率”组成的，一位“将”为正使，五位“率”为副使。这个记载与王莽新制相合，新制规定：“每一将各置左右前后中帅，凡五帅。衣冠车服驾马，各如其方面色数。将持节，称太一之使；帅持幢，称五帝之使。”② 这就是新莽的使团制度。显然新莽制度是以“将”为正使，五“帅”（即“率”）为副使，故“将率”实为正副使之统称。前文所言陈饶为“右率”，即为“左右前后中”五率之一。

二 副使

汉代外交使团中除了正使之外一般均设置副使。此制先秦时已然，燕国派遣荆轲出使秦国时，“乃令秦舞阳为副”③。副使或设一人，文帝元年（前179）“上召（陆）贾为太中大夫，谒者一人为副使”④ 出使南越。在这次以陆贾为正使的使团中只设副使一人。也有设置副使二人的，甘露元年（前53）宣帝派遣冯夫人出使乌孙时，“遣谒者竺次、期门甘延寿为副，送冯夫人。”⑤ 这次以冯夫人为正使的使团中则有副使二人。也有设置三人的，司马相如出使西南夷时，与“副使王然于、壶充国、吕越人驰四乘之传”而往”⑥。也有设置四人的，宣帝神爵二年（前60）以乌孙主解忧弟子相夫为公主，“使长罗侯光禄大夫惠为副，凡持节者四人，送少主至敦煌”⑦，而且四位副使均持节。也有设置四人以上多位副使的，元鼎二年（前115）武帝派遣张骞出使乌孙时，“多持节副使，道可使，使遣之他旁国。”张骞到了乌孙后，“因分遣副使使大宛、康居、大月氏、大夏、安息、身毒、于阗、扜罙及诸旁国……其后岁余，骞所

① 《汉书》卷九四下《匈奴传下》，第3820—3821页。

② 《汉书》卷九九中《王莽传中》，第4115页。

③ 《史记》卷八六《刺客列传》，第2533页。

④ 《汉书》卷九五《西南夷两粤朝鲜传》，第3849页。

⑤ 《汉书》卷九六下《西域传下·乌孙国传》，第3907页。

⑥ 《史记》卷一一七《司马相如列传》，第3046—3047页。

⑦ 《汉书》卷九六下《西域传》下，第3905页。《汉书》本传系此事于元康二年，司马光《通鉴考异》曰：“盖误以神爵为元康也”［《资治通鉴》卷二六，汉宣帝神爵二年（前60），第860—861页］。

遣使通大夏之属者皆颇与其人俱来”①，张骞所率使团中的副使很多，而且这些副使也都持节。可见根据出使任务的需要，副使也可以持节。

外交使节在出使时均被授予一定的官衔前往，故文献所载外交使节的官称甚多，但由于史籍所载使节官衔多记正使（容另文论述），正、副使均记载官衔的情况不多，故有很多正副使官衔的匹配情况我们并不清楚，我们能够较为明确知道的正副使匹配情况主要有如下几种：

第一，太中大夫与谒者。上述文帝元年出使南越的使团，正使陆贾为太中大夫，副使为谒者。郎中令—光禄勋属官诸大夫中有太中大夫，太中大夫秩比千石；郎中令—光禄勋属官还有谒者，秩比六百石②。这个使团的正副使均以郎中令—光禄勋属官担任。

第二，中大夫与谒者令。孝文前六年（前 174）以中大夫意为正使、谒者令肩为副使出使匈奴③。中大夫为汉代郎中令—光禄勋的属官诸大夫之一④。武帝太初元年（前 104）“更名中大夫为光禄大夫，秩比二千石。”⑤《通鉴》胡注曰：“中大夫掌论议，属郎中令。其位在太中大夫之下，谏大夫之上。武帝太初元年，更名中大夫曰光禄大夫，秩比二千石；太中大夫秩比千石如故。”⑥《续汉志》本注曰：“凡大夫、议郎皆掌顾问应对，无常事，唯诏令所使。”⑦副使肩的官职《史记》《汉书》均记为“谒者令”，此“谒者令”似非郎中令—光禄勋的属官，而可能是少府属官⑧。

第三，卫司马与卫候。甘露元年（前 53）“汉使卫司马魏和意、副

---

① 《史记》卷一二三《大宛列传》，第 3169 页。

② 参见《汉书》卷一九上《百官公卿表上》，第 727 页。

③ 《史记》卷一一〇《匈奴列传》，第 2897 页。

④ 《汉书》卷一九上《百官公卿表上》，第 727 页。

⑤ 《汉书》卷一九上《百官公卿表上》，第 727 页。

⑥ 《资治通鉴》卷一四，汉文帝前三年（前 177），第 459 页。

⑦ （晋）司马彪撰，（梁）刘昭注补：《续汉书·百官志二》，点校本《后汉书志》第二十五，中华书局 1965 年版，第 3577 页。

⑧ 西汉郎中令属官有“谒者”，由“仆射”主之，未见有“令”。少府属官有中谒者令，又称中书谒者令（《汉书·百官公卿表上》，第 731—732 页），臣瓒曰：“汉初中人有中谒者令。”（《汉书·成帝纪》注引，第 308 页）与此同时中宫属官也有“谒者令”，据张家山汉简《二年律令·秩律》，有“长信谒者令”，秩千石；“长秋谒者令”，秩六百石。（张家山二四七号汉墓竹简整理小组：《张家山汉墓竹简》，文物出版社 2001 年版，第 193、197 页）此次出使匈奴的谒者令肩可能是少府属官而非中宫属官。

候任昌送侍子"，出使乌孙[①]。正使为卫司马。卫司马是卫尉的属官，卫尉"掌宫门屯卫兵""诸屯卫候、司马二十二官皆属焉。"[②] 在这二十二官中有"屯卫司马"，王先谦谓："屯卫司马一官，省文则称屯司马或卫司马，屯而为卫。"[③] 故《汉书·元帝纪》颜师古注"卫司马"曰："即卫尉八屯之卫司马"。[④] 卫司马即张家山汉简《二年律令·秩律》所载卫尉司马，其秩千石[⑤]。《汉书·盖宽饶传》颜师古注"卫司马"引苏林曰："如今卫士令也。"[⑥] 东汉"卫士令"秩六百石。[⑦] 副使任昌为卫候。卫候与卫司马同为卫尉卿所属诸屯二十二官之一。《通鉴》胡注曰："卫候，卫士候也。"[⑧] 卫候即《二年律令·秩律》所载卫尉候，其秩六百石[⑨]。这个使团的正副使均为卫尉属官。这种正、副使的匹配得到了考古资料的证实，1990 年于敦煌悬泉置遗址发现的汉简中记载："永光五年七月癸卯朔丁巳使送于阗王诸国客卫司马参、副卫候临移敦煌太守"云云[⑩]。永光为汉元帝年号，五年为公元前 39 年，正使参为卫司马，副使临为卫候，这一使团亦以卫司马、卫候匹配为正副使。

第四，车骑都尉与光禄大夫。元帝永光元年（前 43）"汉遣车骑都尉韩昌、光禄大夫张猛"出使匈奴[⑪]，正使韩昌为车骑都尉。胡三省认为班《表》无"车骑都尉"，此说似可商榷[⑫]。张家山汉简《二年律令·秩律》

---

① 《汉书》卷九六下《西域传下·乌孙国传》，第 3906 页。

② 《汉书》卷一九上《百官公卿表上》，第 728 页。

③ （汉）班固撰，（清）王先谦补注，上海师范大学古籍整理研究所整理：《汉书补注》卷七上《百官公卿表上》"卫尉"条，上海古籍出版社 2008 年版，第 879 页。［又见（清）王先谦撰《汉书补注》卷七上《百官公卿表上》，中华书局 1983 年版，第 299 页］

④ 《汉书》卷九《元帝纪》，第 287 页。

⑤ 《张家山汉墓竹简》，第 193 页。

⑥ 《汉书》卷七七《盖宽饶传》，第 3243 页。

⑦ 《续汉书·百官志二》，点校本《后汉书志》第二十五，第 3579 页。

⑧ 《资治通鉴》卷二五，汉宣帝元康元年（前 65），第 825 页。

⑨ 《张家山汉墓竹简》，第 194 页。

⑩ 胡平生、张德芳编撰：《敦煌悬泉汉简释粹》，简Ⅱ0216②：54，编号 154，上海古籍出版社 2001 年版，第 117 页。

⑪ 《汉书》卷九四下《匈奴传下》，第 3801 页。

⑫ 胡三省谓："详考班《表》：汉无车骑都尉官。"（《资治通鉴》卷一五，汉文帝前 14 年〔前 166〕，第 500 页）此说欠周。案：尽管今本《汉书·百官公卿表》无"车骑都尉"的记载，但是《汉书》除了此处记载永光元年韩昌以"车骑都尉"出使匈奴外，还有多处有关（转下页）

有“车骑尉”，秩二千石，整理者认为应即车骑都尉[①]。副使张猛官职为光禄大夫，秩比二千石。

第五，中郎将与副校尉。汉成帝绥和元年（前8）“汉遣中郎将夏侯藩、副校尉韩容使匈奴。”[②] 这是以中郎将为正使，副校尉为副使。萧望之子萧育，汉元帝时“大将军王凤以（萧）育名父子，著材能，除为功曹，迁谒者，使匈奴副校尉。”颜师古注曰：“时令校尉为使于匈奴而育为之副使，故授副校尉也。”[③] 不知颜氏此说根据为何？萧育以副校尉为副使，但正使未必即是校尉，汉代制度未见校尉与副校尉匹配出使匈奴的记载，一般是由中郎将与副校尉匹配出使，除上述绥和元年中郎将夏侯藩与副校尉韩容匹配出使外，尚有：哀帝建平二年（前5）“汉遣中郎将丁野林、副校尉公乘音使匈奴。”[④] 平帝元始二年（2）“诏遣中郎将韩隆、王昌、副校尉甄阜”等出使匈奴；不久又“遣中郎将王骏、王昌、副校尉甄阜、王寻使匈奴。”[⑤] 始建国三年（11）王莽“遣中郎将蔺苞、副校尉戴级将兵万骑，多赍珍宝至云中塞下，招诱呼韩邪单

(接上页)“车骑都尉”的记载：宣帝甘露二年呼韩邪单于款五原塞，表示将于三年正月来朝，于是“汉遣车骑都尉韩昌迎”（《汉书》卷九四下《匈奴传下》，第3798页）；甘露三年车骑都尉韩昌与长乐卫尉董忠等“将万六千骑送单于”出塞（《汉书》卷八《宣帝纪》，第271页，《汉书》卷九四下《匈奴传下》，第3798页）；汉文帝十四年“拜（冯）唐为车骑都尉”（《汉书》卷五〇《冯唐传》，第2314页），等。由此可见西汉确有“车骑都尉”官并常以其出使，而且《汉书·百官公卿表》原来可能亦有关于“车骑都尉”的记载，《太平御览》引《汉书·百官公卿表》曰：“汉武元鼎二年置三都尉，驸马、奉车掌御乘舆，车骑都尉掌羽林从骑，并无员，或以侍中常侍卿尹校尉左迁为之。”［（宋）李昉等撰《太平御览》卷一五四《皇亲部二〇·驸马》引，中华书局1960年版，第751页］引文谓车骑都尉职掌为“羽林从骑”，羽林为汉代宿卫兵士，初名建章营骑，后更名羽林骑。前引冯唐拜“车骑都尉”事时，《汉书》接着记其职掌为“主中尉及郡国车士”。中尉，“掌徼循京师……武帝太初元年更名执金吾。”（《汉书》卷一九上《百官公卿表上》，第732页）为警备京师的禁卫军将领。《汉旧仪》云：“执金吾，车驾出，从六百骑。”［（唐）虞世南辑录：《北堂书钞·1)》卷五四《设官部六·执金吾二十三》引，学苑出版社2015年版，第405页］这与《太平御览》所引职掌之一“掌羽林从骑”相合。此外其所掌还有“郡国车士”，颜师古注引服虔曰：“车战之士也”（《汉书》卷五〇《冯唐传》，第2315页）。不过《太平御览》所引资料亦有问题，该资料称武帝元鼎二年置车骑都尉，但据《汉书·冯唐传》则文帝时已有车骑都尉的设置，从张家山汉简又知吕后时已有车骑都尉官（参见下文）。

① 《张家山汉墓竹简》，第192页。

② 《汉书》卷九四下《匈奴传下》，第3810页。

③ 《汉书》卷七八《萧望之传附萧育传》，第3289页。

④ 《汉书》卷九四下《匈奴传下》，第3811页。

⑤ 《汉书》卷九四下《匈奴传下》，第3818页。

于诸子，欲以次拜之。”[①] 光武帝建武二十六年（50）“遣中郎将段郴、副校尉王郁使南单于。”[②] 这些都是以中郎将与副校尉匹配组成正、副使节的。此外还有以中郎将与副校尉匹配为边境驻军之正副将领的，如：段郴、王郁出使南匈奴后不久以南单于徙居西河美稷，“因使中郎将段郴及副校尉王郁留西河拥护之。”[③] 东汉永平末年始通西域时，“初遣中郎将居敦煌，后置副校尉于车师。”[④] 明帝永平八年（65）始置度辽营，“以中郎将吴棠行度辽将军事，副校尉来苗、左校尉阎章、右校尉张国将黎阳营屯五原曼柏。”[⑤] 这些也是以副校尉与中郎将相匹配。因此，萧育在汉元帝时以副校尉出使匈奴，正使未必即为校尉，可能也是与中郎将匹配出使的。同样的，萧望之另一子萧由“为丞相西曹卫将军掾，迁谒者，使匈奴副校尉。”[⑥] 与其兄萧育出使匈奴的情况也应是相同的。中郎将为光禄勋属官，秩比二千石。由于经常以其出使匈奴，因而逐渐出现了“匈奴中郎将”“使匈奴中郎将”的专称。副校尉，宣帝地节二年（前68）置西域都护时，属官有副校尉[⑦]。故副校尉常与西域都护匹配出使西域。论者一般将副校尉仅视为西域都护之副，实则副校尉并非仅为西域都护之副，亦为中郎将之副，故从元帝以后，常见以副校尉与中郎将匹配出使匈奴。

此外，与中郎将匹配出使的还有：大司马护军，如更始二年（24）“汉遣中郎将归德侯（刘）飒、大司马护军陈遵使匈奴。”[⑧] 大司马护军为三公之一大司马的属官；司马，如和帝永元二年（90）北匈奴遣使款塞，窦宪“上遣大将军中护军班固行中郎将，与司马梁讽迎之。”[⑨] 大将军属官司马为千石[⑩]，二人同为窦宪大将军幕府僚佐；侍中谒者，如平帝

---

① 《汉书》卷九四下《匈奴传下》，第3819页。
② 《后汉书》卷八九《南匈奴传》，第2943页。
③ 《后汉书》卷八九《南匈奴传》，第2945页。
④ 《后汉书》卷四七《班梁列传》，第1588页。
⑤ 《后汉书》卷八九《南匈奴传》，第2949页。
⑥ 《汉书》卷七八《萧望之附萧由传》，第3291页。
⑦ 《汉书》卷一九上《百官公卿表上》，第728页。
⑧ 《汉书》卷九四下《匈奴传下》，第3829页。
⑨ 《后汉书》卷二三《窦宪传》，第818页。
⑩ 《续汉书·百官志一》，点校本《后汉书志》第二十四，第3564页。

元始二年（2）遣中郎将韩隆与侍中谒者帛敞等出使匈奴①，侍中为加官，谒者为郎中令—光禄勋属官；长水校尉，如平帝元始二年（2）中郎将韩隆出使匈奴时，副使中还有长水校尉王歙②。西汉长水校尉为北军八校尉之一，秩二千石③。

还有以两位中郎将匹配为正副使的。天汉元年（前100）“（苏）武以中郎将使持节送匈奴使者留在汉者……武与副中郎将张胜及假吏常惠等募士斥候百余人俱。”④ 这里的张胜究竟是以“副中郎将”为苏武之副，还是以“中郎将”而为苏武之副呢？有些著述把“副中郎将”视为一个官职，认为张胜是以此官职而为苏武之副，以致某些官制词典还专立“副中郎将”的词条⑤。实际上，汉代并没有“副中郎将”这一官职。《汉书·苏武传》所记“副中郎将张胜”的“副”字是指这个使团之“副使”，张胜是以“中郎将”官职作为苏武之“副”而不是以“副中郎将”出使的⑥。故本传下文在记载张胜在匈奴的活动时曰：投降匈奴的汉朝官员虞常“素与副张胜相知”，证明前文所指实为“副使”。此外如平帝元始二年（2）“诏遣中郎将韩隆、王昌”等出使匈奴⑦；再“遣

① 《汉书》卷九四下《匈奴传下》，第3818页。

② 《汉书》卷九四下《匈奴传下》，第3818页。

③ 《汉书》卷一九上《百官公卿表上》，第737—739页。

④ 《汉书》卷五四《苏建附子（苏）武传》，第2459—2460页。

⑤ 吕宗力主编：《中国历代官制大词典》，北京出版社1994年版，第728页。

⑥ 与此类似的史例也可以证明这一判断不误：《后汉书·南匈奴传》记安帝永初三年（109）南匈奴畔，汉“遣行车骑将军何熙、副中郎将庞雄击之。”但在《后汉书·梁慬传》中记此事则曰：“以大司农何熙行车骑将军事，中郎将庞雄为副。”（分见《后汉书》，第3957、1592页）明言庞雄不是以“副中郎将”，而是以“中郎将”为何熙之“副”出征。再如《通典》记武则天垂拱二年（686）突厥骨咄禄“又寇朔、代等州，左玉钤卫中郎将淳于处平为阳曲道总管，与副中郎将蒲英节率兵赴援。”［（唐）杜佑撰，王文锦、王永兴、刘俊文、徐庭云、谢方点校：《通典》卷一九八《边防典十四·北狄五·突厥中》，中华书局1988年版，第5434页］而《旧唐书》记此事则作：“左玉钤卫中郎将淳于处平为阳曲道总管，与副将中郎将蒲英节率兵赴援。”［（后晋）刘昫撰：《旧唐书》卷一九四上《突厥传上》，中华书局1975年版，第5167页］蒲英节也不是以“副中郎将”，而是以“中郎将”而为“副将”的。这些史例中的“副中郎将”实际上都是以“中郎将”而为副贰的。赵翼《廿二史札记》谓：“与（苏）武同时出使者，有中郎将张胜”［（清）赵翼著，王树民校证：《廿二史札记校证》卷二“与苏武同出使者”条，中华书局1984年版，第52页］，也把张胜视为“中郎将”而非“副中郎将”。

⑦ 《汉书》卷九四下《匈奴传下》，第3818页。

中郎将王骏、王昌”等出使匈奴[①]，均是以一中郎将为正，一中郎将为副匹配出使的。

以同一官职匹配为正副使的情况还有：军司马，和帝永元元年（89）窦宪在出征北匈奴时“遣军司马吴汜、梁讽，奉金帛遗北单于。”[②] 这里是以军司马分别为正、副使。《后汉书·梁慬传》的记载证明这一判断不误，该《传》记曰：“永元元年，车骑将军窦宪出征匈奴，除（梁）讽为军司马，令先赍金帛使北单于。”[③] 两《传》所记为同一事，可知副使梁讽与正使吴汜均以军司马职衔出使北匈奴。

汉代的出使制度中还有一种特殊情况，就是在护送和亲公主出使时，则只配备副使而不设正使，如宣帝时以乌孙主解忧弟子相夫为公主出嫁乌孙时，“使长罗侯光禄大夫惠为副，凡持节者四人，送少主至敦煌。”[④] 这里只配备了四位副使而没有正使，那么实际上是以和亲公主视为正使，故不再另设正使。

由上述正副使匹配情况我们可以看到，正、副使或由同寮中的长官与佐贰、同寮中同职同级的官员匹配组成；或由异寮中不同级别的官员匹配组成，也有少数副使秩等高于正使的。

副使是正使的佐贰。元康元年（前65）冯奉世出使西域，途经莎车时“奉世与其副严昌计，以为不亟击之则莎车日彊，其势难制，必危西域”[⑤]，于是决定突袭莎车。严昌是冯奉世所率使团中的副使，可见使团中的事务由正、副使共同商议决策。宣帝本始三年（前71）常惠出使乌孙，返程时途经龟兹，常惠“令副使发龟兹东国二万人，乌孙兵七千人”[⑥]，合击龟兹。上文述及张骞出使西域时曾派遣多位副使前往旁国执行使命。可见副使受正使之指挥，可根据正使之授权独当一面完成各种特定使命。副使有失，正使应承担责任。天汉元年（前100）苏武所率使团到达匈奴后，原先投降匈奴的汉人虞常“在汉时素与副张胜相

① 《汉书》卷九四下《匈奴传下》，第3819页。

② 《后汉书》卷二三《窦宪传》，第817页。

③ 《后汉书》卷四七《梁慬传》，第1591页。

④ 《汉书》卷九六下《西域传下·乌孙国传》，第3905页。

⑤ 《汉书》卷七九《冯奉世传》，第3294页。

⑥ 《汉书》卷七〇《常惠传》，第3004页。

知”，于是私自与张胜谋划刺杀先前叛投匈奴的汉使卫律。事情败露之后，张胜才将此事向苏武报告，苏武听后说道：“事如此，此必及我。见犯乃死，重负国”，拟自杀以维护国家尊严，被左右劝阻。匈奴方面胁迫苏武说：“副有罪，当相坐。”① 由此可见，当时的惯例如果副使犯罪则追究正使之责。

三 随员和服务人员

使团除了正、副使之外，还有随员和服务人员。汉代外交使团中的随员主要有以下几种：

“官属”或“吏士”是对汉代外交使团随员的笼统称谓。元帝竟宁元年（前33）在讨论陈汤等人诛杀匈奴郅支单于是否应该得到奖励的问题时，故宗正刘向在上疏中说：“郅支单于囚杀使者、吏士以百数，事暴扬外国。”元帝的诏书也说：“匈奴郅支单于背畔礼义，留杀汉使者、吏士，甚逆道理。”② 此指初元五年（前44）匈奴郅支单于杀害汉使谷吉等人事。他们都把当时的外交使团概括为“使者”和“吏士”两类人员所组成，所谓“使者”是指使团负责人正使和副使，所谓“吏士”主要是指使团的随员。把使节所率使团随员称为“吏士”在汉代史籍是很常见的，如元凤四年（前77）傅介子出使大宛时，回到龟兹，适逢匈奴使者也到了龟兹，于是“介子率其吏士共诛斩匈奴使者。”③ 本始三年（前71）常惠出使乌孙时，“与吏士五百人俱至乌孙。”④ 他们所率使团随员都被称为“吏士”。但是汉代史籍又将使团随员称为“官属”，天汉元年（前100）苏武出使匈奴时，由于副使张胜卷入匈奴谋反案，于是匈奴扣押了苏武使团，张胜投降，苏武被放逐北海，“别其官属常惠等，各置他所。”十九年之后，始元六年（前81）时，匈奴方面同意遣返苏武等人，于是“单于召会（苏）武官属，前以降及物故，凡随武还者九人。”⑤ 这里都将苏武所率各类随员称为“官属”。

---

① 《汉书》卷五四《苏建附子（苏）武传》，第2460—2462页。

② 《汉书》卷七〇《陈汤传》，第3017、3019页。

③ 《汉书》卷七〇《傅介子传》，第3001页。

④ 《汉书》卷七〇《常惠传》，第3004页。

⑤ 《汉书》卷五四《苏建附子（苏）武传》，第2463、2466页。

实际上，汉代使团随员既可称“吏士”又可称“官属”，两者是互通的，如《后汉书·班超传》在记载班超出使西域时就是这样。永平十六年（73）班超奉使西域，到鄯善后发现鄯善王广对东汉使团的态度由热情而变冷，于是班超“谓其官属曰：‘宁觉广礼意薄乎？此必北虏使來，狐疑未知所从故也。’”于是班超“悉会其吏士三十六人”商议对策，会中“官属皆曰：‘今在危亡之地，死生从司马。’”一致同意袭杀匈奴使团。班超“遂将吏士往奔虏营”，歼灭了匈奴使团①。在这里将班超所率随员或称“吏士”或称“官属”。七年之后，亦即建初五年（80）班超在上书追述此事时说道：“臣前与官属三十六人奉使绝域，备遭艰厄。”② 这里明确地把“吏士”三十六人称为“官属”。可见使团的随员既可称为“官属”，也可称为“吏士”，“官属”与“吏士”是通用的。从使团的随员来说他们是正、副使的“官属”，从这些随员的身份、职务来说他们则是“吏士”。

使团中的“官属”或“吏士”具体是些什么人呢？《汉书·苏武传》记载扣押于匈奴的苏武使团十九年之后被遣返时，除苏武之外还剩有“官属”九人，这九人回国以后分别得到不同的奖赏，“常惠、徐圣、赵终根皆拜为中郎，赐帛各二百匹。其余六人老归家，赐钱人十万，复终身。”③ 九位官属中知道姓名的有三位，六人不知姓名，其中常惠是以“假吏”④ 的身份出使的。可见假吏在使团中是属于“官属”范围内的。颜师古注曰：“假吏犹言兼吏也。时权为使之吏，若今之差人充使典矣。”是一种权宜奉使的下级吏员。汉制：“百石以下有斗食、佐史之秩，是为少吏。”⑤ 假吏当为百石以下的小吏，属于“非真吏”⑥。由此可见使团中

---

① 《后汉书》卷四七《班超传》，第1572页。

② 《后汉书》卷四七《班超传》，第1576页。

③ 《汉书》卷五四《苏建附子（苏）武传》，第2467页。

④ 《汉书》卷五四《苏建附子（苏）武传》，第2460页。

⑤ 《汉书》卷一九上《百官公卿表上》，第742页。

⑥ “假吏”类似“军假吏”，东汉建武七年（31）三月丁酉诏：“罢轻车、骑士、材官、楼船士及军假吏，令还复民伍。”李贤注曰：“军假吏，谓军中权置吏也。”（《后汉书》卷一下《光武帝纪下》，第51—52页）或谓“假吏”即“假佐”：“《百官志》谓太常卿有假佐十三人，太仆卿有假佐三十一人，廷尉卿有假佐一人，廷尉卿有假佐一人，司隶校尉有假佐二十五人，每州刺史皆有从事假佐，佐即吏也。故《志》称‘佐吏以下’，则郑注‘假吏’之文，灼然不误……”[（清）永瑢、纪昀主编，四库全书总目提要组委会整理：《四库全书总目提要》卷二〇《经部》00812《仪礼小疏》，海南出版社1999年版，第116页。]《汉书》卷七六《王尊传》注（转下页）

的所谓“官属”“吏士”等随员有不少为低级的吏员。苏武使团另外两位“官属”徐圣、赵终根与常惠获得相同的奖励，那么他们在使团中的职衔与常惠大概是同等的。他们三人均得到“中郎”的职位，“中郎”为郎中令属官，秩比六百石①。“吏六百石以上，皆长吏也。”② 这里的“长吏”乃中高级官员之意，表明常惠等三人在出使时为下级小吏，立功以后提升为官员，而且进入中高级官员的门槛。

考古资料揭示使团的“官属”较文献所记更为具体。悬泉置遗址发现的《过长罗侯费用簿》，记载了元康五年（前 61）长罗侯常惠所率使团随员有军长史、军候丞、司马丞、斥候等③。汉制出征将领的幕府属官有长史、候、司马等，“长史、司马皆一人，千石……其领军皆有部曲，大将军营五部……军司马一人，比千石。部下有曲，曲有军候一人，比六百石。”④ 外交使团随员的设置当依照出征将领幕府之制。

“吏士”是汉代使团随员的总称，它们应当包括各种“吏”与“士”。如果上述“假吏”常惠等人属于“吏”的话，那么此外还有各种“士”。

“士”包含不同级别的各类人员，这里主要指参与使团工作的各种文士与武士。元鼎四年（前 113）汉武帝派遣安国少季出使南越，在这个使团中，有“辩士”终军与“勇士”魏臣等。⑤ 前者为文士，后者为武士。元凤四年（前 77）傅介子出使楼兰，“介子轻将勇敢士”而往，在与楼兰王宴饮中，“将其王屏语，壮士二人从后刺杀之。”⑥ 执行刺杀任务的二位“壮士”便是“勇敢士”中更为壮勇突出者，而其所率“勇敢士”与安国少季使团中的“勇士”当是相同的，他们都是属于武士。甘露元年（前 53）汉朝派遣卫司马魏和意及副候任昌出使乌孙，时乌孙王军须靡的

（接上页）引苏林曰：“胡公《汉官》假佐，取内郡善史书佐给诸府也。”（第 3234 页）《汉书补注》卷四六《王尊传》王先谦“补注”云：“宋祁曰：浙本注文‘给诸府’字下有‘府有史故言佐也’七字。”（第 4976 页）按，无论“假吏”“军假吏”还是“假佐”，其根本属性都是与“真吏”相对的“非真吏”，参见拙文《说“真吏”——从长沙走马楼吴简谈起》，《史学月刊》2009 年第 5 期。

① 《汉书》卷一九上《百官公卿表上》，第 727 页。

② 《汉书》卷五《景帝纪》，第 149 页。

③ 《敦煌悬泉汉简释粹》，简Ⅰ0112③：62、68、69、70、74，编号 213，第 148 页。

④ 《续汉书·百官志一》，点校本《后汉书志》第二十四，第 3564 页。

⑤ 《汉书》卷九五《西南夷两粤朝鲜传》，第 3854 页。

⑥ 《汉书》卷九六上《西域传上·鄯善国传》，第 3878 页。

匈奴妻所生儿子泥靡继位，号为“狂王”，而汉朝和亲公主解忧所生子不得立。汉使到达后，解忧公主对汉使出谋说：“狂王为乌孙所患苦，易诛也。”于是“遂谋置酒会，罢，使士拔剑击之。”[①] 这个使团中的“士”，与上述傅介子使团中的“壮士”是一样的。傅介子回朝后，昭帝在嘉奖令中说：“士刺王者皆补侍郎。”[②] 这里的“士”就是上文提到的刺杀楼兰王之二位“壮士”。他们立功以后补为比四百石的侍郎，说明他们原来是级别不高的“士”。但他们能够参与会见、宴饮，故亦为使团随员，而非一般服务人员。由上述可见，使团中的“士”是包括“辩士”“勇士”“勇敢士”“壮士”等。

“译”也是使团中不可缺少的随员，使团中一般均配备有“译”。译者由于具有沟通双方语言的能力，故在使团中发挥了特殊重要作用。始建国元年（10）王莽派遣王骏等六位“将、率”率领使团出使匈奴，以新莽印绶更换汉朝印绶。“将、率既至，授单于印绂，诏令上故印绂。单于再拜受诏。译前，欲解取故印绂，单于举掖授之。”在这个使团中有“译”，他参加了与匈奴的谈判，并具体执行以新印换旧印的使命。由于当时单于被其左右阻拦而没有交出旧印，故后来单于再次接待新莽使团时，正使王隆又提出“故印绂当以时上”的要求，“单于曰：‘诺。’复举掖授译。”[③] 终于将旧印交给“译”者。从上述记载可知，“译”除了担任语言翻译的本职之外[④]，还参加与单于的会见，负责具体执行更换印绶的使命。作为使团随员的译者还常被指派承担特定使命。始建国三年（11）王莽“遣中郎将蔺苞、副校尉戴级将兵万骑，多赍珍宝至云中塞下，招诱呼韩邪单于诸子，欲以次拜之。使译出塞诱呼右犁汗王咸、咸子登、助三人。”[⑤] 在这里“译”被派遣出塞完成这次行动的主要使命——招诱呼韩邪单于诸子。由于使团需配备译者，故有时也将使团称为“译使”。据《汉书·地理志》记载：汉武帝时“有

---

① 《汉书》卷九六下《西域传下·乌孙国传》，第3906页。

② 《汉书》卷七〇《傅介子传》，第3002页。

③ 《汉书》卷九四下《匈奴传下》，第3820—3821页。

④ 《资治通鉴》卷三七，王莽始建国二年（10），胡三省注此事曰：“译，通中国之语于匈奴者也。”（第1183页）

⑤ 《汉书》卷九四下《匈奴传下》，第3823页。

译长，属黄门，与应募者俱入海市明珠、璧流离、奇石异物，赍黄金杂缯而往……黄支之南，有已程不国，汉之译使自此还矣。”这里将这种海外贸易使团称为“译使”。此外还有如：章和元年（87）羌豪迷吾寇金城塞，护羌校尉张纡遣兵与战，“迷吾兵败走，因译使欲降，纡纳之。”① 这虽然不是外交问题而是少数民族问题，但这里也将联络双方的使者称为“译使”，这与将外交使节称为“译使”的用法是一致的。史籍常见的“驿使”“使驿”，多实为“译使”“使译”②。可见译者在外交使团中占居着一种特殊的重要的地位。

根据出使任务的需要，在使团随员中有时还可能配备有关特殊人才，如“医”就是其一。乌孙狂王与解忧公主不和，“又暴恶失众”，宣帝甘露元年（前53）汉使至乌孙，解忧公主与汉使合计刺杀狂王，狂王负伤逃亡，乌孙起兵围攻汉使及解忧公主，于是“汉遣中郎将张遵持医药治狂王”，在乌孙具体由“副使季都别将医养视狂王”③。这是为了医治乌孙狂王而在使团中配备了“医”这样的随员。

随员在使团中协助使团负责人进行外交活动和处理使团内部各种事务。元鼎四年（前113）汉武帝派遣安国少季出使南越，同时“令辩士终军等宣其辞，勇士魏臣等辅其决。”在这个使团中，“辩士”负责传达皇帝旨意，“勇士”负责“辅其决”，颜师古注“辅其决”曰：“助令决策也”④，即参与使团的决策。他们或参与决策或协助使团负责人担负着

---

① 《后汉书》卷八七《西羌传》，第2882页。

② 中华书局点校本《后汉书》常以“译使”为“驿使”，“使译”为“使驿”，如《后汉书·西羌传》记载建武九年（33）司徒掾班彪上言中有云：“又数遣使驿通动静，使塞外羌夷为吏耳目。”《资治通鉴》在记载此事时则将“使驿”记作“使译”（《资治通鉴》卷四二，汉光武帝建武九年，第1363页）。永元四年（92）护羌校尉聂尚遣使招呼迷唐一事时，将其记作“驿使”，文曰：“（聂）尚见前人累征不克，欲以文德服之，乃遣驿使招呼迷唐。”此处“驿使”亦当是“译使”。因接着下文又记道：“迷唐既还……令译田汜等五人送至庐落。”这是派遣译者田汜等五人为使，护送迷唐返回，可见这五人组成的使团是由译者田汜负责的，这种使团就是史籍中常说的“译使”。司马光记述此事曰：聂尚“欲以恩怀诸羌，乃遣译使招呼迷唐。”（《资治通鉴》卷四八，汉和帝永元四年，第1537页）可见他也认为应当是“译使”而不是“驿使”。《西羌传》接着记载永元五年（93）护羌校尉贯友“以迷唐难用德怀，终于叛乱，乃遣驿使构离诸种，诱以财货，由是解散。”这里的“驿使”也当是“译使”。此外，《后汉书·鲜卑传》所载建武二十五年（49）“鲜卑始通驿使”，也应当是“译使”。

③ 《汉书》卷九六下《西域传下·乌孙国传》，第3906页。

④ 《汉书》卷九五《西南夷两粤朝鲜传》，第3854页。

某方面重要的使命，显然都是官员层级。苏武所率使团在匈奴时，副使张胜卷入匈奴谋反案后，使团召开会议商讨对策，苏武认为事态严重，如果自己被匈奴杀死，将有辱汉国，不如自己先自杀，于是“（张）胜、（常）惠共止之”，可知常惠等随员不仅参加了会议，而且常惠还与副使一起制止苏武自杀。当单于派人向使团审问案情时，苏武“谓（常）惠等：‘屈节辱命，虽生，何面目以归汉！’引佩刀自刺。”这时张胜已经无法行使副使职责，于是苏武对常惠等随员表明自己的决定和态度。苏武“自刺”后，“气绝，半日复息。（常）惠等哭，舆归营。”是由常惠等人将伤势严重的苏武载回使团住地。后来匈奴将苏武流放北海，而将常惠等人另“置他所”。汉昭帝即位后，匈奴与汉恢复了和好关系，汉多次要求匈奴交出苏武及使团成员，匈奴均诡称苏武等人已死，“后汉使复至匈奴，常惠请其守者与俱，得夜见汉使，具自陈道。”常惠将苏武等人还活着的情报向汉使报告，并“教使者谓单于”汉已得到苏武通过大雁传来的帛书，知其现在某泽中，“使者大喜，如（常）惠语以让单于”，这才迫使匈奴答应遣返苏武使团[①]。由此可见，作为随员的常惠在外交使团中参与各种事务，发挥着巨大的作用，甚至在副使不能履行职责时他起了副使的作用，在正使不能履行职责时，他在某种意义上还起了正使的作用。

随员在使团中也常根据正使的授权而独当一面，完成某一特定使命。如永平十七年（74）班超第二次出使西域时，曾派其所率三十六位“吏士”中的一位“吏”去执行一项特别使命。当时匈奴所立龟兹王建，依仗匈奴威势，据有北道，攻破疏勒，杀其王而立龟兹人兜题为疏勒王。“班超从间道至疏勒，去兜题所居盘橐城九十里，逆遣吏田虑先往降之。敕虑曰：‘兜题本非疏勒种，国人必不用命。若不即降，便可执之。’虑既到，兜题见虑轻弱，殊无降意。虑因其无备，遂前劫缚兜题。左右出其不意，皆惊惧奔走。虑驰报超。”[②] 这位“吏”颇得班超信赖，被委以方面之任，而且他也的确有勇有谋，出色地完成了班超托付的使命。

---

① 以上引文见《汉书》卷五四《苏建附子（苏）武传》，第2461—2466页。

② 《后汉书》卷四七《班超传》，第1574页。

除了官员层级的随员之外，在外交使团中还有警卫、杂役等各种服务人员。

随从使团的所谓“吏士”是一个非常宽泛的称呼，它包含不同身份、层级的人员，既有上述属于官员层级的随员，也有各类服务人员。使团中“吏士”的数量往往很大，本始三年（前 71）常惠出使乌孙时，“与吏士五百人俱至乌孙。”① 这五百人不可能都属于使团的官员，大多数应是护卫使团的士卒和服务人员。汉代使团的随从人员，或记为“吏士”，或记作“士卒”。

如傅介子出使西域时所率使团随从人员即有这样两种称呼②。也有将随从人员称为“吏卒”的，如本始二年（前 72）常惠出使乌孙时，“从吏卒十余人随昆弥还。”③ 这些随从人员中实际上包含着上述官员层级的随员和官员范畴外的各种服务人员。

“斥候”是使团中常备的警卫人员。苏武使团中有“募士斥候百余人俱。”这里有“士”及“斥候”两种人员。颜师古注曰：“募人以充士卒，及在道为斥候者。”④ 所谓“士”即“士卒”，所谓“斥候”即安全警卫人员。为什么在使团中需要配备“斥候”呢？河平四年（前 25）汉朝打算遣使护送罽宾使节回国，杜钦不同意，他对大将军王凤阐述理由并指出护送外国使节回国之艰险时说：“凡遣使送客者，欲为防护寇害也。起皮山南，更不属汉之国四五，斥候士百余人，五分夜击刀斗自守，尚時为所侵盗。”认为这是“劳吏士之众，涉危难之路。”⑤ 这里将为什么需要配备“斥候士”以及“斥候士”在使团中的作用说得很清楚。由于其时出使充满危险，外交使团经常可能遭到袭击、杀掠，故使团常设“斥候士”以放哨警戒保卫安全。杜钦所说的“斥候士”即苏武使团中的“斥候”，可见“斥候”也是“士”的一种，故又称为“斥候士”。但是“斥候士”不属于使团官员，而是使团中负有特定的警戒任务的“士”，是属于使团中的服务人员。“斥候”除了负责使团警卫之

---

① 《汉书》卷七〇《常惠传》，第 3004 页。
② 《汉书》卷七〇《傅介子传》，第 3001—3002 页。
③ 《汉书》卷七〇《常惠传》，第 3004 页。
④ 《汉书》卷五四《苏建附子（苏）武传》，第 2460 页。
⑤ 《汉书》卷九六上《西域传上·罽宾国传》，第 3886—3887 页。

外，有时也承担其他一些任务，甘露二年（前52）“使乌孙长罗侯惠遣斥候恭，上书诣行在所”[①]，这是使团负责人常惠派遣斥候专程向汉宣帝递送报告。

“卒”也是保卫使团安全的警卫人员。宣帝甘露三年（前51）冯夫人出使乌孙时，“汉遣之，卒百人送焉。”[②] 这里的“卒”就是负责护送使节的警卫人员。汉代常以“弛刑士”屯垦戍边，外交使团中也配备“弛刑士”。元康五年（前61）常惠使团中配有弛刑士三百人[③]，当为使团中的警卫、杂役人员。

“御”也是使团中的一种服务人员。汉武帝时因朝鲜招诱很多汉人逃亡其国，不仅自己不向汉廷朝贡，而且阻拦别国与汉交往。于是元封二年（前109）派遣涉何出使朝鲜，前去向朝鲜王右渠交涉，但右渠“终不肯奉诏”。涉何无奈，只得无功而返，“去至界上，临浿水，使御刺杀送（涉）何者朝鲜裨王长，即渡，驰入塞，遂归报天子曰：‘杀朝鲜将’。”[④] 这里的“御”即是使团中负责驾车之人。

由于使团中有各种各样的士卒，且数量较多，故在出使过程中未免出现士卒逃亡现象，史称“自宛以西至安息国……其地无丝漆，不知铸铁器。及汉使亡卒降，教铸作它兵器。”颜师古注曰：“汉使至其国及有亡卒降其国者，皆教之也。”[⑤] 颜氏此说似有未安，当时铁器为战略物资，禁止出口[⑥]，向外国传授铸造铁兵器，更属于叛国行为，所以“亡卒”可能教之铸造兵器，汉使至其国是不能这样做的，除非他也投降彼国才有可能。此句的意思当是指汉使中的亡卒或汉使及亡卒之降者教之铸

---

① 《敦煌悬泉汉简释粹》，简Ⅴ1311③：315，编号201，第142页。

② 《汉书》卷九六下《西域传下·乌孙国传》，第3908页。

③ 《敦煌悬泉汉简释粹》，简Ⅰ0112③：77，编号213，第149页。

④ 《史记》卷一一五《朝鲜列传》，第2986页。

⑤ 《汉书》卷九六上《西域传上·大宛国传》，第3896页。

⑥ 《史记》卷一一三《南越列传》：“高后时，有司请禁南越关市铁器。”南越王赵佗对此甚为不满，说：“今高后听谗臣，别异蛮夷，隔绝器物。”（第2969页）赵佗以此为借口宣布称帝，并发兵攻汉，可见铁器贸易是汉朝用以制裁敌国或桀骜不驯边族的重要手段。《汉书》卷七〇《陈汤传》：成帝建始四年（前29）陈汤答成帝问时说：西域胡人“兵刃朴钝，弓弩不利。今闻颇得汉巧，然犹三而当一。”（第3023页）可见铁器铸造技术虽已有传入西域，但并不普遍，且质量低劣。陈汤曾奉使西域，“习外国事”，对西域情况非常熟悉，他对此也不过是来自传闻。

作兵器[①]。至于"亡卒"则可包括外交使团中的士卒或戍边、征战队伍中的士卒。

综上所述可见，汉代外交使团是由使团负责人、各种随员以及各类服务人员组成的一个严密、完备的整体。使团的各级各类人员分工负责，密切配合，以适应并完成各种复杂、艰险的外交使命。这是在继承先秦外交使团制度基础上为了适应汉代所面临的新的外交态势而形成的外交使团组成体制。汉代所奠定的这一使团组成格局，成为此后中国古代外交使团的基本组成体制。

（原刊《中国文化研究》春之卷。我们在黎虎先生遗存文稿中，发现了同名文章，经过与原刊文比对，知是黎虎先生刊后修订稿。今据黎虎先生刊后最新修订稿，并参校原刊文整理。李文才敬识。）

① 汉使降者如，汉文帝时派遣中行说出使匈奴，中行说投降，于是"教单于左右疏记，以计识其人众畜牧"；"日夜教单于候利害处"以威胁汉边；教单于以大于汉朝的简牍、印封回复汉皇帝的来书（《汉书》卷九四上《匈奴传上》，第3759—3761页），这是汉使降者将汉的文书、数学、军事、政治等知识传授匈奴。亡卒降者，如李广利围攻大宛城时久攻不下，将军们分析其原因之一是"闻宛城中新得秦人，知穿井"（《史记》卷一二三《大宛列传》，第3177页），城内不乏饮水，故能久支。这些向大宛传授穿井技术的"秦人"中，可能即有"亡卒"。

汉代外交文书的类别和特点

文书是外交关系中被经常运用的重要工具和手段之一，因而成为外交体制中的必要组成部分。虽然关于一般的社会公、私文书已不乏论著，但是关于汉代外交文书却尚未见措意者，故试略述之。

自从人类社会产生文字之后，人际交往除了语言之外，还需要借助文字以进行；国家产生之后，其政治运行、行政管理以及各种公众事务亦无不需要借助文字以进行。于是形成了各种各样的文书形态以满足各种社会需要。国家政治生态中的外交关系亦然，同样离不开文书这一手段和工具。外交文书作为国家官文书的组成部分，既与一般的官文书有其共通之处，即均为国家公共事务文书，两者又有所不同。外交文书的对象不是国家内部的君与臣、上级与下级或同级之间的关系，也不是统治者与被统治者之间的关系，而是国家或其他政治实体之间的关系；外交文书所要陈述或解决的问题，不是国家内政中的命令、指示和通告等事项，而是国家或其他政治实体之间的双边事务之交涉、谈判、沟通、致意、磋商、争执、抗议等事项。

汉代由于外交关系的发展，其外交文书亦得到广泛的运用。

一　汉代外交文书的类别

汉代外交文书从外交双方关系性质而言，大体可以分为对等性文书和非对等性文书两类。外交文书的类别，取决于外交双方关系的性质，亦即双方是一种对等性关系还是非对等性关系。而这种关系性质的差异，又决定于各自的国力强弱和在国际、族际关系中的地位和作用大小等方面的条件。

（一）对等性文书

对等性文书是对等性主体之间在外交关系中的运用。由于古代的外交权力集中于君主之手，因此外交文书以君主之间的互通文书为其典型和最高形式。汉皇朝是以皇帝为首的中央集权专制政治体制，外交权力集中于皇帝手中，因此外交文书亦主要为汉皇帝与对方君主之间的往还，这种君主之间的文书往还是外交文书究竟属于何种类别之集中体现，最具代表性。在汉代，对等性文书以西汉时期汉与匈奴之间的文书往还最为典型和突出。

汉代的外交文书留下有全文者不多，汉文帝与匈奴单于之间的三封文书相对完整一些，实为弥足珍贵的三件外交文书。这三件文书即属于对等性文书。现将这三件文书逐录如下。

汉文帝前六年（前 174），匈奴冒顿单于致汉文帝书曰：

> 天所立匈奴大单于敬问皇帝无恙。前时皇帝言和亲事，称书意，合欢。汉边吏侵侮右贤王，右贤王不请，听后义卢侯难氏等计，与汉吏相距，绝二主之约，离兄弟之亲。皇帝让书再至，发使以书报，不来，汉使不至，汉以其故不和，邻国不附。今以小吏之败约故，罚右贤王，使之西求月氏击之。以天之福，吏卒良，马强力，以夷灭月氏，尽斩杀降下之。定楼兰、乌孙、呼揭及其旁二十六国，皆以为匈奴。诸引弓之民，并为一家。北州已定，愿寝兵休士卒养马，除前事，复故约，以安边民，以应始古，使少者得成其长，老者安其处，世世平乐。未得皇帝之志也，故使郎中系雩浅奉书请，献橐他一匹，骑马二匹，驾二驷。皇帝即不欲匈奴近塞，则且诏吏民远舍。使者至，即遣之。①

汉文帝前六年（前 174）复匈奴冒顿单于书曰：

> 皇帝敬问匈奴大单于无恙。使郎中系雩浅遗朕书曰："右贤王不

① （汉）司马迁撰，（南朝·宋）裴骃集解，（唐）司马贞索隐，（唐）张守节正义：《史记》卷一一〇《匈奴列传》，中华书局 1959 年版，第 2896 页。

请，听后义卢侯难氏等计，绝二主之约，离兄弟之亲，汉以故不和，邻国不附。今以小吏败约，故罚右贤王使西击月氏，尽定之。愿寝兵休士卒养马，除前事，复故约，以安边民，使少者得成其长，老者安其处，世世平乐。”朕甚嘉之，此古圣主之意也。汉与匈奴约为兄弟，所以遗单于甚厚。倍约离兄弟之亲者，常在匈奴。然右贤王事已在赦前，单于勿深诛。单于若称书意，明告诸吏，使无负约，有信，敬如单于书。使者言单于自将伐国有功，甚苦兵事。服绣袷绮衣、绣袷长襦、锦袷袍各一，比余一，黄金饰具带一，黄金胥纰一，绣十匹，锦三十匹，赤绨、绿缯各四十匹，使中大夫意、谒者令肩遗单于。①

汉文帝后二年（前162）致匈奴老上单于书曰：

皇帝敬问匈奴大单于无恙。使当户且居雕渠难、郎中韩辽遗朕马二匹，已至，敬受。先帝制：长城以北，引弓之国，受命单于；长城以内，冠带之室，朕亦制之。使万民耕织射猎衣食，父子无离，臣主相安，俱无暴逆。今闻渫恶民贪降其进取之利，倍义绝约，忘万民之命，离两主之欢，然其事已在前矣。书曰：“二国已和亲，两主欢说，寝兵休卒养马，世世昌乐，闟然更始。”朕甚嘉之。圣人者日新，改作更始，使老者得息，幼者得长，各保其首领而终其天年。朕与单于俱由此道，顺天恤民，世世相传，施之无穷，天下莫不咸便。汉与匈奴邻国之敌，匈奴处北地，寒，杀气早降，故诏吏遗单于秫糵金帛丝絮佗物岁有数。今天下大安，万民熙熙，朕与单于为之父母。朕追念前事，薄物细故，谋臣计失，皆不足以离兄弟之欢。朕闻天不颇覆，地不偏载。朕与单于皆捐往细故，俱蹈大道，堕坏前恶，以图长久，使两国之民若一家子。元元万民，下及鱼鳖，上及飞鸟，跂行喙息蠕动之类，莫不就安利而辟危殆。故来者不止，天之道也。俱去前事：朕释逃虏民，单于无言章尼等。朕闻古之帝王，约分明而无食言。单于留志，天下大安，和亲之后，汉过不先。

① 《史记》卷一一〇《匈奴列传》，第2897页。

单于其察之。[①]

这三件文书可以说是汉代对等性外交文书的典型。其对等性特征体现于如下：

1. 称谓

书信之首必有称谓，称谓确定，双方关系定位于是而得以明确。在这三封书信中，汉方称对方为“匈奴大单于”，匈奴方称汉方为“皇帝”。也就是说双方均以各自国内对其元首之尊称相称呼。秦始皇确定国家元首称皇帝，汉承秦制，“天子称尊号曰皇帝”[②]。匈奴则以“单于”尊称其元首，“单于者，广大之貌，言其象天单于然”。[③] 这种称谓表明各自尊重并承认对方的元首地位，是为双方对等关系之体现。

在行文中，双方亦以这种尊称称呼对方，汉文帝前六年（前174）匈奴冒顿单于致汉文帝书，在行文中四次以“皇帝”称呼汉文帝；在汉文帝前六年（前174）和后二年（前162）致匈奴老上单于书，在行文中先后各有五处、八处以“单于”称呼对方。这些都体现了外交文书所具有的以礼相待精神和对等关系的性质。

但是，在西汉前期，匈奴对于汉来说处于主动地位，亦即其在军事上握有主动权，汉方处于被动挨打的地位，所谓“匈奴寇盗不为衰止，而单于反以加骄倨”[④]，就是这种状况的反映。因此，在双方外交文书的往还中，匈奴方面常在称谓问题上搞一些小动作，如汉文帝前六年（前174）匈奴冒顿单于致汉文帝文书中，在“匈奴大单于”之前加上“天所立”；在中行说投奔匈奴后，更进一步倨傲其辞，在“匈奴大单于”之前加上“天地所生日月所置”之词。这是匈奴方面企图从文书称谓中凌轹汉方的一个表现。但是汉方对此并不承认，因此汉文帝在复函中仍然只是以“匈奴大单于”称呼之，虽然不见直接的反击，但还是通过这种间接的方式表达了自己的

① 《史记》卷一一〇《匈奴列传》，第2902—2903页。

② （汉）应劭撰，（清）孙星衍校集：《汉官仪》卷上引《汉礼仪》，周天游点校：《汉官六种》，中华书局1990年版，第124页。

③ 《史记》卷一一〇《匈奴列传》“集解”引《汉书音义》曰，第2888页。

④ （汉）班固撰，（唐）颜师古注：《汉书》卷九四下《匈奴传下》，中华书局1962年版，第3831页。

态度。这是外交文书在表面客气后面进行角力的特征的体现。

2. 启事敬辞

文书起首汉匈双方君主均以“敬问……无恙”为启事敬辞。以“敬问”为启事敬辞，乃汉代对等关系文书之通则，如汉景帝三年（前154）正月甲子，吴王刘濞起兵反汉，发使遗诸侯书曰：“吴王刘濞敬问胶西王、胶东王、菑川王、济南王、赵王、楚王、淮南王、衡山王、庐江王、故长沙王子”云云[①]。这里即以“敬问”为启事敬辞，因为吴王刘濞与其他诸侯王是对等的。汉匈君主之间互通文书时，亦以“敬问”为启事敬辞，实为以汉文化之文书礼仪运用于对等性外交文书之中。至于“无恙”这种问候语，在汉皇朝内部的官文书中并非必须，偶亦见之。东汉和帝时，因下邳王刘衍内部发生争嗣，于是派遣彭城王刘恭为其调解并物色合适人选为太子。刘恭受命时所得和帝文书，开首称：“皇帝问彭城王始夏无恙”[②] 云云。

3. 内容

上述汉匈外交文书的内容中，更是处处显示双方地位之平等和均衡。首先是对于双方关系和地位有着十分明确的定位，将双方关系定位为“兄弟”关系，所谓“兄弟”关系就是一种平等、对等的关系。这种“兄弟”关系的具体化就是，“长城以北，引弓之国，受命单于；长城以内，冠带之室，朕亦制之。”以及“今天下大安，万民熙熙，朕与单于为之父母。朕追念前事，薄物细故，谋臣计失，皆不足以离兄弟之欢。”两位君主各自统治自己的领土和人民，是一种对等的关系。故“汉与匈奴邻国之敌”，所谓“敌”即是平等、均衡。其次，根据这种平等的“兄弟”关系而要求双方权利、义务之均衡。汉方谓“汉与匈奴约为兄弟，所以遗单于甚厚。倍约离兄弟之亲者，常在匈奴。”指出这种给予和回报的不平衡，违反了对等性原则，有损于双方的“兄弟”关系。双方应当同时致力于给予和回报的平衡性，“俱去前事：朕释逃虏民，单于无言章尼等。”“和亲之后，汉过不先。”“朕与单于皆捐往细故，俱蹈大道，堕坏前恶，以图长久，使两国之民若一家子。”只有双方权利和义务、给予

---

① 《史记》卷一〇六《吴王（刘）濞列传》，第2828页。

② （南朝·宋）范晔撰，（唐）李贤等注：《后汉书》卷五〇《孝明八王列传·下邳惠王（刘）衍传》注引《东观记》，中华书局1965年版，第1675页。

和回报的平衡，才能够真正体现“兄弟”关系。

司马迁在总结这种对等性文书的特征时说：“汉遗单于书，牍以尺一寸，辞曰‘皇帝敬问匈奴大单于无恙’，所遗物及言语云云。”① 这里包括文书形制之大小以及称谓、启事敬辞和内容等基本要素，对等性文书就是这些基本要素的对称、平衡。

（二）非对等性文书

非对等性文书为非对等性主体之间在外交关系中的运用。这方面的外交文书全文留存者更少，所幸汉与南越王之间有一来一往两件文书尚在，我们得赖以窥知非对等性文书之情形。现将这两件文书迻录如下。

汉文帝元年（前 179）陆贾出使南越，赐赵佗书曰：

> 皇帝谨问南粤王，甚苦心劳意。朕，高皇帝侧室之子，弃外奉北藩于代，道里辽远，壅蔽朴愚，未尝致书。高皇帝弃群臣，孝惠皇帝即世，高后自临事，不幸有疾，日进不衰，以故諄暴乎治。诸吕为变故乱法，不能独制，乃取它姓子为孝惠皇帝嗣。赖宗庙之灵，功臣之力，诛之已毕。朕以王侯吏不释之故，不得不立，今即位。乃者闻王遗将军隆虑侯书，求亲昆弟，请罢长沙两将军。朕以王书罢将军博阳侯，亲昆弟在真定者，已遣人存问，修治先人冢。前日闻王发兵于边，为寇灾不止。当其时长沙苦之，南郡尤甚，虽王之国，庸独利乎！必多杀士卒，伤良将吏，寡人之妻，孤人之子，独人父母，得一亡十，朕不忍为也。朕欲定地犬牙相入者，以问吏，吏曰“高皇帝所以介长沙土也”，朕不得擅变焉。吏曰：“得王之地不足以为大，得王之财不足以为富，服领以南，王自治之。”虽然，王之号为帝。两帝并立，亡一乘之使以通其道，是争也；争而不让，仁者不为也。愿与王分弃前患，终今以来，通使如故。故使贾驰谕告王朕意，王亦受之，毋为寇灾矣。上褚五十衣，中褚三十衣，下褚二十衣，遗王。愿王听乐娱忧，存问邻国。②

赵佗因陆贾而复书汉文帝曰：

① 《史记》卷一一〇《匈奴列传》，第 2899 页。

② 《汉书》卷九五《西南夷两粤朝鲜传 · 南粤王赵佗传》，第 3849—3850 页。

> 蛮夷大长老夫臣佗昧死再拜上书皇帝陛下：老夫故粤吏也，高皇帝幸赐臣佗玺，以为南粤王，使为外臣，时内贡职。孝惠皇帝即位，义不忍绝，所以赐老夫者厚甚。高后自临用事，近细士，信谗臣，别异蛮夷，出令曰："毋予蛮夷外粤金铁田器；马牛羊即予，予牡，毋与牝。"老夫处辟，马牛羊齿已长，自以祭祀不修，有死罪，使内史藩、中尉高、御史平凡三辈上书谢过，皆不反。又风闻老夫父母坟墓已坏削，兄弟宗族已诛论。吏相与议曰："今内不得振于汉，外亡以自高异。"故更号为帝，自帝其国，非敢有害于天下也。高皇后闻之大怒，削去南粤之籍，使使不通。老夫窃疑长沙王谗臣，故敢发兵以伐其边。且南方卑湿，蛮夷中西有西瓯，其众半羸，南面称王；东有闽粤，其众数千人，亦称王；西北有长沙，其半蛮夷，亦称王。老夫故敢妄窃帝号，聊以自娱。老夫身定百邑之地，东西南北数千万里，带甲百万有余，然北面而臣事汉，何也？不敢背先人之故。老夫处粤四十九年，于今抱孙焉。然夙兴夜寐，寝不安席，食不甘味，目不视靡曼之色，耳不听钟鼓之音者，以不得事汉也。今陛下幸哀怜，复故号，通使汉如故，老夫死骨不腐，改号不敢为帝矣！谨北面因使者献白璧一双，翠鸟千，犀角十，紫贝五百，桂蠹一器，生翠四十双，孔雀二双。昧死再拜，以闻皇帝陛下。①

其非对等性体现于如下几个方面：

第一，称谓。外交文书之是否对等性首先体现于称谓方面。在非对等性外交文书中，其在称谓方面与上述对等性文书有很大不同，汉方不论在自称还是被对方称呼时，均谓为"皇帝"；而汉方称呼对方则谓之"南越王"或"王"。"南越王"这个称谓是在汉高帝十一年（前196）册封赵佗时确定的，但是在高后时，赵佗自称为"武帝"。这种称谓是与其"乘黄屋左纛，称制，与中国侔"的政治行为相一致的，颜师古注曰："侔，等也。"② 亦即与汉皇朝分庭抗礼的体现。汉文帝即位后派遣陆贾出使南越，并携带这封致赵佗文书。汉文帝没有使用南越在其境内的称

---

① 《汉书》卷九五《西南夷两粤朝鲜传·南粤王赵佗传》，第3851—3852页。

② 《汉书》卷九五《西南夷两粤朝鲜传·南粤王赵佗传》，第3848—3849页。

呼——“帝”，而是使用从高帝以来汉对于赵佗的称呼——“王”。这实际上表明汉方不承认赵佗自称的南越“武帝”称号，而只承认汉皇朝所封他的“南越王”称号。在行文中，汉方也是称其为“王”而不称其为“帝”。也就是说，汉皇朝并不承认与其为对等性关系，而是一种臣属关系，即非对等性关系。

汉文帝元年（前179）陆贾出使南越，责让赵佗“自立为帝”，赵佗“乃顿首谢，愿长为藩臣”①，放弃帝号。因此，赵佗在复书汉文帝时不仅没有自称“帝”，而且是以“蛮夷大长老夫臣佗”自称。在这个自称里，赵佗给自己加上了“蛮夷”“大长”“老夫”“臣”等称谓②。赵佗曾经抗议高后“别异蛮夷”③，并以此作为其自立为帝的理由之一，但是这里他却自称“蛮夷”，亦即为汉皇朝周边四夷之一。这里的“大长”当为大首领、方伯之意④，“蛮夷大长”即蛮夷中的大首领、方伯。后面所称“老夫”，为老者自称，在报书中赵佗亦多次自称“老夫”，知赵佗主要强调自己是个年长之人。称“臣”，则表明他仍然承认自己为汉皇朝之“外臣”、藩王。总之，赵佗的自称，均为贬抑自己，尊奉汉皇帝之意。而对于汉方的称谓，则不仅以“皇帝”为称，而且加上“陛下”这样的尊称。蔡邕曰：“陛，阶也，所由升堂也。天子必有近臣立于陛侧，以戒不虞。谓之‘陛下’者，群臣与天子言，不敢指斥，故呼在陛下者与之言，因卑达尊之意也。上书亦如之。”⑤ 可知“陛下”为臣对君、卑对尊之称谓。

从上述称谓观之，双方之关系及地位，为君与臣、尊与卑之性质，两者之非对等性是显然的。

第二，启事敬辞。文书之启事敬辞亦为体现双方之关系是否属于对等性的重要标志。汉方致南越方以“谨问”为启事敬辞，“谨”虽然也含有尊敬对方之意，但是与对等性文书之以“敬问”为启事敬辞不同，其

① 《史记》卷一一三《南越列传》，第2970页。

② 关于“蛮夷大长老夫臣佗”，历来解读颇有歧义，胡守为《岭南古史》中有详细介绍和阐述，见氏著《岭南古史》，广东人民出版社1999年版，第38—40页。

③ 《史记》卷一一三《南越列传》，第2969页。

④ （汉）孔安国传，（唐）孔颖达疏，廖名春、陈明整理，吕绍纲审定：《尚书正义》卷五《夏书·益稷》：“外薄四海，咸建五长。”孔氏传：“薄，迫也。言至海。诸侯五国立贤者一人为方伯，谓之五长，以相统治，以奖帝室。”（北京大学出版社2000年版，第147页）

⑤ 《史记》卷六《秦始皇本纪》“集解”引，第237页。

尊敬程度稍逊一筹。这个文书的时代背景，是在汉文帝即位后“初镇抚天下”，而当时南越已摆脱汉皇朝臣属关系而自立为帝的时候，为此汉方事先采取了一系列安抚赵佗的措施，“乃为（赵）佗亲冢在真定，置守邑，岁时奉祀。召其从昆弟，尊官厚赐宠之。”[①] 然后遣使陆贾致书赵佗，争取他回归为汉皇朝之“外臣”。因此，这个文书虽然是以君主对待臣属的定位而为文，但是还是尽可能以谦和的态度待之，故以“谨问”这样的敬语为启事敬辞，是不难理解的。

南越方致汉方文书的启事敬辞则并没有以“谨问”报之，而是以“昧死再拜上书”为启事敬辞。虽然说“谨问”之尊敬程度低于“敬问”，但是如果南越方之复函亦以“谨问”报之，则双方具有对等性关系意味，因为对等性关系就是双方的平等、均衡。在这里南越方是以“昧死再拜上书”报之，就属于非对等性关系了。“昧死”即冒死，是为秦汉时期臣下上书皇帝时的通用语，意即冒昧而犯死罪。南越王的报书也使用“昧死”，表明是以臣属地位上书君主之意。“再拜上书”亦为汉代臣下上书皇帝之常用语，蔡邕戍边上章曰：“朔方髡钳徒臣邕稽首再拜上书皇帝陛下”[②]。这里即以“再拜上书”为言。不过，与南越王赵佗之文书相较，在“再拜上书”之前为“稽首”而非“昧死”，这是臣下上书在两汉时期的一个变化，蔡邕《独断》谓：“汉承秦法，群臣上书皆言昧死言。王莽盗位，慕古法，去‘昧死’曰‘稽首’。光武因而不改。”[③] 可知东汉时期已以“稽首”取代“昧死”，故蔡邕之上书以如是为启事敬辞。

第三，内容。在文书的内容里面，更是将这种非对等性关系作了明确的表述。赵佗在报书中云：“今陛下幸哀怜，复故号，通使汉如故，老夫死骨不腐，改号不敢为帝矣！”所谓“复故号”，即恢复“南越王”之称号而放弃“南越武帝”之称号，也就是说他已经接受了汉文帝在来书中称其为“南越王”的旨意。赵佗在报书中进而明确宣布“改号不敢为

---

① 《史记》卷一一三《南越列传》，第2970页。

② （晋）司马彪撰，（梁）刘昭注补：《续汉书·律历志下》注引，点校本《后汉书志》第三，中华书局1965年版，第3082页。

③ （汉）蔡邕撰：《独断》卷上，上海古籍出版社1990年版，第4页。

帝”，将帝号改为王号。在文书的后面，赵佗曰：“谨北面因使者献”某某物云云，这里的“北面”亦为臣属之意。古代君臣会面场合，“君南面，臣北面”[①]，故以“北面”表示以臣事君，以卑事尊。总之，我们可以看到，在南越王的报书中，通篇加上了诸多尊君抑臣的卑谦词语，其非对等性昭然可见。

外交文书究竟属于对等性还是非对等性，其根本原因在于双方力量对比以及由此而决定的地位高下。匈奴从西汉前期到西汉后期就经历了两种不同性质文书的巨大变化。匈奴与汉的文书，到了西汉后期，随着其国力之大为削弱，故其与汉皇朝之文书亦由西汉前期之对等性文书而改变为非对等性文书。西汉后期匈奴与汉的文书没有全文保留下来，但是从现存片言只语中仍然可以窥知其与汉皇朝之文书为非对等性文书。汉元帝建昭三年（前36）汉斩匈奴郅支单于，次年呼韩邪单于“且喜且惧，上书言曰：‘常愿谒见天子，诚以郅支在西方，恐其与乌孙俱来击臣，以故未得至汉。今郅支已伏诛，愿入朝见。’”[②] 在这里呼韩邪单于以“臣”自称，表明匈奴于汉为臣属关系，显然属于非对等性文书。东汉时期匈奴分裂为南北匈奴，南匈奴成为汉的臣属，故其对汉文书亦以“臣”自称，东汉章帝章和二年（88）南匈奴单于“上言：‘臣累世蒙恩’”云云，文书之末以“唯陛下裁哀省察”[③] 为结束。此为汉代臣下致皇帝上书中的常用格式，西汉哀帝元寿元年（前2）丞相王嘉“奏封事谏上及太后”其开首曰：“臣闻爵禄土地，天之有也”云云，书末以“唯陛下省察”[④] 结束。由此可见，汉代非对等性外交文书完全是以汉皇朝内部君臣之间的文书格式为依据而行用的。

二 外交文书与内部文书关系及其特点

外交文书为社会文书体系中的独特分支，与其他内部公、私文书相较而自有其特点，但又有一定的共性。以外交文书与汉皇朝内部文书相

---

① （清）陈立撰，吴则虞点校：《白虎通疏证》卷八《三正》，中华书局1994年版，第365页。

② 《汉书》卷九四下《匈奴传下》，第3803页。

③ 《后汉书》卷八九《南匈奴传》，第2952页。

④ 《汉书》卷八六《王嘉传》，第3498页。

较而言，两者即既有相同之处，亦有相异之处。两者之异同与上述外交文书之对等性与非对等性两大类别之区分是相联系的。约而言之，对等性外交文书，亦即汉皇帝与对等国、族之间的文书，在汉皇朝内部的官文书中是不可能存在的，因为在汉皇朝内部没有任何个人或实体可与皇帝分庭抗礼；但是这种文书又与汉皇朝内部的公、私文书有诸多相同之处，可以说不论对等性外交文书还是非对等性外交文书均有与汉皇朝内部公、私文书相同之处，也可以说均由其而运用于外交文书之中。

外交文书之对等性或非对等性的不同，在史籍的表述中有明显的反映。在西汉前期汉匈之间的对等性文书往还，史籍一般以中性词语表述，高后时“冒顿乃为书遗高后”[①]，高后则“令大谒者张泽报书”[②] 匈奴，汉文帝前六年（前 174）匈奴“单于遗汉书”[③]“汉遗匈奴书”[④]，汉文帝后二年（前 162）“使使遗单于书”[⑤] 等均属于此类。这里将汉皇帝与匈奴单于之间的文书均称之为“书”，即书信、文书之意；将文书的往还以“遗”表述之，即交付、致送之意，均无上下、尊卑之意在其中。

但是，对于非对等性外交文书其表述则有所不同，一般均将对方来书称为“上书”，如“元帝初即位，呼韩邪单于复上书，言民众困乏。汉诏云中、五原郡转谷二万斛以给焉。”[⑥] 将呼韩邪单于的来书称之为“上书”。这是汉代臣下对皇帝、下对上的文书的通称。这种非对等性外交文书，同时又被称之为“章”，西汉哀帝建平四年（前 3）息夫躬献计离间匈奴与乌孙卑爰疐的关系：“可令降胡诈为卑爰疐使者来上书曰：‘所以遣子侍单于者，非亲信之也，实畏之耳。唯天子哀，告单于归臣侍子。愿助戊己校尉保恶都奴之界。’因下其章诸将军，令匈奴客闻焉。”[⑦] 当时乌孙卑爰疐势力强大，纳质于匈奴，相互勾结，故息夫躬献计令降胡假扮乌孙使者来上书，声言纳质于匈奴乃迫不得已，请汉哀帝告单于归还

① 《史记》卷一一〇《匈奴列传》，第 2895 页。
② 《汉书》卷九四上《匈奴传上》，第 3755 页。
③ 《史记》卷一一〇《匈奴列传》，第 2896 页。
④ 《史记》卷一一〇《匈奴列传》，第 2897 页。
⑤ 《史记》卷一一〇《匈奴列传》，第 2902 页。
⑥ 《汉书》卷九四下《匈奴传下》，第 3800 页。
⑦ 《汉书》卷四五《息夫躬传》，第 2183 页。

其侍子。然后将乌孙这个上书的内容下达诸将军，使匈奴使者也能够听到，以达到离间他们之间关系的目的。这里将乌孙使者之“上书”，称之为“章”。东汉和帝永元六年（94），“时单于与中郎将杜崇不相平，乃上书告崇，崇讽西河太守令断单于章，无由自闻。”① 这里也将匈奴单于的“上书”称之为“章”。夫余至灵帝熹平三年（174），“复奉章贡献”②，将其上书径称为“章”。可见“上书”亦即“章”。何以然？蔡邕《独断》曰：“凡群臣上书于天子者有四名：一曰章，二曰奏，三曰表，四曰驳议。”③“章”的主要特征和功能是“谢恩陈事”④。据此，“上书”为臣下致皇帝文书之总称，而这种文书可分别为“章”“奏”“表”“驳议”等四种类型。则上述非对等性外交文书被视为与汉皇朝内部臣下致皇帝的文书是同一等级和类型的。

上述情况表明，非对等性外交文书与汉皇朝内部臣下对皇帝的上书基本上相同，与汉皇朝内部臣下对于皇帝的章奏文书属于同一层级范围之内。也就是说，对于非对等性外交实体来说，他们处于与汉皇朝内部臣下相等的地位，汉皇朝亦以臣属而视之。而对等性外交文书则与此不同，它是与汉皇朝内部文书体制不同的特殊文书体制，其特殊性在于汉皇帝是以平等、对等的主体与对方君主交换文书，是两个对等、平等的主体之间互通文书。这种与汉皇帝平等、对等的文书在汉皇朝统治范围内是不可能出现和存在的，因为在汉皇朝统治范围内没有任何一个主体能够与皇帝处于平等、对等的地位，只有与对等性主体交往时才可能出现和存在的，而这只有在汉皇朝与外部对等性主体发生外交关系时才可能出现和存在。

尽管如此，我们还必须指出，外交文书的基本格式乃出自汉皇朝内部之官文书，两者之共性也是明显的。

在汉皇朝内部的官文书体制中，有皇帝与臣下互通文书这一大类别。此即外交文书基本格式之所自。现将皇帝与臣下之间文书往还之具体情

① 《后汉书》卷八九《南匈奴传》，第2955页。

② 《后汉书》卷八五《东夷传》，第2812页。

③ 《独断》卷上，第4页。

④ （宋）司马光编著，（元）胡三省音注：《资治通鉴》卷五一，汉顺帝阳嘉元年（132），中华书局1956年版，第1659页。

况略举于后：

第一，皇帝与诸侯王通文书。武帝建元六年（前135）闽越兴兵击南越，汉“大为发兴，遣两将军将兵诛闽越”，于是淮南王刘安上书谏。事平，武帝以书谕淮南王刘安曰：“皇帝问淮南王”[①] 云云。元帝建昭二年（前37）因中书令石显告淮阳王刘钦舅张博及京房“诽谤政治，狡猾不道，皆下狱。”于是“有司奏请逮捕（刘）钦”，元帝“不忍致法，遣谏大夫王骏赐（刘）钦玺书”，其书之首亦曰：“皇帝问淮阳王”[②]。东汉和帝时，因下邳王刘衍“病荒忽，而太子卬有罪废，诸姬争欲立子为嗣，连上书相告言。”和帝怜之，于是派遣彭城王刘恭“至下邳正其嫡庶”，为之物色合适人选为太子。刘恭受命时所得和帝文书，开首称：“皇帝问彭城王始夏无恙”[③] 云云。

第二，皇帝与皇后通文书。汉成帝许皇后受宠而无嗣，皇太后及帝舅王凤“忧上无继嗣，时又数有灾异，刘向、谷永等皆陈其咎在于后宫。上然其言。于是省减椒房掖廷用度。”许皇后乃上疏谏。成帝于是采刘向、谷永之言以报曰：“皇帝问皇后，所言事闻之”[④] 云云。

第三，皇帝与丞相通文书。汉成帝绥和二年（前7）因灾异频繁，星象家“言大臣宜当之”，成帝于是召见丞相翟方进，翟方进还归，还没有来得及自尽，成帝“遂赐册曰：‘皇帝问丞相’”[⑤] 云云，于是翟方进即日自杀。

第四，皇帝与诸将军通文书。汉元帝永光二年（前43）右将军冯奉世率部讨羌，初战不利，遂上书要求增加军队，“书奏，天子大为发兵六万余人，拜太常弋阳侯任千秋为奋武将军以助焉。”冯奉世又上言：“愿得其众，不须烦大将。”于是元帝“以玺书劳奉世，且让之，曰：‘皇帝问将兵右将军’”[⑥] 云云。颜师古注曰：冯奉世“官为右将军而将兵在外，故谓之将兵右将军也。”宣帝神爵元年（前61）派遣后将军赵充国击羌，

---

① 《汉书》卷六四上《严助传》，第2777、2786页。
② 《汉书》卷八〇《宣元六王传·淮阳宪王（刘）钦传》，第3316页。
③ 《后汉书》卷五〇《孝明八王列传·下邳惠王（刘）衍传》注引《东观记》，第1675页。
④ 《汉书》卷九七下《外戚传下·孝成许皇后传》，第3974、3977页。
⑤ 《汉书》卷八四《翟方进传》，第3422页。
⑥ 《汉书》卷七九《冯奉世传》，第3298页。

在究竟先击先零羌还是先击罕羌、开羌问题上与朝廷有分歧，于是宣帝“以书敕让充国曰：皇帝问后将军”① 云云。后朝廷接受赵充国意见，大败先零羌，而罕羌竟不烦兵而下。在此基础上，赵充国上屯田奏，建议实行屯田，宣帝“报曰：‘皇帝问后将军’② 云云。赵充国又提出“不出兵留田便宜十二事”上奏，宣帝“复赐报曰：‘皇帝问后将军’”③ 云云。赵充国“奏每上，辄下公卿议臣。”得到大多数人的同意，“于是报充国曰：‘皇帝问后将军’”④ 云云，批准了他提出的十二条意见。

第五，皇帝与侍中通文书。昭帝死，昌邑王继位后，“为书曰‘皇帝问侍中君卿’”⑤ 云云。君卿为昌邑王之侍中名字。此虽属昌邑王之胡作非为，但其文书格式并不错。

第六，皇帝与太子家令通文书。晁错上书言兵体三章，文帝嘉之，“乃赐（晁）错玺书宠答焉，曰：‘皇帝问太子家令’”⑥ 云云。时晁错为太子家令，注引臣瓒曰：“《茂陵中书》太子家令秩八百石。”

上述皇帝与诸侯王、皇后、丞相、诸将军、侍中、太子家令等文书往还，均以“皇帝问”为启事敬辞，可知皇帝“问”某某官为当时皇帝与臣僚通文书之惯例，亦即汉皇朝内部非对等关系之间通文书之惯例。将这种文书运用于外交文书，于对等性外交文书，则在“问”前加敬语“敬”，成为“敬问”这样的启事敬辞，体现对于对方的尊重和敬意，从而与对于汉皇朝内部臣属有所区别。我们在上文已经谈及，在汉皇朝内部的对等性文书中也是以“敬问”为启事敬辞的，如“吴王刘濞敬问胶西王”⑦ 为然。因此也可以说，汉代的外交文书是将汉皇朝内部对等性文书运用于外交关系中的对等性文书之中。而将这一格式运用于非对等性外交文书时，如上述致南越王书，则在“问”前去“敬”而加“谨”字，成为“谨问”这样的启事敬辞，其恭敬程度略逊于“敬问”。现存非

---

① 《汉书》卷六九《赵充国传》，第 2979 页。
② 《汉书》卷六九《赵充国传》，第 2986 页。
③ 《汉书》卷六九《赵充国传》，第 2989 页。
④ 《汉书》卷六九《赵充国传》，第 2991—2992 页。
⑤ 《汉书》卷六八《霍光传》，第 2940 页。
⑥ 《汉书》卷四九《晁错传》，第 2283 页。
⑦ 《史记》卷一〇六《吴王（刘）濞列传》，第 2828 页。

对等性外交文书不多，估计只以“问”为启事敬辞的情况，如上述皇帝与臣下通文书时那样，也可能是存在的。

上述皇帝与臣下之间的来往文书，与一般的皇帝诏策之类的文书有所不同。关于后者，刘勰有一概括叙述：“秦并天下，改命曰制。汉初定仪则，则命有四品：一曰策书，二曰制书，三曰诏书，四曰戒敕。”[①] 我们以《汉书·赵充国传》所载文书观之，上述汉宣帝致赵充国四封文书均以“皇帝问后将军”开首，而“其秋，充国病，上赐书曰：‘制诏后将军’”[②] 云云，令其进军。这个文书的开首与上述四封文书不同，而以“制诏后将军”开首，此即属于上述皇帝诏策文书中的“制书”，蔡邕曰：“制书，帝者制度之命也。其文曰‘制诏三公’。赦令、赎令之属是也。”[③] 汉宣帝致赵充国之制书是命令其进军事宜，故对于蔡邕于“制书”为“赦令、赎令之属是也”的说法不可拘泥视之。

到了魏晋时期，在特定情况下则皇帝对臣下通文书时亦有以“敬问”为启事敬辞。曹魏景元元年（260）十一月魏元帝曹奂之父燕王曹宇“上表贺冬至，称臣。”曹奂认为应依“不臣”之义为礼，有司经过讨论认为“燕王章表，可听如旧式。中诏所施，或存好问，准之义类，则‘燕觌之敬’也，可少顺圣敬，加崇仪称，示不敢斥，宜曰‘皇帝敬问大王侍御’。”[④] 皇帝于其父则行不臣之礼，文书以“敬问”为启事敬辞。东晋时王导以三朝元老辅幼主成帝，成帝与王导“书手诏，则云‘惶恐言’，中书作诏，则曰‘敬问’，于是以为定制。”[⑤] 这是对于元老重臣的特殊待遇。东晋孝武帝与朗法师书以“皇帝敬问太山朗和尚”[⑥] 开首，这是出于对高僧的尊重。上述情况表明，能够在文书中得到皇帝“敬问”的，在帝国的治下，只有少数特殊人物才有可能，此外则为对等关系之四方国、

---

① （南朝·梁）刘勰著，詹锳义证：《文心雕龙义证》卷四《诏策》，上海古籍出版社 1989 年版，第 726、730 页。

② 《汉书》卷六九《赵充国传》，第 2984 页。

③ 《独断》卷上，第 4 页。

④ （晋）陈寿撰，（南朝·宋）裴松之注，陈乃乾校点：《三国志》卷四《魏书·三少帝纪·陈留王（曹）奂纪》，中华书局 1959 年版，第 148 页。

⑤ （唐）房玄龄等撰：《晋书》卷六五《王导传》，中华书局 1974 年版，第 1751 页。

⑥ （清）严可均辑：《全上古三代秦汉三国六朝文》卷一一（司马曜）《与郎法师书》，中华书局 1958 年版，第 1526 页。

族君主。

外交文书的主要作用是解决外交双方之交涉、谈判、致意、沟通、磋商、争执、抗议等双边事务，但是其意义又超越这些具体的外交事务本身，而具有更为重要的历史意义。外交文书之基本格式乃由汉皇朝内部公、私文书而运用之，只此即可见外交文书的往还实际上就是汉文化的传播、扩散及其被四方国族认可、接受的过程。

（原刊《史学集刊》2013 年第 4 期。我们在黎虎先生遗存文稿中，发现了同名文章，经过与原刊文比对，知是黎虎先生刊后修订稿。今据黎虎先生刊后最新修订稿，并参校原刊文整理。李文才敬识。）

汉代典客、大行、鸿胪递嬗与朝会司仪

中国古代的“朝”礼，大略而言可以分为实务性“朝”和礼仪性“朝”两类。实务性“朝”是指臣属朝见皇帝以议政，处理政务为其主要功能和目的；礼仪性“朝”是境内诸侯、群臣和境外国家、民族的君主、酋长或使节朝见皇帝的礼仪性集会，以“亲仁善邻”① 为其重要功能和目的之一。在这种礼仪性集会中，不仅境内王侯百官济济焉，而且境外国家、民族的来朝者云集，人数众多、成员复杂、关系错综，是汉皇朝一项极其重要的、盛大的礼仪性典礼，因此，朝会中的会务工作就成为不可或缺的重要构成，司仪正是朝会中重要的会务官员，负责引导、指挥朝会礼仪之顺利进行。礼仪性“朝”礼以正旦朝最为隆重与盛大，故正旦朝可以说是礼仪性“朝”礼的最高形式。在汉七年（前 200）十月举行正旦朝，实施叔孙通所订朝仪时，我们可以看到在朝会中有“大行设九宾”② 等记载，是为朝礼中的重要司仪官员之一。这个问题迄未见有专文论述，兹试略述之。

一　大行、典客、鸿胪的递嬗

根据《史记》的记载，在汉七年的朝会中，是由“大行”负责陈设

---

① （汉）郑玄注，（唐）孔颖达疏，赵伯雄整理，王文锦审定：《周礼注疏》卷二《天官冢宰·大宰》，记“大宰之职”，其中之一是“以八统诏王驭万民：……八曰礼宾。”郑玄注曰：“礼宾，宾客诸侯，所以示民亲仁善邻。”（北京大学 2000 年版，第 36—37 页）（周）左丘明传，（晋）杜预注，（唐）孔颖达正义，浦卫忠、龚抗云、胡遂、于振波、陈咏明整理，杨向奎审定：《春秋左传正义》卷四，隐公六年：“亲仁善邻，国之宝也。”（北京大学出版社 2000 年版，第 118 页）

② （汉）司马迁撰，（南朝·宋）裴骃集解，（唐）司马贞索隐，（唐）张守节正义：《史记》卷九九《叔孙通列传》，中华书局 1959 年版，第 2723 页。

"九宾"。但是根据汉代的官制，汉初负责交聘事务的官员为典客，其职"掌诸侯及归义蛮夷"①，诸侯及"蛮夷"之归义向心集中体现于参与朝会，故朝会礼仪亦在其职务范围之内。这里的"大行"究竟是作为"九卿"之一的官员还是作为"九卿"之一"典客"的属官呢？据《汉书·百官公卿表》记载：典客于景帝中六年（前144）更名大行令，武帝太初元年（前104）更名大鸿胪。② 准此则汉七年朝会时，典客尚未改称为大行令，因此当时负责在朝会中陈设"九宾"之"大行"非指典客，而应当是典客的属官。但是，一般而言在如此重要的典礼中典客不应当不参与，何以这里不见典客而只见大行呢？欲明了这些问题，首先需要对西汉时期的大行、典客以及大鸿胪的递嬗情况及其相互关系作一番梳理。

本来，上述《汉书·百官公卿表》对于大行、典客以及大鸿胪在西汉的变迁情况叙述得还是很简洁、清楚的，但是问题出在《汉书·景帝纪》中元二年（前148）的相关记载，其文曰："（中元）二年春二月，令诸侯王薨、列侯初封及之国，大鸿胪奏谥、诔、策。列侯薨及诸侯太傅初除之官，大行奏谥、诔、策。"臣瓒和颜师古据此而质疑《百官公卿表》的相关记载，臣瓒曰："景帝此年已置大鸿胪，而《百官表》云武帝太初元年更以大行为大鸿胪，与此错。"颜师古曰："据此纪文，则景帝已改典客为大鸿胪，改行人为大行矣。而《百官公卿表》乃云景帝中六年更名典客为大行令，武帝太初元年更名大行令为大鸿胪，更名行人为大行令。当是《表》误。"③ 因此，后世对于典客何时改为大行，大行何时改为大鸿胪就有了怀疑和争议，至今仍不明确。欲解决这些问题，必须将西汉时期典客、大行、大鸿胪之实际任职情况进行清理，从而明确三者之实际变迁。兹将西汉时期典客、大行、大鸿胪之任职情况列表如下：

---

① （唐）徐坚等撰：《初学记》卷一二《职官部下·鸿胪卿》引《汉官》，中华书局1962年版，第305页。

② （汉）班固撰，（唐）颜师古注：《汉书》卷一九上《百官公卿表上》，中华书局1962年版，第730页。

③ 《汉书》卷五《景帝纪》，第145页。

西汉典客、大行、鸿胪任职表

时间	任职情况		资料出处
	主官		
高帝五年（前 202）	广平侯薛欧为典客		《汉书·百官公卿表下》，第 747 页
高帝七年（前 200）		大行设九宾	《史记·叔孙通列传》，第 2723 页
惠帝年间（前 195—前 188）①	立定，典客言具	并趍（跪）大行左大行进趍曰	张家山 336 号汉墓汉简《朝律》
惠帝七年（前 188）	辟阳侯审食其为典客，一年迁		《汉书·百官公卿表下》，第 751 页
高后元年（前 187）	典客审食其为左丞相		《汉书·百官公卿表下》，第 752 页
高后七年（前 181）	典客刘揭		《汉书·百官公卿表下》，第 754 页
高后八年（前 180）九月	太尉复令郦寄与典客刘揭先说吕禄曰："帝使太尉守北军，欲足下之国，急归将印辞去，不然，祸且起。"吕禄以为郦兄不欺己，遂解印属典客，而以兵授太尉。		《史记·吕太后本纪》，第 409 页
高后八年（前 180）闰九月	遂驰入代邸。群臣从至。丞相陈平、太尉周勃、大将军陈武、御史大夫张苍、宗正刘郢、朱虚侯刘章、东牟侯刘兴居、典客刘揭皆再拜言曰……		《史记·文帝本纪》，第 415 页
文帝元年（前 180）	典客刘揭身夺赵王吕禄印。封典客揭为阳信侯，赐金千斤		《史记·文帝本纪》，第 418 页
文帝三年（前 177）	典客冯敬，四年迁		《汉书·百官公卿表下》，第 756 页
文帝六年（前 174）	丞相臣张仓、典客臣冯敬、行御史大夫事宗正臣逸、廷尉臣贺、备盗贼中尉臣福昧死言：淮南王长废先帝法，不听天子诏……		《史记·淮南衡山列传》，第 3077 页
文帝七年（前 173）	典客冯敬为御史大夫。典客靓		《汉书·百官公卿表下》，第 757 页

① 参见彭浩《湖北江陵出土西汉简牍概说》，大庭脩主编《汉简研究国际シンポジウム92报告书——汉简研究の现状と展望》，（日）关西大学出版部 1993 年版，第 167 页。

续表

时间	任职情况		资料出处
	主官		
景帝七年（前150）		长公主日誉王夫人男之美，景帝亦贤之，又有曩者所梦日符，计未有所定。王夫人知帝望栗姬，因怒未解，阴使人趣大臣立栗姬为皇后。大行奏事毕，曰："'子以母贵，母以子贵'，今太子母无号，宜立为皇后。"景帝怒曰："是而所宜言邪!"遂案诛大行，而废太子为临江王。	《史记·外戚世家》，第1977页
景帝中元六年（前144）	更命典客为大行	更命大行为行人	《史记·孝景本纪》，第446页；《汉书·百官公卿表上》，第730页
建元元年（前140）	大行令光		《汉书·百官公卿表下》，第766页
建元二年（前139）	大行令过期		《汉书·百官公卿表下》，第767页
建元三年（前138）	闽越、东越相攻，安国及大行王恢将。未至越，越杀其王降，汉兵亦罢；闽、东越相攻，遣安国、大行王恢将兵。未至越，越杀其王降，汉兵亦罢。①		《史记·韩长孺列传》，第2860页；《汉书·韩安国传》，第2398页
建元五年（前136）	大行令王恢		《汉书·百官公卿表下》，第768页
建元六年（前135）	至建元六年，闽越击南越。南越守天子约，不敢擅发兵击而以闻。上遣大行王恢出豫章，大农韩安国出会稽，皆为将军；建元六年，大行王恢击东越，东越杀王郢以报；匈奴来请和亲，天子下议。大行王恢……议曰：		《史记·东越列传》，第2981页；《史记·西南夷列传》，第2993页；《史记·韩长孺列传》，第2861页

① 闽越、东越相攻在建元三年（前138），《史》《汉》均记作是年王恢以大行将兵，唯《汉表》又记作王恢于建元五年（前136）始为大行令。

续表

时间	任职情况		资料出处
	主官		
元光元年（前134）	雁门马邑豪聂翁壹因大行王恢言上曰：		《史记·韩长孺列传》，第2861页
元光二年（前133）	大行王恢为将屯将军；王恢诛		《史记·韩长孺列传》，第2862页；《汉书·武帝纪》，第162—163页；《史记·汉兴以来将相名臣年表》，第1135页
元光六年（前129）	大行令丘		《汉书·百官公卿表下》，第771页
元朔五年（前124）	大行李息、岸头侯张次公为将军，出右北平：咸击匈奴。①		《史记·卫将军骠骑列传》，第2925页
元狩元年（前122）	大行令李息；遣中尉安、大行李息即问王，王具以情实对		《汉书·百官公卿表下》，第773页；《史记·淮南衡山列传》，第3097页
元狩二年（前121）	浑邪王与休屠王等谋欲降汉，使人先要边。是时大行李息将城河上，得浑邪王使，即驰传以闻		《史记·卫将军骠骑列传》，第2933页
元狩六年（前117）	六年三月戊申朔，乙亥，御史臣光，守尚书令丞非，下御史书到，言："丞相臣青翟、御史大夫臣汤、太常臣充、大行令臣（李）息、太子少傅臣安行宗正事昧死上言"云云		《史记·三王世家》，第2105页
元鼎二年（前115）	张骞还到，拜为大行，列於九卿。岁余，卒；中郎将张骞为大行令，三年卒		《史记·大宛列传》，第3169页；《汉书·百官公卿表下》，第777—778页

① 《史记·卫将军骠骑列传》所附《李息传》曰："将军李息，郁郅人。事景帝。至武帝立八岁，为材官将军，军马邑；后六岁，为将军，出代；后三岁，为将军，从大将军出朔方：皆无功。凡三为将军，其后常为大行。"（第2942页）据此，元朔五年（前124）李息最后一次为将军，从大将军卫青出朔方时尚未为大行。《史记·卫将军骠骑列传》谓元朔五年"大行"李息（第2925页）与岸头侯张次公击匈奴，似未安。《汉表》亦谓李息于元狩元年（前122）始为大行。

续表

时间	任职情况		资料出处
	主官		
元鼎三年（前114）	常山王太子勃私奸，饮酒，博戏，击筑，与女子载驰，环城过市，入牢视囚。天子遣大行（张）骞验王后及问王勃，请逮勃所与奸诸证左①；将军张骞，以使通大夏……其后使通乌孙，为大行而卒，冢在汉中		《史记·五宗世家》，第2103页；《史记·卫将军骠骑列传》，第2944页
元封六年（前105）	成安侯韩延年“坐为太常行大行令事留外国书一月，乏兴，入谷赎，完为城旦。”		《汉书》卷17《景武昭宣元成功臣表》，第653页
太初元年（前104）	大行令更名大鸿胪；大鸿胪壶充国	更名行人为大行令	《汉书·百官公卿表上》，第730页；《汉书·百官公卿表下》，第783页
太初二年（前103）	故鸿胪壶充国随李广利伐大宛，至郁成，军破；大鸿胪商丘成，十二年迁		《史记·大宛列传》，第3177页；《汉书·百官公卿表下》，第783页
征和二年（前91）	巫蛊之祸，大鸿胪商丘成力战获反将张光，封为秺侯；九月，大鸿胪商丘成为御史大夫		《汉书·刘屈氂传》，第2882页；《汉书·百官公卿表下》，第788—789页
征和三年（前90）	田千秋讼太子冤，立拜为大鸿胪。数月，遂代刘屈氂为丞相，封富民侯；高庙郎中田千秋为大鸿胪，一年迁		《汉书·车千秋传》，第2884页；《汉书·百官公卿表下》，第789—790页
征和四年（前89）	六月丁巳，大鸿胪田千秋为丞相；大鸿胪戴仁坐祝诅诛，淮阳太守田广明为鸿胪，五年迁		《汉书·百官公卿表下》，第790页

① 景帝子刘舜于景帝中元五年（前145）立为常山王，立三十二年（元鼎三年，前114?）卒（《汉书》卷五三《景十三王传》作“三十三年薨”，第2434页），太子刘勃代立为王，数月而迁于房陵，国绝（《史记》卷五九《五宗世家》，第2102—2103页）。据此则大行张骞奉命验刘勃当在元鼎三年（前114）。

续表

时间	任职情况		资料出处
	主官		
后元二年（前87）	济北王宽有罪，上遣大鸿胪利①召王，王以刃自刭死		《汉书·淮南衡山济北王传》，第2157页；《汉书·昭帝纪》，第218页
始元四年（前83）	大鸿胪田广明为卫尉②，五年迁；冬，遣大鸿胪田广明击益州		《汉书·百官公卿表下》，第793页；《汉书·昭帝纪》，第222页
始元五年（前82）	秋，大鸿胪（田）广明、军正王平击益州，斩首捕虏三万余人，获畜产五万余头		《汉书·昭帝纪》，第223页

① 时田广明为大鸿胪，今又有大鸿胪利，两者是什么关系？首先，这应当与昭、宣之际大鸿胪韦贤与行大鸿胪史乐成之关系以及成、哀之际大鸿胪王嘉与守大鸿胪任宏之关系相似，盖此大鸿胪利亦为暂时执行召济北王宽任务之“行大鸿胪”或“守大鸿胪”。《汉书》卷六三《武五子传》，昭帝崩，“行大鸿胪”史乐成等人前往迎接昌邑王贺，时韦贤为大鸿胪则在京城负责“郊迎”昌邑王贺（第2764—2765页）。《汉书》卷一一《哀帝纪》，绥和元年（前8）王嘉为大鸿胪，而使执金吾任宏守大鸿胪，持节徵定陶王，立为皇太子（第333页）。他们都是因特定任务需要而在本官尚在职守之时被任命为临时性的“行大鸿胪”或“守大鸿胪”。后元二年（前87）也是在大鸿胪田广明尚在职守情况下任命利为大鸿胪，大鸿胪利之使命与上述行大鸿胪史乐成及守大鸿胪任宏之使命性质相同，故也应当是为了性质相同的特定任务而临时任命之职务——行大鸿胪或守大鸿胪。这里，大鸿胪田广明、大鸿胪韦贤、大鸿胪王嘉均为“真官”，任“行”或“守”大鸿胪之利、史乐成、任宏等则为非“真官”（关于真官与非真官问题，详参黎虎《说“真吏”——从长沙走马楼吴简谈起》，《史学月刊》2009年第5期）。其次，据《汉书》卷六八《霍光传》：“行大鸿胪事”少府史乐成在迎接昌邑王贺之后即解除“行大鸿胪”职称，故不久废昌邑王贺的联名上书中，史乐成是以少府、韦贤是以大鸿胪具名的；但是，此联名上书在追述迎接昌邑王贺一事时又说：“昌邑王宜嗣後，遣宗正、大鸿胪、光禄大夫奉节使征昌邑王典丧。”（第2940页）将“行大鸿胪”表述为“大鸿胪”。《汉书》卷七二《王吉传》：“昭帝崩，亡嗣，大将军霍光秉政，遣大鸿胪、宗正迎昌邑王。”（第3061页）亦将此“行大鸿胪”径记作“大鸿胪”。与此相类，《汉书》卷一九下《百官公卿表下》，元延二年（前11）萧育为“守大鸿胪”（第839、840页），《汉书》卷七八《萧望之传》亦谓萧育自泰山太守“入守大鸿胪”（第3289页），而《汉书》卷七七《孙宝传》则记作“大鸿胪”萧育（第3260页）。可知“行大鸿胪”或“守大鸿胪”有时即径称为“大鸿胪”，真官与非真官两者在表述时有时并不绝对严格区分。最后，作为“守”某官职之非真官有两种情况，一是在有真官的情况下设置暂时代理其职务之非真官，任务结束后即解除此代理职务，如上述行大鸿胪史乐成、守大鸿胪任宏等为然；二是在真官空缺时设置非真官，如上述守大鸿胪萧育为然，而这种非真官在经过一段时间考察之后可以转正即真，成为真官。

② 据《汉书》卷七《昭帝纪》，是年至元凤元年（前80）田广明仍为大鸿胪，详表中以下诸条。

续表

时间	任职情况		资料出处
	主官		
始元六年（前81）	大鸿胪（田）广明将率有功，赐爵关内侯，食邑；大旱。先是大鸿胪田广明征益州，暴师连年		《汉书·昭帝纪》，第224页；《汉书·五行志中之上》第1393页
元凤元年（前80）	武都氐人反，遣执金吾马适建、龙额侯韩增、大鸿胪广明将三辅、太常徒，皆免刑击之		《汉书·昭帝纪》，第225页
元凤五年（前76）	詹事韦贤为大鸿胪，四年为长信少府		《汉书·百官公卿表下》，第797页；《史记·张丞相列传》，第2686页
元平元年（前74）	昭帝崩，无嗣，大将军霍光征昌邑王贺典丧。玺书曰："制诏昌邑王：使行大鸿胪事少府（史）乐成……征王，乘七乘传诣长安邸。"……贺到霸上，大鸿胪郊迎，驺奉乘舆车。①		《汉书》卷63《武五子传》，第2764—2765页
本始元年（前73）	赐大鸿胪韦贤等爵皆关内侯		《汉书·宣帝纪》，第240页
本始二年（前72）	詹事东海宋畴翁壹为大鸿胪，二年迁②		《汉书·百官公卿表下》，第800页
本始四年（前70）	大鸿胪宋畴为左冯翊③；山阳太守梁为大鸿胪		《汉书·百官公卿表下》，第801页
神爵元年（前61）	左冯翊萧望之为大鸿胪，二年迁		《汉书·百官公卿表下》，第807页

① 时韦贤为大鸿胪，史乐成为"行大鸿胪"，即暂时代理大鸿胪事务。这里，负责郊迎者为大鸿胪韦贤，前往迎接昌邑王者为行大鸿胪史乐成。前者为真官，后者非真官。关于真官与非真官问题，参见黎虎《说"真吏"——从长沙走马楼吴简谈起》（《史学月刊》2009年第5期）。表明在有真官的情况下，根据工作需要，也可能临时任命非真官执行某些特定任务。昌邑王立为帝不久即被废，据《汉书》卷六八《霍光传》：时史乐成是以少府、韦贤是以大鸿胪职称参与上书废昌邑王事（第2940页）。可知史乐成在完成迎接昌邑王这一具体任务之后便解除了"行大鸿胪"职称。

② 《汉书》卷八《宣帝纪》，本始元年论定策功有詹事畸，颜师古注曰宋畸（第240—241页）；《汉书》卷六八《霍光传》，联名奏废昌邑王者有光禄大夫臣畸（第2940页），亦为宋畸。夏燮《校汉书八表》曰："宣帝即位，畸以光禄大夫迁詹事，故元年封侯仍书詹事，二年自詹事迁大鸿胪，与此表合，则畴为畸之误。"（《二十五史补编》第一册，中华书局1955年版，第197页）

③ 此宋畴亦当为宋畸。

续表

时间	任职情况		资料出处
	主官		
神爵三年（前59）	七月甲子，大鸿胪萧望之为御史大夫；少府李彊为大鸿胪		《汉书·百官公卿表下》，第807—808页
五凤元年（前57）	大司农王禹为大鸿胪		《汉书·百官公卿表下》，页808—809
五凤二年（前56）	赵缪王元嗣位二十五年薨①，大鸿胪禹奏其不宜立嗣		《汉书·景十三王传》，第2421页
初元元年（前48）	大鸿胪显，十一年		《汉书·百官公卿表下》，第813页
建昭二年（前37）	左冯翊冯野王为大鸿胪，五年为上郡太守		《汉书·百官公卿表下》，第820页
竟宁元年（前33）	御史大夫李延寿病卒，在位多举冯野王。上使尚书选第中二千石，而冯野王行能第一……乃下诏曰："刚强坚固，确然亡欲，大鸿胪野王是也。心辨善辞，可使四方，少府五鹿充宗是也。廉洁节俭，太子少傅张谭是也。其以少傅为御史大夫。"上繇下第而用谭，越次避嫌不用野王，以昭仪兄故也……成帝立，有司奏野王王舅，不宜备九卿。以秩出为上郡太守。注引如淳曰："以鸿胪秩为太守。"		《汉书·冯奉世传附冯野王传》，第3302—3303页
建始二年（前31）	大鸿胪浩赏，二年徙；中二千石大鸿胪赏		《汉书·百官公卿表下》，第823页；《汉书·王尊传》，第3231页
建始四年（前29）	大鸿胪浩赏为左冯翊；河南太守汉为大鸿胪，一年免		《汉书·百官公卿表下》，第825页
河平元年（前28）	六月，罢典属国并大鸿胪		《汉书·成帝纪》，第309页
河平四年（前25）	韦安世历郡守，大鸿胪，长乐卫尉；河平四年（前25）大夫韦安世为大鸿胪②，二年为长乐卫尉		《汉书·韦贤传》，第3115页；《汉书·百官公卿表下》，第828页
阳朔二年（前23）	大鸿胪勋		《汉书·百官公卿表下》，第829页

① 据《汉书》卷一四《诸侯王表》，缪王元薨于五凤二年，第412页。

② 夏燮谓：以《传》校《表》，"大夫二字疑郡守或太守之误"（《校汉书八表》，《二十五史补编》第一册，第197页）。聊备一说。

续表

时间	任职情况		资料出处
	主官		
鸿嘉元年（前20）	大鸿胪慎		《汉书·百官公卿表下》，第831页
永始二年（前15）	平当累迁长信少府、大鸿胪、光禄勋；长信少府平当为大鸿胪，三年迁		《汉书·平当传》，第3050页；《汉书·百官公卿表下》，第834—835页
元延元年（前12）	大鸿胪平当为光禄勋		《汉书·百官公卿表下》，第838页
元延二年（前11）	太山太守萧育守大鸿胪，数月徙；历冀州、青州两部刺史，长水校尉，泰山太守。入守大鸿胪。		《汉书·百官公卿表下》，第839页；《汉书·萧望之传》，第3289页
元延三年（前10）	守鸿胪太山太守萧育为右扶风；九江太守王嘉为大鸿胪，三年迁		《汉书·百官公卿表下》，第840页
绥和元年（前8）	使执金吾任宏守大鸿胪①，持节徵定陶王，立为皇太子		《汉书·哀帝纪》，第333页
绥和二年（前7）	大鸿胪王嘉为京兆尹；执金吾谢尧为大鸿胪，三年徙		《汉书·百官公卿表下》第843页
建平二年（前5）	大鸿胪谢尧为扶风；大鸿胪云阳毕申世叔②，五年徙		《汉书·百官公卿表下》，第845页
元寿二年（前1）	大鸿胪毕由为右扶风；复土将军左咸为大鸿胪；秋七月，遣车骑将军王舜、大鸿胪左咸使持节迎中山王		《汉书·百官公卿表下》，第852页；《汉书·平帝纪》，第347页
元始元年（公元1）	大鸿胪左咸前正议不阿，后奉节使迎中山王……皆以前与建策，东迎即位，奉事周密勤劳，赐爵关内侯，食邑各有差		《汉书·平帝纪》，第349页

① 时王嘉为大鸿胪，由于征召定陶王这一特定任务需要，故以执金吾任宏为“守大鸿胪”。“守”，即暂时代行其职。任务完成则解除此暂时代行职称。故这里大鸿胪王嘉为“真官”，守大鸿胪任宏为“非真官”。关于“真官”与“非真官”问题，参见黎虎《说“真吏”——从长沙走马楼吴简谈起》（《史学月刊》2009年第5期）。其设置目的及相互关系与昭、宣之际大鸿胪韦贤与行大鸿胪史乐成的情况相似。

② 本《表》元寿二年（前1）记作“大鸿胪毕由为右扶风”，毕申任大鸿胪五年徙，正当此年，此毕由与毕申当为同一人；《汉书》卷四七《文三王传》：“哀帝建平中，（梁王）立复杀人。天子遣廷尉赏、大鸿胪由持节即讯。”（第2218页）此大鸿胪由亦当为毕由，“由”“申”形近致讹。

续表

时间	任职情况		资料出处
	主官		
元始二年（2）	大鸿胪桥仁		《汉书·百官公卿表下》，第855页
元始四年（4）	元始中，作明堂辟雍，大朝诸侯，征萧由为大鸿胪，会病，不及宾赞，还归故官，病免。①		《汉书·萧望之传附萧由传》，第3291页
元始五年（5）	大鸿胪左咸；闰月丁酉，阎迁以鸿胪封望乡侯		《汉书·百官公卿表下》，第856页；《汉书·外戚恩泽侯表》，第717页
居摄二年（7）	赵明、霍鸿等起义反王莽，莽拜卫尉王级为虎贲将军、大鸿胪望乡侯阎迁为折冲将军，与甄邯、王晏西击赵明等。		《汉书·翟方进传》，第3437—3438页
始建国元年（9）	王莽改大鸿胪曰典乐		《汉书·王莽传中》，第4103页；《汉书·百官公卿表上》，第730页

从上表可以获得如下一些认识：

其一，任职典客者，见于高帝、惠帝、吕后、文帝时期，不见于景帝及其后之时期；任职大行者惟见于武帝前期；任职大鸿胪者始见于武帝太初元年及其后，而不见于此前之任何时期。虽然它们之间存在一些缺环，但还是基本上能够证明：西汉时期作为负责交聘事务的“九卿”相继以典客、大行、大鸿胪为官称。

其二，臣瓒、颜师古等关于景帝中元二年（前148）已改典客为大鸿胪之说可以否定。如果景帝中元二年已改典客为大鸿胪，则从景帝中元二年至武帝太初元年（前104）之前的元封六年（前105）期间应当以大鸿胪为官称，但是从上表我们可以看到，这个期间其官称为大行而不为大鸿胪，可知景帝中元二年并没有改典客为大鸿胪。

其三，从汉初直至武帝太初元年（前104）之前的元封六年（前

①　据《汉书》卷一二《平帝纪》：元始四年（4）“安汉公奏立明堂、辟雍。”（第257页）元始五年（5）“春正月，祫祭明堂。诸侯王二十八人、列侯百二十人、宗室子九百余人徵助祭。礼毕，皆益户，赐爵及金帛，增秩补吏，各有差。”（第258页）据此，萧由徵为大鸿胪当在元始四年。

105），先后以典客、大行为官称，均不见以大鸿胪为官称，恰恰在太初元年（前104）始见以大鸿胪为官称者。表明《百官公卿表》所载太初元年改大行为鸿胪之记载是符合历史事实的。改变官称之后的第一任大鸿胪为壶充国①，太初二年（前103）秋他解去此职随李广利伐大宛，故被称为“故鸿胪”②，而由商丘成接掌第二任大鸿胪③。

其四，与此相关，《史记·叔孙通列传》《索隐》所引以及《汉书·叔孙通传》注引韦昭谓“大行人掌宾客之礼，今谓之鸿胪也”④，这个注解并不正确，因为汉七年朝会中出现于《史记》《汉书》中的司仪官员“大行”并非日后之大鸿胪前身，而是作为典客之属官。

其五，结论：《汉书·景帝纪》中元二年所载令中之大鸿胪、大行，并非当时之官称，而是西汉后期之官称；《史记·景帝本纪》以及《汉书·百官公卿表》所载景帝中元六年改典客为大行，武帝太初元年改大行为大鸿胪的记载是符合历史事实的。

准上所述，我们可以根据《史记·景帝本纪》和《汉书·百官公卿表》的相关记载来条理它们之间的相互关系了：景帝中六年“更命……大行为行人……典客为大行。”⑤ 由此可知，在景帝中六年更改名称之前，负责交聘事务之“九卿”为典客，典客之属官为大行；更改名称之后，负责交聘事务之“九卿”为大行，大行之属官则为行人；武帝太初元年改大行为大鸿胪之后，其属官行人亦随之改称为大行令⑥。典客、大行、鸿胪作为“九卿”之一，秩中二千石，行人或大行作为他们的属官，秩六百石⑦。兹将其隶属关系变化表示如下：

---

① 《汉书》卷一九下《百官公卿表下》，第783页。

② 《史记》卷一二三《大宛列传》，第3177页。

③ 《汉书》卷一九下《百官公卿表下》，第783页。

④ 《史记》卷九九《叔孙通列传》“索隐”引，第2724页；《汉书》卷四三《叔孙通传》注引韦昭语基本相同，第2128页。

⑤ 《史记》卷一一《孝景本纪》，第446页。黎按：此处所记更改官称者共有九种，其中廷尉、将作少府、主爵中尉、长信詹事、将行、奉常、典客、治粟内史等八种均为中二千石或二千石之“九卿”级别官员，唯大行为六百石属官，与上述官员级别不相称，疑此处“大行为行人”非司马迁原文，而是后人注文羼入者。

⑥ 《汉书》卷一九上《百官公卿表上》，第730页。

⑦ （晋）司马彪撰，（梁）刘昭注补：《续汉书·百官志》，点校本《后汉书志》第二十五，中华书局1965年版，第3583页。

典客—大行令—大鸿胪之主官与属官隶属关系变化示意表

时间	汉初（前 206）—景帝中元六年（前 144）	景帝中元六年（前 144）—太初元年（前 104）	太初元年（前 104）—始建国元年（9）	秩
主官	典客	大行令	大鸿胪	中二千石
属官	大行	行人	大行令	六百石

二　"九宾"在两汉之发展变化

通过上面的论述，我们可以确定，在汉七年朝会中负责陈设"九宾"之"大行"，为典客之属官大行。张家山汉简出土的《朝律》，为我们提供了这方面更确凿的证据和重要补充。汉简《朝律》曰：

（1）趋。下就立（位）√少府中郎进

（2）并趍（跪）大行左。大行进趍曰

（3）后五步、北上，谒者一人立东陛者，南面、立定，典客言具，谒者以闻，皇帝出房，宾九宾、及朝者①

汉简《朝律》于 1986 年出土于湖北江陵张家山 336 号汉墓，大约是文帝时期物②。此《朝律》与《史记》《汉书》所载汉七年叔孙通所订朝仪多所吻合，试将两者列表作一比较。

汉七年朝仪与张家山汉简《朝律》比较表

	《史记·叔孙通列传》	《汉书·叔孙通传》	张家山汉简《朝律》
朝位安排	传言"趋"。殿下郎中侠陛，陛数百人。功臣列侯诸将军军吏以次陈西方，东乡；文官丞相以下陈东方，西乡。大行设九宾，胪传	传曰"趋"。殿下郎中侠陛，陛数百人。功臣列侯诸将军军吏以次陈西方，东乡；文官丞相以下陈东方，西乡。大行设九宾，胪句传	趋。下就立（位）√少府中郎进……并趍（跪）大行左。大行进趍（跪）曰……后五步、北上，谒者一人立东陛者，南面、立定，典客言具，谒者以闻

① 引自胡平生《中国湖北江陵张家山汉墓出土竹简概述》，大庭脩主编《汉简研究国际シンポジウム92 报告书——汉简研究の现状と展望》，（日）关西大学出版部 1993 年版，第 273 页。简文中的标点，引者作了一些改动。

② 彭浩：《湖北江陵出土西汉简牍概说》，大庭脩主编：《汉简研究国际シンポジウム92 报告书——汉简研究の现状と展望》，第 171 页。

续表

	《史记·叔孙通列传》	《汉书·叔孙通传》	张家山汉简《朝律》
朝拜皇帝	于是皇帝辇出房，百官执职传警，引诸侯王以下至吏六百石以次奉贺。至礼毕，复置法酒。诸侍坐殿上皆伏抑首，以尊卑次起上寿。觞九行，谒者言“罢酒”。御史执法举不如仪者辄引去	于是皇帝辇出房，百官执戟传警，引诸侯王以下至吏六百石以次奉贺。至礼毕，尽伏，置法酒。诸侍坐殿上皆伏抑首，以尊卑次起上寿。觞九行，谒者言“罢酒”。御史执法举不如仪者辄引去	皇帝出房，宾九宾、及朝者

《朝律》大略可分为两个部分，一部分为朝位安排，亦即准备阶段；一部分为朝拜皇帝，亦即朝礼进行阶段。

在准备阶段中，又有先后两个环节，一是朝者入场及就位，《朝律》：“趋。下就立（位）√少府中郎进……并趍（跪）大行左。”与《史》《汉》中的“传言‘趋’。殿下郎中侠陛，陛数百人。功臣列侯诸将军军吏以次陈西方，东乡；文官丞相以下陈东方，西乡。”基本上属于这一环节，为朝者入场及就位情况。此即所谓“设九宾”之具体情况。二是准备工作就绪之后的传声上报，《朝律》：“大行进趍（跪）曰……后五步、北上，谒者一人立东陛者，南面、立定，典客言具，谒者以闻。”与《史》《汉》中的“大行设九宾，胪句传”基本上相当。《史》《汉》于此项内容比较简略，赖《朝律》而得以具体化，为：“大行进趍（跪）曰”→“典客言具”→“谒者以闻”，这种依次向上传言，即“胪句传”之具体过程。

从上述《朝律》可见：（1）大行在朝会司仪中责任繁重，“并趍（跪）大行左”表明在排列朝位时，大行被作为定位之标志。“大行进趍（跪）曰”，则表明当准备工作完毕之后，由其负责向其上级——典客报告。（2）在《史记》《汉书》中记载汉七年朝会时，并没有典客出现。而在汉简《朝律》中，典客与大行同时出现于朝会之中，不仅使我们清楚了典客与大行的相互关系，而且作为主官之典客亦参与其事，负责朝会之司仪。这是对于《史记》《汉书》的重要补充，证明《史》《汉》所载汉七年朝会中的“大行”为“典客”之属官，而二者是同时参与朝会礼仪事务的。大行负责陈设“九宾”，待来宾各就各位之后，亦即“九宾”排列完毕，大行负责向典客报告准备工作完成，典客获报之后，负责向谒者报告。两者各有所司，分工合作。(3）谒者得到典客报告之后，直接向殿上报告，于是皇帝出房，朝会正式开始。在《史》《汉》所载这一环节中，没有谒者的活动情况，赖《朝律》而得到补充。谒者为郎中令——光禄勋之属官，其职“掌宾赞受事”①。《朝律》“谒者以闻”即其在朝会中“宾赞受事”之具体情况。从这个环节中谒者的地位可见，他比大行、典客更亲近皇帝，他是在大行、典客与皇帝之间的一个链接环节。大行、典客在殿下值守，而谒者一人立于“东陛”，陛为殿侧台阶，谒者立于此，为殿下与殿上之间的联系人。何以如此安排，这是因为郎中令——光禄勋之职责“掌宫殿掖门户”②，宿卫宫门，地位亲近。其属官谒者亦为亲近侍卫。而大行、典客为宫外之行政官员，与宫内近侍自然有所差别。

在第二个阶段，朝拜皇帝阶段，亦即朝礼进行阶段中，《史》《汉》的记载较《朝律》为详，但是《朝律》的记载仍然提供了《史》《汉》所无之重要信息，即：皇帝出房之后，“宾九宾、及朝者”一句中所透露的重要信息——“九宾”在两汉之发展变化。兹请论“九宾”之内涵及其演变以明之。

《朝律》中的“宾九宾”，大体与《史》《汉》中的“引诸侯王以下至吏六百石以次奉贺。至礼毕，复置法酒。诸侍坐殿上皆伏抑首，以尊卑次起上寿。觞九行，谒者言‘罢酒’”等相当，是为皇帝“宾九宾”以及“九宾”朝拜皇帝之具体情况。但是，《朝律》于“宾九宾”之后还有宾“朝者”的内容，将“朝者”与“九宾”并列。也就是说，“朝者”与“九宾”是分为两部分人员的，“朝者”并不在“九宾”之中。所谓“朝者”，当指“九宾”之外的四方国、族之来朝者。

何谓“九宾”?《史记·叔孙通列传》《索隐》引韦昭曰：“九宾，则‘周礼’九仪也，谓公、侯、伯、子、男、孤、卿、大夫、士也。”③《周礼》曰：“大行人掌大宾之礼及大客之仪，以亲诸侯。”由大行人负责管理接待宾客的礼仪。郑玄注曰：“大宾，要服以内诸侯。大客，谓其孤、

① 《汉书》卷一九上《百官公卿表上》，第727页。
② 《汉书》卷一九上《百官公卿表上》，第727页。
③ 《史记》卷九九《叔孙通列传》，第2724页。

卿。”宾客由两部分人组成，一部分为“要服”之内的诸侯，一部分为周王朝的孤、卿。那么，如何区分和排列他们的等次和朝位呢？此即“以九仪辨诸侯之命，等诸臣之爵。”以“九仪”来区分和排列这两部分宾客的等次和朝位。郑玄注曰：“九仪，谓命者五，公、侯、伯、子、男也。爵者四，孤、卿、大夫、士也。”[①] 将诸侯区分为公、侯、伯、子、男五命，诸臣区分为孤、卿、大夫、士四爵，五命、四爵合为九命，是为“九仪”。以此二元组合为其等级朝位体制之特征。九命是九仪的依据和基础，九仪是九命在朝会礼仪中的体现。

周代的九仪到战国后期发展为“九宾”。秦昭王二十四年（前283）蔺相如奉赵惠文王命持和氏璧出使秦国，乃谓秦王曰：“和氏璧，天下所共传宝也，赵王恐，不敢不献。赵王送璧时，斋戒五日，今大王亦宜斋戒五日，设九宾于廷，臣乃敢上璧。”秦王“斋五日后，乃设九宾礼于廷，引赵使者蔺相如。”[②] 秦王政二十年（前227）燕国使者荆轲至咸阳，因秦王宠臣蒙嘉卑辞以求见，“秦王闻之，大喜。乃朝服，设九宾，见燕使者咸阳宫。”[③] 秦国设九宾以接待贵重宾客的记载再次出现。对于九宾与周礼九仪的关系，见解颇为分歧。《集解》引韦昭谓九宾即周礼九仪。而《正义》引刘伯庄则云：“九宾者，周王备之礼，天子临轩，九服同会。秦、赵何得九宾？但亦陈设车辂文物尔。”[④] 不同意将秦之“九宾”比拟于周礼九仪，这个意见有其合理的成分，秦礼并非照搬周礼，但是，两者之继承关系亦不可完全否定。在秦王政二十六年（前221）统一全国，废封建之前也是实行封建制的，秦孝公二十二年（前340）封卫鞅于於、商，号为商君[⑤]，即是其证。同时，其所推行的爵赏制度，亦以“明尊卑爵秩等级”[⑥] 为事。故其继承周代以来传统，在朝礼中采纳九仪，有其基础和前提。司马迁谓秦礼乃“依古以来”，统一六国之后仍“悉内六

① （汉）郑玄注，（唐）贾公彦疏，赵伯雄整理，王文锦审定：《周礼注疏》卷三七《秋官司寇·大行人》，北京大学出版社2000年版，第1161、1166页。

② 《史记》卷八一《廉颇蔺相如列传》，第2440—2441页。

③ 《史记》卷八六《刺客列传》，第2534页。

④ 《史记》卷八一《廉颇蔺相如列传》注引，第2441页。

⑤ 《史记》卷六八《商君列传》，第2233页。

⑥ 《史记》卷六八《商君列传》，第2230页。

国礼仪，采择其善。”① 可知秦礼与周礼有密切的传承关系是无疑的。

所谓九仪、九宾，其核心精神是按照不同等次以排列朝位，此即所谓“司仪辨等，尊卑以班”② 之谓。随着时代的发展变化，九仪、九宾的涵义也相应有所发展变化。《通鉴》胡注引刘原父曰：“宾，谓传摈之摈。九宾，摈者九人。”③ 将九宾解释为九种接待人员。韦昭与刘原父的两种说法实际上是从不同角度解释，他们并不矛盾，是可以统一的，九仪、九宾即将宾客区分为九等，同时亦设置相应的九等接待人员。汉七年叔孙通所订朝仪中之“九宾”是怎样的呢？汉七年正旦朝中的九宾，承周、秦传统仍然是二元组合的，史称“汉七年，长乐宫成，诸侯、群臣皆朝十月。”④ 表明其时朝会宾客由“诸侯”与“群臣”两部分成员构成，此与周礼九仪之由五命诸侯、四爵诸臣两部分人员组成，约略可以对应，此即“汉、魏粗依其制”⑤ 之谓。具体来说，排列于西方之“功臣列侯诸将军军吏”属于前者，排列于东方的“文官丞相以下”⑥ 属于后者。司马迁《汉兴以来诸侯王年表》序曰：“汉兴，序二等。”⑦ 所谓“二等”，即“大者王，小者侯也。”⑧ 这种“王”与周代的“王”性质是不同的，故应劭曰：“虽名为王，其实如古之诸侯。”⑨ 所谓“侯者百余人”，具体而言是：“高祖功臣百三十七人兼外戚及王子，凡一百四十三人。”⑩ 那么，汉七年有资格参加朝会的“诸侯”就是这些“王”“侯”。他们就是排列于西方上位的成员。以“王”“侯”为中心的“诸侯”何以与“功臣”和“诸将军军吏”同排列于一方？殆因汉初这些“王”“侯”多即“功臣”，两者基本上为一体，而这些“功臣列侯”为斩将搴旗将吏之佼佼

---

① 《史记》卷二三《礼书》，第1159页。

② （梁）萧统编，（唐）李善注：《文选》卷三（张衡）《东京赋》，上海古籍出版社1986年版，第108页。

③ （宋）司马光编著，（元）胡三省音注：《资治通鉴》卷七，秦始皇二十年（前227），中华书局1956年版，第227页。

④ 《史记》卷九九《叔孙通列传》，第2723页。

⑤ 《续汉书·礼仪志中》注引《决疑要注》，点校本《后汉书志》第五，第3130页。

⑥ 《史记》卷九九《叔孙通列传》，第2723页。

⑦ 《史记》卷一七《汉兴以来诸侯王年表》，第801页。

⑧ 《史记》卷一七《汉兴以来诸侯王年表》“集解”引韦昭曰，第802页。

⑨ 《史记》卷一七《汉兴以来诸侯王年表》“索隐”引，第801页。

⑩ 《史记》卷一八《高祖功臣侯者年表》“索隐”案，第878页。

者，故与其下之“诸将军军吏”本来就同一系列不可分割；而“文官丞相以下”排列于东方，一方面作为文官而与排列于西方的武官相对应，另一方面是作为“群臣”而与“诸侯”相对应。周代之诸臣，依其爵秩等级分为卿、大夫、士等不同等级，他们均为“北面之臣”[①]。故“文官丞相以下”之百官约略与其相对应。汉代这种东西两列排列的做法可以追溯至周代，西周康王即位后发布《康王之诰》，“王出，在应门之内，太保率西方诸侯，入应门左，毕公率东方诸侯，入应门右。”孔氏传曰：王“出毕门，立应门内之中庭，南面。”[②] 郑司农云：“王有五门，外曰皋门，二曰雉门，三曰库门，四曰应门，五曰路门。路门一曰毕门。外朝在路门外，内朝在路门内。”[③] 王出毕门，即赴外朝。其北面之臣排列方式，西方诸侯立于西方，东方诸侯立于东方。是周代朝礼亦将朝臣分为东西两列。《周礼》载：“朝士掌建邦外朝之法，左九棘，孤卿大夫位焉，群士在其后。右九棘，公侯伯子男位焉，群吏在其后。”[④] 则西列为孤卿大夫、群士，东列为公侯伯子男、群吏。汉七年排列于西方者，与前者相应，排列于东方者，与后者相应。但是汉初的百官体系所继承的不是周制而是秦制，而且周代尚无文武之分，战国后期始见，汉七年的文武之分殆亦为秦制。故汉七年的这种排列方式和内涵，应当是秦代朝礼中的排列方式与内涵的承袭。

而到了东汉时期，“九宾”的内涵发生了变化。《续汉书·礼仪志》“大鸿胪设九宾”，注引薛综曰：“九宾谓王、侯、公、卿、二千石、六百石下及郎、吏、匈奴侍子，凡九等。”[⑤] 这里的九宾较周、秦乃至汉初发生了两个变化：第一，从周、秦乃至汉初九仪、九宾中的二元组合变为三元组合。如前所述，九仪、九宾在周代是由诸侯“五命”与诸臣“四爵”，在汉初为“功臣列侯诸将军军吏”和“文官丞相以下”二元组合

---

① （汉）郑玄注，（唐）孔颖达疏，龚抗云整理，王文锦审定：《礼记正义》卷一一《王制》，孔颖达疏，北京大学出版社2000年版，第386页。

② （汉）孔安国传，（唐）孔颖达疏，廖名春、陈明整理，吕绍纲审定：《尚书正义》卷一九《康王之诰》，北京大学出版社2000年版，第608页。

③ 《周礼注疏》卷三五《秋官司寇·朝士》注引，第1098页。

④ 《周礼注疏》卷三五《秋官司寇·朝士》，第1098页。

⑤ 《续汉书·礼仪志上》注引“薛综曰”，点校本《后汉书志》第四，第3103页。

而构成的，现在这个九宾则由三个部分组成，王、侯为第一组合，公、卿、二千石、六百石下及郎、吏为第二组合，匈奴侍子等为第三组合，成为一种三元组合体。在原有两个组合基础上增加了新的一个组合，即以“匈奴侍子”为代表的“藩国”来朝者。这种新成分的增加，是汉代交聘关系发展在礼仪制度上的反映，这无疑是西汉中期以匈奴遣子入侍为代表之交聘关系现实的反映。故薛综所言九宾，应当是西汉后期和东汉时期的制度。第二，原有组成成分的内涵也相应有所变化。第一个组合以“王、侯”为代表的“诸侯”，与汉七年“九宾”中排列于西方者基本上相同。但是其实际的内涵已经有所变化，“旧列侯奉朝请在长安者，位次三公。中兴以来，唯以功德赐位特进者，次车骑将军；赐位朝侯，次五校尉；赐位侍祠侯，次大夫。其余以胏附及公主子孙奉坟墓于京都者，亦随时见会，位在博士、议郎下。”[①] 这里的“旧”指西汉，东汉已将列侯分解为四个层级，特进为第一层级，位次车骑将军[②]；朝侯为第二层级，位次五校尉[③]；侍祠侯为第三层级，位次大夫；第四层级为猥诸侯[④]，位次博士、议郎下。也就是说，王侯系统已经纳入了百官系统，这是一个方面。另一方面加入了四夷王侯，“四夷国王，率众王，归义侯，邑君，邑长，皆有丞，比郡、县。”[⑤] 这是汉代交聘关系发展的结果。第二个组合公、卿、二千石、六百石下及郎、吏，与汉七年位列东方的丞相以下百官相承袭，但是这已经完全依照汉代的官僚秩次等级体系而进行排序，而且在事实上是以这个官僚秩次等级体系为核心参照系而排列整个“九宾”位次，不仅如上述将王侯区分为四等而分别安置其位次于百官体系之中为然，而且将以“匈奴侍子”为代表的四夷王侯亦依据其身份等级而纳入汉朝的百官秩次等级体系之中了。从这个角度而言，汉代这个九宾体系实际上又可以说已经由周代二元结构的九宾体系而转变为一元性的——以汉官秩次等级为轴心的新的“九宾”体系了。

---

① 《续汉书·百官志五》，点校本《后汉书志》第二十八，第3630页。

② 《续汉书·百官志五》注引胡广《汉制度》曰：“功德优盛，朝廷所敬异者，赐特进，在三公下，不在车骑下。”点校本《后汉书志》第二十八，第3630页。

③ 《后汉书》卷一六《邓禹传》注引《汉官仪》曰：“其次朝侯，在九卿下。”（第607页）

④ 《续汉书·百官志五》注引胡广《制度》，点校本《后汉书志》第二十八，第3630页。

⑤ 《续汉书·百官志五》，点校本《后汉书志》第二十八，第3632页。

从西汉前期“九宾”与“朝者”分列，到东汉时期“朝者”融入“九宾”之中，一方面反映了汉皇朝与四方国、族交聘关系之发展，尤其是交聘关系中某些制度性事项的发展，如匈奴侍子之制度性派遣和常驻于汉廷；另一方面则反映了汉文化，特别是其政治制度对于四方国、族影响力的增强，四方国、族通过与汉的交聘关系而逐步对于汉文化采取接纳和认同的态度。

（原刊《东岳论丛》2010 年第 10 期。我们在黎虎先生遗存文稿中，发现了同名文章，经过与原刊文比对，知是黎虎先生刊后修订稿。今据黎虎先生刊后最新修订稿，并参校原刊文整理，原刊文为正文夹注，今统一改为页下注。李文才敬识。）

汉代的“三独坐”与朝会监察

汉代以御史中丞、司隶校尉和尚书令于朝会中独坐，号称“三独坐”，可以说是人所共知，为汉史中的常识。但是，为什么他们得以在朝会中独坐？却语焉不详，论者或笼统地，或分别论述此三者中的某一官职时说这是因为他们地位特殊，是对他们的尊重云云。然而他们何以地位特殊？何以受到尊重？仍然不得其解。兹不揣谫陋，试为揭橥。

一 “三独坐”问题的提出

“三独坐”何以在朝会中得享“独坐”之特殊对待？窃意“三独坐”问题必须与朝会问题联系起来，必须与他们在朝会中的职责联系起来分析，才能得其正解。易言之，三者得以在朝会中受到独坐之殊遇，及其在朝会中“独坐”的作用和意义，都是因为它们在朝会中肩负监察之特定职责所导致的。

朝会，尤其是正旦朝，是汉代最为隆重的典礼和规模盛大的集会。随着汉代交聘关系的发展，则在这种重要的礼仪性集会中，不仅国内王侯、百官济济一堂，而且外国和少数民族来朝者云集，人数众多、成员复杂、关系错综，因此，如何维持会场秩序和纪律，保证集会在礼仪和法纪的规范、约束下顺利进行，就成为朝会中的重要任务，其中监察工作就成为不可或缺的重要构成。监察官员与司仪、警卫等官员协同合作以保证朝会之有序、安全进行，从而共同构成朝会中三种重要的会务官员。对于“三独坐”与汉代朝会监察关系的问题，学界迄今未见专文讨论，因此这里略加论述。

西汉建立之初，“高帝悉去秦苛仪法，为简易。群臣饮酒争功，醉或妄呼，拔剑击柱，高帝患之。”[①] 朝会之无纲纪跃然可见。汉七年（前200）十月依据叔孙通所订朝仪举行正旦朝时，群臣“莫不振恐肃敬”“竟朝置酒，无敢讙哗失礼者。”[②] 朝会中的秩序和法纪有了根本性的改观，从而保证了朝会的顺利进行，令其达致最大限度的隆重性和严肃性的效果，故礼毕高帝不禁慨叹曰：“吾乃今日知为皇帝之贵也!”[③]。何以致此？其中的重要原因之一是在朝会中加强了监察执法的措施和力度。我们在汉七年的朝礼中已经看到这方面的端倪，如“御史执法举不如仪者辄引去”[④] 即是其证。正旦朝作为国家最隆重的盛典，参加人数后来一般在万人以上，宾客涵盖境内外，成员复杂，故需要采取强有力的监察措施。汉代朝会中的监察官员不仅有这里提到的御史，后来陆续增加了司隶、尚书等官员。此三者遂为汉代朝会中的主要监察官员。

由于御史、司隶、尚书在朝会中负责监察，故特设专席而坐，时人遂号之曰“三独坐”。关于“三独坐”，最早见于东汉初年，宣秉于“建武元年，拜御史中丞。光武特诏御史中丞与司隶校尉、尚书令会同并专席而坐，故京师号曰‘三独坐’。”[⑤] 此事之后，相继见于东汉初卫宏所作《汉旧仪》，曰：“御史中丞朝会独坐。出讨奸猾，内与尚书令、司隶校尉会同皆专席，京师号之曰‘三独坐’者也。”[⑥]《东观汉纪》亦有相关记载：“特诏御史中丞与司隶校尉、尚书令会同并专席而坐，故京师号‘三独坐’”[⑦]。东汉末应劭作《汉官仪》亦有类似记载，曰：“每朝会，尚书令、御史中丞、司隶校尉各独坐，故京师号曰‘三独坐’。”[⑧] 虽然“三

---

① （汉）司马迁撰，（南朝·宋）裴骃集解，（唐）司马贞索隐，（唐）张守节正义：《史记》卷九九《叔孙通列传》，中华书局1959年版，第2722页。

② 《史记》卷九九《叔孙通列传》，第2723页。

③ 《史记》卷九九《叔孙通列传》，第2723页。

④ 《史记》卷九九《叔孙通列传》，第2723页。

⑤ （南朝·宋）范晔撰，（唐）李贤等注：《后汉书》卷二七《宣秉传》，中华书局1965年版，第927页。

⑥ （唐）虞世南辑录：《北堂书钞·1》卷六二《设官部一四·御史中丞八十五》引《汉旧仪》，学苑出版社2015年版，第471页。

⑦ （唐）虞世南辑录：《北堂书钞·2》卷一三三《服饰部二·席十九》引《东观汉纪》，学苑出版社2015年版，第367页。

⑧ （唐）李林甫等撰，陈仲夫点校：《唐六典》卷一《尚书都省》注引，中华书局1992年版，第6页。

独坐”资料为论者所经常征引，然而对其意涵之解读却有所未逮。

首先，这些记载表明御史、司隶、尚书三者之“独坐”是在朝会这样一个特定场合，这不仅表示朝廷对他们的重视和尊重，也是其在朝会中责任重大之体现。古人席地而坐，一般均联席并坐，唯尊长独席而坐。《礼记》：“群居五人，则长者必异席。”郑玄注曰：“席以四人为节，因宜有所尊。”孔颖达疏曰：“古者地敷横席而容四人，四人则推长者居席端。若有五人会，应一人别席，因推长者一人于异席也。”① 因此“父子不同席”，郑玄注曰：“异尊卑也”②。朝会时一般均按照秩次等级接席而坐，尊重者可与其他人绝席而坐，是为“独坐”。司马彪《续汉书》：“张禹字伯达，迁太傅。朝夕进食，朝见特赞，与三公绝席。”③《通鉴》胡注曰：“绝席者，朝位独在百僚上，不与三公联席也。”④ 建武八年（32）中郎将来歙夺得略阳并击退隗嚣大军之围，光武帝甚悦，“于是置酒高会，劳赐（来）歙，班坐绝席，在诸将之右。”⑤ 来歙则在诸将之上独坐。他们由于受到尊重或立有大功而得到皇帝特赐而于朝会中专席而坐。御史、司隶、尚书三者之享有“独坐”殊遇，亦在朝会之中，这表明朝廷对于此三者格外重视和尊重，故《汉官仪》于“京师号曰‘三独坐’”之后有“言其尊重如此”⑥ 之语。他们之独坐是与朝会这样的特定场合联系在一起的。张禹、来歙等人之享受独坐待遇是作为特定个体的特定原因——他们的地位和功劳等而得到皇帝的特许，而御史、司隶、尚书三者之享有“独坐”虽然也是经皇帝特许，却是因为特定的工作的需要，具有制度性意义，两者是有所区别的。有的记载指“三独坐”于“会同”之中，如上引《后汉书·宣秉传》《汉旧仪》《东观汉纪》等。

---

① （汉）郑玄注，（唐）孔颖达疏，龚抗云整理，王文锦审定：《礼记正义》卷一《曲礼上》，北京大学出版社2000年版，第32—33页。

② 《礼记正义》卷二《曲礼上》，第59页。

③ 《北堂书钞·1》卷五二《设官部四·太傅十一》引《续汉书》，第390页。

④ （宋）司马光撰，（元）胡三省音注：《资治通鉴》卷四九，汉殇帝延平元年（106）正月，中华书局1956年版，第1563页。

⑤ 《后汉书》卷一五《来歙传》，第587页。

⑥ （宋）李昉等撰：《太平御览》卷二一〇《职官部八·尚书令》引，中华书局1960年版，第1007页。又，（唐）徐坚等：《初学记》卷一一《职官部上·尚书令》引应劭《汉官》亦有“言其尊重”语（中华书局1962年版，第260页）。

“会同”亦即朝会，《周礼》大宰之职：“大朝觐会同，赞玉币、玉献、玉几、玉爵。”郑玄注曰：“时见曰会，殷见曰同。大会同或于春朝，或于秋觐，举春秋则冬夏可知。”孔颖达疏曰：“诸侯为大会同而来，故称大朝觐。”① 可知朝会亦包括于会同之中，故班固赋正旦朝曰“春王三朝，会同汉京。”② 将朝会径称为“会同”。后世论者在征引这些资料时或将朝会这一特定前提去掉，如《后汉书·王常传》：建武七年（31），“使使者持玺书即拜（王）常为横野大将军，位次与诸将绝席。”注曰：“绝席谓尊显之也。《汉官仪》曰：‘御史大夫、尚书令、司隶校尉，皆专席，号三独坐。’”③ 在引用《汉官仪》时省去“朝会”④；《北堂书钞》《设官部一三·司隶校尉》引《东观汉纪》时则省去“会同”⑤，等。如此则其意不明，对于此三者何以享有“专席”之特权，故其意涵之解读不免受到一定影响。

其次，御史、司隶、尚书三者何以在朝会中享有“独坐”之殊遇？关于这个问题，《汉官仪》只是说“言其尊重”，杜佑亦只是说“言其尊也”⑥，都没有说明为什么要尊重他们。直至当代，论者于此亦多未加说明。台湾商务印书馆《辞源》“三独坐”词条曰：“御史中丞、司隶校尉、尚书令朝会时皆专席而坐。故曰三独坐。”⑦ 并没有说明何以令对其独坐。大陆商务印书馆《辞源》“三独坐”词条曰：“御史中丞、司隶校尉、尚书令是诸官的首长，京师号为三独坐。”⑧ 虽然给出了说法，认为此三者为“诸官的首长”，因而享受独坐待遇。但是这个说法是有问题的，是三者同为诸官的首长，还是三者各自为其所属诸官的首长？前者

---

① （汉）郑玄注，（唐）孔颖达疏，赵伯雄整理，王文锦审定：《周礼注疏》卷二《天官冢宰·大宰》，北京大学出版社2000年版，第58—59页。

② （梁）萧统编，（唐）李善注：《文选》卷一（班固）《东都赋》，上海古籍出版社1986年版，第35页。

③ 《后汉书》卷一五《王常传》，第581页。

④ 《初学记》卷一一《职官部上·尚书令》引应劭《汉官》亦记作：“司隶校尉、御史中丞、尚书令皆专席坐，京师号曰三独坐。”（第260页）也省去了“朝会”方面的内容。

⑤ 《北堂书钞·1》卷六一《设官部十三·司隶校尉八十一》引《东观汉纪》，第463页。

⑥ （唐）杜佑撰，王文锦、王永兴、刘俊文、徐庭云、谢方点校：《通典》卷二四《职官典六·中丞》，中华书局1988年版，第663页。

⑦ 《辞源》上册，（台湾）商务印书馆1984年版，第30页。

⑧ 《辞源》第一册，商务印书馆2001年版，第47页。

无稽固不待言，后者的问题是，中央政府“九卿”都可以说是各自所属诸官的首长，何以唯独这三者在朝会中独坐呢？仅以“三台”而言，尚书令为尚书台首长，御史中丞为御史台首长，谒者仆射为谒者台首长，何以唯其中二者享有独坐的殊遇而谒者仆射却没有呢？这个词条的解释存在问题，我们不能完全责怪词典编撰者，因为专业性词条之正确与否，取决于各相关专业之研究程度及其成果。因此，这个词条解释中的问题，实根源于史学界对于这个问题的研究情况。早年陶希圣、沈巨尘《秦汉政治制度》曰：“光武特诏御史中丞与司隶校尉、尚书令会同并专席坐，故京师号曰三独坐。”[①] 没有对此三者于朝会中给予独坐的原因作出解释，上引台湾商务印书馆《辞源》的解释基本相仿。当今，或谓“‘三独坐’显然是一种特殊地位”[②]，这个说法基本上没有超出《汉官仪》“言其尊重如此”之范围。

二 “三独坐”在朝会中的监察职责

御史、司隶、尚书于朝会中独坐，无疑是对他们的“尊重”。按照官阶品级而言，御史中丞秩千石[③]；尚书令秩千石[④]，如以公为之者，亦不过“增秩二千石”[⑤]；司隶校尉比二千石[⑥]，此三者官阶均在中二千石的“九卿”之下。何以“九卿”无此殊遇而此三者却有呢？这与御史、司隶、尚书三者于朝会中职司监察有关。也就是说，这是因为工作需要，即以此方式在朝会中表明他们地位的特殊性，宣示他们的监察权力来自于皇帝，从而提高他们的地位，加强其执法的权威性，以便更好地履行其监察职责。

（一）御史中丞

御史中丞在西汉为御史大夫之副，其职责“在殿中兰台，掌图籍秘书，外督部刺史，内领侍御史员十五人，受公卿奏事，举劾按章。”[⑦] 其

---

① 陶希圣、沈巨尘：《秦汉政治制度》，（上海）商务印书馆1936年版，第99页。

② 安作璋、熊铁基：《秦汉官制史稿》下册，齐鲁书社1985年版，第9页。

③ 《汉书》卷一九上《百官公卿表上》，第725页。又，（晋）司马彪撰，（梁）刘昭注补：《续汉书·百官志三》，点校本《后汉书志》第二十六，中华书局1965年版，第3599页。

④ 《续汉书·百官志三》，点校本《后汉书志》第二十六，第3596页。

⑤ 《续汉书·百官志三》注引蔡质《汉仪》，点校本《后汉书志》第二十六，第3596页。

⑥ 《续汉书·百官志四》，点校本《后汉书志》第二十七，第3613页。

⑦ 《汉书》卷一九上《百官公卿表上》，第725页。

办事机构设在宫中，其职责之特征主要是通过“执法”以监察百官，故御史中丞又称为御史中执法[①]。成帝绥和元年（前8）御史大夫更名为大司空，御史中丞改称御史长史，但是“官职如故”[②]。东汉时御史中丞为御史台率，文属少府，成为独立的监察机构。

御史中丞属官有侍御史十五人，“掌察举非法，受公卿群吏奏事，有违失举劾之。凡郊庙之祠及大朝会、大封拜，则二人监威仪，有违失则劾奏。”[③] 除了日常监察百官之外，遇有国家重要的礼仪性聚会，如祭祀、朝会、封拜等，亦由其负责监察执法，有二人专司监察威仪。朝会，尤其是正旦朝这样隆重的大型聚会，其执法任务遂责无旁贷地落到御史身上。早在汉七年的朝会中，我们就已经看到“御史执法举不如仪者辄引去”[④]，东汉的正旦朝中，亦有“御史四人执法殿下”[⑤] 的记载。由于御史中丞肩负朝会中的执法监察重任，因此在朝会中突出其地位，实乃其职责之所需，故史称其“执宪中司，朝会独坐。”[⑥] 显然，其“独坐”是在“朝会”这样的特定场合，是与朝会相联系的，而且与其“执宪”之特定职务是紧密相关的。因此，我们不能离开朝会来谈其独坐，也不能脱离其朝会监察来解释其独坐的原因。

御史之于朝会中监察，史传中亦留下一些具体事迹。东汉人陈翔被拜为侍御史，“正旦朝贺，大将军梁冀威仪不整，（陈）翔奏（梁）冀恃贵不敬，请收案罪，时人奇之。”[⑦] 这个记载表明，侍御史于正旦朝中具体行使监察之职责，监察对象上至如大将军这样高贵的权臣，监察内容包括朝会中的“威仪不整”，监察权限可以“请收案罪”。汉桓帝时，朱穆“举高第，拜侍御史。桓帝临辟雍，行礼毕，公卿出，虎贲置弓阶上，公卿下阶皆避弓。穆过，呵虎贲曰：‘执天子器，何故投于地!’

---

① 《汉书》卷一下《高帝纪下》注引晋灼曰：“中执法，中丞也。”（第72页）

② 《汉书》卷一九上《百官公卿表上》，第725页。

③ 《续汉书·百官志三》，点校本《后汉书志》第二十六，第3599页。

④ 《史记》卷九九《叔孙通列传》，第2723页。

⑤ 《续汉书·礼仪志中》注引蔡质《汉仪》，点校本《后汉书志》第五，第3131页。

⑥ 蔡质《汉仪》，司马彪《续汉书·礼仪志》刘昭注引，标点本《后汉书》，第3600页。

⑦ 《后汉书》卷六七《党锢列传·陈翔传》，第2213页。《北堂书钞·1》卷六二《设官部一四·侍御史八十七》引司马彪《续汉书》：“陈翔字子麟。迁侍御史。正朔旦朝贺，梁冀威仪不整，请收治罪，时人奇之。”（第474页）范晔《后汉书》所载当据此。

虎贲怖，即摄弓。穆劾奏虎贲抵罪。公卿皆惭，曰：‘朱御史可谓临事不惑者也。’”[①] 祀辟雍之礼类似正旦朝礼。光武帝中元元年（56）建辟雍以及明堂、灵台，合称“三朝”[②] 或“三雍”[③]。明帝永平二年（59）“春正月辛未，宗祀光武皇帝于明堂……礼毕，登灵台。”[④] 永平二年正月朔在癸丑，辛未为正月十九[⑤]。可知此次祀“三朝”是在是年正旦朝之后的第十九天。行“三朝之礼”亦为东汉时期与正旦朝同样重大的国家礼仪活动[⑥]，在这种聚会场合亦由御史监察执法。侍御史朱穆于辟雍礼毕发现负责警卫的虎贲将弓箭置于台阶，于是加以训斥和弹劾。其监察辟雍之礼的情况与上述陈翔于正旦朝中行使监察权当的情况一致。这里的监察对象是参与朝会警卫、与皇帝关系最为亲近的禁卫军——虎贲，监察内容是对于天子器之不恭，监察权限亦在于奏其抵罪。

上述事例表明，御史于朝会中的执法虽然严峻，但为公卿群臣所听从、慑服。由于御史执法对象包括高官显贵、近侍禁卫乃至皇亲国戚，没有相当权威是不可想象的。侍御史为御史中丞之属官，秩次不过六百石，朝会中突出御史中丞的地位，对于加强其属官在朝会中执法的权威性不是没有意义的。而对于秩次仅为千石的御史中丞来说，在朝会中独坐，表明其权力直接来自于皇帝，在这个特定场合是不能以官职大小、秩次高低而论的。

（二）司隶校尉

汉武帝征和（前92—前88）年间为“捕巫蛊”而设专官司隶校尉[⑦]，后逐渐转变为监察官员，其秩比二千石，但是权力很大，“掌察举百官以下，及京师近郡犯法者。”[⑧] “职在典京师，外部诸郡，无所不纠。封侯、

---

① 《后汉书》卷四三《朱穆传》注引司马彪《续汉书》，第1463页。

② 《后汉书》卷一下《光武帝纪下》，第84页；《后汉书》卷二《显宗孝明帝纪》，第103页。

③ 《后汉书》卷七九上《儒林传上·序》，第2545页。

④ 《后汉书》卷二《显宗孝明帝纪》，第100页。

⑤ 据陈垣《二十史朔闰表》推算，中华书局1962年版，第27页。

⑥ 《后汉书》卷二《显宗孝明帝纪》，第100—103页。

⑦ 司隶校尉设置时间，《汉书》卷一九上《百官公卿表上》谓征和四年（第737页），朱绍侯先生考证应为征和二年，说见氏著《浅议司隶校尉初设之谜》，《学术研究》1994年第1期。

⑧ 《续汉书·百官志四》，点校本《后汉书志》第二十七，第3613页。

外戚、三公以下，无尊卑。”① 其监察对象虽然广泛，但以京师地区公卿百官为主，在京师地区所举行的各种朝会活动中的监察遂成为其重要职责之一。因此，在各种公众聚会和朝会活动中其地位之特殊与其实际的秩级往往并不对等，就是与其需要在这些场合行使监察权有关。司隶校尉“初除，谒大将军、三公，通谒持板揖。公议、朝贺无敬。台召入宫对见尚书，持板，朝贺揖。”② 在其任职之初，需要按照惯例拜见大将军和三公，行“持板揖”之礼，而在公众活动场合和朝会时，则免去此礼；入宫对见尚书时需持板行礼，而在朝贺礼中则只需行揖礼即可，在公众场合或朝会时其无需或降低对于其他长官的礼敬。何以两种场合其礼仪有所差异？就是为了便于其能够在公众场合或朝会时更好地履行监察职责。其属官亦然，如都官从事“主察举百官犯法者”③，专门负责“主洛阳百官”，具体分管监察东都百官。其“朝会与三府掾同”④，朝会时其地位与中央最高行政长官三公府的员属相同，享受到与其实际级别不同的待遇，也是因为他们肩负这些场合中的监察职责有关。

关于“三独坐”设置时间，一般据《后汉书·宣秉传》谓在东汉建武元年（25）。但据《汉书·翟方进传》：“故事，司隶校尉位在司直下，初除，谒两府，其有所会，居中二千石前，与司直并迎丞相、御史。”⑤ 文中“有所会”，应当包括朝会在内，可知西汉时司隶校尉在朝会中已“居中二千石前”；杜佑亦谓司隶校尉在西汉时已“专道而行，专席而坐。”⑥ 据此则司隶校尉在西汉朝会时已经“独坐”了。卫宏《汉旧仪》曰：“御史中丞朝会独坐。出讨奸猾，内与尚书令、司隶校尉会同，皆专席，京师号之曰‘三独坐’者也。”⑦ 而“《汉旧仪》以载西汉之制为限”⑧。则“三独坐”设置时间问题似还有探讨的空间。

司隶校尉于朝会中执行监察职责，史传中亦有所反映。“梁冀执金

---

① 《续汉书·百官志四》注引蔡质《汉仪》，点校本《后汉书志》第二十七，第3614页。
② 《续汉书·百官志四》注引蔡质《汉仪》，点校本《后汉书志》第二十七，第3614页。
③ 《续汉书·百官志四》，点校本《后汉书志》第二十七，第3614页。
④ 《续汉书·百官志四》注引蔡质《汉仪》，点校本《后汉书志》第二十七，第3614页。
⑤ 《汉书》卷八四《翟方进传》，第3414页。
⑥ 《通典》卷三二《职官典十四·州郡上·司隶校尉》，第881页。
⑦ 《北堂书钞·1》卷六二《设官部一四·御史中丞八十五》引《汉旧仪》，第471页。
⑧ 周天游点校：《汉官六种·点校说明》，中华书局1990年版，第2页。

吾，岁朝，托疾不朝。司隶杨雄治之，诏以二月俸赎罪。”[①] 岁朝即正旦朝，这个记载表明“托疾不朝”亦属司隶校尉监察内容。梁冀于顺帝永和元年（136）拜河南尹，此前曾为执金吾[②]。执金吾负责宫外警卫，秩中二千石[③]，为朝廷禁卫军将领，其级别高于司隶校尉。可知司隶校尉监察对象包括级别高于他的中央政府官员。司隶校尉对于梁冀的处分，得到顺帝的支持，梁冀被处于免除两个月俸禄的责罚。“鲍永字君长，为司隶校尉。永性矜严公正，百僚忌难，每朝各加戒慎。”[④] 鲍永于建武十一年（35）被征为司隶校尉[⑤]。何以百官每当朝会时莫不格外“戒慎”？就是因为司隶校尉负有在朝会中监察职责，由于鲍永执法严峻故尔。司隶校尉在朝会中监察影响之大，于此可见一斑。

（三）尚书令

汉初承秦制，尚书为少府诸属官之一，以六百石之尚书令为其长官，因其“在殿中，主发书，故号尚书。尚犹主也。”[⑥] 武帝时以宦者为之，称为中书谒者令，成帝之后用士人为之，仍称尚书令，秩千石。东汉时尚书虽然仍文属少府，但实际上已经独立，被称为“中台”，与御史之“宪台”、谒者之“外台”，并称为“三台”[⑦]。这时不仅“众务悉归尚书，三公但受成事而已。”[⑧] 而且侵夺了九卿的许多政务，成为直接对皇帝负责、凌驾于公卿百官之上的特殊权力中心——“出纳王命，敷奏万机，盖政令之所由宣，选举之所由定，罪赏之所由正。”[⑨]

朝会作为国家最隆重的礼仪活动，总统万机的尚书负有更为全面和重大的职责。尚书虽然不是专职的监察机构，但是监察亦在其职责之中，其中包括朝会中的监察。故尚书令“每朝会，与司隶校尉、御史大夫中

---

① 《太平御览》卷二三七《职官部三五・左右金吾卫将军》引谢承《后汉书》，第 1123 页。
② 《后汉书》卷三四《梁冀传》，第 1178 页。
③ 《续汉书・百官志四》，点校本《后汉书志》第二十七，第 3605 页。
④ 《北堂书钞・1》卷六一《设官部一三・司隶校尉八十一》引《续汉书》，第 464 页。
⑤ 《后汉书》卷二九《鲍永传》，第 1020 页。
⑥ 《初学记》卷一一《职官部上・尚书令》引《汉官》，第 258 页。
⑦ 《初学记》卷一一《职官部上・尚书令》引《汉官》，第 259 页。
⑧ 《通典》卷二二《职官典四・尚书上・尚书令》，第 592 页。
⑨ 《通典》卷二二《职官四典・尚书上・尚书省》，第 588 页。

丞，皆专席坐。”[①] 此虽然与尚书作为权力中枢的特殊地位有关，但是在朝会中，而且是与另外两个专职监察官员——御史中丞与司隶校尉同时“独坐”，与其在朝会中亦负有监察职责不无关系。

谢承《后汉书》载：“张陵字处仲，清河人，为尚书。陵初为梁冀弟不疑所举孝廉。正月初岁，百官朝贺，（梁）冀恃豪势，不恤王宪，带剑入省。陵主台中威仪，叱冀使出，敕羽林虎贲夺其剑。冀跪谢长辞，（张陵）不应，即劾奏冀，诏以岁俸赎罪，百寮肃然。不疑谓陵曰：‘昔举君，适所以自罚也。’陵曰：‘明府不以陵之不德，误见擢序，不敢阿公，以报私恩。’不疑有惭色。”[②] 尚书设在省外、宫内[③]，梁冀因功于元嘉元年（151）经公卿大会议决，许其“入朝不趋，剑履上殿”[④]。汉代臣下未经特许，不得带剑上殿。这个事件发生于“元嘉中”的“岁首朝贺”[⑤]。其时梁冀已可以带剑入宫参加朝会，但是带剑入省是不允许的，因为省在宫内，是“君主平居燕处”[⑥] 的地区。这个资料表明：（1）尚书在朝会中亦主“威仪”事，权倾朝野的大将军梁冀在朝会时带剑入省，违反了法纪，触犯了“王宪”，故被尚书所弹劾。（2）尚书在朝会中不仅直接对于违法者施以训斥，而且有权指挥禁卫军处置违反法纪者，羽林、虎贲在朝会中负责宫殿陛阶之警卫，故张陵指挥他们当场夺下梁冀所佩剑。（3）尚书进而奏劾违纪者，报请廷尉论罪，而由皇帝裁决处置。（4）尚书对于权力、地位最高之权臣亦可督察，而“百寮肃然”，表明此乃其职责所在，毋庸异议。

谢承《后汉书》又载：“朱穆为尚书，岁初百官朝贺，有虎贲当阶，置弓于地，谓群僚曰：‘此天子弓，谁敢干越！’百僚皆避之。穆呵之曰：‘天子之弓，当戴之于首上，何敢置地，大不敬。’即收虎贲，付狱治罪，皆肃然服之。”[⑦] 此条与上引朱穆为侍御史时，于行辟雍礼时督察虎贲事

---

① （汉）应劭撰，（清）孙星衍校集：《汉官仪》卷下，周天游点校：《汉官六种》，第140页。

② 周天游辑注：《八家后汉书辑注（修订本）》之谢承《后汉书》卷三《张霸传附孙（张）陵传》，上海古籍出版社2020年版，第45页。

③ 杨鸿年：《汉魏制度丛考》，武汉大学出版社2005年版，第78、81页。

④ 《后汉书》卷三四《梁统列传附玄孙（梁）冀传》，第1183页。

⑤ 《后汉书》卷三六《张陵传》，第1243页。

⑥ 《汉魏制度丛考》，第9页。

⑦ 《太平御览》卷三四七《兵部七八·弓》引谢承《后汉书》，第1598页。

相同，这里将其职务记载为尚书，事件则发生于正旦朝时。张璠《后汉纪》亦记载此为朱穆任尚书时事[①]。案，朱穆先为侍御史，后为尚书[②]，曾先后担任此两种职务，我们难于确定此事是在朱穆担任何种职务时发生的。不过，这些记载表明不论侍御史还是尚书，在朝会时均有督察百官之职责，两者于朝会中的监察职责是相同的。

但是，尚书在朝会中的监察，又不完全等同于专职监察官——御史与司隶之职责，其监察范围和作用要更为宽广，体现于从方针政策、制度等方面保证朝会之顺利进行。

永宁元年（120），西南夷掸国王"献乐及幻人，能吐火，自支解，易牛马头。"次年元会时，遂将掸国所献音乐及杂技"作之于庭，安帝与群臣共观，大奇之。"谏议大夫陈禅独离席举手大声反对，曰："昔齐鲁为夹谷之会，齐作侏儒之乐，仲尼诛之。又曰：'放郑声，远佞人。'帝王之庭，不宜设夷狄之技。"反对在正旦朝中演出这样的"夷狄之技"。于是尚书陈忠劾奏陈禅曰："古者合欢之乐舞于堂，四夷之乐陈于门，故《诗》云'以《雅》以《南》，《韎》《任》《朱离》'。今掸国越流沙，踰县度，万里贡献，非郑卫之声，佞人之比，而禅廷讪朝政，请劾禅下狱。"尚书陈忠要求将陈禅治罪下狱，"有诏勿收，左转为玄菟候城障尉"，但是如果陈禅"敢不之官，上妻子从者名"[③]，附加了严厉的条件。这条资料表明：（1）陈禅的行为提出了两个问题，一是对于在正旦朝中是否应该演出"夷狄之技"，朝臣有两种对立的意见；二是陈禅在正旦朝中公然对于朝会进程中的一个重要环节和内容提出异议，而在这个盛大的集会上，不仅有国内的文武百官、少数民族来宾，而且有外国来宾和演员。陈禅在这种场合离席大声提出反对意见，想必在当时中外宾客云集的朝会上引起不小的骚动。（2）因此，对于陈禅的行为有两个问题需要处理，一是对于他的反对意见应当如何处置，他的意见正确与否，是汉皇朝在发展交聘关系和对外文化交流中必须面对和解决的重要问题。

---

① 《太平御览》卷二一二《职官部一〇·总叙尚书》引，第 1015 页。

② 参见《后汉书》卷四三《朱穆传》，第 1463、1472 页；又见（清）严可均辑《全上古三代秦汉三国六朝文》之《全汉文》卷七四（蔡邕）《鼎铭》，中华书局 1958 年版，第 877 页。

③ 《后汉书》卷五一《陈禅传》，第 1685 页。按，《北堂书钞·1》卷五六《设官部八·谏议大夫四十四》引谢承《后汉书》所载略同，第 424 页。范书当本此。

二是应当如何处置陈禅在这种隆重的、盛大的礼仪场合中的行为。（3）尚书负责上述问题之解决。对于陈禅的行为的处置，主要是解决第一个问题，这个问题解决了，第二个问题就比较容易解决了。史称“邓太后时，西夷檀国来朝贺，诏令为之。而谏大夫陈禅以为夷狄伪道不可施行。”[①] 即指此事。可知这次演出掸国所献伎艺的决定是由最高统治者皇帝做出的，陈禅的意见是对皇帝决策的对抗。尚书陈忠根据古代交聘关系中对待外来文化的历史，作出了判断，证明了在朝会中演出“夷狄之技”的正确性。据应劭的说法：元会“后数日，尚书陈忠案《汉旧书》，乃知世宗时犛靬献见幻人，天子大悦，与俱巡狩，乃知古有此事。”[②] 则陈忠不仅根据先秦时期的历史经验，而且根据西汉时期的历史经验[③]，找到了充足的历史根据。陈忠花了数天时间查阅的《汉旧书》，即汉朝施政中的“故事”，表明汉代在对外交聘中的事件、举措均有相关文书，并作为档案资料而保存。而这些档案资料是保存在尚书台中的[④]。陈忠为尚书令，“数进忠言，辞旨弘丽，前后所奏，悉条于宫上阁，以为故事。”[⑤] 郑弘为尚书令，“前后所陈有补益王政者，皆著之南宫，以为故事。”[⑥]（4）由于陈禅的意见被认为是错误的，违反汉代传统的礼仪和交聘关系惯例和准则，因而受到惩罚。（5）尚书对于朝会的监察体现于对于方针政策的监察和把握。这个事件的处理，是尚书“政令之所由宣”和“罪赏之所由正”[⑦] 的生动体现。可以说，尚书是在更高层次、更广阔的范围对朝会进行监察的。

又据谢承《后汉书》载：“陈禁字子雅，拜尚书。公卿朝，日晏无诏。禁问台上故事何时可罢，对言已食辄有诏罢，今已晏。禁曰：‘宁可

---

① 《汉书》卷六一《张骞传》注引，第2696页。

② 《汉书》卷六一《张骞传》注引，第2696页。

③ 世宗指汉武帝，《汉书》卷八《宣帝纪》：本始二年（前72）“六月庚午，尊孝武庙为世宗庙。”（第243页）又，《续汉书·祭祀志下》注引袁山松《后汉书》载蔡邕议曰：“孝宣尊崇孝武，庙称世宗。”（点校本《后汉书志》第九，第3199页）

④ 详见黎虎《汉唐外交制度史》，兰州大学出版社1998年版，第75—76页。

⑤ 《太平御览》卷二一〇《职官部八·尚书令》引《东观汉纪》，第1007页。按，“宫”前似夺一“南”，南宫即尚书台，参见下引郑弘事。

⑥ 《后汉书》卷三三《郑弘传》，第1155页。

⑦ 《通典》卷二二《职官典四·尚书上·尚书省》，第588页。

白耶?'尚书郎以上方宴乐，不敢白。禁使罢公卿。既罢，上问左右：'今未有诏而罢朝，何也?'尚书直对曰：'陈禁命罢。'上曰：'勿复问也。'"[①] 这条资料表明：（1）有关朝会的法令、故事由尚书负责，保存于尚书台中，如同上述资料所表明的一样。因此，朝会之进程需依据尚书台所保存的"故事"为准则而进行。（2）朝会中如果遇到什么问题时，例如这次关于朝会是否继续进行的问题，由尚书负责向皇帝请示，以作决定。（3）皇帝因宴乐而致日晏无诏罢朝时，尚书可权宜宣布罢朝，公卿皆听命于他。（4）尚书的决定，事后得到皇帝的认可。（5）尚书为朝会总管。所谓"总典纲纪，无所不综。"[②] "政令之所由宣"[③]，亦体现于朝会这一具体政务之中。

三　余论

就日常监察事务而言，已经有了专职监察官员御史与司隶，何以在朝会中除了这两种专职监察官员之外又增加尚书，从而形成三位一体之监察体制呢？这是为了在朝会中形成一种分工合作而又相互制约的监察机制，从而更为有力地保证朝会的监察工作，保证朝会在皇帝的有效监控之下按照既定礼仪和法纪进行。御史与司隶作为专职监察官员，在日常的行政运作中已经存在相互制约的机制，当时制度规定"御史中丞督司隶"[④]，秩千石的御史中丞[⑤]，可以督察秩比二千石的司隶校尉[⑥]，就是为了监察工作的相互制约。但是到了成帝时，"及御史大夫转为大司空，而中丞出外为御史台率。"[⑦] 御史成为独立的监察机构——御史台，已经从宫内移至宫外，而尚书台作为宫内行政中枢，权力却日益膨胀。"御史中丞遇尚书丞、郎，避车执板住揖，丞、郎坐车举手礼之，车过远乃去。"[⑧] 尚

① 《太平御览》卷二一二《职官部一〇·总叙尚书》引，第1014页。

② 《北堂书钞·1》卷五九《设官部一一·尚书令七十二》引《汉官典职》，第446页。

③ 《通典》卷二二《职官典四·尚书上·尚书省》，第588页。

④ 《北堂书钞·1》卷六二《设官部一四·御史中丞八十五》引《汉旧仪》，第470页。

⑤ 《汉书》卷一九上《百官公卿表上》，第725页；《续汉书·百官志三》，点校本《后汉书志》第二十六，第3599页。

⑥ 《续汉书·百官志四》，点校本《后汉书志》第二十七，第3613页。

⑦ 《通典》卷二四《职官典六·中丞》，第663页。

⑧ 《续汉书·百官志三》注引蔡质《汉仪》，点校本《后汉书志》第二十六，第3598页。

书作为朝会“三独坐”之一，不仅与御史、司隶分工合作进行监察，而且形成行政中枢对于专职监察官员的一种制约关系。尚书作为宫内官，与皇帝的关系较其他监察官员更为亲近，更有利于保证皇帝的安全，上述梁冀于朝会时带剑入省，被尚书张陵查处事件证明了这一点；也更有利于皇帝对朝会的监控，上述尚书陈禁事中，关于朝会何时结束、是否结束的问题中表明了这一点；也更为有利于皇帝对朝会的既定意图的贯彻执行，上述尚书陈忠对于谏议大夫陈禅反对于朝会中演出“夷狄之技”的事件表明了这一点。尚书作为特殊权力中心之参与朝会监察，一方面是在方针政策和制度等更高层面上进行监察，而与专职监察官员之监察有所差异；另一方面则在原有监察官员相互制约机制上形成行政中枢与专职监察官员的一种相互制约关系，形成三位一体之监察机制，从而更为有力地保证朝会在皇帝的有效监控之下按照既定礼仪和法纪进行。

（原刊《贵州社会科学》2010 年第 11 期。我们在黎虎先生遗存文稿中，发现了同名文章，经过与原刊文比对，知是黎虎先生刊后修订稿。今据黎虎先生刊后最新修订稿，并参校原刊文整理，原刊文为尾注，今统一改为页下注。李文才敬识。）

汉代“天子三玺”在外交中的应用

“天子三玺”是中国古代外交工作的专用印玺，汉代是这一用玺制度的奠基时期，但是汉代有关载籍对其具体的应用，记载残缺不全，说法不一，颇为紊乱，迄今未见有所论述者，本文试图梳理相关记载以厘清这一问题。

玺在古代是标志国家权力的信物。秦汉时期确立了“六玺”制度，其中“皇帝三玺”用于内政，“天子三玺”用于外交，此后历代相承不废。“玺”在先秦为印章之通称，“尊卑共之”①，自秦代开始专指皇帝之印，“秦以前，民皆以金玉为印，龙虎钮，唯其所好。秦以来，天子独以印称玺，又独以玉，群臣莫敢用。”② 于是以玉石为印材、印文为“玺”者成为皇帝所独有的印章，是为皇帝专用之玺，皇帝之外的臣下、百姓只能以金、铜等为印材，不得称为“玺”。汉元年（前206）十月秦王子婴“封皇帝玺符节，降轵道旁”③，将皇帝专用的“玺”与符节等其他信物一并交出，意味着向刘邦交出权力，从而宣告秦亡汉兴。因此，玺被视为“国器”，应“常当缄封”④，严加保管。汉昭帝去世后，以霍光为首的群臣立昌邑王刘贺继位，刘贺“即位，行淫乱”⑤。于是霍光等人上

---

① （汉）司马迁撰，（南朝·宋）裴骃集解，（唐）司马贞索隐，（唐）张守节正义：《史记》卷六《秦始皇本纪》“集解”引蔡邕语，中华书局1959年版，第228页。

② 《史记》卷六《秦始皇本纪》“集解”引卫宏曰，第228页。

③ 《史记》卷八《高祖本纪》，第362页。

④ （汉）班固撰，（唐）颜师古注：《汉书》卷六八《霍光传》注，中华书局1962年版，第2943页。

⑤ 《汉书》卷六八《霍光传》，第2937页。

书上官皇太后列举其种种为非作歹行径而废之，其中之一是“受皇帝信玺、行玺大行前，就次发玺不封”①，指责刘贺于昭帝灵柩前接受了皇帝信玺及皇帝行玺之后，回到其住所，即将封装的御玺打开，并且没有及时加以封装，“得令凡人皆见，言不重慎也。”② 由此可知帝玺之重要性和严肃性。秦设置符玺令③，掌管皇帝之玺，汉承秦制，西汉少府属官有符节，设令、丞以掌其事④，到东汉时已“别为一台”⑤，其属官有“尚符玺郎中四人”⑥ 具体掌管皇帝之玺。汉代法律规定：“伪写皇帝信玺、皇帝行玺，要斩以匀。”⑦ 如有仿造皇帝信玺、皇帝行玺者，处以腰斩并示众的重刑。皇帝有六玺，何以这里只提到信玺和行玺呢？或谓“汉初有三玺，天子之玺自佩，行玺、信玺在符节台。”⑧ 盖因此两玺为国事所用较繁，使用频率较高，故存放于符节台中，也正因为这样，其被模仿的可能性也就相应较大。南越王赵胡的墓葬中出土了一枚“文帝行玺”金印⑨，此即南越王僭汉称帝时所刻印玺。赵胡死后其子婴齐继位，“即臧其先武帝、文帝玺”⑩，可知赵胡之祖父赵佗亦有“帝玺”，这无疑是模仿汉皇室用玺制度而刻制的。

“三玺”何时演变为“六玺”不明，不过一般认为“六玺”制度是秦代所创，“乘舆六玺，秦制也。曰‘皇帝行玺’‘皇帝之玺’‘皇帝信

---

① 《汉书》卷六八《霍光传》，第 2940 页。

② 《汉书》卷六八《霍光传》，颜师古注，第 2943 页。

③ 《史记》卷八七《李斯列传》，第 2547 页。战国时期秦已有此官，（汉）宋衷注，（清）秦嘉谟等辑：《世本八种》之《世本·秦嘉谟辑补本》卷七上《氏姓篇》：符氏，“鲁顷公之孙公雅仕秦为符玺令，因而氏焉。”（商务印书馆 1957 年版，第 205 页）

④ 《汉书》卷一九上《百官公卿表上》，第 731 页。

⑤ （唐）杜佑撰，王文锦、王永兴、刘俊文、徐庭云、谢方点校：《通典》卷二一《职官典三·门下省·符宝郎》，中华书局 1988 年版，第 558 页。

⑥ （晋）司马彪撰，（梁）刘昭注补：《续汉书·百官志三》，点校本《后汉书志》第二十六，中华书局 1965 年版，第 3599 页。

⑦ 张家山二四七号汉墓竹简整理小组：《张家山汉墓竹简》之《二年律令释文注释·贼律》，文物出版社 2001 年版，第 134 页。

⑧ 《汉书》卷六八《霍光传》注引孟康曰，第 2942 页。

⑨ 广州市文物管理委员会、中国社会科学院考古研究所、广东省博物馆：《西汉南越王墓》（上），文物出版社 1991 年版，第 204—207 页。

⑩ 《汉书》卷九五《西南夷两粤朝鲜传·南粤王赵佗传附曾孙赵婴齐传》，第 3854 页。

玺’‘天子行玺’‘天子之玺’‘天子信玺’，汉遵秦不改。”① 汉承秦制，继续行用“六玺”制度。此六玺各有不同用场，“所封事异，故文字不同。”② 其中“皇帝三玺”主要用之于内政，“天子三玺”主要用之于外交，后者又根据不同的外交事项而使用不同的玺。“六玺”制度虽然在秦代已经出现，但是其中的“天子三玺”是在汉代才真正被广泛应用于外交事务。这是因为汉代进入中国古代外交发展的历史新阶段，“天子三玺”制度随着汉代外交的发展而得到广泛运用，从而确立并完善了这一用玺制度。可以说“天子三玺”之制是在汉代才真正得以发展起来的，它是汉代外交发展的结果。“天子三玺”制度的确立，是汉代外交发展及其在礼仪制度上的一个体现。

虽然“天子三玺”在汉代开始得以广泛应用，但是它们是如何按照不同外交事项而被使用的，《汉书·百官公卿表》和《续汉志》都没有记载，幸赖《汉旧仪》（或称《汉官旧仪》）、《汉官仪》和《汉仪》三书有所记载。但是，此三书所记“天子三玺”在汉代的用场颇有歧异，兹列下表以示之。

汉代“天子三玺”应用表

天子之玺	天子行玺	天子信玺	资料出处
	策拜外国		汉旧仪（《续汉书·舆服志下》引，第3673页）
赐匈奴单于、外国王书	封拜外国及征召	有事及发外国兵	汉仪（《唐六典·门下省》引，第252页）
外国事	徵大臣	鬼神事	汉仪（《唐六典·门下省》引，第252页）
	策拜外国及事天地鬼神		汉官仪（《通典》卷63引，第355页）
事天地鬼神	外国事		汉旧仪（《太平御览》卷682引，第3045页）
策拜外国事	徵大臣	事天地鬼神	汉官旧仪（《汉官六种》，第31页）
策拜外国事	徵大臣	事天地鬼神	汉旧仪（《汉官六种》，第62页）

① （唐）房玄龄等撰：《晋书》卷二五《舆服志》，中华书局1974年版，第771—772页。

② （唐）李林甫等撰，陈仲夫点校：《唐六典》卷八《门下省·符宝郎》引虞喜《志林》，中华书局1992年版，第252页。

由上表可见，“策拜外国”（“封拜外国”）或谓以“天子之玺”，或谓以“天子行玺”；“外国事”亦或谓以“天子之玺”，或谓以“天子行玺”；而“赐匈奴单于、外国王书”以及“发外国兵”则仅见于《汉仪》，不见于其他二书。那么，“策拜外国”（“封拜外国”）之玺究竟以哪个玺文为是？仅见于《汉仪》的“赐匈奴单于、外国王书”以及“发外国兵”所用之玺是否可信？所谓“外国事”又究竟为何？

《汉旧仪》《汉官仪》和《汉仪》三书，与《汉官》《汉官解诂》及《汉官典职仪式选用》三书共同构成所谓“汉官六种”，均为东汉人所著，是为记载汉代职官制度仪式的重要史籍。可惜此六书至明清之际已先后散失殆尽，今所见《汉官六种》主要为清人从散见于历代著述的引用中所缀辑而成①。在《汉官六种》原书已经不见的情况下，由于散见于历代著述中而经过展转传写、引用，自然难免存在遗漏、脱落、讹误等缺失或错误，因此，今所见诸书所引及今本《汉官六种》必定有相当缺失或讹误，例如，同样是《汉旧仪》所记“天子行玺”，《续汉书·舆服志下》引作用于“策拜外国”，《太平御览》卷六八二引作用于“外国事”，今所见《汉官六种》则记作用于“徵大臣”；甚至同一书所引亦相互有异，同样是《唐六典》所引《汉仪》，“天子之玺”或作用于“赐匈奴单于、外国王书”，或作用于“外国事”，“天子行玺”或作用于“封拜外国及徵召”，或作用于“徵大臣”，“天子信玺”或作用于“有事及发外国兵”，或作用于“鬼神事”。凡此种种，不一而足。这些记载，孰是孰非？故给研究汉代“天子三玺”制度带来困惑，而这些相互牴牾的记载如果不加辨析，则无所适从，“天子三玺”在汉代究竟如何应用，也就无法弄清楚。

那么，汉代“天子三玺”的用法究竟如何？我们试从下面三个方面加以探讨。

其一，从汉代“皇帝三玺”的用法以观之。

汉代“六玺”是由“皇帝三玺”和“天子三玺”组成的，两者的应用是互相对应的，《唐律释文》说唐代“天子三宝”的用法与“皇帝三

① 参见（清）孙星衍等辑，周天游点校《汉官六种》“点校说明”，中华书局1990年版，第1—5页。

宝”相同，“惟施蕃国也”[①]，两者用法的区别只在于前者用于“蕃国”，后者用于本国而已，这是汉代以来的用玺制度传统。因此，我们先看看“皇帝三玺”在汉代的应用情况，以推断“天子三玺”的应用。“皇帝三玺”的应用情况与“天子三玺”的应用情况一样，仍然仅见于《汉旧仪》《汉官仪》和《汉仪》三书，兹列下表以示之。

汉代“皇帝三玺”应用表

皇帝之玺	皇帝行玺	皇帝信玺	资料出处
赐诸侯王书	凡封[②]	发兵徵大臣	汉旧仪（《续汉书·舆服志下》引，第3673页）
赐诸侯王书	凡杂	发兵	汉仪（《唐六典·门下省》引，第252页）
	赐诸侯王书	发兵徵大臣	汉旧仪（《太平御览》卷六八二引，第3045页）
赐诸侯王书	凡封	发兵	汉官旧仪（《汉官六种》，第30—31页）
赐诸侯王书	凡杂	发兵	汉旧仪（《汉官六种》，第62页）
赐王侯书	凡封	发兵徵大臣	汉官仪（《汉官六种》，第187页）

从上表可见，关于“皇帝三玺”用法的记载，其一致性强于“天子三玺”。两者记载上的这种差异，当与两者使用频度和范围的差异有关，“皇帝三玺”用于内政，其使用的范围和频度自然要超过“天子三玺”，虽然汉代外交有了很大发展，其使用频度与范围远远超过秦代，但是就汉代而言，内政事务的繁数程度超过外交方面，也是很自然的。因此，“皇帝三玺”较“天子三玺”更为人们所耳熟能详，其传写错误的频率相对来说也应当小一些。在汉代的皇帝六玺之中，今传世者有“皇帝信玺”所使用留下的封泥，使我们仍然得以窥其真容[③]，这从一个侧面表明“皇帝三玺”之使用频率应当高于“天子三玺”。

从上表观之，其中“皇帝之玺”用于文书，“皇帝信玺”用于发兵，

① （元）王元亮重编：《唐律释文》，（唐）长孙无忌等撰，刘俊文点校：《唐律疏议》附录，中华书局1983年版，第645页。“开元岁中，改玺曰‘宝’”（《唐律疏议》卷一，第11页）。

② 《续汉书·舆服志下》引《汉旧仪》，中华书局标点本作：“凡六玺。皇帝行玺，凡封之玺赐诸侯王书；信玺，发兵徵大臣。”（点校本《后汉书志》第三十，第3673页）窃意这段记载中的标点不妥，似应改作：“凡六玺。皇帝行玺，凡封；之玺，赐诸侯王书；信玺，发兵徵大臣。”

③ （清）吴式芬、陈介祺撰：《封泥考略》卷一，收录有“皇帝信玺”封泥，浙江人民美术出版社（据光绪三十年上海石印本）2013年版，第139页。

基本上是一致的，表明关于此两玺用法的记载应当是可信的。唯“皇帝行玺”用法的记载存在一些差异，其中以“凡封”为多，“凡杂”次之，“赐诸侯王书”为个别。如果关于“皇帝之玺”与“皇帝信玺”用法的记载是可信的，那么“皇帝行玺”的用法应当就是用于册封，而恰恰有关“皇帝行玺”用法的记载中以“凡封”为多，看来不是偶然的。将此表与上面的《汉代“天子三玺”应用表》对照可以看出，“皇帝三玺”的用法在“天子三玺”中都有相应的用法。由“皇帝三玺”的用法推之，则“天子三玺”中的“天子之玺”用于文书，“天子行玺”用于册封，“天子信玺”用于发兵的可能性是最大的。

其二，从后代的用法以观之。

汉代的“皇帝六玺”制度在其后的皇朝中基本上得以继续行用，因此我们考察后代的“六玺”用法有助于推知其在汉代的用法。但是，汉代以后由于政治上的分裂和社会的动乱，文化上也遭受影响，导致载籍有所缺失，唐人杜佑在梳理玺印制度时即已慨叹：“秦汉以降，逮于周隋，既多无注解，或传写讹舛，有义理难明，虽研核莫辨。今但约其本史，聊存一代之制，他皆类此。览之者，幸详察焉。”[①] 因为在杜佑那个时代，不仅“汉官六种”已经残缺不全，而有“传写讹舛”之憾，而且诸多正史也存在缺陷，如《三国志》《梁书》《陈书》《北齐书》《北周书》等均无“志”，有的虽然有“志”但其系统性、完整性差强人意，《宋书》《南齐书》《魏书》等虽然有“志”，但关于玺印制度则往往缺载或语焉不详，因此导致魏晋南北朝诸多制度缺失，包括“六玺”制度在内，以致“义理难明”“研核莫辨”了。这是问题的一个方面。

另一方面，用玺制度又有很强的承袭性。秦汉时期的帝玺除了“六玺”之外尚有“传国玺”，合而谓之“七玺”。传国玺乃“秦始皇初定天下所刻……丞相李斯所书，其文曰‘受命于天，既寿永昌’。”[②] 历代

---

① 《通典》卷六三《礼典二十三·沿革二十三·嘉礼八·天子诸侯玉佩剑绶玺印》注，第1752页。

② （南朝·宋）范晔撰，（唐）李贤等注：《后汉书》卷一上《光武帝纪上》注引《玉玺谱》，中华书局1965年版，第33页。

“宝而不用”“明受之于运”[①]。秦亡，“子婴上始皇玺，因服御之，代代传受，号曰‘汉传国玺’也。”[②] 不仅“汉诸帝世传服之”[③]，而且“历代递用”[④]，南朝沈约谓其“魏、晋至今不废。”[⑤] 或谓“汉灭传魏，魏又传晋。怀失政，玺投刘聪。聪死，刘曜得之，传于石勒、季龙、冉闵。季龙磨其隐起之文，刻其旁曰：天命石氏。冉闵败，其将蒋干以玺送建业，历东晋宋齐梁。侯景陷台城，简文以玺上景。景将侯子般盗玺走至栖霞寺，僧惠永得之。陈永定三年僧死，弟子普智奉玺献陈。陈止传隋，隋末没于宇文化及，及又没于窦建德。至大唐武德四年，太宗文武皇帝为天策上将军，东讨擒窦建德，德妻曹氏及左仆射裴矩奉玺上献。”[⑥] 据此可见“传国玺”是从秦汉一直承袭下来的。“六玺”与“传国玺”不同，是实际应用于行政事务的印玺，并非历代相承而用。东汉末年，“汉室之乱，天子北诣河上，六玺不自随，掌玺者投井中。”[⑦]“时六玺不自随，及还，于阁上得。”[⑧] 此后“六玺”下落不明，“吴无刻玉工，以金为玺。孙皓造金玺六枚是也。”[⑨]“太康之初孙皓送金玺六枚，无有玉，明其伪也。”[⑩] 表明汉代的“六玺”已经不传，新皇朝均重刻“六玺”。及至北齐“皇帝三玺”“并白玉为之”，而“天子三玺”则“并黄金为之”，而北周则“六玺皆白玉为之”[⑪]。虽然六玺由历代皇朝重新刻制，其质地也有所变化，但是其文字和使用制度则历代相承，“齐乘舆制六玺，以金为之，并依秦汉之制。”“梁制，乘舆印玺，并如齐制。”“陈制，永定元年，

---

① （宋）司马光编著，（元）胡三省音注：《资治通鉴》卷一七五，陈宣帝太建十三年（581）二月胡注，中华书局1956年版，第5433页。

② 《史记》卷八《高祖本纪》“索隐”引《汉官仪》，第362页。

③ 《史记》卷六《秦始皇本纪》“正义”引崔浩云，第228页。

④ （唐）李延寿撰：《南史》卷二七《孔琳之传》，中华书局1975年版，第733页。

⑤ （梁）沈约撰：《宋书》卷一八《礼志五》，中华书局1974年版，第506页。

⑥ （清）董诰等编：《全唐文》卷一四九（褚遂良）《玉玺记》，中华书局1983年版，第1513页。

⑦ 《续汉书·舆服志下》注引《吴书》，点校本《后汉书志》第三十，第3673页。

⑧ 《续汉书·舆服志下》注引《献帝起居注》，点校本《后汉书志》第三十，第3673页。

⑨ 《宋书》卷一八《礼志五》，第506页。

⑩ （晋）陈寿撰，（南朝·宋）裴松之注，陈乃乾校点：《三国志》卷四六《吴书·孙破虏讨逆传》注引《江表传》，中华书局1959年版，第1099页。

⑪ （唐）魏徵，令狐德棻撰：《隋书》卷一一《礼仪志六》，中华书局1973年版，第239、250页。

武帝所定乘舆服御，皆采梁旧制。”“北齐制，天子六玺，并因旧式。”北周“其六玺，并因旧制，皆白玉为之。”隋制六玺，“行用并因旧制”①。可以说印玺的文字和应用是一脉相承的。只是到了唐代，不仅将“玺”改称“宝”，而且“六宝”的应用也发生了变化，兹不具论。

现在我们就来看看汉唐间“六玺”制度有明确记载的北齐、北周和隋代的情况，分别列表如下：

北齐、北周、隋“皇帝三玺”应用表

皇朝	皇帝之玺	皇帝行玺	皇帝信玺	出处
北齐	赐诸王书	封常行诏敕	下铜兽符，发诸州征镇兵，下竹使符，拜代徵召诸州刺史	《隋书》卷一一《礼仪志》，第239页
北周	与诸侯及三公书	封命诸侯及三公	发诸夏之兵	《隋书》卷一一《礼仪志》，第250页
隋	赐诸侯及三师、三公书	封命诸侯及三师、三公	徵诸夏兵	《隋书》卷一二《礼仪志》，第255页

北齐、北周、隋“天子三玺”应用表

皇朝	天子之玺	天子行玺	天子信玺	出处
北齐	赐诸外国书	封拜外国	发兵外国，若徵召外国	《隋书》卷一一《礼仪志》，第239页
北周	与蕃国之君书	封命蕃国之君	徵蕃国之兵	《隋书》卷一一《礼仪志》，第250页
隋	赐蕃国之君书	封命蕃国之君	徵蕃国兵	《隋书》卷一二《礼仪志》，第255页

从上面的两表可以看到，“皇帝三玺”与“天子三玺”的用法是完全一致的，即“之玺”用于文书方面，“行玺”用于封拜方面，“信玺”用于发兵方面，只是前者用于国内，后者用于对外。在南北朝的内政运行中帝玺实际运用的一些资料进一步加强了上述论断，刘宋永初二年（421），侍中谢晦“坐行玺封镇西司马、南郡太守王华大封，而误封北海太守球，版免（谢）晦侍中。”② 可知“行玺”确实是用于封拜的。值得注意的是，北齐、北周和隋代“皇帝三玺”的用法与汉代“皇帝三玺”的用法也是一致的，只是汉代的“皇帝行玺”用法因为记载的残缺不全

① 《通典》卷六三《礼典二十三·沿革二十三·嘉礼儿·天子诸侯玉佩剑绶玺印》，第1758、1759、1765、1767、1768页。

② 《宋书》卷四四《谢晦传》，第1348页。

和错讹，而显得有所差异，但是尽管如此，其被用于“凡封”的记载也处于多数地位，表明汉代的“皇帝行玺”也是用于封拜方面的，因此，《太平御览》所引《汉旧仪》谓“皇帝行玺”用于“赐诸侯王书”的说法，可以视为是引用中发生的错讹，并非《汉旧仪》之原文原意。由汉代“皇帝三玺”用法的肯定，则汉代“天子三玺”的用法也可以得到基本上的肯定，上文指出的：“‘天子三玺’中的‘天子之玺’用于文书，‘天子行玺’用于册封，‘天子信玺’用于发兵的可能性是最大的。”这一说法又得到了进一步的加强。

其三，从“汉官六种”被引用的时间先后以观之。

现在所见《汉官六种》是六部关于《汉官》著述的集大成之作，是我们今天研究汉代官制的重要参考，关于汉代“天子三玺”的记载，主要见于《汉官六种》中的《汉旧仪》《汉官仪》和《汉仪》三书。然前文业已指出，它们都是从历代残篇断简中引用而缀辑以成的，由于辗转传写、引用，因此其中存在错讹、脱漏的情况是很自然的。今天我们所见《汉官六种》为清人所辑，其中所引诸书的时间先后是不同的，我们在制作汉代“天子三玺”表和“皇帝三玺”表时，是按照被引用时间的先后次序而排列的，也就是说最早被引用的资料排列在前面，最晚被引用的排列在最后面。在涉及“天子三玺”的“汉官”载籍中，《续汉书·舆服志下》所引《汉旧仪》是最早的，如所周知《续汉书志》为西晋司马彪所著，南朝梁刘昭注补。也就是说，《汉旧仪》关于“天子行玺”被用于“策拜外国”这条材料是在南朝梁代被引用的。在刘昭引用《汉旧仪》之后则为《唐六典》所引的《汉仪》。《唐六典》于唐玄宗开元二十七年（739）成书，引用《汉仪》的文内小字注亦为撰写者所作，故《汉仪》之被引用是在上述刘昭引用《汉旧仪》之后。在《唐六典》引用《汉仪》之后则是杜佑《通典》所引《汉官仪》。《通典》于唐德宗贞元十七年（801）成书，距《唐六典》成书晚62年，可将两书基本上视为同一时代之书。《通典》之后是《太平御览》引用的《汉旧仪》。《太平御览》完成于宋太宗太平兴国八年（983），距《通典》之成书又近180余年之后了。今本《汉官六种》为清人所辑，故属最为晚出。

虽然我们不能认为早出者就没有或者错讹少，晚出者就一定错讹多，但是一般来说，时代越早者，其错讹频率相对小一些，时代越晚者，其错讹频率相对多一些，也应当是成立的。不过，具体到某一条材料究竟错讹与否，还得根据其他方面的条件和情况综合考量，不能一概而论。现在我们就对汉代“天子三玺”的用法加以综合分析如下：

第一，《唐六典·门下省》所引《汉仪》，谓“天子之玺”用于“赐匈奴单于、外国王书”可以得到确认。(1) 这里关于文书问题，特别提到“赐匈奴单于书”，并将其置于赐“外国王书”之前，符合汉代外交的实际情况，汉代外交的重点是匈奴，与匈奴通文书亦最早、最为频繁，可以说这段引文是原汁原味的汉代文字。(2) 从汉代“皇帝三玺”中“皇帝之玺”的用法观之，“汉官”三书均记作其用于“赐诸侯王书”，可以推知“天子之玺”亦应用之于文书而无疑。(3) 从后代的北齐、北周及隋代的“皇帝六玺”中的“之玺”均用之于文书而无一例外，只存在用于内政或外交之别而观之，进一步强化了“天子之玺”为用于外交文书之印玺。

第二，《唐六典·门下省》所引《汉仪》，谓“天子信玺”用于“发外国兵”也可以得到确认。(1) 从汉代“皇帝三玺”中的“皇帝信玺”用法观之，“汉官”三书均记作“发兵”所用，也是无一例外。(2) 从后代的北齐、北周和隋代的“皇帝六玺”中的“信玺”观之，不论“皇帝信玺”还是“天子信玺”均用于发兵，唯一的区别在于前者用于国内，后者用于国外。信玺为发兵所用亦可无疑。

第三，《唐六典·门下省》所引《汉仪》，《续汉书·舆服志下》所引《汉旧仪》以及《通典》所引《汉官仪》，均谓“天子行玺”用于“策拜外国”也可以得到确认。(1) 在“天子之玺”用于文书和“天子信玺”用于发兵这两项得到确认之后，则“天子行玺”用于封拜随之可以自行成立。(2) 从汉代的“皇帝行玺”用法观之，虽然诸书记载有所差异，但其中以用于“凡封”的记载为多，不会是偶然的。(3) 从后代北齐、北周和隋代的“皇帝六玺”用法观之，除北齐以“皇帝行玺”用于“封常行诏敕”之外，北周和隋均用于封拜，而“封常行诏敕”是个宽泛的概念，封拜亦可以包括其中。至于“天子行玺”之用于封拜，则北齐、北周和隋代完全一致。因此，“行玺”用于国内外之封拜也应当是没有疑义的。

第四，在上面我们肯定《唐六典·门下省》所引《汉仪》关于“天子之玺”用于文书，“天子信玺”用于发兵，以及《唐六典·门下省》

所引《汉仪》，《续汉书·舆服志下》所引《汉旧仪》和《通典》所引《汉官仪》均谓“天子行玺”用于册封的同时，还需要分析一下其他几种“汉官”的有关记载问题：一是《唐六典·门下省》所引《汉仪》关于“天子之玺”用于“外国事”；二是《太平御览》所引《汉旧仪》谓“天子行玺”用于“外国事”；三是今本《汉官六种》所引《汉官旧仪》及《汉旧仪》谓“天子之玺”用于“策拜外国事”。

在上述三个问题中，第一、二两个问题，即《唐六典·门下省》所引《汉仪》以及《太平御览》所引《汉旧仪》均谓“天子之玺”用于“外国事”均存在一些问题，“外国事”这一概念过于含混，是有关“外国”的什么事情不明，是用于致外国的文书？还是用于册封外国？还是用于向外国发兵？这个问题，或是引用者过于概括和笼统所致？还是引用时或转引时有所缺失而造成的？未敢遽断。第三个问题，即今本《汉官六种》所引《汉官旧仪》及《汉旧仪》谓“天子之玺”用于“策拜外国事”可以断定为错讹，乃将“天子行玺”的用法误置于“天子之玺”之下。因此，这里提出的四处记载，都存在不同程度的问题，基本上可以否定或不宜采用。至于其他关于“徵大臣”或“事天地鬼神”等事项与外交没有多大关系，故略而不置论。

本文的结论是：汉代“天子三玺”中的“天子之玺”用于外交文书，“天子行玺”用于册封外国，“天子信玺”用于发外国兵。关于这个问题的文献记载，《唐六典·门下省》所引《汉仪》对于“天子三玺”用法的记载均为正确，《续汉书·舆服志下》所引《汉旧仪》以及《通典》所引《汉官仪》关于“天子行玺”用于策拜外国的记载也是正确的。也就是说，“天子行玺”的用法，以《续汉书·舆服志下》所引《汉旧仪》、《唐六典·门下省》所引《汉仪》、《通典》所引《汉官仪》为是；“天子之玺”和“天子信玺”的用法，则以《唐六典·门下省》所引《汉仪》为是。从记载汉代“天子三玺”的“汉官”三书情况观之，唐代及其之前所引“汉官”相对比较准确，宋代以后则错讹比较严重。

（原刊《河北学刊》2016 年第 2 期。我们在黎虎先生遗存文稿中，发现了同名文章，经过与原刊文比对，知是黎虎先生刊后修订稿。今据黎虎先生刊后最新修订稿，并参校原刊文整理。李文才敬识。）

汉代外交与“软实力”

汉代进入中国古代外交史上的崭新阶段，其主要表现是外交对象之空前扩大，首次突破以往局限于华夏地区诸侯、列国之间的外交而及于其外之四方国、族，乃至四方远国亦纷纷纳入其外交关系之中。这一辉煌成就之取得，主要是因为汉代综合国力之空前强盛，尤以其中经济、军事等“硬实力”空前强大所致，此已毋庸赘述。与此同时，则还与其“软实力”亦有相当关系①。借用这一概念来研究汉代外交关系的发展及其原因，探讨“软实力”在汉代外交中所扮演的角色，及其在外交中的运用和作用等方面的问题，学术界尚未见有措意于此者，故试略述之。

一　“德”——中国古代外交“软实力”核心

在国家的综合实力中，广义而言，经济、军事、领土和人口等方面是其主要之“硬实力”，而政治、文化等方面是其主要之“软实力”。外交作为国家政治之组成要素之一，本身就是国家“软实力”的重要构成和体现。但是在外交的运作过程中，既需要依靠国家“硬实力”为后盾以支持、推动之，亦需要依靠国家“软实力”为灵魂以发挥其协和、吸附之功效。在外交关系中运用“软实力”是中国古代外交史上一个古老的传统，自古以来一以贯之，内容十分丰富多彩。那么，所谓“软实力”

---

① “软实力”（Soft Power）这一概念是由美国哈佛大学教授约瑟夫·奈提出来的，1990年，他分别在《政治学季刊》《外交政策》杂志上发表《变化中的世界力量的本质》《软实力》等一系列论文，并在此基础上出版了 *Bound to Lead: The Changing Nature of American Power*（中译本《美国定能领导世界吗》）一书，提出了“软实力”的概念，认为一个国家的综合国力既包括由经济、科技、军事实力等表现出来的“硬实力”，也包括以文化、价值观念、社会制度等吸引力体现出来的“软实力”。

在中国古代外交关系中究竟具体指什么？表现于哪些地方呢？

"德"是中国古代外交关系中"软实力"的重要表现之一。其基本理念是认为中原王朝应通过修"德"以吸引四方国、族，即所谓"以德来远"。"德"是一个极其宽泛的概念，是世界观、政治观、伦理观的总和，也是政治制度、思想文化的总和[①]。可以说"德"是汉文化的集中体现与总和。将"德"运用于中国古代外交关系可谓源远流长。传说舜曾命禹伐三苗，而苗民不服，于是"益赞于禹曰：'惟德动天，无远弗届……'禹拜昌言曰：'俞！'班师振旅。帝乃诞敷文德，舞干羽于两阶。七旬，有苗格。"[②] 益佐助禹，提出以"德"服之的主张，劝其修"德"以致远。禹接受了益的意见，撤回军队。帝舜亦改变方针，大力推行"文德"，舞"干羽"于庙堂，礼待四方宾客。于是苗民主动来亲附。此即"先王耀德不观兵"[③] 之谓。从这里我们可以看到，所谓"德"包含从对待四方国、族的和平友好方针政策以至具体的文化事项——音乐舞蹈等在内[④]。这种修"德"以致远的外交理念贯穿于中国古代历史，而这一理念实渊源于"五服"的理论。

《尚书·禹贡》将天下区分为"五服"，以天子所居王城周围五百里的甸服为中心，逐渐向外扩展，依次为侯服、绥服，此三者是服从于天子的地方，其外尚有两者则为蛮夷戎狄所居的要服和荒服。天子对于这五服的政策有所不同，甸服"为天子服治田"，侯服"斥候而服事"，绥服"安服王者政教"，要服"要束以文教"，荒服"言荒又简略"[⑤]。前面三服需要为王或治田，或服事，或履行天子政教。后面两服则以"文教"约束之，而对于荒服的约束较要服更为简略。所谓"文教"亦属于"德"的范畴。穆王将征犬戎，祭公谋父反对，其谏言有曰："甸服者祭，侯服

---

① 参见拙文《周代交聘礼中的对等性原则》，《史学集刊》2010 年第 2 期。

② （汉）孔安国传，（唐）孔颖达疏，廖名春、陈明整理，吕绍纲审定：《尚书正义》卷四《大禹谟》，北京大学出版社 2000 年版，第 118—119 页。

③ 徐元诰撰，王树民、沈长云点校：《国语集解》卷一《周语上》，中华书局 2002 年版，第 1—2 页。

④ 按，"舞干羽于两阶"即"诞敷文德"之具体表现，据《尚书正义》卷四《大禹谟》孔氏传"干，楯。羽，翳也。皆舞者所执。修阐文教，舞文舞于宾主阶间，抑武事。"（第 119 页）"抑武事""修阐文教"，皆是"以德服人"之举。

⑤ 《尚书正义》卷六《禹贡》孔氏传，第 199、201、202 页。

者祀，宾服者享，要服者贡，荒服者王。”如有违反上述规定者，“于是乎有刑不祭，伐不祀，征不享，让不贡，告不王。于是乎有刑罚之辟，有攻伐之兵，有征讨之备，有威让之令，有文告之辞。布令陈辞而又不至，则增修于德而无勤民于远，是以近无不听，远无不服。”① 对于前三服分别采取“刑”“伐”“征”等强制的、暴力的手段；而对于后二者，则分别采取“让”“告”，即发布“威让之令”或“文告之辞”这样的“文教”手段，这些“文教”的手段仍然不奏效的话，则“增修于德”，进一步加大“德”的力度，以达到“远无不服”之效。也就是说对于蛮夷戎狄这些边远的四方国、族基本上是采取以“德”服人的外交方针政策。孔子将这种外交方针政策概述为“远人不服，则修文德以来之。”② 所谓“文德”即软实力，“来”指其吸引力，依靠自身软实力所具有的吸引力以招致四方国、族前来外交，是中国古代外交理念中的最高境界。

因此，“德”愈盛则吸引力愈大，“德”衰则吸引力削弱。下面这个传说反映了这个规律：“交趾之南有越裳国，周公居摄六年，制礼作乐，天下和平；越裳以三象重译而献白雉，曰：‘道路悠远，山川阻深，音使不通，故重译而朝。’成王以归周公，曰：‘德不加焉，则君子不飨其质；政不施焉，则君子不臣其人；吾何以获此赐也？’其使请曰：‘吾受命吾国之黄耇日久矣，天之无烈风淫雨，意者中国有圣人乎？有则盍往朝之。’周公乃归之于王，称先王之神致，以荐于宗庙。周德既衰，于是稍绝。”③ 西周前期由于“德”盛，于是遥远的越裳国主动来朝，后来周“德”衰，于是外交遂绝。这里的“德”不仅在于实行“制礼作乐”的文化政策以及和平友好的外交方针政策，还表现为“圣人”治国，内政清明，以致“天下和平”，风调雨顺。“柔远能迩，惇德允元，而难任人，蛮夷率服”，即此之谓。孔氏传曰：“言当安远，乃能安近。厚行德信，使足长善。佞人斥远之，则忠信昭于四夷，皆相率而来服。”④ 内政与外

---

① 《国语集解》卷一《周语上》，第7—8页。

② （魏）何晏注，（宋）邢昺疏，朱汉民整理，张岂之审定：《论语注疏》卷一六《季氏》，北京大学出版社2000年版，第251页。

③ （宋）李昉等撰：《太平御览》卷七八五《四夷部六·南蛮一》“越裳国”条引《尚书大传》，中华书局1960年版，第3475页。

④ 《尚书正义》卷三《舜典》，第85页。

交互为因果，内政清明则四夷来服，即“明王慎德，四夷咸宾。无有远迩，毕献方物”，孔氏传曰：“言明王慎德以怀远，故四夷皆宾服。”①

“德”不仅是和平友好的外交方针政策和清明的内政，同时体现于具体的文化事项之中。春秋时期鲁襄公四年（前569），山戎族的无终国遣使至晋求好，晋悼公欲拒之而诉诸武力，晋卿魏绛劝其采取“和戎”政策，认为“以德绥戎，师徒不动，甲兵不顿。”和戎可以不必兴师动众、损兵折将，“而用德度，远至迩安。”② 以“德”抚之可使国家安定而远人自来。晋悼公采纳了魏绛的意见而实行“和戎”政策。鲁襄公十一年（前562），郑国送给晋悼公兵车百乘以及乐师三人、女乐十六人和各种乐器，晋悼公“以乐之半赐魏绛，曰：‘子教寡人，和诸戎狄，以正诸华。八年之中，九合诸侯，如乐之和，无所不谐。请与子乐之。’”认为“和戎”政策犹如音乐可以奏出和谐之音那样，使晋国与四方国、族建立起和平友好的关系，故将音乐之半赐之。魏绛辞曰：“夫和戎狄，国之福也……夫乐以安德，义以处之，礼以行之，信以守之，仁以厉之，而后可以殿邦国，同福禄，来远人，所谓乐也。”③ 魏绛借机发挥，将音乐赋予深刻的涵义，认为音乐蕴涵着“德”“义”“礼”“信”“仁”等美德，“言五德皆备，乃为乐，非但金石。”④ 音乐不仅仅是金石所发出的音响，而且是这些美德的体现，有了这些美德便可以内安邦国而外“来远人”。故古人将音乐与各种美德联系起来，所谓“礼、乐，德之则也。德、义，利之本也。”⑤ 认为它们都是利民之本。《礼记·乐记》对于“德”“乐”与“金石”三者之间的关系作了如此阐释：“德者，性之端也。乐者，德之华也。金石丝竹，乐之器也。”⑥ 认为“德”为人性之本，“乐”为“德”之外在体现，而“金石”等只是演奏音乐的器具而已。

---

① 《尚书正义》卷一三《旅獒》，第387页。

② （周）左丘明传，（晋）杜预注，（唐）孔颖达疏，浦卫忠、龚抗云、胡遂、于振波、陈咏明整理，杨向奎审定：《春秋左传正义》卷二九，襄公四年，北京大学出版社2000年版，第964页。

③ 《春秋左传正义》卷三一，襄公十一年，第1035—1036页。

④ 《春秋左传正义》卷三一，襄公十一年孔氏传，第1036页。

⑤ 《春秋左传正义》卷一六，僖公二十七年，第501页。

⑥ （汉）郑玄注，（唐）孔颖达疏，龚抗云整理，王文锦审定：《礼记正义》卷三八《乐记》，北京大学出版社2000年版，第1295页。

也就是说“德”是音乐的灵魂，音乐是“德”的外在体现。

在这种以“德”来远的发挥软实力作用的外交理念指导下，于是在外交管理机构中遂有“怀方氏”的设置，“怀，来也。”① 其职“掌来远方之民。”郑玄注曰：“远方之民，四夷之民也。谕德延誉以来之。”② 这个机构名称贯穿的就是以“德”怀柔四方国、族，俾其自动前来外交的精神。这种“怀远以德”③ 的外交理念贯穿于中国古代外交史中，故能“得远夷之和，同异俗之心”④。

汉代在继承以“德”来远的发挥软实力作用的外交理念的同时，进一步将其注入于外交关系的“羁縻”政策之中。“天子之于夷狄也，其义羁縻勿绝而已。”⑤ 如何羁縻之？据唐人司马贞云：“羁，马络头也。縻，牛韁也。《汉官仪》云：‘马云羁，牛云縻。’言制四夷如牛马之受羁縻也。”⑥ 对四夷等周边少数民族的羁縻政策，主要仍然是根据“五服”论而采取以德来远的软实力以加强四方国、族的向心力。班固在《汉书·匈奴传》中阐发了这个方针政策，“先王度土，中立封畿，分九州，列五服，物土贡，制外内，或修刑政，或昭文德，远近之势异也。是以春秋内诸夏而外夷狄。”亦即上文已经提到的三服之内用刑政，其外两服之蛮夷戎狄用文德。“是以外而不内，疏而不戚，政教不及其人，正朔不加其国；来则惩而御之，去则备而守之。其慕义而贡献，则接之以礼让，羁靡不绝，使曲在彼，盖圣王制御蛮夷之常道也。”⑦ 羁縻政策的主要特征是不以暴力而以文德这种软实力所产生的吸引力，使四方国、族主动“慕义而贡献”，是为“制御蛮夷之常道”。故汉代人的基本外交理念是：

---

① （汉）郑玄注，（唐）贾公彦疏，赵伯雄整理，王文锦审定：《周礼注疏》卷二八《夏官司马·怀方氏》郑注，北京大学出版社2000年版，第889页。

② 《周礼注疏》卷三三《夏官司马·怀方氏》郑注，第864页。

③ 《春秋左传正义》卷一三，僖公七年，第401页。

④ （南朝·宋）范晔撰，（唐）李贤等注：《后汉书》卷四七《班超传》，中华书局1965年版，第1582页。

⑤ （汉）司马迁撰，（南朝·宋）裴骃集解，（唐）司马贞索隐，（唐）张守节正义：《史记》卷一一七《司马相如列传》，中华书局1959年版，第3049页。

⑥ 《史记》卷一一七《司马相如列传》，司马贞“索隐”，第3050页。

⑦ （汉）班固撰，（唐）颜师古注：《汉书》卷九四下《匈奴传下》，中华书局1962年版，第3833—3834页。

“《春秋》‘王者无敌。’言其仁厚，其德美，天下宾服，莫敢受交也。德行延及方外，舟车所臻，足迹所及，莫不被泽。蛮、貊异国，重译自至。”只要能够做到“诚信著乎天下，醇德流乎四海，则近者哥讴而乐之，远者执禽而朝之。”[①] 于是“汉德隆盛，远人宾服”[②]“远人慕化，实由有德。”[③] 诸如此类的表述充斥于汉代史乘。

还必须指出，“德”是建立在“威”的基础上方才奏效的，“威”是“德”的后盾。因此汉代在外交实践中并非一味地施行“德”，而是将“德”与“威”紧密结合起来，“威”“德”并用。“汉兴至于孝武，事征四夷，广威德，而张骞始开西域之迹”[④]，这里的“威”主要是指武力，它是与“德”相对应的硬实力，“德”之施行有赖于“威”为后盾，两者不可分离。“天子既闻大宛及大夏、安息之属皆大国，多奇物，土著，颇与中国同俗，而兵弱，贵汉财物；其北则大月氏、康居之属，兵强，可以赂遗设利朝也。诚得而以义属之，则广地万里，重九译，致殊俗，威德遍于四海。天子欣欣以骞言为然”[⑤]。这里的“威”主要是指“财物”，亦属硬实力之重要组成，运用汉皇朝雄厚的财物以吸引四夷来朝也是一个重要手段，可见对于四夷的吸引力不仅倚靠软实力，同时包括硬实力；四夷既已来朝，则“以义属之”，此即“不以兵革”[⑥] 之谓。这里的“义”即包含于“德”的范畴之中，故曰“宣威布德，以系诸国内向之心”[⑦]。只有“威”而无“德”，或“德”不及人，在国际上亦缺乏竞争力。史称西域诸国“虽属匈奴，不相亲附。匈奴能得其马畜旃罽，而不能统率与之进退。与汉隔绝，道里又远，得之不为益，弃之不为损。盛德在我，无取于彼。故自建武以来，西域思汉威德，咸乐内属”[⑧]。汉与匈奴长期在西域竞争，匈奴从原先的占优势而逐渐处于劣势，汉则反之，其原因当然是复杂的，但是这与匈奴在软实力方面不及汉方有重要

① 王利器校注：《盐铁论校注》卷八《世务第四十七》，中华书局1992年版，第508页。
② 《汉书》卷七〇《段会宗传》，第3029页。
③ 《后汉书》卷二《显宗孝明帝纪》，第121页。
④ 《汉书》卷九六上《西域传上·序》，第3873页。
⑤ 《汉书》卷六一《张骞传》，第2690页。
⑥ 《汉书》卷六一《张骞传》，颜师古注语，第2691页。
⑦ 《后汉书》卷四七《班超附子（班）勇传》，第1589页。
⑧ 《汉书》卷九六下《西域传下》“赞曰”，第3930页。

关系。匈奴在军事上并不逊于汉，但是西域诸国对其“不相亲附”，亦即不能得西域诸国之民心，其重要原因是其软实力，特别是其中的“德”不及汉方，班固评论此事认为是汉方之“盛德”为匈奴所不及，故西域诸国“思汉威德”，而“咸乐内属”。“威”“德”并用不仅施于西域诸国，同样适用于匈奴和其他国家或地区，“至孝宣之世，承武帝奋击之威，直匈奴百年之运，因其坏乱几亡之阸，权时施宜，覆以威德，然后单于稽首臣服，遣子入侍，三世称藩，宾于汉庭”①。匈奴之从敌对而演变为“宾于汉庭”，也是“威”“德”并用的结果。

职是之故，汉代外交使节所赖即为汉皇朝之“威”“德”，使节之基本使命亦主要是宣扬汉皇朝之“威”“德”。汉发使十余辈至大宛以西诸外国求奇物时，即“因风览以伐（大）宛之威德”②；唐蒙之出使夜郎，亦“谕以威德”③；梁讽之出使北匈奴，亦“宣国威德”④。凡此均其明证。

作为软实力的“德“包括哪些具体内容？如何发挥“德”这种软实力之作用？在汉代有不同的认识。《盐铁论·崇礼篇》反映了这方面的争论情况。

> 大夫曰：“饰几杖，修樽俎，为宾，非为主也。炫燿奇怪，所以陈四夷，非为民也。夫家人有客，尚有倡优奇变之乐，而况县官乎？故列羽旄，陈戎马，所以示威武，奇虫珍怪，所以示怀广远、明盛德，远国莫不至也。”
>
> 贤良曰：“王者崇礼施德，上仁义而贱怪力，故圣人绝而不言。孔子曰：‘言忠信，行笃敬，虽蛮、貊之邦，不可弃也。’今万方绝国之君奉贽献者，怀天子之盛德，而欲观中国之礼仪，故设明堂、辟雍以示之，扬干戚、昭《雅》《颂》以风之。今乃以玩好不用之器，奇虫不畜之兽，角抵诸戏，炫燿之物陈夸之，殆与周公之待远方殊。昔周公处谦以卑士，执礼以治天下，辞越裳之贽，见恭让之

① 《汉书》卷九四下《匈奴传下》，第3832页。

② 《史记》卷一二三《大宛列传》，第3179页。

③ 《史记》卷一一六《西南夷列传》，第2994页。

④ 《后汉书》卷四七《梁慬传》，第1591页。

> 礼也；既，与入文王之庙，是见大孝之礼也。目睹威仪干戚之容，耳听清歌《雅》《颂》之声，心充至德，欣然以归，此四夷所以慕义内附，非重译狄鞮来观猛兽熊罴也。夫犀象兕虎，南夷之所多也；骡驴馲驼，北狄之常畜也。中国所鲜，外国贱之，南越以孔雀珥门户，昆山之旁，以玉璞抵乌鹊。今贵人之所贱，珍人之所饶，非所以厚中国，明盛德也。隋和，世之名宝也，而不能安危存亡。故喻德示威，惟贤臣良相，不在犬马珍怪。是以圣王以贤为宝，不以珠玉为宝。昔晏子修之罇俎之间，而折冲乎千里；不能者，虽隋和满箧，无益于存亡。”①

这里以御史大夫桑弘羊为一方，以贤良文学为代表的士大夫为另一方。首先应该指出，双方都认为对于四夷应以“德”来之，但是对于“德”包括哪些内容？如何发挥“德”在外交中的作用，双方意见是有分歧的。桑弘羊认为向四夷“炫耀奇怪”，一方面“列羽旄，陈戎马”以示“威武”，另一方面则展示“奇虫珍怪”，以示“怀广远、明盛德”，可使“远国莫不至”；而贤良则认为以“玩好不用之器，奇虫不畜之兽，角抵诸戏，炫耀之物陈夸之”，不符合以“德”来远之义，主张“设明堂、辟雍以示之，扬干戚、昭《雅》《颂》以风之。”让他们“观中国之礼仪”，“目睹威仪干戚之容，耳听清歌《雅》《颂》之声”，方能令其“心充至德，欣然以归。”前者在“明盛德”的同时加以“示威武”的方面，故主张“炫耀奇怪”，这里包括“倡优奇变之乐”“角抵诸戏”以及“奇虫珍怪”等；后者强调以纯粹的汉皇朝庙堂文化为代表的礼乐文明以化之，展示明堂、辟雍之礼仪，以及以雅、颂为代表的音乐舞蹈。实际上两者在根本上是一致的，均主张以汉文化为吸引力，具体的文化事项也有共同之处，如前者之“列羽旄”与后者之“扬干戚”即是。《礼记·乐记》在论音乐之本时说：“比音而乐之，及干戚、羽旄，谓之乐。”郑玄注曰：“干，盾也；戚，斧也，武舞所执也。羽，翟羽也；旄，旄牛尾也，文舞所执。”② 可知“羽旄”与“干戚”均为舞蹈之道具，前者为文舞所执，

---

① 《盐铁论校注》卷七《崇礼第三十七》，第437—438页。

② 《礼记正义》卷三七《乐记》，第1251页。

后者为武舞所执。它们都是庙堂歌舞的组成部分，《史记正义》解释其义曰：“比音鼻，次也。音，五音也。言五音虽杂，犹未足为乐，复须次比器之音及《文》《武》所执之物，共相谐会，乃是由音得名。为乐《武》阴《文》阳，故所执有轻重异。”① 音响需要与不同的乐器和舞蹈道具配合才能够形成完整和谐的乐舞。所以，这方面他们两者实际上是没有根本性分歧的。但是对于“角抵诸戏”“奇虫珍怪”等是否属于“明盛德”的范畴，双方是有分歧的。以桑弘羊为代表的一方之所以认为这些也属于“怀广远、明盛德”之组成部分，很大程度上是因为桑弘羊作为执政者，他维护的是当时已经在施行的政策，汉武帝时，“是时上方数巡狩海上，乃悉从外国客，大都多人则过之，散财帛以赏赐，厚具以饶给之，以览示汉富厚焉。于是大觳抵，出奇戏诸怪物，多聚观者，行赏赐，酒池肉林，令外国客遍观各仓库府藏之积，见汉之广大，倾骇之。及加其眩者之工，而觳抵奇戏岁增变，甚盛益兴，自此始。”② 在这里除了展示汉皇朝的经济成就以及广土众民等方面的硬实力的同时，也将“大觳抵”等“奇戏诸怪物”作为软实力而向四方国、族来使展示，以达到“倾骇之”的效果。这些角抵、奇戏为汉文化之组成，以之展示于四方国、族来宾，其为软实力并无疑义。至于展示“奇虫珍怪”等实际上本身也是在展示汉皇朝软实力之成就，当时汉都长安“西郊则有上囿禁苑，林麓薮泽，陂池连乎蜀汉。缭以周墙，四百余里。离宫别馆，三十六所。神池灵沼，往往而在。其中乃有九真之麟，大宛之马。黄支之犀，条支之鸟。逾昆仑，越巨海。殊方异类，至于三万里。”③ 一方面这种苑囿已经由自然界的动植物转化为园林文化，另一方面这里收藏的珍禽异兽就是汉皇朝外交成就之体现。贤良文学在这方面的非议，实际上是对当时现行政策不满之表现，并非这些事项不属于软实力之范畴。

二 汉代外交软实力作用之类型

以黄河流域为中心发展起来的华夏文化博大精深，源远流长，在公

---

① 《史记》卷二四《乐书》正义，第 1180 页。

② 《史记》卷一二三《大宛列传》，第 3173 页。

③ （梁）萧统编，（唐）李善注：《文选》卷一（班固）《西都赋》，上海古籍出版社 1986 年版，第 10—11 页。

元前后四个世纪的汉代，这种古老的文化传承、递嬗为汉文化，这是当时世界上最为发达和先进的文化之一，是为汉代发展外交关系中可资利用的“软实力”。“软实力”在汉皇朝与四方国、族外交中之作用及其表现虽然多种多样，但大略而言主要有如下两种类型。

（一）从敌视到仰慕

汉代外交实践中，“软实力”之运用和发挥作用的突出特点之一，是四方国、族经历了从敌视到仰慕的长期的磨合过程。这方面以匈奴最为典型。汉匈之间在文化上之从敌视到仰慕，经历了一个漫长的磨合过程。汉匈是境土相邻的两个民族，其空间距离并不遥远，但是由于双方文化上的差异比较巨大，加以政治上、军事上的长期敌对，因而两者之间在文化上的矛盾冲突就显得相当尖锐。

在公元前3世纪以来，匈奴“居于北蛮，随畜牧而转移。其畜之所多则马、牛、羊，其奇畜则橐驼、驴、骡、駃騠、騊駼、驒騱。逐水草迁徙，毋城郭常处耕田之业，然亦各有分地。毋文书，以言语为约束。儿能骑羊，引弓射鸟鼠；少长则射狐兔：用为食。士力能毌弓，尽为甲骑。其俗，宽则随畜，因射猎禽兽为生业，急则人习战攻以侵伐，其天性也。其长兵则弓矢，短兵则刀鋋。利则进，不利则退，不羞遁走。苟利所在，不知礼义。自君王以下，咸食畜肉，衣其皮革，被旃裘。壮者食肥美，老者食其余。贵壮健，贱老弱。父死，妻其后母；兄弟死，皆取其妻妻之。其俗有名不讳，而无姓字。”[①] 由此可见，匈奴文化是一种建立在游牧经济基础上的游牧文化，其时匈奴处于刚从原始社会过渡到阶级社会的不发达政权，与其建立在游牧经济基础上不发达的社会制度是相适应的[②]。其与建立在农耕文明基础上的汉文化，有着巨大的差异，此即“其与中国殊章服，异习俗，饮食不同，言语不通”[③] 之谓。

因此，在汉匈外交过程中，双方在文化上的矛盾冲突就是不可避免的。下面这个记载反映了汉匈外交中的文化冲突：

---

① 《史记》卷一一〇《匈奴列传》，第2879页。

② 林幹：《匈奴通史》，人民出版社1986年版，第32页。

③ 《汉书》卷九四下《匈奴传下》，第3834页。

汉使或言曰：“匈奴俗贱老。”中行说穷汉使曰：“而汉俗屯戍从军当发者，其老亲岂有不自脱温厚肥美以赍送饮食行戍乎？”汉使曰：“然。”中行说曰：“匈奴明以战攻为事，其老弱不能斗，故以其肥美饮食壮健者，盖以自为守卫，如此父子各得久相保，何以言匈奴轻老也？”汉使曰：“匈奴父子乃同穹庐而卧。父死，妻其后母；兄弟死，尽取其妻妻之。无冠带之饰，阙庭之礼。”中行说曰：“匈奴之俗，人食畜肉，饮其汁，衣其皮；畜食草饮水，随时转移。故其急则人习骑射，宽则人乐无事，其约束轻，易行也。君臣简易，一国之政犹一身也。父子兄弟死，取其妻妻之，恶种姓之失也。故匈奴虽乱，必立宗种。今中国虽详不取其父兄之妻，亲属益疏则相杀，至乃易姓，皆从此类。且礼义之敝，上下交怨望，而室屋之极，生力必屈。夫力耕桑以求衣食，筑城郭以自备，故其民急则不习战功，缓则罢于作业。嗟土室之人，顾无多辞，令喋喋而占占，冠固何当？”①

这位中行说原来是汉宫中的宦官，汉文帝遣翁主出嫁匈奴单于时，派遣其为翁主之“傅”，但是他不肯行，故陪送翁主至匈奴后即投降匈奴，得到匈奴单于的亲幸和重用，从此他完全站在匈奴一方，极尽反汉之能事。因此，中行说实际上已经成为匈奴的一个代言人。他与汉使的上述辩论，全面地涉及匈奴文化和汉文化的差异，包括双方的衣食住行、婚丧嫁娶乃至政治制度等方面的礼仪和风俗。从中可见双方在文化上是一种相互敌视的态度。在这种情况下，冀望以汉文化促进和加强双方的外交关系，是十分困难的。因此，我们可以说，在西汉前中期汉匈之间的矛盾斗争，不仅是政治上、军事上的，而且也是文化上的矛盾斗争。

汉匈之间在政治上、军事上进行斗争的同时，和平友好的交往也一直在进行，汉文化之吸引力通过这种交往自然会对于匈奴产生作用。对此匈奴方面保持警惕、防范的态度。“初，匈奴好汉缯絮食物，中行说曰：‘匈奴人众不能当汉之一郡，然所以强者，以衣食异，无仰于汉也。今单于变俗好汉物，汉物不过什二，则匈奴尽归于汉矣。其得汉缯絮，

① 《史记》卷一一〇《匈奴列传》，第2899—2900页。

以驰草棘中，衣袴皆裂敝，以示不如旃裘之完善也。得汉食物皆去之，以示不如湩酪之便美也。’于是（中行）说教单于左右疏记，以计课其人众畜物。”① 这个记载表明汉方的衣食文化对于匈奴产生了影响，中行说担心这种影响的增强将最终导致政治上的亲汉，故其极力阻止这一趋势之发展，他规劝单于“汉物不过什二，则匈奴尽归于汉矣”，一语道破匈奴隐忧所在，韦昭解释这句话说：“言汉物什中之二入匈奴，匈奴则动心归汉矣。”② 由此可见汉文化吸引力之巨大，故匈奴方面极力加以防范和抵制，坚持匈奴固有的衣食文化在内的生活方式。

实际情况是，汉方在与匈奴的外交中，以物质财富为外交手段的同时，也一直不断以文化上的“软实力”为手段，促进和加强双方的关系。在西汉前中期汉匈双方在进行军事斗争的同时，文化上的较量也一直在进行。下面这个事件比较典型地反映了这方面的问题：

> 孝惠、高后时，冒顿寖骄，乃为书，使使遗高后曰：“孤偾之君，生于沮泽之中，长于平野牛马之域，数至边境，愿游中国。陛下独立，孤偾独居。两主不乐，无以自虞，愿以所有，易其所无。”高后大怒，召丞相（陈）平及樊哙、季布等，议斩其使者，发兵而击之。樊哙曰：“臣愿得十万众，横行匈奴中。”问季布，布曰：“哙可斩也！前陈豨反于代，汉兵三十二万，哙为上将军，时匈奴围高帝于平城，哙不能解围……今歌唫之声未绝，伤痍者甫起，而哙欲摇动天下，妄言以十万众横行，是面谩也。且夷狄譬如禽兽，得其善言不足喜，恶言不足怒也。”高后曰：“善。”令大谒者张泽报书曰：“单于不忘弊邑，赐之以书，弊邑恐惧。退日自图，年老气衰，发齿堕落，行步失度，单于过听，不足以自污。弊邑无罪，宜在见赦。窃有御车二乘，马二驷，以奉常驾。”冒顿得书，复使使来谢曰：“未尝闻中国礼义，陛下幸而赦之。”因献马，遂和亲。③

---

① 《史记》卷一一〇《匈奴列传》，第2899页。

② 《史记》卷一一〇《匈奴列传》“集解”引“韦昭曰”，第2899页。

③ 《汉书》卷九四上《匈奴传上》，第3754—3755页。

这是西汉前期汉匈之间一次著名的矛盾冲突事件。对此历来仅从政治、军事角度而没有从礼俗文化角度加以评论，故多斥责匈奴方面为轻薄、下流，汉方为卑躬屈膝、不顾尊严云云。这个事件除了政治上、军事上的原因之外，其实质也是汉文化与匈奴文化的矛盾冲突，亦即以汉文化的先进性克制匈奴落后文化的一次博弈。其时的大背景是匈奴处于军事上的强势地位，虽然双方存在“和亲”关系，但是背约侵边者常在匈奴。这封文书所反映的主要当然是匈奴在军事上对汉皇朝的挑衅，但是同时也是以匈奴文化向汉文化发起的挑战，何以言之？冒顿单于向高后提出这种挑衅性的问题，当然主要是匈奴军事上处于强势地位下的骄横之举，但对于“父死，妻其后母；兄弟死，皆取其妻妻之”的匈奴文化来说，这个问题也是并不违反其文化习俗的行为。由于汉匈双方文化差异很大，对汉方来说，这不仅属于双方政治上的冲突，也是对汉文化的亵渎。故此事在汉方朝廷掀起了轩然大波，或战或和，严峻地摆在汉皇朝面前。经过朝廷集议，最后冷静和理智占了上风，决定弃战言和，于是汉方不仅以委婉的言辞，而且顺水推舟从匈奴文化的角度，对此作了回应，所谓“退日自图，年老气衰，发齿堕落，行步失度，单于过听，不足以自污”，就是这种情况的反映。故颜师古注曰：“以权道为书，顺辞以答之。”与此同时，汉方还以御车和驷马相赠，以“礼”回敬无“礼”。总之，汉方采取的是汉文化中以礼相待的一种和平外交手段。这种做法果然奏效，双方终于弃战言和。冒顿单于在回信中强调：“未尝闻中国礼义，陛下幸而赦之。”汉方以“中国礼义”而抵挡了匈奴的无礼，通过这一轮外交博弈，使匈奴单于不得不对“中国礼义”加以肯定，而所谓“中国礼义”乃汉文化之核心。可以说这一次汉匈之间的外交斗争，一定意义上是汉文化对于匈奴文化的克服，两种文化之高下、文野立见，终于化干戈为玉帛，双方达成继续“和亲”的共识，取得了以柔克刚之效。“柔”即软实力之谓，“刚”即硬实力之谓。扬雄评论此事曰：“于是大臣权书遗之，然后匈奴之结解，中国之忧平。”① 这个事件可以说是汉方以“软实力”作为手段而取得的外交上的成功。

匈奴方面当然不可能通过这样一次事件就完全接受以“礼义”为代

① 《汉书》卷九四下《匈奴传下》，第3813页。

表的汉文化，实际上围绕这个问题双方的角力一直在进行，而汉文化核心之一的“礼义”经常成为双方斗争的焦点。征和四年（前89）匈奴单于“遣使遗汉书云：‘南有大汉，北有强胡。胡者，天之骄子也，不为小礼以自烦。今欲与汉闿大关，取汉女为妻，岁给遗我糵酒万石，稷米五千斛，杂缯万匹，它如故约，则边不相盗矣。’汉遣使者报送其使，单于使左右难汉使者，曰：‘汉，礼义国也。贰师道前太子发兵反，何也?’使者曰：‘然。乃丞相私与太子争斗，太子发兵欲诛丞相，丞相诬之，故诛丞相。此子弄父兵，罪当笞，小过耳。孰与冒顿单于身杀其父代立，常妻后母，禽兽行也！’单于留使者，三岁乃得还。”[①] 首先，匈奴方面在文书中即对汉文化中的“礼”表示了不屑的态度，在提出开放边境互市、娶汉女、无偿赠送大量物资等一系列要求的同时，傲慢地声称“不为小礼以自烦”，所谓“小礼”就是指汉文化，这实际上就是对于汉文化的拒绝和蔑视。其次，在接待汉使时，更公然对于汉文化提出挑衅，借用征和二年（前91）发生的巫蛊之乱，皇太子刘据兵败自杀一事，诘难汉使，挑战汉文化之核心——“礼义”。汉使则一方面澄清事实，另一方面指出汉方之“小过”，与匈奴之“禽兽行”不可同日而语，进行了强硬的反击。为此，匈奴方面扣留了汉使三年之久。可见双方围绕两种文化的斗争是多么尖锐激烈。

萧望之可谓深谙以柔克刚之术者。汉宣帝五凤（前57—前54）年间“匈奴大乱，议者多曰匈奴为害日久，可因其坏乱举兵灭之。”萧望之反对曰：“前单于慕化乡善称弟，遣使请求和亲，海内欣然，夷狄莫不闻。未终奉约，不幸为贼臣所杀，今而伐之，是乘乱而幸灾也，彼必奔走远遁。不以义动兵，恐劳而无功。宜遣使者吊问，辅其微弱，救其灾患，四夷闻之，咸贵中国之仁义。如遂蒙恩得复其位，必称臣服从，此德之盛也。”在匈奴虚弱、有隙可乘的情况下，萧望之仍然坚持以汉文化中的“德”和“仁义”之道以待之，这一方面是争取匈奴之向心，另一方面则可由此而将其影响扩及四夷。汉宣帝接受了他的主张，“后竟遣兵护辅呼韩邪单于定其国”[②]。

---

① 《汉书》卷九四上《匈奴传上》，第3780页。

② 《汉书》卷七八《萧望之传》，第3279—3280页。

随着外交过程中汉文化的不断浸润，匈奴对于汉文化的接纳亦与日俱增，到了西汉后期，这种长期的“软实力”攻势终于取得了成效，这时的匈奴单于已经转化为“乡慕礼义”[①] 了。史称“匈奴谓孝曰‘若鞮’。自呼韩邪后，与汉亲密，见汉谥帝为‘孝’，慕之，故皆为‘若鞮’。”[②] 这是匈奴对于汉文化由敌视而变为仰慕的一个具有标志性意义的事件，也是汉方“软实力”在与匈奴外交中发挥作用并取得重要胜利的一个标志性事件。此后，汉文化对于匈奴的吸引力日益加强，例如汉方的音乐已经成为匈奴统治者的喜好，呼韩邪单于曾经得到汉方所赐音乐，到了东汉时期，匈奴单于遣使向汉方请求音乐，“言先帝时所赐呼韩邪竽、瑟、空侯皆败，愿复裁赐。”[③] 汉方的习俗也为匈奴所引进，“匈奴俗，岁有三龙祠，常以正月、五月、九月戊日祭天神。南单于既内附，兼祠汉帝，因会诸部，议国事，走马及骆驼为乐。”[④] 在保持其原来风俗的基础上，加入了诸如“兼祠汉帝”这样的内容。东汉时期于京师大力兴学，汉皇朝的教育“化自圣躬，流及蛮荒”[⑤]，其中以匈奴所受影响为甚，“匈奴亦遣子入学”[⑥]，南匈奴单于“遣伊秩訾王大车且渠来入就学”[⑦]，派遣其贵族子弟来汉留学，直接学习汉文化。对于汉方的政治制度亦多所接纳，时汉方“驰中郎之使，尽法度以临之。制衣裳，备文物，加玺绂之绶，正单于之名。”[⑧] 汉匈文化上的博弈进入了又一个新的阶段。

汉匈之间“软实力”方面的竞争和博弈在政治上也有明显的体现。双方在政治上的竞争和博弈当然是十分广泛而多方面的，其中内政是否清明安定，君臣是否贤明等就是突出的方面。征和四年（前 89）田千秋被拜为丞相，“汉使者至匈奴，单于问曰：‘闻汉新拜丞相，何用得之？’使者曰：‘以上书言事故。’单于曰：‘苟如是，汉置丞相，非用贤也，妄一男子上书即得之矣。’使者还，道单于语。武帝以为辱命，欲下之吏。

① 《汉书》卷九四下《匈奴传下》，第 3805 页。
② 《汉书》卷九四下《匈奴传下》，第 3828—3829 页。
③ 《后汉书》卷八九《南匈奴传》，第 2947 页。
④ 《后汉书》卷八九《南匈奴传》，第 2944 页。
⑤ 《后汉书》卷三二《樊准传》，第 1126 页。
⑥ 《后汉书》卷七九上《儒林传上·序》，第 2546 页。
⑦ 《后汉书》卷三二《樊准传》，第 1126 页。
⑧ 《后汉书》卷八九《南匈奴传》，第 2966—2967 页。

良久，乃贳之”[1]。这个记载表明，一方面匈奴方对于汉方的政治动态十分关注，此前的征和二年（前 91）汉廷发生巫蛊之乱，“会卫太子为江充所谮败”，后田千秋“上急变讼太子冤，曰：‘子弄父兵，罪当笞；天子之子过误杀人，当何罪哉！臣尝梦见一白头翁教臣言。’是时，上颇知太子惶恐无他意，乃大感寤，召见千秋。至前，千秋长八尺余，体貌甚丽，武帝见而说之，谓曰：‘父子之间，人所难言也，公独明其不然。此高庙神灵使公教我，公当遂为吾辅佐。’立拜千秋为大鸿胪。数月，遂代刘屈氂为丞相，封富民侯。”[2] 田千秋上书讼太子冤之时为“高寝郎”，亦即高庙卫寝之郎，为给事外朝太常卿之郎官，当为地位较低之郎官，故史称：“千秋无他材能术学，又无伐阅功劳，特以一言寤意，旬月取宰相封侯，世未尝有也。”[3] 故匈奴方面抓住这个问题向汉方发难。另一方面表明匈奴方面在与汉方进行军事斗争的同时，也十分注意以汉方政治上的动乱或疏失加以利用，以图在外交上贬损乃至凌辱汉方。

匈奴对于汉方的政治动态，不仅关注朝廷方面，也关注地方政府和官员方面。赵广汉历任守京兆尹、颍川太守等职，所在“壹切治理”，又曾参与废昌邑王而尊立宣帝，因功赐爵关内侯，“威名流闻，及匈奴降者言匈奴中皆闻（赵）广汉”[4]。章帝建初（76—84）年间傅育为武威太守，“威声闻于匈奴”[5]。可见，汉朝地方长官之政绩、才能、威信等，均匈奴的关注范围之内。

更始二年（24）冬，汉遣中郎将归德侯刘飒、大司马护军陈遵出使匈奴，“授单于汉旧制玺绶，王侯以下印绶，因送云、当余亲属贵人从者”，但是单于舆骄踞，谓汉使曰：“匈奴本与汉为兄弟，匈奴中乱，孝宣皇帝辅立呼韩邪单于，故称臣以尊汉。今汉亦大乱，为王莽所篡，匈奴亦出兵击莽，空其边境，令天下骚动思汉，莽卒以败而汉复兴，亦我力也，当复尊我！”汉使陈遵等“与相掌距，单于终持此言”。使团在匈奴呆了半年之久，始终不能说服匈奴，直至“其明年夏，还。会赤眉入

① 《汉书》卷六六《田千秋传》，第 2884 页。

② 《汉书》卷六六《田千秋传》，第 2884 页。

③ 《汉书》卷六六《田千秋传》，第 2884 页。

④ 《汉书》卷七六《赵广汉传》，第 3200—3201 页。

⑤ 《后汉书》卷八七《西羌传》，第 2882 页。

长安，更始败”[①]。匈奴单于之所以敢于抛弃西汉后期确立的“尊汉”传统，反而要求汉方“尊匈奴”，其主要理据就是原来匈奴“乱”故“尊汉”，现在汉亦“大乱”，故应“尊我”。这种情况延续至东汉初期，建武六年（30），“始令归德侯刘飒使匈奴……赂遗金币，以通旧好。而单于骄踞，自比冒顿，对使者辞语悖慢……数与卢芳共侵北边”[②]。所谓“自比冒顿”就是认为这个时期的匈奴与冒顿单于时期的匈奴一样强大，汉方应当卑下而尊之。东汉承两汉之际战乱之余，内政外交均有待整顿和加强，故匈奴有恃无恐，坚持须汉方“尊我”的姿态。

不久，汉匈之间的治乱情形发生了逆转，匈奴剧烈的内争加以连年旱蝗，于建武二十四年（48）分裂为南北匈奴；汉方则经过光武帝的整顿和治理，逐渐呈现了政治安定、经济恢复的中兴气象。在南匈奴附汉的同时，北匈奴也不断向汉方求和亲，要求恢复呼韩邪单于时期的汉匈关系，在遣使贡献的同时还向汉方“请音乐”[③]，对汉文化的态度亦随之而改变。其对于汉方政治的态度亦相应作了调整和改变，例如北匈奴使者在贡献的同时，特别提出要求拜见汉方的朝臣承宫。何以然？承宫于“永平中，征诣公车。车驾临辟雍，召（承）宫拜博士，迁左中郎将。数纳忠言，陈政，论议切悫，朝臣惮其节，名播匈奴”。这种无形的“软实力”影响及于匈奴，汉方臣僚中的突出人物也成为匈奴朝拜的对象。于是汉明帝命令承宫“自整饰”以接见匈奴使者。承宫对曰：“夷狄眩名，非识实者也。臣状丑，不可以示远，宜选有威容者。”于是明帝“乃以大鸿胪魏应代之”[④]，以满足匈奴使者的要求。匈奴之所以“眩名”求见汉方朝臣，其实质就是对于汉方政治形势和臣僚素质与威望等“软实力”的慑服与仰慕。

当然，匈奴方面的这种转变，也不完全是“软实力”作用的结果，主要还是“硬实力”，即汉方军事上、经济上压倒并超越匈奴而取得的。由此可见，在外交关系中，“硬实力”是第一位的，起决定作用的，“软

① 《汉书》卷九四下《匈奴传下》，第 3829 页。

② 《后汉书》卷八九《南匈奴传》，第 2940 页。

③ 《后汉书》卷八九《南匈奴传》，第 2946 页。

④ 《后汉书》卷二七《承宫传》，第 945 页。

实力”之发挥作用一般来说是在“硬实力”基础之上方才奏效的。

（二）从隔膜到亲近

四方国、族中有因为距离汉地遥远，对于汉文化十分隔膜，通过外交关系的发展，随着对于汉文化的接触或影响的扩大而逐渐亲近乃至仰慕者。匈奴以外之四方国、族多属于此类，其中以西域诸国较为典型。西域地区自大宛以西，“皆自以远，尚骄恣晏然，未可诎以礼，羁縻而使也。”[①] 所谓“未可诎以礼”，实质上就是汉方还不能以汉文化影响对方，是他们对于汉文化尚甚隔膜的一种表现。例如，汉武帝派遣张骞出使乌孙时，乌孙“昆莫见（张）骞如单于礼，骞大惭，谓曰：‘天子致赐，王不拜，则还赐。’昆莫起拜，其他如故。”颜师古注曰：“昆莫自比于单于。”[②] 表明乌孙对于汉文化中最重要的礼仪还不了解。而乌孙以西的康居直至西汉后期的成帝时，虽然“遣子侍汉，贡献，然自以绝远，独骄嫚，不肯与诸国相望……而康居骄黠，讫不肯拜使者。都护吏至其国，坐之乌孙诸使下，王及贵人先饮食已，乃饮啖都护吏，故为无所省以夸旁国。以此度之，何故遣子入侍？其欲贾市为好，辞之诈也。”[③] 表明其通汉之目的完全在于商贸，对于汉文化既不了解也没有兴趣。

面对这种情况，汉皇朝十分注意在外交中对于四方国、族展开文化攻势。这种攻势首先从加强接触开始。张骞回国时，“乌孙发导译送骞还，骞与乌孙遣使数十人，马数十匹报谢，因令窥汉，知其广大。”通过接触，“乌孙使既见汉人众富厚，归报其国，其国乃益重汉。”[④] 再如，“汉使至安息……汉使还，而后发使随汉使来观汉广大”[⑤]。这些来使至汉地之后，不仅直接看到了汉皇朝的财富，同时也看到了汉家之政治和礼乐文化等属于软实力方面的内容。汉武帝“数巡狩海上，乃悉从外国客，大都多人则过之，散财帛以赏赐，厚具以饶给之，以览示汉富厚焉。于是大觳抵，出奇戏诸怪物，多聚观者，行赏赐，酒池肉林，令外国客遍观各仓库府藏之积，见汉之广大，倾骇之。及加其眩者之工，而觳抵奇

---

① 《史记》卷一二三《大宛列传》，第 3173 页。

② 《汉书》卷九六下《西域传下·乌孙国传》，第 3902 页。

③ 《汉书》卷九六上《西域传上·康居国传》，第 3892—3893 页。

④ 《史记》卷一二三《大宛列传》，第 3169 页。

⑤ 《史记》卷一二三《大宛列传》，第 3173 页。

戏岁增变，甚盛益兴，自此始。”[①] 汉皇朝之“广大”，除了物质财富之外，还体现于文化上，汉方款待他们观看各种汉文化事项，如杂技演出等文艺节目。史称汉皇朝“设酒池肉林以飨四夷之客，作巴俞都卢、海中砀极、漫衍鱼龙、角抵之戏以观视之。”[②] 这里列举了许多接待外交使的演出内容，《汉书》注引李奇曰：“都卢，体轻善缘者也。《砀极》，乐名也。”颜师古曰：“巴人，巴州人也。俞，水名，今渝州也。巴俞之人，所谓賨人也，劲锐善舞，本从高祖定三秦有功，高祖喜观其舞，因令乐人习之，故有《巴俞》之乐。漫衍者，即张衡《西京赋》所云‘巨兽百寻，是为漫延’者也。鱼龙者，为舍利之兽，先戏于庭极，毕乃入殿前激水，化成比目鱼，跳跃漱水。作雾障日，毕，化成黄龙八丈，出水敖戏于庭，炫耀日光。《西京赋》云‘海鳞变而成龙’，即为此色也。”[③] 由此可见演出品种和节目十分丰富多彩，包括各种杂技、音乐、舞蹈等。

各种盛大的典礼、集会更是集中展示汉文化的最佳舞台。祭祀辟雍、明堂、灵台“三雍”之礼是汉皇朝盛大、隆重的礼仪性集会，四方国、族来宾往往被邀请参加，何以然？“天子立辟雍何？所以行礼乐、宣德化也。”[④] 张衡《七辩》有云：“建明堂而班辟雍，和邦国而悦远人。”[⑤] 其目的之一在于以汉方礼乐文明以“悦远人”。正旦朝更是汉皇朝最为盛大、隆重的礼仪性集会，匈奴呼韩邪单于来朝时，“正月朝天子于甘泉宫，汉宠以殊礼。”在极其盛大的典礼中，匈奴“左右当户之群臣皆得列观，及诸蛮夷君长王侯数万，咸迎于渭桥下，夹道陈。上登渭桥，咸称万岁。”此外还“赐以冠带衣裳，黄金玺盭绶”，以及其他许多仪仗、文物。汉宣帝时为了遣送翁主和亲乌孙，“天子自临平乐观，会匈奴使者、外国君长大角抵，设乐而遣之。”[⑥] 东汉顺帝时，在京师举行立匈奴呼兰若尸逐就单于的典礼，“天子临轩，大鸿胪持节拜授玺绶，引上殿。赐青

---

① 《史记》卷一二三《大宛列传》，第 3173 页。

② 《汉书》卷九六下《西域传下》“赞曰”，第 3928 页。

③ 《汉书》卷九六下《西域传下》“赞曰”颜师古注引，第 3929—3930 页。

④ （清）陈立撰，吴则虞点校：《白虎通疏证》卷六《辟雍》，中华书局 1994 年版，第 259 页。

⑤ （唐）欧阳询撰，汪绍楹校：《艺文类聚》卷五七《杂文部三》引《七辩》，上海古籍出版社 1999 年版，第 1027 页。

⑥ 《汉书》卷九六下《西域传下·乌孙国传》，第 3905 页。

盖驾驷、鼓车、安车、驸马骑、玉具刀剑、什物，给彩布二千匹。赐单于阏氏以下金锦错杂具，軿车马二乘。遣行中郎将持节护送单于归南庭。诏太常、大鸿胪与诸国侍子于广阳城门外祖会，飨赐作乐，角抵百戏。顺帝幸胡桃宫临观之”①。这些典礼和聚会，实际上就是在四方国、族面前展示汉皇朝的政治文化和礼乐文化。

长期贯穿、渗透于外交过程中的文化攻势，取得了效果。龟兹王绛宾娶解忧公主女为妻之后，夫妇联袂入朝，绛宾王及夫人“皆赐印绶。夫人号称公主，赐以车骑旗鼓，歌吹数十人，绮绣杂缯琦珍凡数千万。留且一年，厚赠送之。后数来朝贺。”通过这种外交往还，龟兹王“乐汉衣服制度”，对于汉文化产生了浓厚的兴趣，于是“归其国，治宫室，作徼道周卫，出入传呼，撞钟鼓，如汉家仪。外国胡人皆曰：‘驴非驴，马非马，若龟兹王，所谓骡也。’”将汉文化模仿、移植于其国。绛宾模仿汉制而“治宫室”，故其都城深受汉皇朝城市建设之影响，今库车东郊发现的皮朗旧城，城作方形，周长七公里，即龟兹国都延城之遗址。城中有土台多处，均用内地夯筑法筑成②。史称延城“城有三重，外城与长安城等。宫室壮丽”③。此虽为十六国时期延城状况，但与汉代延城不能没有继承关系。不仅如此，这种汉文化的感染力还延及后世，“绛宾死，其子丞德自谓汉外孙，成、哀帝时往来尤数，汉遇之亦甚亲密。”④ 汉代外交中以四方国、族质子入侍于京师的做法也是一种以柔克刚之术，这种“质侍”制度不仅具有其在原始意义上的抵押、控制对方的作用，而且“质侍”比较长期生活于汉方京师和宫廷之中，接触、学习汉皇朝的典章制度、礼乐文明，从而使“质侍”受到汉文化的浸润，对于“质侍”回国继承君位或进入统治集团之后，采取与汉方友好态度种下根源，这是以汉文化这一“软实力”去克服彼此隔膜、敌对关系的良方。如莎车王延在汉元帝时，“尝为侍子，长于京师，慕乐中国，亦复参其典法”，汉文化对他产生了强烈的吸引力，他极力将汉皇朝之典章制度引入莎车，

① 《后汉书》卷八九《南匈奴传》，第2962—2963页。

② 黄文弼：《略述龟兹都城问题》，《文物》1962年第7、8期。又同氏著《塔里木盆地考古记》，科学出版社1957年版，第30—31页。

③ （唐）姚思廉撰：《梁书》卷五四《诸夷传·龟兹传》，中华书局1973年版，第813页。

④ 《汉书》卷九六下《西域传下·渠犁传》，第3916—3917页。

而且“常敕诸子，当世奉汉家，不可负也。”后来其子康继位，于东汉初年“率傍国拒匈奴，拥卫故都护吏士妻子千余口，檄书河西，问中国动静，自陈思慕汉家。”① 汉文化的魅力影响了他们的政治态度，而且这种影响力绵延久远。史称两汉之际匈奴趁汉皇朝内乱而重新控制西域，但是西域诸国“虽属匈奴，不相亲附。匈奴能得其马畜旃罽，而不能统率与之进退”，而“自建武以来，西域思汉威德，咸乐内属”②。这种情况所反映出来的历史实质是，汉文化的亲和力、吸引力要大大超过匈奴文化。汉文化与匈奴文化在西域的较量中亦取得胜利。这与汉皇朝在外交中长期进行的“软实力”投资不是没有关系的。

西南夷在今天的云贵川一带，虽然从地理上说较西域距离中原地区近得多，但是由于地形险峻，交通困难，故导致其对于中原文化亦相当隔膜。“西南夷君长以百数”③，其中以滇和夜郎最大。汉武帝遣使通西南夷时，“滇王与汉使者言曰：‘汉孰与我大?’及夜郎侯亦然。以道不通故，各自以为一州主，不知汉广大。”④ 可知其对于汉文化之隔膜。经过长期的努力，西南夷地区各族、国先后逐渐接受并向往汉文化。东汉永平（58—75）年间，朱辅任益州刺史时，“在州数岁，宣示汉德，威怀远夷。自汶山以西，前世所不至，正朔所未加。白狼、槃木、唐菆等百余国，户百三十余万，口六百万以上，举种奉贡，称为臣仆。”当时白狼王唐菆等“慕化归义，作诗三章”，表达对于汉德之仰慕，朱辅令其辖下之犍为郡掾田恭将其从“夷语”翻译成汉语，献上朝廷。诗歌共有三首，分别为《远夷乐德歌》《远夷慕德歌》《远夷怀德歌》，是为著名的《白狼王歌》。诗歌中表达了“闻风向化”“慕义向化”⑤ 的强烈愿望。

有许多四方国、族与汉皇朝边界并不相邻，也没有直接的利害关系，并非兵威所征服，但是也主动前来外交，其中当与汉文化的亲和力、吸引力有关。建武十二年（36），“九真徼外蛮里张游，率种人慕化内属，

① 《后汉书》卷八八《西域传·莎车国传》，第2923页。
② 《汉书》卷九六下《西域传下》“赞曰”，第3930页。
③ 《史记》卷一一六《西南夷列传》，第2991页。
④ 《史记》卷一一六《西南夷列传》，第2996页。
⑤ 《后汉书》卷八六《南蛮西南夷列传·莋都夷传》，第2854—2856页。

封为归汉里君。”[1] 永元六年（94），永昌郡“徼外敦忍乙王莫延慕义，遣使译献犀牛、大象。”顺帝永建六年（131），“日南徼外叶调王便遣使贡献，帝赐调便金印紫绶。”[2] 熹平二年（173），“日南徼外国重译贡献。”熹平六年（177），“日南徼外国复来贡献。”[3] 永元九年（97），“徼外蛮及掸国王雍由调遣重译奉国珍宝，和帝赐金印紫绶，小君长皆加印绶、钱帛。”[4] 永宁元年（120），“掸国王雍由调复遣使者诣阙朝贺，献乐及幻人，能变化吐火，自支解，易牛马头。又善跳丸，数乃至千。自言我海西人。海西即大秦也，掸国西南通大秦。明年元会，安帝作乐于庭，封雍由调为汉大都尉，赐印绶、金银、彩缯各有差也。”[5] 诸如此例，不烦枚举。这些“徼外”国、族与汉皇朝的外交，有的双方并没有直接的利害关系，他们之所以不远而来汉，与其“慕化”“慕义”有关，其中即包含汉文化的吸引力。特别是其中有的是多次前来，如果不是对于汉文化的强烈的向往，是不可想象的。这种吸引力甚至远及西瀛的大秦，“其王常欲通使于汉，而安息欲以汉缯彩与之交市，故遮阂不得自达。”大秦之所以希望与汉建立外交关系，除了商贸方面的原因之外，与其对于汉文化的好奇心和汉文化的吸引力不能说没有一定关系。只是由于安息的阻拦而难于实现。及至桓帝延熹九年（166），“大秦王安敦遣使自日南徼外献象牙、犀角、玳瑁，始乃一通焉”，他们不得不绕过安息而从日南来汉，不过因为“其所表贡，并无珍异，疑传者过焉。”[6] 有的学者对于大秦这次遣使来汉提出诸多怀疑，认为罗马文献中没有关于此事的记载，而且所献之物非大秦所产，故认为此使者是大秦商人所冒充。实际上，古代以商人为使并不少见。要之，无论如何这也反映了大秦对于汉文化的向往之情。史称“其条支、安息诸国至于海濒四万里外，皆重译贡献”“于是远国蒙奇、兜勒皆来归服，遣使贡献。”[7] 并非虚语，这些远

① 《后汉书》卷八六《南蛮西南夷列传》，第 2836 页。
② 《后汉书》卷八六《南蛮西南夷列传》，第 2837 页。
③ 《后汉书》卷八六《南蛮西南夷列传》，第 2839 页。
④ 《后汉书》卷八六《南蛮西南夷列传·哀牢夷传》，第 2851 页。
⑤ 《后汉书》卷八六《南蛮西南夷列传·哀牢夷传》，第 2851 页。
⑥ 《后汉书》卷八八《西域传·大秦国传》，第 2919—2920 页。
⑦ 《后汉书》卷八八《西域传·序》，第 2910 页。

国之主动前来外交，即属此类。

史家在评论汉皇朝的外交时说：汉氏“卒能开四夷之境，款殊俗之附。若乃文约之所沾渐，风声之所周流，几将日所出入处也。著自山经、水志者，亦略及焉。虽服叛难常，威泽时旷，及其化行，则缓耳雕脚之伦，兽居鸟语之类，莫不举种尽落，回面而请吏，陵海越障，累译以内属焉。故其录名中郎、校尉之署，编数都护、部守之曹，动以数百万计。若乃藏山隐海之灵物，沈沙栖陆之玮宝，莫不呈表怪丽，雕被宫幄焉。又其赉賨火毳驯禽封兽之赋，軨积于内府；夷歌巴舞殊音异节之技，列倡于外门。岂柔服之道，必足于斯？然亦云致远者矣。”① 所谓“文约之所沾渐，风声之所周流”，以及“及其化行”“柔服之道”，莫不与汉皇朝的“软实力”有关，而所谓“致远”实际上就是包含“软实力”在内的整体吸引力。

（原刊《文史哲》2012 年第 4 期。我们在黎虎先生遗存的文稿中，发现同名文章，经比对知是刊后修订稿。今据黎虎先生最新刊后修订稿，并参校原刊文整理。此文最值得关注者，乃是黎虎先生提出了“外交软实力”的概念，这在中国古史学界甚至是历史学界都是首创之举，其意义不仅在于为我们进一步探索中国古代外交问题拓展了思路和领域，也可以为我们今天的外交工作提供历史借鉴，有助于增强外事活动中的自信心。李文才敬识。）

① 《后汉书》卷八六《南蛮西南夷传》“论曰”，第 2860 页。

刘贺“登基”与两鸿胪

江西南昌海昏侯墓经过五年的发掘已经逐渐露出真容，以其保存完整、丰富多彩的出土文物和墓室结构，特别是其中有不少文物为考古史上首见，从而引起了学术界乃至广大民众的高度关注和强烈兴趣。这个墓葬的主人可能是第一代海昏侯刘贺，而刘贺其人可谓大有来历，人们都知道他原来是第二代昌邑王，而且还当了 27 天的皇帝，在从皇帝位子上退下来之后又成为了第一代海昏侯。但是在他当皇帝这些日子里有一个细节却从来没有引起过人们的注意，就是在那 27 天的前前后后曾有两位大鸿胪一起参与其中，负责相关礼仪事宜，此事牵涉到中国古代官制中一个比较特殊的问题——“真吏”“真官”与“非真吏”“非真官”的制度性问题。

元平元年（前 74）四月汉昭帝去世，年仅二十一岁的昭帝没有后嗣，时昭帝的岳祖父、大将军霍光掌权，霍光通过他的外孙女、时年十五六岁的上官皇太后下诏书立昌邑王刘贺继承帝位，即日“遣行大鸿胪事少府乐成、宗正德、光禄大夫吉、中郎将利汉迎昌邑王（刘）贺。”① 以大鸿胪史乐成为首的使团从长安出发，前往昌邑国迎请昌邑王刘贺入京登基。昌邑国的治所在今山东巨野县，刘贺是汉武帝的儿子、第一代昌邑王刘髆的儿子，他继承昌邑王位的第十三年赶上了这个大事。朝廷为什么派遣大鸿胪去迎请刘贺呢？大鸿胪的职责规定：“掌诸侯及四方归义蛮夷。其郊庙行礼，赞导，请行事，既可，以命群司。诸王入朝，当郊迎，典其礼仪。及郡国上计，匡四方来，亦属焉。皇子拜王，赞授印绶。及

① （汉）班固撰，（唐）颜师古注：《汉书》卷六八《霍光传》，中华书局 1962 年版，第 2937 页。

拜诸侯、诸侯嗣子及四方夷狄封者，台下鸿胪召拜之。王薨则使吊之，及拜王嗣。”① 可见“掌诸侯”是大鸿胪的重要职责之一，举凡封国王侯初封或就国，以及朝觐聘享等有关礼仪和迎送工作都是由大鸿胪负责的。故迎请昌邑王刘贺前来长安自然是大鸿胪的职分所在。刘贺一行抵达长安郊外霸上时，朝廷又派出“大鸿胪郊迎”，举行隆重的“郊迎”典礼引导他进城入宫。大鸿胪史乐成不是在迎接刘贺的队伍中吗？怎么又出来一个大鸿胪呢？原来奉命到霸上“郊迎”刘贺的这个大鸿胪是韦贤，不是史乐成，而且这个韦贤是正式的大鸿胪，他于两年前即元凤五年（前76）接任大鸿胪至今还在任上。史乐成的本职是少府，他于去年即元凤六年（前75）被任为少府，元平元年被派遣前往昌邑迎请刘贺时，他是以少府而临时代行大鸿胪职责去迎请刘贺的，故称他为“行大鸿胪”，意即暂时代行大鸿胪的职责。也就是说，韦贤是以正式的大鸿胪去霸上“郊迎”刘贺的，也就是大鸿胪职分规定的“诸王入朝，当郊迎，典其礼仪。”而史乐成是以代理大鸿胪的身份前往昌邑迎请刘贺的。刘贺即位后，做出种种违礼行径，胡作非为，于是霍光等人又联名上书上官皇太后，要求废黜刘贺，在这份联名上书中，史乐成署名为“少府臣乐成”，韦贤署名为“大鸿胪臣贤”，这是他们本人的正式官职。也就是说，史乐成在完成迎请昌邑王的使命之后，他的“行大鸿胪”便结束了，仍然回归他原来的少府官位。

像韦贤与史乐成一样，一个为正式的大鸿胪，一个为暂时代理大鸿胪，相互配合完成一件使命的情况并非个别。汉武帝后元二年（前87）济北王刘宽“坐与父式王后光、姬孝儿奸，悖人伦，又祠祭祝诅上，有司请诛。上遣大鸿胪利召王，王以刃自刭死。”② 当时正式的大鸿胪是田广明，那么这位叫做利的大鸿胪实际上也是“行大鸿胪”，临时加以大鸿胪职衔前往济北召济北王刘宽进京问罪。汉成帝绥和元年（前8）“使执金吾任宏守大鸿胪，持节征定陶王，立为皇太子。”③ 当时正式的大鸿胪是王嘉，任宏是临时加以“守大鸿胪”的职衔前往定陶迎请定陶王赴京

① （晋）司马彪撰，（梁）刘昭注补：《续汉书·百官志下》，点校本《后汉书志》第二十五，中华书局1965年版，第3583页。

② 《汉书》卷四四《淮南衡山济北王传》，第2157页。

③ 《汉书》卷一一《哀帝纪》，第333页。

立为皇太子的，这位定陶王就是日后的汉哀帝。

上述韦贤、田广明、王嘉都是正式的大鸿胪，而与他们匹配的史乐成、利、任宏都是临时加以大鸿胪职衔，为完成某一使命而同时出任大鸿胪而相互配合工作的，这种临时加上某一职衔的情况，或称为“行”或称为“守”，此外还有称为“兼”“假”“摄”等不同名称。关于这方面问题，一般官制史都已谈到，指出这些都是官吏的任用方式，例如“守”，赵翼说秦汉时期“其官吏试职者则曰守”“凡试职皆曰守”①。再如“行”，安作璋、熊铁基先生说：所谓“行”，“乃是官缺未补，暂时由他官摄行之意。”② 这些解释都应该说是正确的，但是，拿这些说法来对照上面的情况，则并不合适，任宏以“守大鸿胪”前往定陶迎请定陶王，并非让他“试职”，史乐成以“行大鸿胪”前往昌邑迎请昌邑王刘贺时，也不是当时“官缺未补”，他们都是在有正式的大鸿胪的情况下，被加以“行”或“守”大鸿胪而与那位正式的大鸿胪相互配合以完成某一使命的。由此可见，上述解释只是说对了部分而没能概括这些任用方式的全部意涵。实际上，在这些形形色色的任用方式后面隐藏着中国古代一种尚未被人们认识和重视的任用方式，即“真吏”“真官”与“非真吏”“非真官”的制度性问题。

“真吏”“真官”与“非真吏”“非真官”问题引起人们的关注是在长沙走马楼吴简发现之后。走马楼吴简中发现了30余片竹简登记着当地“户人”的身份为“真吏”，但是没有发现能够说明“真吏”涵义、性质的相关资料，传世的传统文献中也罕见有关“真吏”的记载，因此这个问题一直就不清楚，也从来没有引起史学界的关注。但是实际上不论文献还是出土简牍中都还是有一些蛛丝马迹可寻的。唐柳宗元《韦使君黄溪祈雨见召从行至祠下口号》诗中有“俟罪非真吏”句，有注云：“贾谊谪长沙王太傅，为赋吊屈原，其词曰：恭承嘉惠兮，竢罪长沙。公为永州员外司马，故曰‘非真吏’。”③ 这是柳宗元因永贞元年（805）王叔文

① （清）赵翼撰，曹光甫校点：《陔余丛考》卷二六“假守”条，上海古籍出版社2011年版，第499页。

② 安作璋、熊铁基：《秦汉官制史稿》（下册），齐鲁书社1985年版，第369页。

③ （唐）柳宗元：《柳河东集》卷四三《韦使君黄溪祈雨见召从行至祠下口号》，上海古籍出版社2008年版，第723页。

事件被贬为永州“员外司马”期间所作。这里实际上提出了“真吏”与“非真吏”这样两个相互对立而又相互依存的概念，即以“司马”为真吏，而以“员外司马”为“非真吏”。唐制州府设“司马”以为上佐，但“员外司马”并非真除实授，而是正员之外的名义上的官称。这种没有实际职务的挂名的官称，到了唐后期“则贬责者，然后以员外官处之。”① 成为处置被贬谪官员的常用官号，因而像柳宗元这样因政治等原因被贬远州“员外司马”的情况在唐代是很普遍的。在这里是以正员之内、真除实授、有实际职务的“司马”为“真吏”，而以非正员、非真除实授、无实际职务的“员外司马”为“非真吏”。

经过研究，我们发现“真吏”与“真官”以及与它们相对应的“非真吏”“非真官”的涵义是相同的②。居延汉简：“□真官到视事有代罢”“兼行都尉事真官到若有代罢如律”③。两简文意基本相同，第二简更为清楚，意即某人被派“兼行”都尉职责，但是如果有“真”都尉到任，则根据有关律条而罢职。可知“兼行”为暂时代理职务，并非“真官”。这在文献中亦有迹可循，西汉人胡建“河东人也。孝武天汉中，守军正丞。”颜师古注曰：“南北军各有正，正又置丞，而（胡）建未得真官，兼守之。”④ 胡建为“守”丞，故并非“真官”。南朝沈邵于宋文帝时“入为通直郎……时车驾祀南郊，特诏（沈）邵兼侍中负玺，代真官陪乘。”⑤ 沈邵虽经特诏而“兼”侍中，但仍然不是“真官”，只是代行“真官”之职务，而属于“非真官”。由此可见，“真官”“真吏”与“非真吏”“非真官”这两组概念的各自涵义是一致的。不过，“真吏”的外延要大于“真官”，“真官”多指中高级官员，“真吏”则包括中高级官员直至下层小吏在内。

“真吏”“真官”与“非真吏”“非真官”在中国古代历史上是非常

---

① （宋）王溥撰：《唐会要》卷六七《员外官》，中华书局1955年版，第1390页。

② 关于“真吏”“真官”与“非真吏”、“非真官”问题，详参：黎虎《说“真吏”——从长沙走马楼吴简谈起》，《史学月刊》2009年第5期；黎虎《汉代外交体制研究》，商务印书馆2014年版，第828—830、834页注。

③ 谢桂华、李均明、朱国炤：《居延汉简释文合校》（264·35；509·11A，513·1A），文物出版社1987年版，第441、615页。

④ 《汉书》卷六七《胡建传》，第2910页。

⑤ （梁）沈约撰：《宋书》卷一〇〇《自序》，中华书局1974年版，第2460页。

普遍的现象，除了上述柳宗元这种情况之外，还有其他种种表现，其主要者有三个方面：

第一方面是指官吏经过试用期再转变为正式官吏。汉代规定选拔官员“皆试守，小冠，满岁为真。”[①] 经过一年的“试守”期，如果合格，方为“真吏”或“真官”。如尹翁归“以高第入守右扶风，满岁为真。”[②] 韩延寿“入守左冯翊，满岁，称职为真。”[③]“试守者，称职满岁为真。”[④] 也有经过三年的“试守”期，方才为“真”的，王尊“守京兆尹，后为真，凡三岁。”[⑤] 在“试守”期他们还是“非真吏”“非真官”，待“为真”“即真”“即正”之后才是“真吏”“真官”。“行”也是这个意思，东汉安帝元初六年（119），敦煌太守曹宗以北匈奴联合西域诸国犯边，“患之，乃上遣行长史索班将千余人屯伊吾以招抚之。”胡三省注曰：“行长史者，行长史事，未为真也。”[⑥]“行”即暂时代理，还不是“真官”。太和二十年（496）魏孝文帝得知穆泰等人作乱的阴谋后，“行吏部尚书任城王（元）澄有疾，帝召见于凝闲堂”以商议对策。胡三省注曰：“行吏部尚书者，行吏部尚书事，未为真也。”[⑦] 次年孝文帝亲率大军从洛阳出发攻齐，“使吏部尚书任城王（元）澄居守”。胡三省注曰：“任城王（元）澄至是始为真吏部尚书。”[⑧] 除了“守”“行”之外，还有“兼”“假”“摄”“领”“监”等都有这个意思。

第二方面是指同一个官职有“真吏”“真官”与“非真吏”“非真官”的区分。《汉书·张汤传》载张汤任丞相时，其丞相府有三位“长史”，颜师古注曰：“《百官表》丞相有两长史，今此云三者，盖以守者，非正员也。”[⑨]

---

① （汉）卫宏撰，（清）纪昀等辑：《汉官旧仪》卷上，周天游点校《汉官六种》，中华书局1990年版，第36—37页。

② 《汉书》卷七六《尹翁归传》，第3208页。

③ 《汉书》卷七六《韩延寿传》，第3213页。

④ 《后汉书》卷一四《刘縯传》注，第553页。

⑤ 《汉书》卷七六《王尊传》，第3233页。

⑥ （宋）司马光编著，（元）胡三省音注：《资治通鉴》卷五〇，汉安帝元初六年（119），第1602页。

⑦ 《资治通鉴》卷一四〇，齐明帝建武三年（496），第4402页。

⑧ 《资治通鉴》卷一四一，齐明帝建武四年（497）八月，第4411—4412页。

⑨ 《汉书》卷五九《张汤传》，第2644页。

也就是说正式编制是两位“长史”，现在有三位，其中一位为“守长史”，是为“非真吏”“非真官”。

第三方面就是由于某一特定任务需要而在正式官员之外临时设置代理官员。这就是我们上面讲到的，大鸿胪田广明、韦贤、王嘉均为“真吏”“真官”，而任“行”或“守”大鸿胪之利、史乐成、任宏等则为“非真吏”“非真官”。

综上所述我们可以知道，举凡真除实授的、正式的、编制内的、有实际职掌的官员和吏员为“真吏”“真官”，此外非真除实授的、临时性的、编制外的、无实际职掌的冗散的权“兼”“守”“行”“假”“摄”“领”“监”等官员和吏员属于“非真吏”“非真官”。因此我们上面说到，现在通行的官制史对于这些现象的解释，只是说对了部分而没有说清楚全部，如果以“真吏”“真官”与“非真吏”“非真官”的角度去观察就可以认清并概括中国古代官制中的这一现象。不过，虽然“真吏”“真官”与“非真吏”“非真官”的区分，在中国古代从中央到地方，从行政系统至军事系统，从高级官员到下层小吏均存在，“真吏”“真官”与“非真吏”“非真官”的区分是一种客观存在并且是普遍的现象，但是在文献中却很少提到，也几乎很少直接称呼他们为“真吏”“真官”或“非真吏”“非真官”的。吴简现在整理出来的也只有三十多片竹简提到了“真吏”，与文献中的情况也是大体相同的，尽管吴简号称十余万片，即使将来全部整理出来，估计其中关于“真吏”的记载也不会太多的。

（原刊《文史知识》2016年第8期。我们在黎虎先生遗存文稿中，发现了同名文章，经过与原刊文比对，知是黎虎先生刊后修订稿。据诸黎虎先生刊后最新修订稿，此文的注释格式已将原刊文的正文夹注改为了通行的页下注形式，故这里遵照先生的遗愿而采用页下注的方式。此文尽管刊于《文史知识》而具备史学科普文的性质，但文中所论“真官”“真吏”与“非真官”“非真吏”的问题却具有极强的学术性，同时这也是黎虎先生吴简“吏民”“吏户”问题研究的延伸和拓展，在中古时期“真吏”问题的研究上，黎先生是第一个科学阐释、准确揭示和全面论述“真吏”意涵的学者。“真官”“真吏”与“非真官”“非真吏”等重要史学概念的提出与界定，实为黎先生对于中国古代职官制度史研究领域所做出的具有拓荒性质的重要贡献，其所具有的重大学术价值和意义，绝不止于第一次揭开了古代文献所载“真吏”“真官”等名词意涵的庐山真面，更表现为这些概念的提出及其意涵的界定极有可能引领中国古代职官制度研究的新方向，中国古代职官制度史的研究框架与书写范式可能都将因此而调整、改变甚至是重写。有鉴于此，我们决定将此文编入《黎虎文集：先秦秦汉史论》。李文才敬识。）

汉代“和亲”问题三题

“和亲”是汉代诸交聘方式之一。汉代“和亲”问题学术界论之已甚为详悉，几可谓题无剩义。然而还有若干问题似还有探讨余地或尚未涉及者，兹略陈管见，以就正于先进。

一　汉代“和亲”的两种类型

汉代的“和亲”有两种类型，一为直接“和亲”，二为间接“和亲”。所谓直接“和亲”，是指双方为了各自政治目的而直接进行联姻，此以汉与匈奴之间、汉与乌孙之间“和亲”为然；所谓间接“和亲”，是指双方并非直接联姻，而是对方在与另一方联姻之后又导致与己方又确立“和亲”关系，此以汉与龟兹“和亲”为然。前者为单一性和亲，后者为双重性和亲。有汉一代的和亲，直接的、单一的和亲是主要的，而间接的、双重的和亲则较为少见。

汉与匈奴、乌孙的和亲是汉匈之间、汉乌之间直接的、单一的和亲，这种类型的和亲学术界论之已甚详备，兹不赘述。唯汉与龟兹之和亲为间接的、双重的和亲，学术界尚未注意到，故稍事论述。

龟兹王绛宾与解忧公主之女弟史的婚姻，首先是龟兹与乌孙之间的直接和亲。弟史为汉皇朝和亲乌孙的解忧公主与乌孙昆弥翁归靡所生长女，汉宣帝时“乌孙公主遣女来至京师学鼓琴，汉遣侍郎乐奉送主女，过龟兹。龟兹前遣人至乌孙求公主女，未还。会女过龟兹，龟兹王留不遣，复使使报公主，主许之。”① 这个记载表明龟兹王绛宾曾经两次向

---

① （汉）班固撰，（唐）颜师古注：《汉书》卷九六下《西域传下·龟兹传》，中华书局1962年版，第3916页。

解忧公主之女弟史求婚，原先绛宾已经遣使至乌孙请求这桩婚事，不久适逢弟史从汉廷学习音乐返国途经龟兹，绛宾于是留下弟史，再次遣使乌孙求婚。解忧公主同意了绛宾的请求。绛宾的求婚得到解忧公主的同意，也应当是得到了乌孙昆弥翁归靡的同意。故龟兹王绛宾向解忧公主求婚，也是向乌孙昆弥求婚；绛宾与弟史的联姻，实际上是龟兹王与乌孙昆弥之间的联姻，故属于龟兹与乌孙之直接和亲。这是问题的一个方面。

另一方面龟兹与乌孙的和亲，后来又导致龟兹与汉的和亲。绛宾与弟史的联姻有其特殊性，这是由于其联姻对象弟史的身份的特殊性所决定的，弟史一方面是乌孙的公主，但同时她也具有汉“公主”之身份，因此绛宾与弟史的联姻又导致龟兹王与汉皇帝的联姻。何以致此？在绛宾与弟史成婚之后，解忧公主“上书，愿令女比宗室入朝，而龟兹王绛宾亦爱其夫人，上书言得尚汉外孙为昆弟，愿与公主女俱入朝。”[①] 弟史是汉皇帝“公主”之女，故绛宾谓其为“汉外孙”，当解忧公主请求宣帝令弟史以“宗室”之身份入朝时，绛宾不仅趁机提出与弟史一起入朝，而且进而提出“得尚汉外孙为昆弟”的要求。绛宾后面这个要求实际上就是与汉“和亲”的要求。所谓“尚汉外孙为昆弟”是汉代四方国、族向汉方提出建立“和亲”关系的一种典型用语，元封三年（前108）乌孙在受到匈奴进攻的军事压力和大宛、月氏等频繁与汉通使的外交压力下，“于是恐，使使献马，愿得尚汉公主，为昆弟”，于是汉“遣江都王建女细君为公主，以妻焉。”[②] 元康二年（前64）乌孙又上书请求与汉和亲，“愿以汉外孙元贵靡为嗣，得令复尚汉公主，结婚重亲，畔绝匈奴。”[③] 于是汉以少主出嫁乌孙。乌孙之请求与汉和亲，所提即为“尚汉公主”，从而使双方“为昆弟”，亦即结为和亲关系。龟兹王绛宾向汉方提出的要求是“尚汉外孙”，从而使双方“为昆弟”，两者如出一辙。由此可见，龟兹王绛宾在与乌孙“和亲”之后，又进一步要求与汉亦结为“和亲”关系。龟兹王绛宾的这一要求果然达到，元康元年（前65）绛

---

① 《汉书》卷九六下《西域传下·龟兹传》，第3916页。

② 《汉书》卷九六下《西域传下·乌孙国传》，第3903页。

③ 《汉书》卷九六下《西域传下·乌孙国传》，第3905页。

宾与弟史联袂入朝，在长安期间，龟兹王及其夫人弟史“皆赐印绶。夫人号称公主，赐以车骑旗鼓，歌吹数十人，绮绣杂缯琦珍凡数千万。”①可见宣帝同意了解忧公主的请求，将弟史视为“宗室”，被正式封为汉公主，弟史的身份遂由乌孙的“公主”和“汉外孙”而转变为同时也是汉“公主”，也就是说弟史当时一身而二任，她既是乌孙的“公主”同时也是汉“公主”了。弟史获得了汉“公主”的身份后，龟兹王自然亦成为汉皇帝的女婿，则弟史与绛宾之婚姻除了具有乌孙与龟兹“和亲”的性质之外，同时具有了龟兹与汉“和亲”的性质。通过这次入朝，绛宾与弟史的婚姻得到了汉皇帝的正式承认，事实上结成了汉与龟兹的和亲关系。因此，绛宾与弟史的联姻具有双重和亲关系的特征：既是龟兹与乌孙的和亲，也是汉与龟兹的和亲。而龟兹与乌孙的和亲是直接的和亲关系，而龟兹与汉的和亲则是间接而形成的。

龟兹王绛宾之向解忧公主之女求婚，有着深谋远虑的政治目的。原来在其先王时期，龟兹与汉长期处于紧张关系状态，汉武帝时李广利伐大宛回师途经杅弥，“杅弥遣太子赖丹为质于龟兹。广利责龟兹曰：‘外国皆臣属于汉，龟兹何以得受杅弥质？’即将赖丹入至京师。”② 在纳质问题上龟兹与汉产生了矛盾。及至昭帝时，“乃用桑弘羊前议，以杅弥太子赖丹为校尉将军，田轮台，轮台与渠犁地皆相连也。龟兹贵人姑翼谓其王曰：‘赖丹本臣属吾国，今佩汉印绶来，迫吾国而田，必为害。’王即杀赖丹，而上书谢汉，汉未能征。”③ 如今龟兹又将已被汉拜为校尉将军并派遣至轮台负责垦田的赖丹杀掉，汉与龟兹的矛盾进一步升级。到了宣帝时，绛宾继位为龟兹王，时“长罗侯常惠使乌孙还，便宜发诸国兵，合五万人攻龟兹，责以前杀校尉赖丹。龟兹王谢曰：‘乃我先王时为贵人姑翼所误，我无罪。’执姑翼诣（常）惠，惠斩之。”④ 汉的进攻虽然通过交出杀害赖丹的主谋而暂时解脱，但是双方紧张关系并未完全消弭，绛宾为了改善与汉的关系，于是先后两次遣使向解忧公主提出求婚，希

① 《汉书》卷九六下《西域传下·龟兹传》，第3916页。
② 《汉书》卷九六下《西域传下·龟兹传》，第3916页。
③ 《汉书》卷九六下《西域传下·龟兹传》，第3916页。
④ 《汉书》卷九六下《西域传下·龟兹传》，第3916页。

望通过这种比较迂回的途径而达到改善与汉关系的目的。这就是绛宾求婚弟史的背景，表明龟兹向解忧公主之女求婚可谓醉翁之意不在酒，主要不是为了与乌孙和亲，而是通过与乌孙和亲以达到与汉和亲的最终目的，从而改善与汉的关系，从根本上维护其本国的安全和利益。

绛宾这个政治目的后来果真达到了，绛宾与弟史结婚后，元康元年（前65）又通过弟史而与汉皇朝建立了和亲关系，他们在长安“留且一年”，回国时又“厚赠送之”[①]。通过这次朝贺，龟兹王绛宾收获颇丰，弟史获得了“公主”的身份，龟兹王亦被赐与印绶。这样一来，龟兹与汉的关系不仅得到缓和，而且建立起友好的和亲关系，将龟兹与汉的关系大大推进到一个新的阶段。绛宾与弟史的婚姻，可谓一石二鸟，一方面与乌孙建立了和亲关系，另一方面又与汉结成和亲关系，使龟兹悠游于两强之间，处境大为改善。绛宾堪称深具眼光的君主，他与弟史联姻是龟兹与汉皇朝关系发展史上的重要事件，它扭转了龟兹与汉关系史的发展方向，由对抗而和睦，由疏远而亲密；它改变了龟兹的外部环境和自身的命运，不仅解除了强大的汉皇朝对其带来的威胁，而且与汉建立起友好、互信关系，保证了自身的安全和发展。此后，他们夫妇又“数来朝贺”，通过密切的来往，绛宾对于汉的典章制度、礼乐文化产生了深厚的仰慕之情，他“乐汉衣服制度，归其国，治宫室，作徼道周卫，出入传呼，撞钟鼓，如汉家仪。外国胡人皆曰：‘驴非驴，马非马，若龟兹王，所谓骡也。’”[②] 他吸收汉文化进行内部的改革。不仅绛宾在位期间龟兹与汉保持着友好、密切的关系，而且影响及于后代，“绛宾死，其子丞德自谓汉外孙，成、哀帝时往来尤数，汉遇之亦甚亲密。”[③] 因此，无论从龟兹与乌孙关系，还是从龟兹与汉关系来说，绛宾与弟史的联姻都是属于和亲性质的，而且是汉代和亲史上一桩达到“双赢”的和亲典范。

二　汉代“和亲”的基本属性是婚姻外交

“和亲”是国家、民族或其他政治实体之间为了政治目的而联姻，是

---

① 《汉书》卷九六下《西域传下·龟兹传》，第3916页。

② 《汉书》卷九六下《西域传下·龟兹传》，第3916—3917页。

③ 《汉书》卷九六下《西域传下·龟兹传》，第3917页。

一种政治性行为，那么，国与国之间进行和亲，就是一种外交行为，或者说是一种特殊的外交行为，亦即婚姻外交，这是一种通过联姻以达到特定外交目的的政治性行为。汉代的和亲，多属于这种性质的婚姻外交。

西汉与匈奴、乌孙的和亲具有明显的婚姻外交性质。这可从如下四个方面加以说明。

第一，这种和亲是国与国之间的联姻。秦汉之际匈奴崛起于北方草原地区，建立起一个“庞大的奴隶制国家政权”①。史称“至冒顿而匈奴最强大，尽服从北夷，而南与中国为敌国。”② 当时汉匈是两个势均力敌的国家，所谓“汉与匈奴邻国之敌”③，尽管匈奴的综合国力和人口均不及汉，但是其军事上的优势为汉所不及，“当是时，冒顿为单于，兵强，控弦三十万，数苦北边。上患之。”④ 因此两军相较，汉方稍逊一筹，不得不与匈奴和亲。在汉匈力量对比不利于汉方的情况下，为了解除匈奴的威胁而由刘敬提出并得到汉高帝同意而采取了和亲政策。经过汉武帝时期的反击以及长期的相持阶段，到了西汉后期汉匈力量对比发生逆转，匈奴国势衰落，呼韩邪单于称臣于汉，成为汉的“藩”国，“汉与匈奴虽然建立了‘藩邦’和臣服关系，但对匈奴的政治、军事、经济等内部事务，都不加干涉，并以‘客礼待之’。宣帝和元帝，并与匈奴约：‘长城以南，天子有之；长城以北，单于有之。有犯塞，辄以状闻；有降者，不得受。’这显然说明，匈奴仍然是一个国家。”⑤ 汉宣帝甘露二年（前52）汉朝公卿廷议接待呼韩邪单于来朝的礼仪时，萧望之议曰：“单于非正朔所加，故称敌国，宜待以不臣之礼，位在诸侯王上。外夷稽首称藩，中国让而不臣，此则羁縻之谊，谦亨之福也。”宣帝同意萧望之的建议，批准照此办理，“其以客礼待之，令单于位在诸侯王上，赞谒称臣而不名。”⑥ 汉皇朝仍然视匈奴为“敌国”（即平等、对等之国），故以“客

---

① 林幹：《匈奴通史》，人民出版社1986年版，第26页。

② （汉）司马迁撰，（南朝·宋）裴骃集解，（唐）司马贞索隐，（唐）张守节正义：《史记》卷一一〇《匈奴列传》，中华书局1959年版，第2890页。

③ 《史记》卷一一〇《匈奴列传》，第2903页。

④ 《史记》卷九九《刘敬列传》，第2719页。

⑤ 田继周：《秦汉民族史》，四川民族出版社1996年版，第115页。黎案：文中所引宣、元与匈奴约，事在《汉书》卷九四下《匈奴传下》，第3818页。

⑥ 《汉书》卷七八《萧望之传》，第3282—3283页。

礼”，即“不臣之礼”接待。职是之故，王昭君之妻呼韩邪单于仍然具有婚姻外交之性质。汉与乌孙之和亲亦然。乌孙在西域“最为强国”，原来“羁属”[①] 于匈奴，细君公主、解忧公主和亲乌孙之后，与汉建立了交聘关系，但是乌孙仍然长期依违于汉与匈奴之间，成为汉与匈奴争相争取的国家，此其独立性之一种反映。汉、乌和亲后期，先有宣帝本始二、三年间（前 72—前 71）汉、乌联军大败匈奴，后有宣帝元康二年（前 64）乌孙昆弥上书提出“复尚汉公主，结婚重亲，畔绝匈奴。”[②] 乌孙已经从依违于汉匈之间变为倒向汉方，双方形成一种联盟关系。这是汉方和亲乌孙关系的重大进展和成就。汉乌联盟的形成，推动了汉对于西域的控制，于是神爵三年（前 59）西域都护开府施政[③]，“西域都护的职责之一是‘督察乌孙、康居诸外国动静。’将乌孙与康居并举，是因为都护设置之初，乌孙还不是汉之属国。”[④] 甘露二年（前 52）在汉方主持下将乌孙分别为大小昆弥，乌孙方才变为汉的“属国”[⑤]，而次年解忧公主即告老回到长安，结束了在乌孙长达半个世纪的和亲生涯，汉乌和亲亦至此结束。解忧公主在乌孙和亲的后期，基本上仍然具有婚姻外交的性质。

第二，这种和亲是双方君主之间的联姻。汉匈之间的和亲，是汉皇帝将公主嫁予匈奴单于，按照刘敬的设计是汉皇帝“以嫡长公主”妻匈奴单于，虽然后来实际上改为以宗室女妻之，但是她们仍然以汉皇帝公主的名分嫁之，而匈奴单于则为汉皇帝之女婿。

何以和亲具有国家首脑之间联姻的特征？这是因为古代国家乃由氏族、部落、部落联盟脱胎、转化而来，其政治体制具有浓厚的血缘宗族性特征，君主既是家族、宗族长，也是国家元首，具有家、国一体之特征。君主是双方交聘之主体，交聘实质上是双方君主之间的交往，因此在古代国家不仅政治制度，而且交聘制度中，均具有浓厚的血缘、亲族

---

① 《汉书》卷九六下《西域传下·乌孙国传》，第 3901 页。

② 《汉书》卷九六下《西域传下·乌孙国传》，第 3905 页。

③ 参见余太山主编《西域通史》，中州古籍出版社 1996 年版，第 500 页。

④ 《西域通史》，第 56 页。黎案：文中所引史料，见《汉书》卷九六上《西域传上·序》，第 3874 页。

⑤ 《西域通史》，第 57 页。

成份，血缘、亲族成份往往被运用于交聘关系之中，其中以和亲、质侍[①]两者为突出代表，和亲是以君主之女出嫁于交聘关系国，质侍则以君主之子弟出质于交聘关系国。前者为女性成员，后者为男性成员。故质侍为双方君主之间子弟之授受，和亲为双方君主之间公主之嫁娶，必以双方君主之间的授受嫁娶为其基本特征。表明在古代交聘关系中，并非为纯官僚政府之间的政治行为，而是掺杂着血缘的、亲族的成份，以利于从一个具有血缘性和人性化的独特角度助推交聘关系的发展。汉代去古未甚远，其影响仍然存在，故亦基本如此。

上古埃及的阿玛尔纳文书中保存了一些当时外交婚姻的资料，18 王朝时期的埃王阿美诺非斯第三要求娶巴比伦皇帝之女为妻，巴比伦皇帝回信同意并道：“我对女儿所嫁之人的唯一要求就是他必须是国王或者拥有王族血统。这是我唯一的要求。没有国王会把自己的女儿嫁给非王族血统的人。”[②] 表明上古近东地区的外交婚姻也是以两国君主之间的联姻为其特征的。

有的和亲史著作将南越婴齐取摎氏女亦视为和亲，似不妥。南越王赵胡之子“婴齐其入宿卫在长安时，取邯郸樛氏女，生子兴。”[③] 这种婚姻行为并不属于和亲，因为这并非汉皇帝与南越王之间的联姻，其性质与战国末期秦异人“为秦质子于赵，见吕不韦姬，悦而取之，生始皇”[④]相似，因其并非赵王与秦王之间的联姻。婴齐与异人均在充当质子期间成婚，虽然两人后来均成为君主，但是他们并非与入质所在国君主联姻，故不属于我们所谓之和亲。

第三，这种和亲是以双方签订条约而加以确认的。和亲与一般的通婚不同之处在于，除了婚嫁双方为君主之外，还在于这种婚嫁是通过双方的谈判而达成协议被签订条约而加以确认，并依据条约而加以履行的。

---

① 关于汉代和亲、“质侍”以及二者的关系等问题，请参拙文《汉代和亲与“质侍”在外交中的互动关系》，载李振宏主编《朱绍侯九十华诞纪念文集》，河南大学出版社 2015 年版，第 266—285 页。

② William L. Moran, *The Amarna Letters*, Baltimore, 1992, EA2. 上古埃及的阿玛尔纳文书中保存有当时外交婚姻的资料，承蒙北京师范大学历史学院教授、埃及史专家周启迪先生热情帮助，提供了文书的英译资料，我又请中国社会科学院民族研究所研究员彭丰文博士中译，谨致谢忱。

③ 《史记》卷一一三《南越列传》，第 2971 页。

④ 《史记》卷六《秦始皇本纪》，第 223 页。

这种条约被称为“和亲约”[①]，规定了以汉女妻之为核心条款，加上岁奉遗之，以及双方休兵等一系列内容。此后双方一直围绕着是否遵循条约、哪方破坏了条约、要不要恢复旧约？等问题进行交涉。汉方指责“倍约离兄弟之亲者，常在匈奴。”[②] 匈奴方面则表态曰：“愿寝兵休士卒养马，除前事，复故约，以安边民，以应始古。”[③] 可以说自从刘敬与匈奴冒顿单于签订和亲条约之后，双方一直围绕着条约而进行外交角逐与斗争。在匈奴一再恳求和亲时，汉方提出条件：“即欲和亲，以单于太子为质于汉。”匈奴单于反驳道：“非故约。故约，汉常遣翁主，给缯絮食物有品，以和亲，而匈奴亦不扰边。今乃欲反古，令吾太子为质，无几矣。”[④] 匈方就是以和亲条约为根据与汉方进行谈判的。条约是“国家和国家签订的有关政治、军事、经济或文化等方面的权利和义务的文书。”[⑤] 而外交是“一个国家在国际关系方面的活动，如参与国际组织和会议，跟别的国家互派使节、进行谈判、签订条约和协议等。”[⑥] 签订条约或协议是外交的重要特征之一。汉匈之间所签订之和亲条约，以及围绕这一条约而进行的遣使、谈判等，无疑均具有外交性质。

第四，这种和亲中的双方处于对等地位。在“和亲”中，将双方关系说成是“兄弟”关系，亦即对等关系，是这种联姻具有外交性质的一种反映。汉代将和亲关系视为“兄弟”或“昆弟”关系，高帝遣刘敬使匈奴，“约为昆弟以和亲”[⑦]，汉文帝谓汉匈和亲为“汉与匈奴约为兄弟”[⑧]，张骞建议与乌孙和亲为“与汉结昆弟”[⑨]，乌孙遣使来汉求婚，乃“使使献马，愿得尚汉公主，为昆弟。”[⑩] 尽管龟兹的国力大小与汉无法比

---

① 《史记》卷九九《刘敬列传》，第 2719 页。

② 《史记》卷一一〇《匈奴列传》，第 2897 页。

③ 《史记》卷一一〇《匈奴列传》，第 2896 页。

④ 《史记》卷一一〇《匈奴列传》，第 2913 页。

⑤ 中国社会科学院语言研究所词典编辑室编：《现代汉语词典（修订本）》，商务印书馆 1996 年版，第 1251 页。

⑥ 《现代汉语词典（修订本）》，第 1293 页。

⑦ 《史记》卷一一〇《匈奴列传》，第 2895 页。

⑧ 《史记》卷一一〇《匈奴列传》，第 2897 页。

⑨ 《史记》卷一二三《大宛列传》，第 3168 页。

⑩ 《汉书》卷九六下《西域传下·乌孙国传》，第 3903 页。

拟，但绛宾在请求与汉和亲时仍然提出"得尚汉外孙为昆弟"[1]，亦将双方和亲视为"兄弟"关系。本来联姻双方是一种翁婿关系，何以称为"兄弟"关系？这里"兄弟"的涵义有二，一为双方亲密之意，二为双方平等、对等之意。他们之间以"兄弟"视之，表明这种姻亲关系实质上是视双方为平等、对等之关系，而非一般的姻亲关系。所谓对等关系即"双方从对方得到的待遇处于平衡状态。""和亲"就是嫁娶双方之间建立起一种平衡状态关系。而"国家关系中的对等原则不是自然而然地产生出来的，通常是由条约创造出来的。"[2] 和亲双方的"兄弟"关系也是通过"和亲约"[3] 而实现的。不独中国的汉朝为然，上古埃及的外交婚姻国之间也是以"兄弟"相称的，18 王朝时期，埃及王阿美诺非斯第三要求娶巴比伦皇帝之女为妻，巴比伦皇帝答应的同时也要求娶埃及王之女为妻，却遭到拒绝，巴比伦皇帝在致埃及王的信中写道："难道不是你自己寻求兄弟般的友谊与和睦，而写信给我，提起使我们可以彼此越来越亲密的婚事的吗？难道我不是本着与你相同的理由，为着建立兄弟般的友谊与和睦而向你提出婚事的吗？既然如此，那么，为什么你——我的兄弟，一个女人也没有送给我？既然你没有送给我女人，那么，也许，我也应该像你做的那样，拒绝你的婚事要求，不把女人送给你？但是，我仍然将把我的女儿送给你，我不会拒绝你的要求。"[4] 可见在古代世界中都把两国之间的联姻称为结"兄弟之国"。

综上所述，"和亲"作为交聘方式之一，是两个国家君主之间以对等性关系通过条约或协议而规定双方权利义务的政治性联姻。

三　"和亲"通行于古代世界

"和亲"作为一种婚姻外交并非中国古代特有的现象，而是古代世界通行的一种现象，是普世性的外交方式之一。在东亚外交圈[5]中，除了我

① 《汉书》卷九六下《西域传下·龟兹传》，第 3916 页。

② 日本国际法学会编：《国际法辞典》，世界知识出版社 1985 年版，第 231 页。

③ 《史记》卷九九《刘敬列传》，第 2719 页。

④ William L. Moran, *The Amarna Letters*, Baltimore, 1992, EA4.

⑤ 关于古代世界外交圈问题，详参拙著《汉唐外交制度史·前言》，兰州大学出版社 1998 年版，第 6—7 页。

们所谈到的汉与匈奴、乌孙的婚姻外交之外，还有其他民族、国家之间的“和亲”。两汉时期东亚外交圈大为扩展，而与西方外交圈发生了接触、碰撞。这种接触、碰撞有利于东西方外交文化的交流和传播。宣帝时匈奴郅支单于“西奔康居。康居王以女妻郅支，郅支亦以女予康居王。康居甚尊敬郅支，欲倚其威以胁诸国。郅支数借兵击乌孙。”[①] 匈奴郅支单于与康居王因各自的政治需要而和亲。东汉章帝元和元年（84）班超攻疏勒王忠，“积半岁，而康居遣精兵救之，超不能下。是时月氏新与康居婚，相亲，超乃使使多赍锦帛遗月氏王，令晓示康居王，康居王乃罢兵，执忠以归其国。”[②] 康居又与月氏有联姻关系。而月氏又曾要求与汉和亲，“初，月氏尝助汉击车师有功”，章和元年（87）“贡奉珍宝、符拔、师子，因求汉公主。超拒还其使，由是怨恨。”[③] 这次和亲虽然没有成功，但是表明和亲这种外交方式在东亚外交圈之西极也是通行的。

上述匈奴、乌孙、康居、月氏等都是或曾经是游牧民族，即《汉书》所谓“行国”。这种民族的活动半径依靠其机动灵活的交通手段——马匹而十分广远，他们又多立国于古代横贯欧亚大陆的交通要道左右，他们从汉皇朝那里接受来的外交文化，自亦随之而远播。姑不论匈奴之西迁，就月氏来说，他们原来游牧于今河西走廊一带，后西迁伊犁河、楚河流域，而阿姆河流域，进据大夏，在从游牧转向农耕的同时，于公元 1 世纪初建立了贵霜帝国，成为与罗马帝国、安息帝国和东汉帝国并列的四大帝国。贵霜帝国盛时西起伊朗东部，北自咸海、锡尔河、葱岭，南达纳巴达河的广大中、南亚地区[④]。由此可见，贵霜帝国之前身原先就与汉文化有所接触，西迁之后建立贵霜帝国之后又与汉皇朝有过外交和军事上的往还，它之向班超提出与汉和亲，表明它对于这一外交方式是了解的。我们虽然不能断定贵霜帝国开展婚姻外交完全是渊源于汉，但是至

---

① 《汉书》卷七〇《陈汤传》，第 3009 页。

② （南朝·宋）范晔撰，（唐）李贤等注：《后汉书》卷四七《班超传》，中华书局 1965 年版，第 1579 页。

③ 《后汉书》卷四七《班超传》，第 1580 页。

④ 上述《后汉书·班超传》所记月氏，实即贵霜帝国，阎膏珍继位为贵霜王后，“月氏自此之后，最为富盛，诸国称之皆曰贵霜王。汉本其故号，言大月氏云。”（《后汉书》卷八八《西域传·大月氏国传》，第 2921 页）

少他们对于汉皇朝所实行的和亲政策是熟悉的，汉皇朝外交文化对他们的影响也是不容否认的。

不过，我们还应当看到，早在公元前6—前4世纪的南亚次大陆就已经有了类似于婚姻外交的形态了，那时的次大陆处于列国时代，出现了以君主制为主的十六国城邦国家和许多共和制小邦[①]。十六国中的拘萨罗国与迦毗罗卫国之间就曾经有过“和亲”事件，据《增壹阿含经》记载，拘萨罗国国王波斯匿“新绍王位。是时，波斯匿王便作是念：我今新绍王位，先应取释家女。设与我者，乃适我心；若不见与，我今当以力往逼之。尔时，波斯匿王即告一臣曰：‘往至迦毗罗卫至释种家，持我名字，告彼释种云：波斯匿王问讯起居轻利，致问无量。又语彼释：吾欲取释种女，设与我者，抱德永已；若见违者，当以力相逼。’”波斯匿王使臣到达迦毗罗国致意后，“诸释种闻此语已，极怀瞋恚，吾等大姓，何缘当与婢子结亲！其众中或言当与，或言不可与。尔时，有释集彼众中，名摩呵男，语众人言：‘诸贤勿共瞋恚，所以然者，波斯匿王为人暴恶，设当波斯匿王来者，坏我国界。我今躬自当往与波斯匿王相见，说此事情。’时，摩呵男家中婢生一女，面貌端正，世之希有。时，摩呵男沐浴此女，与著好衣，载宝羽车，送与波斯匿王。又白王言：‘此是我女，可共成亲。’时，波斯匿王得此女极怀欢喜，即立此女为第一夫人。”[②] 后此女生一男孩，是为流离太子。波斯匿王与迦毗罗卫国之间的联姻，所以具有婚姻外交的性质，有如下两个要素：一是这是两个国家之间的联姻，虽然所娶迦毗罗卫国之女并非真正的公主，而是“婢子”，但这是两个国家之间的嫁娶关系，而非个人之间的嫁娶关系；二是这种联姻具有政治的、军事的目的，从拘萨罗国来说，是以强凌弱的占有欲和霸权心态，而借机依强侵弱，从迦毗罗卫国来说，是为了维护本国的安全，防止大国的侵略，以免“坏我国界”。其时代相当于中国的春秋时期。

那么，作为其后将版图伸入次大陆的贵霜帝国来说，从那里也受到

---

① 参见培伦主编，董本建副主编《印度通史》，黑龙江人民出版社1990年版，第61—62页。

② 中国宗教文化研究所点校：《增壹阿含经》卷二六《等见品》（下册），宗教文化出版社1999年版，第432—433页。

婚姻外交的影响不是不可能的。

古代婚姻外交并非源自某一个地方，而是在许多文明古国都存在过的，早期国家多有此经历，具有普世性特征。不仅以中国为中心的东亚外交圈中自古以来就存在婚姻外交，远在近东的埃及也在古代就存在婚姻外交。在埃及旧行宫中发现的公元前15—公元前14世纪的推尔·阿玛尔纳文书中，有十八王朝时代国王阿美诺非斯第三（前1417—前1379）、阿美诺非斯第四（前1379—前1362）的外交文书，在其依附国叙利亚及巴勒斯坦公爵致埃王的书信中，“都是些互致敬仰和爱慕，关于通婚的谈判，和请求埃王赐予作战时的援助，赐予金子和礼物。”[①] 其中即有关于“婚姻谈判”方面的内容。赫梯的崛起，促使埃及王在美索不达米亚寻求同盟国——巴比伦。推尔·阿玛尔纳文书中也有许多巴比伦皇帝和阿美诺非斯第三、阿美诺非斯第四之间的通信，反映了这两个国家君主之间通婚的情况。埃及王阿美诺非斯第三致巴比伦皇帝的信中写道：“你写信给我说：‘你要求娶我的女儿，但是我的姐姐已经由我父亲做主嫁给了你’”[②]，表明埃及与巴比伦之间已经有了联姻关系，现在埃及王要求继续这种关系。巴比伦皇帝回信说：“我的女儿当然是可以做你妻子的”，但是他同时向埃及王提出要求：“你的女儿也可以嫁给我的，你为什么不把你的一个女儿嫁给我呢?”[③] 巴比伦皇帝的要求被埃及王拒绝，巴比伦皇帝在信中抱怨说：“当我写信给你说想要迎娶你的一个女儿，你就像你实际所做的那样，回信告诉我说：‘从远古以来，就没有埃及王把女儿外嫁给任何人。’为什么不？你是一位国王，你可以做任何你愿意的事。你外嫁一个女儿，谁敢说三道四？自从我得到这个信息，我就写信给你，我的兄弟，说：‘在你那里，已经成年的女孩子，漂亮的女人，一定是有的，给我一个漂亮的女人，就把她当做是你的女儿一样。’谁会说：‘她不是国王的女儿?’”[④] 巴比伦皇帝退而求其次，表示不能将公主下嫁，也可以将其他女人当作公主下嫁。这类似于汉代以翁主或宫女假称公主进

---

① ［苏联］弗·鲍爵姆金主编：《世界外交史》第一分册，叶文雄译，五十年代出版社1950年版，第5页。

② William L. Moran, *The Amarna Letters*, Baltimore, 1992, EA1.

③ William L. Moran, *The Amarna Letters*, Baltimore, 1992, EA2.

④ William L. Moran, *The Amarna Letters*, Baltimore, 1992, EA4.